KB090313

참자아가 이끄는
소인격체 클리닉

참자아가 이끄는 소인격체 클리닉

참자아 리더십 매뉴얼 : IFS 자기치유 프로세스

Self-Therapy

Jay Earley, PhD 지음 | 이진선, 이혜옥 옮김

Σ 시그마프레스

참자아가 이끄는 소인격체 클리닉

참자아 리더십 매뉴얼 : IFS 자기치유 프로세스

발행일 ㅣ 2014년 3월 20일 1쇄 발행
2016년 2월 20일 2쇄 발행
2019년 8월 10일 3쇄 발행

저 자 ㅣ Jay Earley, PhD
역 자 ㅣ 이진선, 이혜옥
발행인 ㅣ 강학경
발행처 ㅣ (주)시그마프레스
편 집 ㅣ 이미수
교정·교열 ㅣ 김성남

등록번호 ㅣ 제10-2642호
주소 ㅣ 서울특별시 영등포구 양평로 22길 21 선유도코오롱디지털타워 A401~402호
전자우편 ㅣ sigma@spress.co.kr
홈페이지 ㅣ http://www.sigmapress.co.kr
전화 ㅣ (02)323-4845, (02)2062-5184~8
팩스 ㅣ (02)323-4197

ISBN ㅣ 978-89-6866-148-8

SELF-THERAPY

A Step-By-Step Guide to Creating Wholeness and Healing Your Inner Child
Using IFS, A New, Cutting-Edge Psychotherapy, 2nd Edition

* 책값은 뒤표지에 있습니다.

이 도서의 국립중앙도서관 출판시도서목록(CIP)은 서지정보유통지원시스템 홈페이지
(http://seoji.nl.go.kr)와 국가자료공동목록시스템(http://www.nl.go.kr/kolisnet)에서
이용하실 수 있습니다.(CIP제어번호 : CIP2014008373)

초근 미국에서 급속히 보급되고 있는 내면가족 시스템 치료(IFS)는 가족치료사였던 리처드 슈워츠에 의해 경험적으로 개발된 심리치료 기법이다. IFS는 인간의 정신 세계를 잘 그려 주는 모델이며, 우리의 생각과 감정, 상처와 보호, 내면 갈등뿐만 아니라 영적인 존재와 지혜도 포용함으로써 전인적인 치유와 성장으로 나아가도록 돕는 종합 심리치료 프로세스이다. 현재 미국에서의 IFS 교육과 훈련은 경험적으로 이루어지고 있다. 원저자 제이 얼리는 IFS 개발 초기에 슈워츠로부터 훈련 받은 심리치료사로서 오랫동안 일반 대중과 심리치료 전문가들을 대상으로 IFS 교육을 실시하면서 축적된 노하우를 체계화시켜 이 책 참자아가 이끄는 소인격체 클리닉을 출간하였다.

따라서 이 책은 역자가 이미 소개한 바 있는 일반 대중을 위한 IFS 개론인 소인격체 클리닉을 읽고 흥미를 갖게 된, 그리고 자신의 전인 치유를 희망하는 사람들을 위한 업그레이드된 매뉴얼이다. 물론 이런 정형화된 프로세스가 복잡한 인간 정신 세계를 모두 해결해 줄 수 있는 것은 아니지만, 현재까지 이 기법만큼 영적인 부분을 포함한 전인적인 치유에 기여하고 있는 심리치료는 찾아보기 어렵다.

21세기에 들어서면서 동서양을 막론하고, 개인주의와 물질주의가 심화되면서 인간의 정신 세계가 황폐해 가고 있을 뿐만 아니라, 그 결과 사회 공동체의 가치와 유대가 끝 모르고 와해되어 가고 있다. 모든 인간사회와 자연계는 크고 작은 시스템의 중첩으로 이루어져 있다. 여기에 시스템 기본 구성요소인 한 개인은 다시 정신과 육체로 구성되어 있고, 이 정신은 생각과 감정과 영이 상호작용하며 유기적으로 기능하고 있다. 따라서 개인의 내면시스템 회복은 사회 공동체의 가치와 유대 회복에 필요조건이 된다.

더 큰 공동체의 선과 조화를 보지 못하는, 이기적인 욕구에서 출발한 통제되지 못한 내면시스템뿐만 아니라, 본인의 의지와는 관계없이 불가항력적인 경험으로 말미암은 외상화된 내면시스템이 만연해 가는 시대에 내면시스템 회복을 목적으로 전인 치유를 지향하는 이러한 심리치료가 등장한 것은 너무나도 다행스런 일이 아닐 수 없다.

원저자는 이 책을 기반으로 연구하고 경험으로 쌓아 올린 방법론을 체계화하여, 다양한 부정적 심리상태에 적용할 수 있는 전문서적들을 시리즈로 저술하여 출간하고 있다. 그중에서도 주목할 만한 것은 분노의 소인격체 클리닉, 내면비판자의 소인격체 클리닉, 내면갈등의 소인격체 클리닉, 참자아 리더십 조기복원을 위한 소인격체 클리닉이 있다. 향후 다양한 상황 속에 고뇌하는 인간 내면세계에 효과적으로 적용할 수 있는 실용적인 IFS 전문서적들이 국내외적으로도 출간될 수 있기를 기대한다.

특기할 만한 것은, IFS가 영성과 밀접하게 연결되어 있기 때문에 많은 신앙 공동체에서 이 기법에 대한 관심이 커지며, IFS를 영성 훈련과 융합시키고자 하는 움직임이 구체화되어 가고 있는 것이다. 역자들이 속한 연구소에서도 궁극적인 전인 치유, 공동체 치유를 향한 노력을 기울여 오고 있는 바, 이 IFS가 중요한 도구가 되어 풍성한 열매를 맺고, 국내에서도 견고한 뿌리를 내릴 수 있도록 미진하나마 진력하고자 한다. 그리하여 한 개인뿐만 아니라, 가정과 학교, 직장, 군대, 국회, 신앙공동체를 비롯한 모든 사회 공동체가 치유되고 성장하여, 모든 구성원이 진정으로 회복되어 기쁨과 행복과 평화를 누릴 수 있기를 바란다.

2014년 2월
공역자 이진선 · 이혜옥
IFS Center for Healing & Growth

많은 사람들이 내면가족 시스템 치료(IFS)의 놀라운 치유력에 대해 알 수 있게 되도록 한국어로 참자아가 이끄는 소인격체 클리닉이 출간되게 되어 매우 기쁘다. 이같이 쉽게 사용할 수 있고 효과적인 치료법을 창안해 준 리처드 슈워츠에게 감사한다.

이 책은 심리치료사와 일반 대중 모두를 위한 것이다. 정신건강 전문가들은 그들의 내담자들이 가지고 오는 문제를 스스로 해결할 수 있도록 돕는 당신의 능력을 IFS가 얼마나 향상시켜 줄 수 있는지 직접 발견할 수 있기를 바란다. 그리고 비전문가들은 이 책을 통해 스스로 혹은 이 책을 읽는 친구와 함께 IFS 작업 방법을 배울 수 있기를 바란다. 많은 사람들이 IFS가 자신들의 삶을 엄청나게 바꾸어 놓았다고 내게 이야기하고 있다.

이 책뿐만 아니라 분노의 소인격체 클리닉, 내면비판자의 소인격체 클리닉, 내면갈등의 소인격체 클리닉, 참자아 리더십 조기복원을 위한 소인격체 클리닉 등 내가 저술한 여러 권의 책이 한국어로 소개될 예정인 것으로 알고 있다. 내가 생각하는 방식과 한국인이 생각하는 방식 사이에 어떤 친화력이 있기 때문이 이런 큰 관심을 불러일으키는 것이 아닌가 궁금하기도 하다. 나의 이러한 IFS 작업 매뉴얼이 역자인 이진선 · 이혜옥 님의 노력으로 한국어로 소개되고 보급되어 많은 한국인들도 IFS가 그들의 삶에 큰 변화를 가져다주는 도구임을 발견할 수 있기를 바라 마지않는다.

심리치료 모델을 판단하는 한 가지 방법은 그 모델이 어떤 종류의 사람들을 끌어들이는가를 보는 것이다. 제이 얼리가 이 책을 썼다는 사실 자체가 IFS 모델에 대한 찬사다. 왜냐하면 그는 IFS를 만나기 오래전부터 시스템 사고에 몰두하고 있었던, 성공한 작가이며 사상가였기 때문이다. 제이의 열정은, 사람들이 치료사의 도움 없이 스스로 자기 부분과 작업할 수 있도록 IFS를 일반 독자에게 소개하는 것이었다. 그는 자신의 원격 교육을 통해 수년 동안 이 목표를 성공적으로 추구해 오고 있다. 그는 이 경험을 통해 이 책의 뼈대를 개발하였다.

심리치료 모델을 판단하는 또 하나의 방법은 그 모델이 치료사에 대한 의존도를 높이느냐 혹은 사람들에게 자신을 신뢰할 수 있도록 힘을 불어넣느냐를 보는 것이다. 이 책은 치료 상황 속에 들어갈 필요 없이, 당신 스스로에게 긍휼한 마음과 치유에 대한 새로운 이해를 가져오도록 도와준다. 쉽게 이해되는 제이의 IFS 설명을 통해 당신은 자신과의 대화 혹은 내면 다이얼로그 법이 바뀌기 시작할 것이다. 당신이 가지고 있는 매우 심한 수치감과 충동조차도 판단보다는 호기심과, 혐오보다는 돌봄과 연결시킬 때 당신의 이러한 부분들이 겉보기와는 다르다는 것을 발견하게 될 것이다. 그것들은 힘든 삶의 경험으로 왜곡되어 온 귀중한 내적 자원인 것이다. 한층 더 고무적인 것은, 당신이 삶의 외상들에 의해 손상되지 않은 핵심, 즉 본질을 가지고 있다는 사실을 배운다는 것이다. IFS가 참자아(Self)라고 부르는 것이 우리 모두의 안에 있다. 그것은 우리가 우리 내면과 외면의 삶을 이끌어 갈 수 있는 훌륭한 특성들의 원천인 것이다. 이런 식으로 이 책은, 그동안 배워 온 우리 자신을 바라보는 병리적이며 비관적인 관점으로부터 우리의 자아 개념을 해방시킨다. 이것은 마음에 대해 새롭고 낙관적이며 드높이는 비전을 제시하며 얼마나 쉽게 변화와 치유를 가져다줄 수 있는지를 보여 준다.

이 책은 거기에서 한 걸음 더 나아간다. 심리치료를 판단하는 또 하나의 방법은 그 모델이 사람들에게 극단적인 감정과 신념에 대처하도록 단순히 가르쳐 주는 것인지 아니면 그 감정과 신념을 실제로 변화시키는지를 보는 것이다. 잘 설명된 체험적 연습과 실제 IFS 회기 사례를 통해 당신도 내면 세계로 들어갈 수 있게 되면서 극단적인 부분들이 치유되기 시작한다. 단순히 그들에 대처하기보다는 그들을 기쁘게 받아들이고 가치 있는 자원으로 바꾸게 된다. 또한 당신은 이 내면 여행에서 서로 동반자가 되어, 친구들과의 파트너십을 도모하면서 우정을 더욱 심화시킬 수 있게 된다.

과연 이것이 모두 사실일까 하며 믿기 힘들 수도 있다. 이것이 사실이 되는 독자들도 있고, 스스로 이런 변화를 이룰 수 없어 자신을 도와줄 치료사를 찾을 필요가 있는 사람들도 있다. 그러나 27년간 이 모델을 사용한 저자의 경험으로는 많은 사람들이 치료사 없이도 자신에 대해 많은 작업을 할 수 있음을 목격하였다. 자신들의 모든 추방자의 짐을 내려놓을 수 없을지는 몰라도 자신들의 내면 세계의 분위기를 자기혐오로부터 자기사랑과 참자아 리더십으로 바꿔 놓을 수는 있다. 또한 현재 치료 받고 있는 사람들은 이 책이 회기 사이의 자가 훈련에 대한 유용한 안내서가 될 것이다.

치유는 많은 사람들에게 시간과 돈 모두가 너무 많이 소요된다. 이 책이 다른 방법으로는 IFS를 접근할 수 없었던 사람들에게 다가갈 수 있도록 해 주는 것에 감사한다.

리처드 C. 슈워츠
IFS 창시자이자 *Internal Family Systems Therapy,*
*The Mosaic Mind*와 *You Are The One You've Been Waiting For*의 저자

나는 35년 동안 심리학자로서 심리치료를 해 오고 있다. 그동안 나는 수많은 접근법을 연구하고 배웠지만, 선구적인 심리학자 리처드 슈워츠에 의해 개발된 새로운 모델인 내면 가족 시스템(IFS)치료를 발견하고 나서, 이 모델은 내담자와의 상담 효과를 폭발적으로 향상시켜 주었다. IFS가 너무 좋아서 나는 거의 이 모델로만 진행하였는데, 이 방법은 나의 내담자들이 문제에 신속하고 예리하게 접근하도록 해 주었고, 깊고 오래 지속되는 변화를 가져왔다. 물론 나는 아직도 나의 오랜 치료 현장에서 얻은 경험과 학습에 의지하는 면이 없지 않으나 IFS는 나의 심리치료 방식을 완전히 변화시켰다. 그리고 이 모델을 계속 사용하면서 이것이 얼마나 깊은 의미를 담고 있는지 점점 더 깊이 이해해 가고 있다. 최근에 나는 이 모델이 내담자로 하여금 (치료를 종결하지 않은 사람으로서는 동시에 갖추기가 쉽지 않은) 자신의 심리적인 문제를 성숙함으로, 동시에 정서적으로 개방된 모습으로 접근하도록 돕는 것을 보고 큰 감명을 받았다.

좋은 치료사는 항상 자신에 대해 작업하며 계속해서 성장한다. IFS는 나 자신에 대한 자기 탐색을 강화하고 심화시켜 주었다. 나는 40년 넘게 다양한 치료법, 성장 기법과 영성훈련에 참가해 왔으나, IFS는 이 작업을 한 단계 격상시켰다. 이 모델은 나에게 내가 추구하는 문제를 정확하게 찍어내고 나의 정신 세계 구조를 훨씬 더 명료하게 추적할 수 있도록 해 주었다. 과거에 나는 깨닫지 못한 채 내 안에 있는 깊은 아픔을 피한 적도 있었다. IFS는 내가 언제 이런 행동을 하는지 깨닫도록 도와주었고 피할 필요 없이 안전한 방법으로 이 고통스러운 장소에 접근하는 법을 나에게 가르쳐 주었다. 이제 나는 나의 고통을 치유하고 고착 양식을 내려놓기 위해서는 어떻게 해야 하는지 정확하게 알고 있다. 내가 IFS로부터 얻은 것 중 가장 중요한 것은 사랑과 존중으로 나 자신과 관계하는 돌파구를 찾았다는 것이다. 비록 내가 이 방면에서 다른 유형의 성장 작업으로 이미 큰 진보를 이루긴 하였지만 IFS는 나에게 내 모든 면을 구체적으로 어떻게 사랑하는지를 보여 주었다.

나는 내담자 개인치료 경험 이외에도, 참가자들이 자신에 대한 작업과 서로 동료 상담을 하는 과정에서 IFS를 사용하는 법을 배우는 교육반을 운영해 왔다. 나는 IFS를 대단히 사랑하여 사람들이 반드시 치료과정으로 들어갈 필요 없이 자신의 성장을 위하여 이 모델을 사용할 수 있기를 바란다. 나는 수백 명에게 IFS 모델을 가르쳤고 그들 대부분이 그것을 성공적으로 자신들의 심리적인 치유와 성장에 사용하였다. 많은 학생들이 교육을 수료한 후에도 자기 스스로를 대상으로, 혹은 교육반에서 만난 파트너와 함께 작업하면서 개인적인 발전의 여정을 계속하고 있다.

참자아가 이끄는 소인격체 클리닉은 이 교육반의 내용을 바탕으로 한 것이다. 이것은 IFS 접근법을 사용하여 당신 삶의 힘든 문제들을 작업하고 그 문제를 해결하는 법을 상세하게 보여 준다. 여기에는 당신의 정신 세계 안에서 무엇이 일어나고 있는지 당신의 무의식적 동기, 걸림돌 및 내적 갈등을 밝혀내고 이해하는 것이 포함된다. 당신은 깊은 수준에서의 당신 자신 — 당신 안에 감춰진 고통의 상태와 당신 안에 있기는 하지만 의절당했던 힘과 사랑 — 을 알게 된다. 당신은 상처와 두려움과 우리 대부분이 낡은 짐 가방처럼 끌고 다니는 부정적인 신념을 치유하는 법을 배운다. IFS 프로세스는 당신의 문제 있는 부분을 내적 지혜와 자발성, 자립 그리고 개방성을 지닌 자원으로 변화시킨다. IFS 프로세스는 사람들과의 관계, 직장에서의 성공, 당신 삶에서의 행복과 만족을 누릴 수 있는 역량을 향상시킬 수 있도록 도와줄 것이다.

' 차 ' 례 '

01
PART

참자아와 보호자들

PART 02 추방자들과 짐 내려놓기

CHAPTER 16 **치유 프로세스를 지원하기**
: 혼자, 파트너와, 치료사와의 작업에 대한 요령 _ *363*

CHAPTER 17 **결론** _ *389*

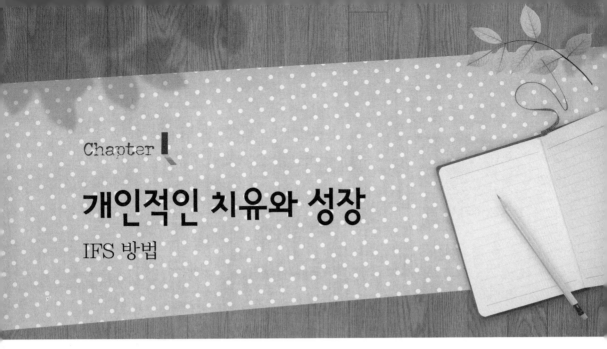

Chapter 1

개인적인 치유와 성장

IFS 방법

우리 인간은 때로 우리 삶에서 어려움을 초래하는 고통스러운 감정이나 파괴적인 충동을 갖는다. 종종 심리치료를 통해 도움을 구하려 결심하게 되는 이유가 이것이다. 몇 가지 예를 들어 보자.

조는 자주 자기 아내 모린에게 사소한 일로 화를 낸다. 싸움이 시작되면 점점 확대되면서 급기야 아내에게 소리소리 지르게 된다. 아내는 무서워하며 결국에는 울어 버린다. 그러면 조는 자신에 대해 기분이 상하게 된다. "어떻게 내가 이런 일을 할 수 있었지? 아내 모린을 상처 입히고 싶지 않아. 내가 제정신이 아니었어." 조는 이 행동으로 자신을 가혹하게 판단한다. 그래도 여전히 다음에 이 사건은 또다시 되풀이된다.

때로 메그는 하루가 힘들다고 느낀다. 그녀가 직장에서 언짢은 일이 있다. 혹은 아끼는 개가 병들었다. 그러자 그녀는 앉은 자리에서 케이크 하나를, 혹은 과자 한 봉지를 다 먹는다. 그녀는 그때 자기가 어떤 행동을 하고 있는지 전혀 개의치 않는다. 그러나 곧바로 무서운 느낌이 엄습한다. "내가 지금까지 살을 빼고 있었는데, 이것 때문에 망쳐 버렸어. 너무 창피해. 내가 그렇게 허겁지겁 먹다니 도대체 어쩐 일이었지?"

조나 메그처럼 많은 사람들이 이해되지 않은 감정이나 충동으로 어려움을 겪는다. 사람들은 자신의 충동과 싸우거나 자신의 감정을 비판함으로써 이 비합리적인 감정들을 다루려고 애쓴다. 이것은 잠깐 효과가 있을 수 있으나 장기적으로는 효과가 없다. 그리고 나중에 설명하겠지만, 이것은 실제로 역효과를 가져온다.

이 책은 마음이 어떻게 작동되는지 이해할 수 있는 새로운 방식을 보여 준다. 이것은 내면 가족 시스템 치료(IFS)라 불리는 강력한 심리치료법을 기초로 한다. 당신이 IFS 관점에서 인간 정신 세계의 구조를 파악할 때 힘든 감정을 다룰 수 있는 전혀 새로운 방식이 펼쳐진다. 이 방법은 지금까지 다양한 부류의 사람들에게서 높은 성공을 거두고 있음이 증명되고 있다.

이 의문의 감정과 욕구는 정말로 우리의 부분들(때로는 '소인격체' 혹은 '하위 인격체'라 불림)로부터 온다. IFS 용어인 이 '부분들'은 우리 안에 존재하고 있는 작은 사람들과 같이 각각이 자신만의 독특한 감정, 동기 및 세계관을 갖고 있다.

예를 들면, 조는 매우 특정한 이유 하나 때문에 모린에게 화를 내는 화난 부분을 갖고 있다. 그들이 싸우게 되면, 그녀는 때로 모욕을 주듯이 조를 비웃는다. 이것은 조가 어릴 적에 수모당했던 조의 어린아이 부분을 활성화시키고 그 부분은 어릴 적 수치심을 처음부터 다시 경험시키기 시작한다. 그러자 조의 화난 부분이 구하러 온다. 화난 부분은 조가 수치심을 느끼지 못하도록 모린에게 분노하게 된다. 만약 조가 시간을 내어 자신의 화난 부분과 그 부분이 보호하고 있는 창피당한 아이를 알아 가면, 그는 이 상황에서 화를 내지 않도록 이 모든 역동을 변화시킬 수 있다.

상사가 메그를 비판할 때, 그녀는 일자리를 잃을 가능성이 실제로 전혀 없음에도 불구하고 자신의 일자리를 잃을까 봐 매우 두려워하게 된다. 이 두려움은 실직하지 않을 거라는 보장보다도 훨씬 강렬하다. 상사의 행동이 메그에게 어릴 적의 무서웠던 사건을 상기시켜 주기 때문이다. 이 오늘의 사건은 오랜 세월 전의 어릴 적 두려움을 꼭 붙들고 있는 메그 안의 무서워하는 아이 부분을 활성화시킨다. 메그의 과식 부분은 그녀가 이 두려움에 휩싸일까 봐 염려하게 된다. 과식 부분은 그녀가 위안을 얻도록 음식을 배불리 먹게 하여 아이의 두려움을 느끼지 못하게 만든다.

조의 화난 부분과 메그의 과식 부분은 각각 자신들의 아이 부분들의 고통으로부터 그들을 보호하려 애쓰고 있는 것이다. 이 두 부분은 단순히 비합리적인 감정이나 통제불능의 충동이 아닌 것이다. 이들은 불쾌와 고통을 다루기 위해 할 수 있는 최선을 다하고 있는, 그들 안에 있는 작은 사람들이다.

우리가 이것을 이해할 때, 우리는 이 부분들과 싸우거나 이들을 억누르거나 판단하려고 애쓰는 것이 도움이 되지 않는다는 사실을 이해할 수 있게 된다. 그들은 단순히 자신들만의 (왜곡된 방식으로) 우리를 돕고 보호하려고 애쓰고 있는 것이다. 사실 우리가 우리의 부분들과 싸우게 되면 그들은 반격한다. 그리고 우리가 그들과 의절하려고 애쓰면, 그들은 자신이 이미 느끼고 있는 것보다 한층 더 외로움과 무가치함을 느끼게 된다.

그러나 만약 우리가 우리의 궁극적 유익을 마음에 품고 있는 우리 안의 작은 존재들처럼 그들을 대한다면, 우리의 감정과 관련된 전혀 새로운 방식이 펼쳐지게 된다. 우리는 그들을 알아 가고 어떤 것들이 그들을 조종하는지 이해하며 실제로 그들과 친구가 될 수 있다. 이렇게 되면 이 부분들은 바뀌어, 과식하거나 벌컥 화낼 필요가 없게 된다. 그들은 긴장을 풀고 현명하게 행동할 수 있게 되는 것이다.

우리는 또한 분노나 과식 뒤에 숨어 있는 상처 받은 아이 부분들을 양육하고 치유할 수도 있다. 그들이 우리에 의해 수용되고 사랑 받는 느낌을 가질 때 그들은 자신에 대해 더할 수 없는 좋은 기분을 가질 수 있고 이것은 우리의 자긍심을 깊이 변화시키게 만든다.

나는 아내 보니가 하루 이상 떠나 있을 때마다 많은 슬픔에 젖고 외로워지곤 하였다. 만약 그녀가 주말 동안, 혹은 그럴 리는 절대 없겠지만, 일주일간 여행한다면 나는 제정신을 잃고 우울감에 빠질 것이다. 내가 IFS를 배우자 이러한 감정들은, 내가 미숙아로 태어난 후 몇 주 동안을 인큐베이터에 홀로 남겨져 엄마로부터 충분한 양육을 받지 못했던 나의 궁핍한 아이 부분으로부터 오고 있다는 사실을 깨닫게 되었다.

이 부분과 IFS 작업을 하면서, 보니가 떠나 있을 때는 내가 그 부분을 돌보고 위로할 수 있다는 사실을 깨달았다. 나는 심지어 그 부분이 그 당시 정말로 필요로 했던 것에 접촉할 수 있도록 도왔다. 그 부분은 내게서 사랑뿐만 아니라, 그의(나의) 몸과 생명에 접촉하기 위한 독려가 필요하였다. 한참이 지난 후, 이 아이 부분은 안겨서 진정을 찾고, 내게 연결된 느낌을 갖게 되었다. 그리고 그 부분은 또한 자신의 감각과 몸에 접촉된 느낌을 갖게 되었다. 이것은 나의 외로움의 문제를 완전히 해소시켜 주었다. 요즈음에는 보니가 떠나 있을 때에도 나는 허탈한 감정을 더 이상 갖지 않는다.

인간의 마음은 때때로 비합리적 감정을 갖는 단일체(unitary thing)가 아니다. 마음은 상호작용하는 부분들로 구성된 복잡한 시스템으로서, 각 부분은 자신만의 마음을 갖고 있다. 마음은 상처 받은 아이들, 충동적인 10대, 경직된 성인, 위선적인 부모, 돌보는 친구들, 양육하는 친척들로 구성된 마치 내면 가족과 같다. 이 때문에 이 새로운 치료법이 내면 가족 시스템 치료라 불리는 것이다.

만약 당신이 당신 안에 있는 이 모든 상처 받은 부분들과 보호적인 부분들을 긍휼과 이해와 사랑을 베풀 만한 '실제 존재'로서 보듬는다면, 당신은 당신의 정신 세계를 변화시켜 당신이 늘 바랐던 기쁜 삶을 살 수 있게 된다.

당신은 염려할 필요 없다. 나는 당신이 TV나 영화에서 보았을 수 있는 '시빌'이나 '타라'와 같은 다중인격체라고 이야기하고 있는 것이 아니다. 나중에 이 책에서 보게 되겠지만, 우리는 모두 다중체이기는 하지만 당신이 상상할 수 있는 그런 극단적인 것은 아니다. 인간 정신 세계는 원래 소인격체들의 한 가족에 지나지 않는다.

IFS가 인간이 다중체임을 인식한 첫 번째 치료 시스템은 아니다. 칼 융은 1세기 전에 이것을 이해하였으며 그 밖의 치료법이 이 개념을 둘러싸고 발전되어 왔다. 사실 최근에는 소인격체와 작업하는 수많은 치료법이 여기저기서 나타나고 있다. IFS는 단지 이러한 방법들 중에 가장 최신 것이면서 가장 정교한 것이다. 그리고 이 방법은 사용하는 사람들에게 상당히 놀라운 결과를 가져다주고 있다.

부분들의 사례

부분들의 예를 보다 더 자세히 들여다보자. 샌디는 창의적인 비디오 프로젝트를 맡고 싶었으나 착수하지 못하는 것 같았다. 먼저 그녀는 사무실을 청소했는데, 그것이 지지부진 하세월이었다. 그리고 나서 그녀는 어느새 러닝 머신 위에서 살 빼기 운동을 하고 있는 자신을 발견하였다. "좋아." 그녀는 생각했다. "이제는 시작할 수 있어." 그러나 자기 사무실로 가는 것이 아니라 부엌으로 향했다. 30분이 지나서, 그녀는 3단계 코스의 식사를 준비하고 있었다. 이런 식으로 며칠이 지난 후, 그녀는 자신이 그 프로젝트를 회피하고 있음을 스스로 인정하였다. 이같이 미루는 습관은 그녀로 하여금 자신에 대해 어딘지 모르게 부정적으로 느끼도록 만들었다. 그녀는 분명히 무기력하였고 굳어진 상태였다. 샌디는 오래된 미루는 습관과 우울감의 행동 양식이 굳어져 있었는데 그것이 이제 도진 것이다.

　자기 학습서가 다소 도움은 되었다. 그것은 그녀에게 자신을 움직이게 만들고 지원자를 모으며, 의사 결정하고, 긍정적으로 생각하는 것에 대한 요령을 제공해 주었다. 그러나 이러한 방법들은 문제의 핵심을 간과하고 있다. 비디오 프로젝트를 싫어하는 샌디의 한 부분이 있다는 사실이다. 그녀는 이것을 '바쁜 부분'이라 명명하였다. 이 프로젝트가 자신의 최우선 순위이지만 '바쁜 부분'은 그 비디오 프로젝트를 피하는 한 방편으로서 다른 활동으로 계속 그녀를 바쁘게 만든다. '바쁜 부분'은 무의식적이지만 그럼에도 불구하고 그녀를 성공하지 못하게 하는 힘을 가지고 있다.

실제로 '바쁜 부분'은 무의식적이기 때문에 이 같은 힘을 지니고 있다. 샌디는 이에 대해 알지 못하기 때문에 그것과 상호작용할 방법이 없는 것이다. 숨어있는 부분은 더 큰 영향력을 갖는다. 왜냐하면 그것에 접근할 수 없기 때문이다. 그것은 마치 등 뒤에서 당신을 헐뜯고 있는 사람과 같은 것이다. 헛소문이 걷잡을 수 없이 날아다니기 시작하지만, 당신은 그것들이 어디서 왔는지 전혀 알 수가 없다. 그래서 당신은 그 출처가 되는 사람에게 대응할 수가 없는 것이다.

만약 샌디가 전통적인 치료법으로 들어간다면 그녀는 아마도 바쁜 부분을 찾아낼 것이고, 그것을 바꾸거나 극복하고자 노력할 가능성이 있다. 그녀는 분명히 그 부분을 자신의 적으로 볼 것이다. 그러나 이 방법은 이 부분이 가지고 있는 진짜 두려움과 동기를 무시하는 것이기 때문에 그리 잘 먹히지 않을 것이다. 샌디는 이 '바쁜 부분'이 자신의 어릴 적 어디에서 나온 것인지 탐색할 수도 있다. 그러나 이것은 보통 자신의 역사를 분석적으로 이해해야만 가능하며 지적인 통찰력만으로는 참된 변화를 거의 이룰 수 없다.

만약 우리가 '바쁜 부분'이 왜 이런 식으로 활동하는지 묻는다면, 샌디의 여러 부분들이 그녀의 미루는 습관에 관여하고 있다는 것을 알게 된다. 샌디는 어렸을 적에 어떤 일을 했는데 그 일로 동네 사람들의 주목을 받게 되면서 여러 차례 친구들로부터 조롱을 당했다. 이제는 그녀를 또다시 주목받게 할 수 있는 어떤 것을 성취하려 시도할 때마다 자신의 과거로부터 들려오는 메아리처럼 '당황한 아이' 부분이 시동 걸린다. '바쁜 부분'이 진짜 샌디의 적은 결코 아니다. '바쁜 부분'은 단지 '당황한 아이'를 보호하려 하고 있는 것이다. '바쁜 부분'은 샌디가 이 비디오 프로젝트에 덤벼든다면 그녀가 또다시 조롱당할까 봐 두려워하고 있는 것이다.

또한 여기서 활동하는 또 다른 힘이 있다. 샌디의 세 번째 부분은 그녀가 열심히 일하도록 밀어붙이고 그녀가 그리하지 않을 때는 비난한다. 그 부분은 끊임없이 "어서 일해 결과물을 만들라."고 하며 쫓아다닌다. 이 모든 자기비판이 그 아이 부분으로 하여금 미움과 아무 쓸모가 없다는 느낌이 들도록 만들면서 그녀를 괴롭히고 있는 것이다.

그래서 '바쁜 부분'은 이 강요하는 '비판적인 부분'에 저항하기 시작한다. '바쁜 부분'은 샌디가 가혹한 판단으로 지배당하기를 원치 않는다. 그래서 다른 활동으로 그녀를 방해한다. 그러나 그녀는 다른 활동들을 즐기지는 못한다. 왜냐하면 이 '강요하는 부분'이 뒤에서 그녀에게 계속 소리 지르며 이 프로젝트를 착수하지 않는다고 야단치고 있기 때문이다.

이 부분들은 모두 극단적이고 서로 심각한 갈등 속에 빠져 있다. 샌디는 자기 자신을 이해하며 앞으로 나아가는 데 있어서, 폭풍 가운데 좌충우돌하는 배와 같이 중심을 잃고 있다는 생각이 든다. 그녀가 필요한 것은 그 부분들을 돌보며 협력이 이루어지는 전체로 통합하여 자신에 대해 기분 좋게 느끼고 일들을 성취

샌디의 정신 세계

바쁜 부분

창피한 어린아이

강요하는 비판적인 부분

할 수 있는 방법이다.

세 부분 모두가 전통적인 치료법에서 찾아진다고 할지라도 변화는 그녀가 치료사와의 관계를 발달시킴으로써 이루어지게 된다. 이러한 관계 수립을 위해서는 비용과 시간이 많이 소요된다. 많은 사람들이 나아지기를 원하지만, 그것 때문에 치료사의 소파에 앉아 10년이란 세월을 보내고 싶어 하지는 않는다. 이 책에서는 심리학자 리처드 슈워츠가 개발한 내면가족 시스템(IFS) 치료를 소개하고자 한다. IFS는 당신이 자신의 중심을 잡고, 어려움을 유발하는 당신의 부분을 집어내어, 그들을 치유하고 통합시켜 주는 방법이다. IFS는 강력한 치료법일 뿐만 아니라 또한 자기치유와 동료 상담에도 특히 적합하다. 이 책은 자기치유를 위해 IFS를 어떻게 사용하는가를 보여 준다.

IFS를 사용하여 샌디는, 폭풍 가운데 항구이고, 강함과 긍휼의 장소이며 내면 치유의 원천인 자신의 진정한 참자아에게 접근하는 법을 배울 것이다. 그녀의 참자아는 샌디의 부분들이 그녀를 신뢰할 수 있도록 사랑스런 방식으로 그들 각각과 관계를 맺을 것이다. IFS 방법을 따르면서 그녀는 부분들이 자신의 두려움과 부정적인 신념을 내려놓고 자연스런 강점이 꽃피울 수 있도록 돕게 될 것이다. 그들은 서로 협력하고 그녀의 전인적인 삶이 펼쳐질 수 있도록 돕는 것을 배울 것이다. 그때야 비로소 그녀는 자신의 비디오 프로젝트를 열정적으로 거리낌 없이 추진해 나갈 수 있을 것이다.

많은 치료법과 달리 IFS는 사람들을 병리적으로 보지 않는다. 우리가 삶에 문제가 있을 때, IFS는 우리가 질병을 가지고 있거나 결핍되어 있다고 보지 않는다. 이 모델은 우리 안에 우리의 문제를 해결할 수 있는 자원이 있다고 본다. 비록 이 자원들이 과거의 사건에 대한 무의식적인 반응 때문에 방해 받고 있기는 하지만 IFS는 스스로 이끌어 갈 수 있도록 디자인되었다. 치료사가 아닌, 당신의 진정한 참자아가 치유와 전인성의 수행자이기 때문에 IFS는 당신이 자신의 성장을 책임질 수 있도록 힘을 불어넣는다. 이것이 IFS를 자기치유의 천부적인 도구로 만들고 있는 것이다.

IFS는 정신 세계를 존중과 수용으로 접근한다. 당신은 긍휼한 마음과 돌봄으로 자기 자신과 관계하는 것을 배우게 된다. IFS는 이른바 영적인 관점을 가지고 있다. 어떤 종교나 특정한 영적 의식에 동조하기 때문이 아니라 사랑, 지혜, 관계성의 영적인 특성을 구현하기 때문이다.

IFS는 또한 사용하기 편하다. 대부분의 사람들은 자신이 다양한 살아 있는 부분으로 구성되어 있다고 이해하는 것이 쉽고 자연스럽다. 그리고 이것은 그들에게 심리적 역동에 대한 놀라운 통찰을 제공한다.

인간 정신 세계에 대한 IFS 관점

IFS는 인간 정신 세계에 대해 새롭고 놀라운 관점을 제공한다. 대부분 우리는 우리 자신을 분별력 있는 감정을 가지고 있으며 현실적이며 합리적인 행동을 취한다고 생각한다. 물론 우리는 가끔 분노나 두려움 같은 비합리적인 감정이 솟구친다는 사실도 인정한다. 건강한 생활양식으로 살아가도록 우리 스스로를 훈련하지 못한 것처럼, 가끔 우리 스스로에게 가장 유익하게 행동하지 못한다는 것도 인정한다. 이 같은 행동이 우리를 혼란스럽게 만든다. 왜냐하면 우리는 통일된 양식 있는 인격체여야 하는데, 그것에서 벗어나는 것으로 보이기 때문이다. 이 같은 궤도 이탈이 많이 일어날 때 우리에게 무언가 잘못된 것이 있음에 틀림없다고 생각한다.

사실 인간은 우리가 생각하듯이 그리 간단하고 직선적이지 않다. 우리는 다양한 감정과 동기와 상호작용하는 부분들로 구성된 복합 시스템이다. '부분들'은 정신 세계에서 자연스럽게 나뉘어진 것들로서 가끔 소인격체라고도 불린다. 당신의 한 부분이 체중을 빼려 하고 또 다른 부분이 달콤한 케이크를 마구 퍼먹고 싶어 한다고 해 보자. 당신이 한밤중에 케이크 조각을 허겁지겁 먹을 때는 그것이 가끔 떠오르는 욕구라고 할 수는 없다. 달콤한 포만감을 반복적으로 필요로 하는 당신 안에 어떤 실체가 있는 것이다. 그 실체는 그 디저트를 먹어야 한다고 생각하는 이유가 있다. 그 실체는 분노를 누르거나 참을 수 없는 공복감을 채워야 할 필요가 있을지 모른다. 이 부분은 이러한 욕구들을 채우고 싶어 하는 기억을 가지고 있다 — 예를 들면, 어릴 때 정서적으로 배고픔을 느꼈던 기억이다.

당신은 다른 내면의 음성이 이렇게 이야기하는 것을 들을지도 모른다. "대신에 셀러리 하나 먹어라." 혹은 "그렇게 걸신 들린 듯 퍼먹은 것을 창피한 줄 알아라!" 당신은 이것들을 갑자기 튀어나온 생각 정도로 여길지 모른다. 그러나 그것들은 먹는 것을 통제하는 임무를 가진 당신의 한 부분으로부터 나오는 것이다. 그 부분은 당신의 허리 둘레나 당신의 건강을 염려하고 있을 수 있다. 당신이 날씬하지 않으면 사랑 받지 못할 거라고 믿고 있을 수도 있다. 그리고 초등학교 다닐 때 뚱뚱하다고 놀림을 받았던 기억을 가지고 있을 수도 있다.

이러한 부분들을 당신 안에 있는 작은 사람들이라고 생각할 수 있다. 각각은 나름대로의 관점과 신념과 감정과 기억과 동기를 가지고 있다. 당신은 우리의

부분들 중에서 가장 유명한 '내면 비판자'와 '내면 아이'란 말을 들어 보았을 것이다. 그러나 이것들은 우리 내면의 삶의 풍요와 복잡성에 대한 겉핥기에 불과한 단순한 개념이다. 우리의 내면 가족에는 외로운 아기, 현명한 멘토, 화난 아이, 엄격한 엄마, 조용한 명상가, 마술사, 행복한 동물, 폐쇄적인 보호자 등이 포함된다.

우리 안의 이러한 부분들은 빈번하게 이동하며 변화하고 있다. 이들 중의 하나가 한동안 장악하면 우리는 어떤 방향으로 행동하고 생각한다. 그러다가 우리는 새로운 상황으로 들어가고 다른 인물이 전면에 나선다. 보통 우리는 이 변화들을 분위기나 관점이 약간 이동한 것에 불과한 것으로 본다. 그러나 사실 이러한 이동 하나하나는 완전히 새로운 소인격체의 출현을 의미한다.

각 부분은 특정한 시간에 활성화된다. 낯선 사람들이 많은 곳에 있을 때는 나의 부분이 수줍음을 느끼며 움츠리고 싶어진다. 윗사람이 당신을 비난할 때는 당신의 한 부분이 균형을 잃고 아주 무능하다는 생각이 들 수 있다. 질의 남편이 오만하게 행동할 때는 그녀의 한 부분이 그를 목 조르고 싶어 한다. 당신이 연인으로부터 거절당하게 되면 당신의 한 부분은 마치 버려진 아이처럼 폐허가 된 느낌을 갖게 된다. 당신이 힘있는 사람에 의해 위협을 받는다고 느끼면, 머리가 아파진다. 한 부분이 공포로부터 방어하기 위해 당신 머리에 있는 근육을 쥐어 짜기 때문이다. 모든 감정 반응, 일련의 사고, 행동 패턴이나 신체 감각은 한 부분의 존재를 가리키는 것이다.

우리 부분 중의 어떤 것들이 고통 가운데 있으면 다른 것들이 그 고통으로부터 우리를 보호하고 싶어 한다. 어떤 것들은 우리가 사람들과 상호작용하는 방법을 관리하려고 한다. 어떤 것들은 서로 싸우기만 한다. 그런데 이 모든 것이 대체로 우리의 자각 밖에서 일어나고 있다. 우리가 아는 것이라고는 때로는 만족을 느끼고, 걱정하며, 우울해하고, 좌절하며, 혹은 혼동을 느낀다는 사실이며 우리는 그 이유를 알지 못한다. 우리는 우리 자신에 대해 단순한 관점을 가지고 있어 우리 안에 있는 풍요와 혼란까지 뚫고 들어가지 못한다.

많은 사람들은 이 피상적인 관점이 그들에게 있는 모든 것이라 생각하면서 일생을 보낸다. 그들은 결코 본질을 맛보지 못하며, 고통과 함께 앉지 않는다. 그리고 그들은 자신들의 깊이를 측량하지 못한다. 이 등장 인물들 저변에 모든 인간이 현명하고 깊고 개방적이며 애정 어린 참자아(true Self)를 가지고 있다. 이 것이 우리가 고통에 찬 혹은 방어적인 음성에 의해 납치당하지 않을 때의 우리의 참 모습이다. 참자아는 그의 긍휼한 마음과 호기심과 관계성을 통하여 우리의 이질적인 부분들을 치유하고 통합하는 열쇠이다. 참자아는 또한 삶의 모험을 헤쳐 나가도록 해 주는 안내자요, 우리 내면 가족의 천부적 리더이기도 하다.

그러나 만약 참자아가 진정으로 우리 각자의 중심에 자리하고 있다면 당신은 이렇게 질문할 수 있다. 왜 우리는 그것을 더 잘 알지 못하는가? 오랜 세월 우리는 상처와 외상과 상실의 아픔을 경험하였고 이것은 우리에게 수치심과 두려움과 부정적인 신념의 짐을 얹어 주었다. 이러한 사건은 우리를 유해한 것으로부터 보호하기 위한 필사적인 노력에서 우리 내면의 인물들 중 몇몇으로 하여금 내면 세계를 즉각적으로 장악하게 만들었다. 그들이 우리의 고통을 지우는 과정에서 참자아의 빛은 흐려지거나 사라진다. 우리는 정말로 어떤 일이 일어나고 있는지 알지 못한다. 왜냐하면 그 내면의 인물들이 우리를 대신하여 전통적인 삶을 꾸려 나가면서 자신들의 대부분의 활동을 감추기 때문이다.

IFS는 당신이 참자아에게 접근할 수 있도록 돕는다. 그리고 힘과 사랑을 품은 상태에서 당신은 문제를 안고 있는 부분들과 관계를 맺으며 그들을 치유할 수 있다. 당신의 부분들은 기쁨, 자유, 지각력, 창의력 등과 같은 특성들을 천부적으로 부여 받았으나 어릴 적의 상처 때문에 상실되었다. 참자아는 이 상처들의 치유를 돕고 이 부분들이 자신들의 천부적인 힘과 선함을 되찾도록 허용한다. 만약 당신이 참자아 상태에서 그 일을 수행한다면, 그 부분들은 당신의 이끎을 신뢰할 수 있게 된다. 그들은 당신이 세상에서 꽃필 수 있도록 지지하는 조화로운 내면 가족들로서 서로 함께 작업하는 법을 배우게 된다.

당신이 정말로 정신 세계의 이러한 관점을 이해할 때, 당신은 전혀 새로운 관점에서 당신 자신을 보게 된다. 당신은 당신의 깊이와 아름다움을 깨닫게 된다. 당신은 참자아라는 깊고 기름진 토양에서 자라는, 건강하고 효과적이며 생명력 있는 식물들의 정원과 같은 당신의 참 본성을 되찾게 된다. 이 관점은 또한 당신이 다른 사람들과 세상을 바라보는 방법을 변화시킨다. 심지어 가장 파괴적인 사람조차도 자신을 보호하기 위해 최선을 다하고 있는 부분들에 의해 조종되고 있다는 사실을 당신은 깨닫게 된다. 비록 깊숙이 묻혀 있을지라도 모든 사람이 애정 어린 참자아를 갖고 있다는 사실을 깨닫게 된다. 우리의 깊은 수준에서는 우리가 모두 하나로 연결되어 평화와 조화가 정말로 세상에서 가능할 수 있다는 것을 이해하게 된다.

긍정적인 의도

IFS의 경험을 통해 모든 부분이 당신을 향해 긍정적 의도를 가지고 있다는 사실을 알게 된다. 모든 부분은 당신을 유해한 것으로부터 보호하거나 당신 자신에 대해 기분 좋게 느끼도록 돕고 싶어 한다. 그들은 당신이 고통을 느끼지 못하도록 보호하거나 다른 사람들이 당신을 좋아하도록 만들고 싶어 할 수도 있다. 당신의 모든 부분은 당신으로 하여금 기분이 좋도록 그리고 고통을 피하도록 돕고자 애쓴다. 우리는 이런 방식으로 생물학적으로 조직되며 우리의 정신 세계도 동일한 방식으로 작동한다. 어떤 부분은 우리를 부정적인 패턴에서 빠져나오지 못하도록 하고 우리 삶에 파괴적인 영향을 끼치기 때문에 그들이 어떻게 도우려 한다는 것인지 상상하기 힘들 수 있다. 그 대답은 이렇다. 이 부분들의 의도는 나무랄 데 없지만 그들이 항상 슬기롭게 행동하지는 못한다는 것이다. 그들은 극단적인 입장을 취하거나 서툴고 유치한 방식으로 행동하는 것이다. 그러나 당신이 조금만 더 들여다보면 그들은 항상 자신들이 생각하기에 당신에게 최선이라고 생각하는 것을 하고 있다는 사실을 발견한다. 그들은 상황을 왜곡하여 인식하고 위험을 과장해서 인식할 수는 있으나 그들의 의도는 항상 긍정적이다.

예를 들면, 조는 관계가 매우 가까워지고 책임지는 방향으로 나아갈 때마다 자신의 마음 문을 닫고 여성에 대한 흥미를 잃게 하는 부분을 가지고 있다. 처음에 그는 자신의 이 '닫힌 마음의 부분'을 인정하지 않았고 그것이 연인을 찾는 데 방해가 되었기 때문에 없애 버리고 싶었다. 그러나 그가 IFS 치료를 통해 더 깊이 들여다보면서 이 부분이 자신을 지켜 주려 애쓰고 있다는 사실을 발견하였다. 그 부분은 그가 한 여성에게 지배당하고 자신을 잃는다는 것이 몹시 두려웠다. 자기 엄마와의 관계에서 있었던 일이 바로 그것이었다. 그가 어렸을 적에는 한 여성과 친밀하다는 것이 그 여성에게 통제당하고 있음을 의미하였다. 그래서 이 부분은 자신이 알고 있던 유일한 방법으로, 즉 뒤로 뺌으로써 그를 보호하였다. 그 부분은 이렇게 말했다. "나는 당신을 안전하게 지키고 싶을 뿐이에요. 나는 이 일이 당신에게 또다시 일어나게 하고 싶지 않아요." 조의 '닫힌 마음의 부분'은 존재하지도 않은 위험을 보고는 그를 꽉 닫아 버렸다. 그 부분은 과거에 근거하여 현재를 왜곡한 것이다.

비록 한 부분이 현재를 정확하게 볼지라도 그것은 당신을 돕는 데 있어서 그릇된 전략을 갖고 있을 수 있다. 많은 부분들이 단 한 가지 방식으로 행동한다. 그것은 40년 전 당신이 어렸을 때 당신 가족들 간에는 꽤 효과가 있었던 것일 수 있다. 그러나 오늘날의 성인 세계에서 이 전략은 효과가 없고 근시안적이며 미숙한 것이다. 보호적인 부분은 종종 기교나 융통성을 갖고 있지 못하다. 그것은 상황이 어떻든 단 한 가지 방식으로 진행하는 것밖에는 모른다. 망치를 가진 사람은 모든 것을 못으로 본다는 속담이 있듯이 한 부분은 망치질하는 방식만 알고 있을 뿐이다.

빌은 자신의 진정한 가치와 맥을 같이하지 않는, 판단적이며 다른 사람들과 경쟁적인 부분을 가지고 있다. 그는 이 부분이 비난 받을 만하여 가두어 버려야겠다고 늘 생각하였다. 그러나 그가 그 부분을 알게 되면서 그것이 실제로는 자신을 위해 최선을 다해 애쓰고 있음을 발견하였다. 그 부분은 그가 아무런 쓸모가 없다고 생각하지 못하도록 하며 오히려 그가 귀하며 중요하다고 생각하도록 돕고 싶었다. 그 부분은 자신이 알고 있었던 유일한 방식, 즉 자신이 다른 사람보다 우월하다는 생각만으로 이를 성취하고자 애썼다. 그 부분은 빌이 귀하다고 느낄 수 있는 다른 방법, 즉 다른 사람들과 관계를 맺거나, 자신을 귀하게 여기거나 세상에서 의미 있는 것을 행하는 것이 있을 수 있다는 사실을 깨닫지 못하였다. 그 부분은, 다른 사람들은 열등하다고 판단하는 단 한 가지 전략밖에 알지 못하였다.

우리는 종종 우리의 부분을 알아 가거나 그것들을 보듬는 것을 두려워한다. 왜냐하면 우리는 이렇게 함으로써 그들에게 우리의 삶을 사보타주할 수 있는 힘을 부여하게 될까 봐 두려워하기 때문이다. 그들이 장악하여 더 많은 문제를 일으킨다면? 조는 만약 그가 자신의 '닫힌 마음의 부분'을 알게 되면, 그것이 장악하여 그가 여성을 사랑할 수 있는 기회를 갖지 못할까 봐 두려웠다. 그러나 IFS로 그는 이 부분을 알게 되었고 그 부분이 장악하도록 하지 않으면서 그 부분의 긍정적인 의도를 이해하게 되었다. 실제로 한 부분을 보듬는다는 것은 그것을 치유하는 방향으로 한 발자국 나아가는 것이다.

이 방법은 우리가 보통 우리의 부분들과 관계하는 방식과는 근본적으로 다르다. 보통 우리가 한 부분(혹은 한 감정 혹은 행동 패턴)을 자각하게 될 때 우리의 첫 번째 작업은 그것을 평가하는 일이다. 그것이 우리에게 좋은가 나쁜가? 그것이 좋다고 결정하면 우리는 그것을 보듬고 그것으로부터 행동한다. 만약 그것이 나쁘다고 결정하면 우리는 그것을 없애 버리려 애쓴다. 우리는 그것에게 없어지라고 명령하거나 그것을 묻어 버리려 시도한다. 그러나 이러한 방법은 효과가 없다. 당신은 당신 정신 세계의 한 부분을 없앨 수는 없다. 단지 무의식으로 밀어 넣을 수 있을 뿐이며 거기서 그것은 당신이 자각하지 못하는 상태에서 계속해서 당신에게 영향을 주게 된다.

IFS에서 우리는 모든 것을 근본적으로 달리 접근한다. 우리는 우리의 모든 부분을 호기심과 긍휼한 마음을 가지고 맞아들인다. 우리는 그것이 문제를 일으키는 방식을 눈여겨보면서 각각을 이해하며 우리를 돕고자 하는 그들의 노력을 인정하고자 애쓴다. 우리는 각 부분과 돌봄과 신뢰의 관계를 발달시키고 나서 그것이 건강한 방식으로 기능할 수 있도록 그것을 치유하기 위한 단계를 밟는다.

우리 모두는 개방적이며, 호기심 있고, 긍휼한 마음을 가진 참자아를 갖고 있기 때문에 우리는 이런 방식으로 우리의 부분들과 관계를 맺을 수 있다. IFS 전 과정은 이 상태에서 당신의 부분들과 작업하는 것을 기반으로 한다. 우리가 우리의 부분들이 진정 누구인지 알고자 하는 호기심과 열망을 가지고 접근할 때 그 부분들은 우리에게 자신을 드러낸다. 우리가 우리의 부분들과 긍휼한 마음을 가지고 관계할 때 그들은 그제서야 우리가 그들을 돌본다는 사실을 신뢰하며 치유를 위해 자신들의 가장 깊은 곳에 있는 고통과 수치심까지도 활짝 개방한다. 그러나 당신은 스스로가 이것을 할 수 있다고 신뢰하지 못할 수도 있다. 당신은 이렇게 질문할지 모른다. "내가 나의 부분들을 향해 호기심과 긍휼한 마음을 느끼지 못한다면 어떻게 되는가?" 처음에는 느끼지 못하는 경우가 자주 있다. 그러나 IFS는, 호기심과 긍휼한 마음의 특성을 가지고 참자아에게 접근하며 우리가 옆길로 빠지게 되었을 때 참자아로 되돌아올 수 있는 혁신적인 방법을 가지고 있다.

IFS의 결과

내가 경험한 바로 IFS는 믿기지 않을 정도로 효과가 있을 뿐만 아니라 사람들이 변화하도록 돕는 데 있어서도 상당히 효율적이다. 내담자가 특정한 심리 문제로부터 놓임을 받기 위해 내게 올 때 우리는 종종 한 달이나 두 달 안에, 때로는 심지어 두 번의 회기만으로도 목표를 달성할 수 있다. 늙어 가면서 혼자 있는 것으로 인한 우울증, 직장에서 적극적인 자기 의사 표현의 어려움, 부부싸움에서 욱하는 경향, 새로운 사람들을 만나는 것에 대한 불안 등은 IFS를 사용하여 짧은 시간 내에 해결되었던 문제들이다.

만약 당신이 깊은 곳에 자리 잡고 있는 심리적인 문제를 가지고 있거나 총체적인 성격 변화를 원한다면 1년이나 2년의 긴 작업시간이 필요하다. 그러나 그 기간 동안에 당신 삶에 깊이 영향을 주는 문제들, 이를테면 당신이 자신에 대해 어떻게 느끼는지, 당신이 사람들과 어떻게 관계를 맺고 있는지, 그리고 당신이 세상에서 어떤 방식으로 기능하고 있는지 등에서 당신은 심대한 변화를 이룰 수 있게 된다. 여기 한 내담자의 이야기가 있다.

로버트가 IFS 치료를 위해 내게 처음 왔을 때 그는 세상에서 심한 고독감을 느끼고 있었다. 그는 평생 사랑의 경험을 단 한 번밖에 가지지 못하였다. 그러나 그 여자 친구가 2년 전에 그를 퇴짜 놓았고 그는 아직까지도 그녀를 못 잊고 있었다. 그는 여성과의 깊고 친밀한 관계를 간절히 원하였으나 그는 다시는 그것을 이룰 수 없을 것으로 믿었다. 그는 대단히 외로웠고 사랑할 수 없다고 생각하였다. 그는 살면서 친구들뿐만 아니라 공동체도 갖고 싶었으나 그룹과 조직에서 외톨이가 될 뿐이었다. 다른 모든 사람이 포함되어도 자기는 항상 왕따당하는 것 같았다. 그는 자신이 진솔하게 다른 사람과 관계 맺는 능력이 없다고 생각하였다. 그는 자신에게 근본적으로 아주 잘못된 것이 있어 사람들이 자기에게 가까이 다가오지 않으려 하는 것이라고 확신하였다. 그 결과, 그는 사람과의 접촉을 피하였고 대부분의 시간을 자기 방에서 인간 관계에 담을 쌓고 지냈다.

자신도 모르게 로버트는 인간 관계 맺는 방식이 자신의 고립을 심화시켰다.

그는 사람들과 상호작용할 때에 퇴짜 맞을 것을 기대하는 그의 한 부분이 앞서 활동하여 언짢고, 무표정하고, 아는 체하는 태도로 대하였다. 이 부분은 그가 무시당할 때 상처 받을까 봐 무의식적으로 그를 보호하려고 머리로만 생각하게 하고 감정으로부터는 격리시켰다. 그는 또한 자신의 지적 능력이 다른 사람들에게 내놓을 수 있는 유일한 것이라고 생각하였다. 당연히 이 닫힌 접근법은 사람들로 하여금 그에게 더욱 흥미를 잃게 만들었고 그로 말미암아 자신의 두려움만을 재확인해 주었다.

IFS 작업을 1년 반 정도 한 후에, 이 모든 것이 바뀌었다. 그는 거리를 두고 아는 체함으로써 자신이 얼마나 사람들을 멀리하고 있었는지 자각하게 되자 이제는 다른 사람들과 관계하는 방식을 바꾸었다. 그의 유머 감각이 자주 표출되었고 그는 미소 지으며 친근하게 사람들과 관계를 맺을 수 있었다. 그는 자기가 몸담고 있는 그룹에서 없어서는 안 될 부분이 되었다고 생각하기 시작하였다. 우리의 작업을 통해 그는 사랑할 수 없는 존재라고 믿었던 부분을 치유하였다. 이제 그는 기본적으로 자신에 대해 좋게 생각하고 있고 대부분의 사람들이 자신에게 긍정적으로 반응해 줄 것으로 기대한다. 그는 자기 옛 여자 친구와 다시 데이트를 시작하였고 그녀는 그가 바뀐 것에 매우 기뻐하며 그들의 관계가 다시 불타오르기를 간절히 바라고 있었다. 그들은 이제 행복한 관계를 유지하며 결혼을 계획하고 있다.

이 책에서 얻을 수 있는 것

이 책은 다음 내용을 배울 수 있도록 디자인하였다.

1. IFS 관점에서 당신의 정신 세계를 이해하는 법. 어떤 것이 당신의 행동을 조종하는가? 어떤 것이 당신으로 하여금 사람과 상황을 회피하게 만드는가? 어디서 당신의 감정 반응이 나오는가? 당신의 내면 갈등의 본질은 무엇인가? 당신의 부분들은 어떤 것인가? 당신의 부분들은 당신 삶에

어떤 영향을 주고 있는가? 당신의 부분들은 당신과 그리고 그들끼리 어떻게 관계하고 있는가? 이를 통해 당신 정신 세계의 상세한 지도를 갖게 된다.

2. 당신 삶 가운데서 당신의 부분들이 활성화될 때 매일 그들과 작업하고 관계하는 법, 한 부분이 언제 활성화되었는지를 알아차리는 법. 그 부분과 관계를 맺고 마음 편히 쉴 수 있도록 돕는 법. 이것은 당신이 조용하고 효과적이며 개방적인 방식으로 상황을 다룰 수 있도록 도와준다. 이것은 또한 내면의 협력과 통합을 길러 준다.

3. 당신 자신을 탐구하고 당신의 부분들을 이해하고 그들과 관계를 맺으며 그들의 역사를 발견하고 치유하기 위해 당신 자신과 IFS 회기를 진행하는 법

4. IFS 치료사와 작업할 때 혹은 이 책을 읽고 있는 친구와 IFS 동료 상담을 진행할 때 좀 더 효과적인 내담자가 되는 법

5. 만약 당신이 치료사인 경우, 사람들과 작업하는 과정에서 IFS를 사용하는 법

IFS는 치유를 위해 구조적인 방법을 사용하기 때문에 이 책에 나오는 단계별 순서를 따라 쉽게 가르칠 수 있다. 우리는 임상에서 실제로 어떻게 작동되는지 이해할 수 있도록 각 단계를 IFS 회기의 축어록으로 예시할 것이다.

이 책을 사용하는 법

당신이 연습문제를 하지 않고 이 책을 읽는 것만으로도 자신에 대해 많은 것을 배울 수 있다. 당신이 부분들의 시스템에 둘러싸인 애정 어린 참자아가 된다는 의미가 무엇인지 정말로 이해할 때 비로소 그 깨달음은 당신이 자신과 다른 사람들을 이해하는 방식을 변화시킨다.

그러나 당신이 이 책을 읽으면서 연습문제를 해 나간다면 이것은 당신의 내

면 가족에 대한 직접적인 경험 가운데 개념의 기초를 단단히 놓게 된다. 이것은 내면 가족을 지적인 영역에서 꺼내어 당신의 감정과 신체와 상상과 연결시키는 것이다.

이 책으로부터 가능한 한 모든 유익을 얻기 위해서는 정기적으로 IFS 연습 회기를 진행해 보기를 권한다. 이렇게 함으로써 당신은 깊고 혁신적인 방식으로 자기 치유를 할 수 있게 된다. 이 연습은 혼자서 할 수 있지만 대부분의 사람들은, 특히 처음에는 동료 상담 형식으로 파트너와 함께 작업하는 회기 진행을 더 쉬워 한다. 그래서 당신이 먼저 충분히 책을 읽고 이해하도록 한다. 이 책을 읽고 또한 이 방법을 진지하게 배우고 싶어 하는 친구를 찾도록 한다. 그리고 두 사람은 함께 읽으면서 IFS 연습 회기를 계획한다. 한 사람이 자신에 대해 작업하는 동안 다른 사람은 경청자/진행자 역할을 한다. 그런 다음 역할을 서로 바꿔 본다. 파트너와 작업하며 배우는 모든 것이 자기치유 능력을 향상시켜 준다.

IFS 치료에 참여하는 자체가 대부분의 사람들에게 있어서 엄청나게 삶을 변화시키는 사건이다. 이 책이 그러한 경험을 완전히 대체할 수는 없다. IFS에 전문성을 가진 능력과 돌봄의 전문치료사와 연결되고 그들로부터 받는 안내를 대체할 수 있는 것은 아무것도 없기 때문이다. 그러나 이 책은 당신 자신에 대해, 특히 예민한 친구의 도움으로, IFS 회기 전 과정을 진행할 수 있도록 IFS 모델을 충분히 자세히 가르치고 있다. 이 방법으로 당신은 이 강력한 모델이 제공하는 많은 유익을 얻을 수 있게 된다. 이 방향으로 당신이 어디까지 나아갈 수 있느냐 하는 것은 다음과 같은 여러 가지 요인에 달려 있다. 당신 자신에 대해 작업해 본 과거의 경험, 당신의 개방성과 창의력의 정도, 그리고 연습에 대한 당신의 몰입도 등이 여기에 해당된다.

그러나 당신이 IFS 자기치유 회기 전 과정에 참여하지 않을지라도 당신은 IFS 관점에서 당신의 정신 세계를 이해하고 당신의 부분들과 관계 맺는 법을 배우며, 심리 치유가 어떻게 일어나는지 파악함으로써 많은 것을 얻을 수 있을 것이다.

이 책으로부터 유익을 얻을 수 있는 사람

당신이 다음 그룹 중 어느 하나에 속한다면, IFS 자기치유 프로세스는 당신에게 도움을 줄 수 있다.

1. 다양한 개인적인 문제 — 낮은 자존감, 미루는 습관, 걱정, 수줍음, 우울증, 고독감 등 — 를 작업해 나가기를 원하는 사람들. 근원이 심리적인 문제는 모두 이 방법으로 변화될 수 있다.

2. 다양한 종류의 개인 성장을 추구하는 사람들. 이것은 자신감을 증가시키고, 전문분야에서의 성공을 가속시키며, 다른 사람들과 관계 맺는 능력을 심화시키고 친밀감을 향상시키며, 영적 자각의 발달을 도와준다.

3. 치료 받을 것을 고려하고 있는 사람들. 이 책은 당신이 IFS 접근법에 익숙하도록 해 줌으로써 당신과 함께 작업할 IFS 치료사를 선택할 것인지 결정할 수 있도록 해 준다.

4. 심리치료에서 나쁜 경험을 가졌기에 다시 시도해 보기를 꺼리는 사람들. 서로 다른 형태의 많은 치료법이 있다. 당신의 과거의 치료법이 효과적이지 못하였을지라도 올바른 접근법과 치료사를 만나면 성공할 가능성은 여전히 있다. 이 책은 당신에게 IFS 치료법이 얼마나 강력한 치료법인가에 대한 아이디어를 제공해 준다. 만약 이것이 적합하다고 생각된다면, IFS 자기치유 프로세스에 참여해 보거나 함께 작업할 IFS 치료사를 찾아본다.

5. IFS 치료를 받을 수 없는 사람. 주변에 좋은 치료사를 찾기가 힘든가? 치료 비용을 대기가 어려운가? 당신이 치료 효과를 보지 못하는 다른 이유가 있는가? 이 책은 당신 혼자서 그리고 파트너와 함께 작업함으로써 상당한 치료의 유익을 얻도록 해 줄 것이다.

6. IFS 치료사로부터 치료를 받고 있는 사람. 이 책은 IFS 모델에 대해 자세히 이해할 수 있도록 도우므로 회기 동안에 작업할 수 있는 능력을 향상시켜 주며, 집에서 자신에 대해 IFS를 진행할 수 있는 역량을 키워 준다. 이것은 내담자인 당신을 좀 더 효과적으로 만들고 당신의 치료를 가속시켜

참자아가 이끄는 삶이 되도록 도와줄 것이다. 나는 나의 IFS 교육반에서 교육을 받았던 내담자들에게서 이것이 사실임을 확인하였다. 그래서 나는 나의 모든 내담자에게 이 교육반에서 훈련을 받도록 권유하고 있다. 이 책은 나의 교육반에서 가르치는 내용을 기반으로 하기 때문에 틀림없이 동일한 효과를 가져올 것이다.

7. 심리치료사들. 이 책이 일반 대중을 위해 씌어지기는 하였지만 임상치료사에게도 유익한 정보가 많이 들어 있다. IFS 접근법이 상세히 기술되었으므로 독립적으로 혹은 당신이 현재 활용하는 접근법에 대한 보조자료로서 당신의 임상 현장에서 IFS를 시험 삼아 사용해 볼 수 있도록 해 준다. 이 책은 아주 상세히 기술되어 있기 때문에 충분히 IFS 방법의 매뉴얼이 될 수 있다. 만약 당신이 나처럼 IFS와 사랑에 빠진다면, 당신은 이 모델에 대한 전문가 훈련을 받고 싶어 할지도 모른다.

8. IFS 치료사. 이 책은 당신의 IFS 훈련 과정에서 배운 내용을 되짚고 있지만 다소 다른 방식으로 구성하고 있다. 이 책에 기술한 상세한 절차는 이 모델에 대한 당신의 이해를 심화시켜 줄 것이다. 많은 축어록은 IFS가 작동하는 법을 쉽게 파악하도록 해 준다. 당신은 또한 내담자가 IFS 작업을 진행할 수 있는 능력을 향상시킬 수 있도록 이 책 읽기를 권유해도 좋다.

안전

IFS 모델은 우리 모두가 가지고 있는 고통이나 외상을 매우 존중한다. IFS가 정신 세계를 강력한 방법으로 파고들어 가는 것이 사실이지만, 방어벽을 쓰러뜨리거나 문제 깊숙한 곳으로 급히 뛰어들어 가려고 애쓰지는 않는다. IFS는 고통으로부터 우리를 보호하려는 우리의 부분들을 존중하며, 관련된 모든 보호 부분들로부터 허락을 받은 후에야 우리의 깊은 문제들과 작업한다. 그러므로 당신 혼자서 사용해도 꽤 안전하다. 대부분의 사람들은 별 문제 없이 이 책의 연습문제와 연습 회기를 진행한다.

그러나 이 책이 심리치료의 대용물은 아니다. 어떤 사람들은 자신들의 삶 가운데서 너무 많은 고통과 외상을 경험하였기 때문에 그들의 내면 시스템은 예민하고 반응적이며, 무질서하고, 불안정하며, 혹은 강하게 충돌하고 있다. 만약 당신이 이 같은 내면 가족을 가지고 있다면 IFS 작업이 강렬한 정서적 혹은 신체적 반응을 일으킬 수 있다. 당신의 부분들과 작업을 시도할 때 당신은 공황 상태에 빠지거나 우울감을 경험하게 된다. 이 작업은 두통과 알레르기 혹은 다른 정신신체 반응을 활성화시켜 중독적 혹은 위험한 행동으로 빠지게 할 수 있다. 당신은 회기 중간이나 종결 후 멍하거나 혼돈된 느낌을 가질 수도 있다.

만약 당신에게 이 같은 반응이 나타나는 것 같다면, 아마도 심리치료사의 지도 없이 IFS를 사용하는 것이 안전하다고 볼 수 없다. 만약 확신이 서지 않으면, 알아볼 목적으로 이 책에 있는 작업을 매우 조심스럽게 시도해 볼 수 있으나, 만약 당신에게 어떤 이상한 혹은 강렬한 반응이 나타난다면, 그것은 당신이 치료사와 작업해야 한다는 신호가 된다. 이것을 가볍게 여겨 계속 밀고 나가려 해서는 안 된다. 당신이 전문가의 지도로 이 작업을 할 수 있을 때까지 자신을 돌보며 기다리라. 심리치료사는 당신이 안전하게 작업에 접근할 수 있도록 돕고 성공적인 작업이 이루어지도록 당신이 필요한 지원을 제공할 수 있는 사람이다. 만약 어떤 어려운 반응이 돌발하더라도 치료사는 상황을 다루는 법을 알 것이다.

만약 당신이 의존하고 있는 부모나 보호자, 배우자가 지금까지 관계하던 방식이 바뀌는 것을 참아내지 못한다면, 당신 혼자서 IFS 작업을 하는 것은 바람직하지 않다. 당신 삶에서 중요한 사람과도 작업할 수 있는 치료사의 지도를 받으며 IFS를 진행하는 것이 더 낫다.

요약

이 장에서는 인간 마인드와 우리의 정신 세계가 어떻게 부분으로 되어 있는지,

그리고 각 부분이 우리의 복지를 위해 최선을 다하고 있는 것에 대한 IFS 시각이 가지고 있는 힘에 대해서 배웠다. 당신은 IFS에서 내적 치유의 수행자인 긍휼의 장소, 참자아에 대해 알게 되었다. 당신은 어떻게 이 책을 사용하며 누가 이 책으로부터 유익을 얻을 수 있는지 알게 되었다. 제2장에서는 이 아이디어를 좀 더 자세히 탐구한다.

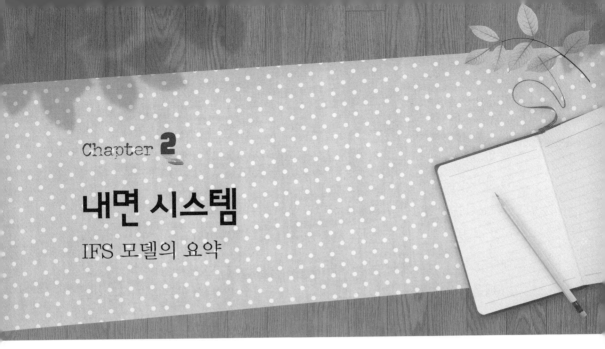

Chapter 2

내면 시스템
IFS 모델의 요약

이 장에서는 심리학자 리처드 슈워츠가 개발한 IFS 모델을 소개하고 그것이 어떻게 작동하는지 전체적인 개관을 간단히 보여 준다. 제1장에서 언급한 바와 같이 IFS는 인간의 정신 세계를 소인격체들 혹은 부분들로 나뉘어져 있다고 본다.

소인격체들의 힘

IFS에서의 부분들이라는 개념은 다른 유형의 심리치료로부터 나온 여러 아이디어, 예를 들어 방어, 정신력, 자화상, 투사 및 스키마라고 볼 수 있다. 그러나 이러한 개념은 보통 정신 세계가 어떻게 작동되는지에 대한 기계적인 혹은 생물학적인 기술이라 할 수 있다. 부분들 혹은 소인격체들이 그와 유사한 방식으로 작동하기도 하지만, 그러나 그들은 살아 있고 개인적이다. 그들은 나름대로의 이유가 있어 자신들이 하고 있는 일을 하는 것이다. 그리고 그들은 당신과 그리고 서로 관계를 맺고 있다. 예를 들면, 당신이 특정 기억을 무의식으로 만드는 억압의 방어를 사용하고 있다고 하자. IFS는 한 보호적인 부분이 나름대로 어떤 이유가 있어서 당신의 자각으로부터 그 기억을 의도적으로 배제하고 있다는 사실을 인식한다. 아마도 그 기억이 당신을 고통으로 몰아넣을까 봐 두려워하고 있는 것이다.

부분들은 자신들만의 감정과 신념과 동기와 기억을 가지고 있는 독립된 실체이다. 부분들이 자신이 행하는 모든 것에 대해 동기를 가지고 있다는 사실을 이해하는 것은 특히 중요하다. 습관으로 행해지고 있는 것은 아무것도 없다. 당신이 배운 행동이나 사고의 패턴에 지나지 않는다고 말할 수 있는 것은 아무것도 없다. 모든 것은 (순전히 생리적인 반응은 예외로 하고) 이유가 있어 — 그 이유가 비록 무의식일지라도 — 부분에 의해 행해지는 것이다. 예를 들면 만약 당신이 치료 과정 중 스스로를 탐색하는 동안에 특정 지점에서 정신 집중이 되지 않으면, 이것은 아마도 우연이 아닐 것이다. 어떤 부분이 무언가를 회피하고자 하기 때문에 당신을 정신 집중하지 못하게 하고 싶어 하는 것이다.

이런 식으로 정신 세계를 이해하는 것은 당신의 내면 세계를 더 낫게 바꿀 수 있도록 당신에게 엄청난 힘을 부여한다. 부분들은 당신 안에 있는 작은 사람들과 같아서 당신은 그들과 접촉하며 그들을 알아 가고, 그들과 협상하며, 그들을 격려하여 당신을 신뢰하게 만들고, 그들이 서로 의사 소통하도록 도우며, 그들이 치유에 필요로 하는 것들을 제공할 수 있다. 이러한 작업을 통하여 당신은 당신의 정신 세계를 이해하고 변화시킬 수 있는, 즉 전인성에 도달할 수 있는 엄청난 역량을 갖게 된다.

당신은 소인격체라는 생각을 정신 세계를 바라보는 단순히 유용한 비유의 하나로 취급할지 모른다 — 그것이 사실이긴 하지만 그 이상이다. 당신이 정신 세계의 구성 요소를 당신이 상호작용할 수 있는 실체들로서 취급한다면 그들도 그런 식으로 당신에게 반응하게 되는데 이것은 당신에게 변화할 수 있는 엄청난 힘을 부여하는 것이다. 그들이 실제로 존재하는가? 나는 그렇다고 믿는다. 그러나 나는 당신이 이 책을 읽고 연습하여 스스로 결정해 보기를 권한다.

IFS는 소인격체들과 작업하는 수많은 치료 방법 가운데서 가장 최근에 개발된 것이다. 초기 방법들로서 융의 분석, 정신종합치료, 교류분석과 게슈탈트 치료가 있었다. 좀 더 최근의 접근법은 최면치료, 내면아이 작업, 보이스 다이얼로그, 자아 상태 치료, 존 로완의 작업 등이 있다. IFS는 이 방법들 중 가장 최근 것이고 가장 정교한 것이다. 그리고 인지 행동 치료에서 볼 수 있는 스키마와 같이 드러내 놓고 소인격체들과 작업하지 않는 많은 유형의 치료에서도 유사한 개념을 사용하고 있다.

IFS는 여러 가지 면에서 이 여타의 방법들보다 앞서 있다. IFS는 참자아의 힘과 중요성을 인식하고, 참자아 상태에서 당신의 부분들과 관계를 맺는 것에 치료의 기초를 두고 있다. IFS 방법은 회기 중에 여전히 의식이 깨어 있는 상태를 유지하고 중심을 잃지 않으면서 당신을 깊은 내면으로 인도한다. IFS는 단순히 분리된 상태의 부분들과 작업하는 것이 아니다. IFS는 부분들 사이의 관계를 정교하게 이해함으로써 치료 방법을 안내한다. 나중에 이해하게 되겠지만, 가장 중요한 관계는 고통으로부터 우리를 보호하는 부분들과 고통 가운데 있는 아이 부분들 사이의 관계다. 인간 정신 세계 안에서 일어나는 문제들은 주로 고통으로부터 우리 자신을 보호할 필요성을 중심으로 구조화되었다. IFS 접근법은 이 같은 필요성을 중심으로 조직화되었기 때문에 우리는 우리의 작업을 레이저 같이 정확하게 겨냥하면서, 우리의 고통과 방어들을 존중하되 예민하게 다룰 수 있는 것이다.

역할들

각 부분은 당신 삶에서 한 가지 역할을 가지고 있다. 부분은 당신의 정신 세계와 세상 가운데서의 당신의 행동에 어떤 특성을 가져다준다. 각 부분은 어떤 식으로든 (그것이 때로는 반대 효과를 가져올지라도) 당신의 이익을 증대시키려 한다. 어떤 부분들은 당신 삶에서 실제적인 과업을 해결하는 방법을 결정한다. 또 어떤 것들은 외부 위협이나 내면의 고통으로부터 보호한다. 어떤 다른 것들은 사람들에게 개방적이고 친근하게 대한다. 다른 것들은 어릴 적부터 해결되지 못한 두려움이나 수치심을 품고 있다. 어떤 것들은 연기자이며 또 어떤 것들은 고독한 사색가이다. 어떤 것들은 사람들을 돌보고, 또 어떤 것들은 당신 자신에 대해 느끼는 방식에 영향을 주기도 한다.

많은 부분들이 건강하고 기능적인 역할을 수행한다. 그들은 당신의 삶이 잘 굴러 갈 수 있도록 단속한다. 그들은 당신이 사람들과 관계를 맺거나 일을 잘 마칠 수 있도록 도울 수도 있다. 그들은 당신이 자기 주장을 펴거나 세상을 파악하는 것을 도울 수도 있다. 많은 부분들이 당신의 내적 경험과 외적 삶을 증대시키는 긍정적인 특성을 가지고 있어 당신이 살면서 부딪치는 어려움을 헤쳐 나가도록 해 준다. 그들은 카리스마나 유머를 표출할 수도 있다. 그들은 당신에게 창의력, 생동감, 기쁨 혹은 평화를 가져다줄 수도 있다.

그러나 다른 부분들은 고통, 상처 받기 쉬움 혹은 해로부터 당신을 보호하려는 필사적인 노력 가운데 더 극단적인 역할을 취한다. IFS에서는 극단적인 역할이 결국 역기능적인 행동이나 감정 혹은 사고로 이어진다고 본다. 한마디로 말하면 극단적인 역할을 하는 부분은 당신 삶에서 문제를 일으킨다. 그 부분은 기껏 잘 해 봤자 당신 삶을 훼방하는 것이고, 최악의 경우에는 당신 삶을 절름발이로 만든다. 부분은 자기파괴적으로 혹은 사람들과 갈등을 유발하는 방식으로 행동할 수 있다. 그것은 당신으로 하여금 왜곡된 인식, 부정확한 신념 혹은 강박적 사고 패턴을 갖도록 만들 수 있다. 그것은 당신을 고통이나 신체적 긴장 ─ 삶의 풍요로부터 당신을 단절시키는 그 어떤 것 ─ 으로 휩싸 버릴 수 있다.

많은 극단적인 부분들은 심지어 그것이 필요치 않을 때라도, 당신을 보호한다. 그리하여 사람들이 불쾌히 여기거나 자기들로부터 거리를 두도록 심술궂은 방식으로 당신이 행동하도록 만든다. 어떤 것들은 요구가 많은 부모처럼 모든 것에서 완벽하도록 당신을 밀어붙여 과로하게 한다. 다른 것들은 사람들이나 상황에 대한 당신의 인식을 왜곡시킨다. 그래서 당신은 그들이 위협하고 있다고 믿고 당신으로 하여금 방어적으로 행동하거나 통제하거나 억압하도록 만든다. 어떤 부분들은 강렬한 정서 반응을 보이고 다른 것들은 당신의 모든 감정의 문을 닫도록 만든다.

많은 부분들은 건강한 것과 극단적인 것이 섞여 있는 역할을 한다. 평상시에 그들의 건강한 접근법이 어떤 때는 극단적인 것으로 바뀐다. 예를 들면, 내게는 내 삶의 세부적인 것들을 매우 조직적으로 효율적으로 다루는 부분이 있다. 그것은 좋다. 내 삶으로부터 기쁨과 존재감을 빼앗도록 그 부분이 기계적이며 쫓기는 방식으로 일할 때는 좋지 않다. 나는 단지 일을 끝내기 위해 생동감을 희생시키고 싶지 않은 것이다.

IFS는 부분들을 치유하고 변화시키기 위하여 극단적인 역할을 하는 부분들에 초점을 맞춘다. 이것이 바로 당신이 이 책에서 배울 내용이다. 두 종류의 극단적인 부분들이 있다. 보호자들과 추방자들이 그것이다.

보호자들

보호자들[1]의 임무는 당신이 고통을 느끼지 않도록 보호하는 것이다. 그들은 당신이 언제나 안락한 영역에 있으며 당신이 상처나 수치심 혹은 두려움을 느끼지 않도록 당신의 삶과 정신 세계를 잘 조정하려 애쓴다. 그들은 ─어릴 적부터 묻어 두었던 고통을 올라오게 하는─ 현재 삶 가운데서 상처를 입히는 사건이나 고통스러운 관계로부터 당신을 보호하려 시도한다. 이 묻어 두었던 고통은 강렬할 수 있기 때문에 보호자들은 그것이 활성화되지 않도록 예방하는 것에 신경을 곤두세우고 있다. 어떤 보호자들은 당신이 전혀 그것을 느끼지 못하도록 당신 내면에서 솟아오르는 고통을 차단해 버린다. 또 다른 보호자들은 우연하게라도 고통을 자극하지 못하도록 우선적으로 외부 세계를 조정하려고 애쓴다. 어떤 것들은 두 가지를 다 한다. 보호자들은 당신 자신을 탐구할 때 보통 처음으로 마주하게 되는 부분들이다. 왜냐하면 그들이 일상의 의식에 가장 가깝게 접근해 있

---

1) IFS는 두 유형의 보호자들, 앞서 주도하는(proactive) 관리자와 반응적인(reactive) 소방관을 구분한다. 그러나 이 책에서는 그 구분을 깊이 다루지 않는다.

기 때문이다.

비록 보호자들이 표면상으로는 당신의 현재 삶에 초점을 맞추고 있지만 그들의 대부분은 당신의 어릴 적 사건과 관계에 강하게 영향을 받고 있다. 버려짐, 배반, 판단, 혹은 학대와 관련된 오래전의 사건으로부터 남아 있는 두려움이 있다. 보호자들은 당신이 더 이상 아이가 아니라는 사실을 깨닫지 못한다. 그들은 당신이 이제는 훨씬 많은 힘과 자원이 있고, 대체로 과거와 같은 위험 가운데 있지 않다는 사실을 깨닫지 못한다. 그들은 당신이 어릴 적에 경험했던 것과 비슷한 상황이면 무엇이든 회피하려고 애쓴다. 그것은 인종학살에 대한 유태인들의 모토와 비슷하다. "결코 다시 있어서는 안 된다!"

보호자들은 다양한 전략을 구사한다. 나는 극도로 지적인 상태가 됨으로써 나의 감정을 닫아 버리는 부분을 가지고 있다. 나의 또 다른 부분은 상처 받기 쉬움과 마음의 상처를 사전에 차단하기 위해 무정하게 대한다. 어떤 사람들의 부분들은 부정해 버리고 실제로 그렇지 않은데도 그들 삶 가운데 모든 것이 다 괜찮은 체 한다. 당신은 당신 안에 당신의 감정을 직면할 필요가 없도록 그 감정을 다른 사람에게 투사하는 부분을 가지고 있을 수 있다. 표준 심리학 용어로 이러한 보호자들을 '방어' 라 부른다.

어떤 보호자들은 고통을 느끼지 못하도록 방해한다. 어떤 사람은 고통을 묻어 버리기 위해 술을 마신다. 또 다른 사람들은 쇼핑을 다니거나 과도하게 일에 매달린다. 어떤 유형의 중독이라도 그것이 당신을 무감각하게 만드는 한 이런 식으로 사용될 수 있다. 예를 들면, 우리 중의 많은 사람은 고통을 물리치기 위하여 먹는 보호자들을 가지고 있다. 우리가 거절 당하거나, 판단을 받거나, 무시당하면 보호자가 튀어나와 냉

장고로 향한다. 그 보호자는 우리의 관심을 고통으로부터 음식의 즐거움으로 돌리고 싶어 한다. 우리를 달래고 배를 채워 우리 기분이 좋아지도록 만들고 싶어하는 것이다.

어떤 보호자는 당신을 비난하고 통제함으로써 당신을 착한 소년이나 소녀로 만들려고 애쓴다. 혹은 아무도 당신을 판단할 이유를 찾지 못하도록 업적을 많이 내고 성공하라고 당신을 밀어붙일 수도 있다. 악명 높은 내면 비판자가 이 일을 담당한다. 제1장에서 샌디가 열심히 일하고 미루는 습관을 피하기위해 스스로를 비난하는 강요하는 부분을 가지고 있는 것을 우리는 보았다. 그 부분은 그녀가 어릴 적에 받았던 조롱을 받지 않도록 예방하기 위해 애쓰고있는 것이다.

어떤 보호자들은 당신이 성공하고 인기가 있도록 도움으로써 자신감과 자긍심을 쌓게 해 준다. 그들은 당신이 결핍되어 있다고 생각하는 당신 내면 깊은 곳에 있는 구멍을 보고 있다. 그래서 그들은 다른 사람으로부터 받는 찬사로 그것을 보상 받고 싶어 한다. 어떤 보호자들은 사람들이 당신을 좋아하도록 당신을 사랑스러운 사람으로 만들려고 애쓴다. 그러면 사람들은 당신에게 상처 주거나당신을 버리지 않을 것이다. 다른 보호자들은 당신의 모든 필요가 채워져서 내면의 공허감이 물러 가도록 당신의 삶을 조정하려 시도한다.

달린은 자신의 돈을 써 가며 다른 사람들의 필요를 철저하게 돌보는 보호자를가지고 있다. 그 보호자는 삶에서 가장 중요한 것은 다른 사람들이 편안해하고기분 좋도록 하는 것이라고 믿고 있다. 문제는 그녀가 자기 자신을 돌보지 않는다는 것이다. 어릴 적에 달린은 엄마가 종종 화를 냈고 우울증을 가지고 있었기 때문에 엄마로부터 필요한 사랑과 양육을 받지 못했다. 그 결과 달린은 허전함과 부족감을 느꼈다. 그러나 그녀는 자신의 감정을 옆으로 밀어 놓고 자기 엄마가 기분 좋게 느끼도록 최선을 다했다. 달린은 착한 마음씨를 가졌고 자기 엄마가 고통당하는 것을 참고 볼 수가 없었다. 그래서 그녀는 엄마를 양육하고 돌보기 위해 지칠 줄 모르고 일하였다. 그녀는 엄마와 역할을 바꾼 것이다. 그녀가보호자가 되었고, 엄마는 아이가 되었다. 그러나 작은 소녀들은 엄마가 필요하다. 누가 달린을 돌볼 것인가? 그녀가 엄마로부터 사랑을 받았던 유일한 시간은 그녀가 엄마를 돌보고 있는 동안이었다. 그래서 달린의 보호자는 사랑을 얻는 방법은 주고 또 주는 것이라는 사실을 배웠다. 이제 달린의 성인 삶에서 이 부분은 그녀의 내면의 허전함을 채울 만한 사랑을 얻을 요량으로 끊임없이 다른 사람을 돌보도록 그녀를 몰아붙인다.

앞서 본 바와 같이 부분들은 매우 다양하게 보호적인 역할을 한다. 어떤 것들은 예측 불가능한 위협을 물리치기 위하여 모든 상황을 통제하려 애쓴다. 어떤 것들은 우리의 자율을 보존하고 우리가 다른 사람들에 의해 지배당하지 않게 하려고 권위에 저항한다. 어떤 것들은 다른 사람들의 인정을 얻고자 다른 사람들을 기쁘게 하려고 애쓴다. 또 어떤 것들은 사람들로부터 흠모를 얻는 것이 주 임무인 카리스마적 연기자이다. 어떤 것들은 판단당하는 것을 피하려고 자기를 내세우지 않으며 조용히 있는다. 당신이 가까운 사람에 의해 학대를 받거나 삼킴을 당하는 두려움 때문에 친밀감을 회피하는 보호자를 가졌을 가능성도 있다. 당신은 문제에 대한 비난을 당신이 받지 않도록 채비하는 화내는 보호자를 가졌을 가능성도 있다. 혹은 당신이 세상의 신랄한 공격에 상처를 입지 않도록 당신의 감정을 둔화시키는 보호자를 가졌을 수도 있다. 목록은 끝없

연 · 습 · 문 · 제 · 1

보호자에 대해 배우기

당신의 두 가지 보호자에 대해 생각해 보라. 각각에 대해 다음 질문에 대한 답을 적으라.

- 그것은 당신의 삶을 관리하고 세상과의 상호작용을 돕는 데 있어서 어떤 역할을 하는가?
- 그것은 다른 사람들과 어떻게 관계하는가?
- 그것은 고통으로부터 당신을 어떻게 보호하는가?
- 그것은 당신에 대해 어떤 긍정적인 의도를 갖고 있는가?
- 그것은 어떤 것으로부터 당신을 보호하려고 애쓰는가?

당신은 이 모든 질문에 대해 답을 갖지 못할 수도 있다. 그러나 계속 읽어 가면서, 당신은 당신의 보호자들을 이해하는 법에 대해 많은 것을 배울 것이다. 이것은 겨우 시작 단계에 불과하다. 적어 놓은 것들을 보관하고 나중에 추가하라.

이 계속된다.

추방자들

추방자들은 과거로부터의 고통 가운데 있는 어린아이 부분이다. 추방자들은 고통 가운데 있는 부분이지만, 보호자들은 우리가 고통을 느끼지 못하도록 애쓰는 부분이다. 추방자들은 보호자들이 그들을 막아 우리를 보호하려 애쓰는 바로 그 대상자들인 것이다.

추방자들은 종종 특정한 나이, 어릴 적 특정한 시간에 갇혀 있다. 그들은 문자 그대로 두 살, 다섯 살 혹은 일곱 살이고 당신의 그 당시 삶의 상황 가운데 머물러 있다. 그들은 그 시간에 얼어붙어 있는 것이다. 왜냐하면 그 당시 힘든 혹은 외상적인 사건이 발생하였고 당신은 그것을 다룰 만한 내적 자원들이나 외부 지지가 없었기 때문이다. 그러므로 그것은 당신에게 너무나 엄청난 것이었고 그 낙진은 분해되어 소화될 수 없었다. 이 고통스러운 사건을 경험하고 그곳에 갇혀버린 어떤 (아마도 하나 이상의) 추방자가 있게 된다.

외상적인 예를 들어 보자. 리사는 세 살에서 빠져나오지 못하는 추방자를 가지고 있다. 하루는 아빠가 통제력을 잃고 그녀를 많이 때렸다. 그것은 세 살짜리에게는 너무 무서웠고 감당하기 어려웠다. 그리고 그녀는 엄마에게 도움을 청하러 갈 만큼 엄마와 강한 유대감도 갖고 있지 못하였다. 사실 그녀는 지지와 이해를 받기 위해 기댈 수 있는 사람이 아무도 없었다. 그래서 그 사건은 분해될 수 없었고, 그 학대를 경험하였던 리사의 부분은 그녀가 공포에 떨고 무력감에 빠져 있던 시점에 얼어붙어 버렸다. 리사가 그 추방자를 만났을 때 그 추방자는 세 살짜리로 보였고 그 또래가 그렇듯이 공포에 떨고 있었다. 그 추방자는 공처럼 웅크리고 누군가 도와주기를 바라며 신음하고 있었다.

추방자는 항상 한 장소에 갇혀 있는 것은 아니다. 일련의 어릴 적 사건이나, 심지어 수년 동안 혹은 어린 시절 내내 계속된 어떤 상황일 수도 있다. 예를 들면, 샘은 자기 엄마와의 관계에서 꼼짝 못한 채 갇혀 있는 추방자를 가지고 있다. 샘의 어린 시절 내내 엄마는 그의 욕구에 무관심하였고 이 추방자는 끊임없이 사랑의 기갈을 느꼈다. 단 한 번의 사건도 없었다. 이 추방자는 샘이 가진 엄마와의 모든 관계로부터 오는 고통을 떠맡았다.

추방자들은 종종 당신 가족의 신념이나 감정을 떠맡는다. 만약 당신의 가족 생활이 혼란스럽다면 당신은 아마도 내면에 뒤범벅이 된 느낌을 가진 추방자가 있을 것이다. 만약 당신의 가족이 대부분의 시간을 서로에게 차가운 침묵으로 대하였다면 당신은 북극에 사는 것처럼 느끼는 추방자를 가지고 있는지도 모른다. 추방자들은 또한 당신 가족이 어떻게 할 수 없었던 사건에 의해 강하게 영향을 받을 수도 있다. 아마도 전쟁터에 꼼짝없이 갇혀 있어 외상적이면서 폭력적인 사건을 경험하였을 수도 있다. 아니면 아파서 몇 달 동안 고통 가운데 침대에 누워 있었을 수도 있다. 아마도 엄마가 수술을 한 관계로 중요한 시기에 어쩔 수 없이 당신과 떨어져 있어야 했을 수도 있다. 아마도 당신의 가족이 가난 속에서 헤어 나오지 못했을 수도 있고 혹은 편견으로 깊은 상처를 받았을 수도 있다.

이유가 무엇이든, 추방자들은 다양한 고통스러운 감정을 드러낼 수 있다. 어떤 이들은 외로움과 버려짐을 느끼고 어떤 이들은 학대당함이나 배반당함을 느낀다. 또 어떤 이들은 자신들의 행동 때문에 혹은 본래 약점이 있다고 믿기 때문에 스스로를 수치스럽게 느낀다. 어떤 이들은 다른 사람들에 의해 침해당하거나 지배당하는 것을 두려워한다. 많은 사람들이 어렸을 적에 받지 못했던 양육과 사랑을 필사적으로 얻고 싶어 한다. 어떤 이들은 자신들의 생존이 위기에 처해 있다고 느끼며 죽음의 공포에 떨고 있다. 어떤 이들은 무력감으로 다른 사람들의 통제 아래에 있다.

고통스러운 감정뿐만 아니라, 추방자들은 당신에 대해서 그리고 세상에 대해서 부정적인 신념을 가지고 있다. 당신은 본래 사랑 받을 수 없었기에 아무도 당신과 가까이하고 싶어 하지 않을 것이라고 믿는 추방자를 가지고 있을 수 있다. 당신은 달린처럼, 자신 때문에 엄마가 고통 받고 있다고 믿는 추방자를 가지고 있을 수 있다. 어떤 추방자들은 자신들이 부족하다고 여기기 때문에 자신들이 시도하는 어떤 것에도 성공할 수 없다고 믿는다. 세상이 본래 위험하다고 믿는 추방자들도 있다. 논리로는 해결할 수 없는 이 같은 관점들이 만연되어 있다.

추방자들은 과거로부터 발생한 고통을 붙들고 있기 때문에 보호자들은 그들을 구석진 곳으로 멀리 밀어 놓는다. 이제 그들은 당신의 내면의 삶으로부터 추방되어 의식의 빛으로부터 멀리 떨어진 어두운 지하감옥에 갇혀 있다. 어떤 추방자는 보통 자신만의 작은 세계에 갇혀 있기 때문에 당신이 이미 성장하여 스스로를 돌보며 친구를 사귀고, 독립적이며 스스로의 가정을 꾸려 나가기 시작할 수 있는 역량을 이미 갖고 있다는 사실을 자각하지 못하고 있다. 그것이 자각하고 있는 것이라고는 어릴 적에 있었던 어떤 고통스러운 상황뿐이다. 비슷한 일이 현재 상황에서 일어날 때마다 그것은 고통을 재활성화시키게 되어 고통은 표면으로 떠오른다. 그때 당신의 보호자들은 당신이 그것을 느끼지 못하도록 온갖 노력을 경주하기 시작한다.

예를 들어, 당신이 5학년 때 수학을 열심히 공부했다고 하자. 당신이 B$^+$를 가지고 집으로 달려왔다. 이것은 당신이 과거에 성취했던 어떤 것보다 나은 것이었다. 당신은 아빠가 당신의 성취를 칭찬해 줄 것이라고 확신하였다. 아빠가 성적표를 읽는 동안, 칭찬과 인정을 잔뜩 기대하며 그 앞에 서 있었다. 그러나 아빠는 성적표를 확 구기더니 벽에다 던지고는 당신에게 이 정도밖에 못하냐고 소리를 질렀다. 아빠는 자기가 학교 다닐 때 절대로 수학에서 B를 받은 적이 없으며 정말 당신이 자기 아들인지 어떤 때는 믿을 수 없다고 하였다. 그의 말은 당신의 심장을 꿰뚫는 비수에 다름 아니었다. 당신은 거기에 서 있었지만 차라리 사라질 수 있기만을 바랐다. 이 사건은 당신의 추방자들 중의 하나로 하여금 아무 쓸모가 없다고 느끼게 만들었고, 결국 당신이 무슨 일을 하든 당신은 어딘가 모자라다고 믿게 되었다.

이제 당신은 당신 업무를 잘 수행하는 어른이 되었고 당신 상사가 당신을 자기 사무실로 호출한다. 그는 당신에게 당신이 쓴 기획서가 제대로 되지 않았으며 그 이유는 이러저러하므로 다시 쓰는 것이 어떻겠느냐고 말한다. 사실을 말하자면 그가 특별히 판단하는 태도는 아니다. 그는 단지 기획서를 다시 작성해주기를 바랄 뿐이다. 그러나 그 아무 쓸모가 없다고 느끼는 추방자는 당신의 무의식 가운데 감추어진 채로 있다가 상사에 의해 촉발된다. 추방자는 그가 당신에게 가혹하게 비판적이라고 인식한다. 그리고 자신의 아무 쓸모가 없다는 생각이 올라오기 시작한다. 어딘가 모자라다는 그 오래된 감정이 살아나기 시작한다. 그러나 당신이 이것을 의식하기도 전에, 보호자는 당신이 그 찌르는 듯한 고통을 느끼지 못하도록 장악한다. 이 보호자가 할 수 있는 행동에는 여러 가지가 있다. 어떤 보호자는 그 고통을 회피하고 탓을 돌리기 위해서 상사에게 불같이 화를 낼 수 있다. 또 다른 보호자는 나중에 상사가 당신을 맘에 들어 하고 칭찬할 수 있도록 일부러 상사의 비위를 맞출 수도 있다. 또 다른 보호자는 집으로 가서 고통을 덜려고 술을 몇 잔 마시게 할 수도 있다. 이 모든 것이, 떠오르는 옛 모멸감으로부터 당신을 보호하는 작업인 것이다.

또 하나의 흔한 현상은 과거에 해를 당한 추방자를 가지고 있는 경우이다 — 예를 들면, 약자를 못살게 굴었던 오빠에게 신체적으로 학대 받은 경험처럼.

당신이 비슷한 종류의 위험에 처할 때마다 그 추방자의 두려움은 촉발된다. 그래서 비록 지금은 실제로 위험이 없을지라도 당신이 또다시 해를 당하지 않도록 보호하기 위하여 보호자는 개입하게 된다. 예를 들면, 당신의 남편이 어느 날 저녁 교통 체증으로 월요일 저녁 미식축구 초반전을 놓치자 짜증 내며 집에 들어온다. 그는 신경질을 내며 집 안 주위를 쿵쾅거리며 돌아다닌다. 이것이 오빠한테서 두들겨 맞았던 추방자의 두려움을 촉발시킨다. 비록 당신 남편이 약간만 화가 나 있는 상태이고 그것이 당신을 향한 것이 아닐지라도 보호자는 개입하여 당신으로 하여금 남편 곁을 피하게 만든다. 당신의 남편은 왜 당신이 피하는지 이유를 알지 못해 이 같은 사건들이 결혼 생활에 거리감을 만들어 내게 된다.

참자아

다행히도 인간은 단순히 부분들의 모음이 아니다. 우리는 그보다 훨씬 더 이상이다. 우리의 참자아는 성숙하며 사랑이 많으며 치유력을 가지고 우리의 부분들을 통합한다.

IFS 개발 초기에 리처드 슈워츠는 자기 내담자로부터의 피드백을 통해 모델을 배우고 있었다. 그는 부분들에 대해 배웠고 그가 내담자와 작업할 때 좀 더 깊은 내면 작업을 할 수 있도록 종종 보호자에게 옆으로 비켜서 달라고 요청하였다. 그러자 또 다른 보호자가 나타나면 그는 내담자를 도와 그 보호자 역시 긴장을 풀도록 하였다. 이것은 결국 다른 종류의 존재가 나타날 때까지 계속되었다. 리처드는 내담자들에게 그 부분이 무엇이냐고 물었고 그들은 다음과 같이 이야기하였다. "네, 정확히 말하면 그것이 부분은 아니에요. 다른 특성을 가지고 있어요. 그것은 전혀 나의 부분들 같지 않아요." 그러자 그는 말했다. "그럼, 그것이 부분이 아니면 무엇인가요?" 내담자들은 대답하였다. "모르겠어요. 그냥 나예요. 진짜 나라는 존재예요." 내담자들이 자신들이 의미하였던 것을 풀어 설명하면서 보통 이렇게 이야기하였다. "나의 부분들이 모두 옆으로 비켜섰을 때 남아 있는 것은 '나'예요." 그리고 일단 이 내담자의 '나'에게 접근하게 되면 치료는 하나도 힘이 들지 않았다. 왜냐하면 이제 그 사람의 에너지는 완전히 해방되었기 때문이다. 그것은 파도를 타고 매끄럽고 쉽게 내려오는 영역 (파도타기 구간) 안에 있는 서퍼의 기분이다.

그렇게 리처드는 참자아[2]에 대해 배웠다. 이것은 놀라울 정도로 변화력이 있었고 IFS가 가진 깊은 수준의 힘이 넘쳐 나왔다.

우리 모두에게는 우리의 영적 중심이며 참 속사람(true self)에 해당되는 우리의 핵심 부분이 있다. 우리의 극단적인 부분들이 활성화되지 않고 방해하지 않을 때 이것이 우리의 존재다. 참자아는 긴장하지 않으며, 개방적이고 당신 자신과 다른 사람들에 대해 수용적이다. 당신이 참자아 상태에 있을 때에는 당신이 가장 안정감 있고 중심이 잡혀 있으며, 비반응적이다. 당신은 사람들의 행위에 의해 자극을 받지 않는다. 당신은 심지어 힘든 상황에서도 침착하고, 혼란스러워하지 않는다. 참자아는 우리의 부분들보다 훨씬 크고 훨씬 넓으며 부분들을 두려움에 떨게 하였던 사건도 무서워하지 않는다. 참자아는 세상에서 제대로 기능하고 다른 사람들과 관계를 맺는 데 필요한 힘과 명료함을 갖고 있다. 당신이 참자아 상태에 있으면 당신 자신과 당신 부분뿐만 아니라 다른 사람을 향해 애정을 갖고 돌볼 수 있게 하면서 깊은 긍휼한 마음을 갖게 된다. 참자아는 태양과 같다 — 스스로 빛난다.

참자아는 영적 가르침들이 이야기하는, 때로는 하나님이라 불리는, 존재의 기반에 연결되어 있다. 그것은 삶의 더 큰 질문들을 다룸에 있어 당신을 안내할 수 있는 더 높은 지혜와 명철에 닿아 있다. 그것은 당신으로 하여금 매 순간마다 생동감과 깊음이 충만하게 드러나게 만든다. 그는 다함이 없는 사랑의 샘이다.

2) 이 책에서 참자아로 지칭한 Self(대문자 S)에 대한 IFS 개념은 보이스 다이얼로그, 융의 분석, 정신종합치료에서 나오는 그것과 유사하다. 그러나 그 밖의 다른 치료법에서는 존재하지 않는 것으로 보인다. 'self(소문자 s)'라는 용어를 사용하는 치료법에서조차 보통 다른 것을 가리킨다. 반면에 많은 영적 전통들은 IFS의 Self와 유사한 의미를 가지고 있으며, 여러 가지 이름으로 불리고 있다. 예를 들면, 본질(Essence), 불성(Buddha Nature), 참나(Atman) 혹은 내면의 빛(Inner Light)이 그것이다.

우리 대부분은 어렴풋하게나마 참자아는 대략 이런 것들이 아니겠는가 하는 아이디어를 줄 수 있는 경험을 가지고 있다. 그러나 우리의 극단적인 부분들이 자주 그리고 너무 만연해 있어 부분들이 참자아를 가려 버린다. 한 부분이 강하게 활성화되면 그 부분이 장악하여 참자아를 밀어내는 경향이 있다. 우리는 우리 자신이 그 부분이 된 것처럼 느끼면서 그 부분과 동일시한다. 그리고 참자아의 경이로운 특성에 거의 혹은 전혀 접근하지 못한다.

앞서의 예로 되돌아가면 당신의 남편이 신경질을 내며 퇴근하여 귀가하였을 때 당신의 한 부분이 활성화되어 장악하면서 남편 곁을 피한다. 당신의 참자아로부터 나오는 돌보며 합리적인 당신의 정상적인 능력은 그 순간에 작동되지 않는다. 우리 대부분은 대부분의 시간 동안에 적어도 몇 개의 부분들을 활성화시켜 놓는다. 그래서 우리는 참자아에 온전히 닿을 수 있는 기회가 드물다. 우리는 어느 정도의 개방과 긍휼한 마음, 혹은 그 밖의 참자아의 특성들을 느낄 수는 있을지 몰라도 참자아의 완전한 깊이와 범위를 이해하지는 못한다.

참자아에 대해 많은 것을 이야기할 수는 있으나 우리의 목적에 비추어 가장 중요한 것은 참자아가 IFS에서 '심리 치유의 행위자' 라는 것이다. 참자아는 본래 우리의 부분들에 대해 긍휼한 마음과 호기심을 가지고 있다. 참자아는 각 부분과 관계를 맺고 부분을 알아 가며 치유하고 싶어 한다.

심리 치유에 특별히 중요한 참자아의 네 가지 특성을 살펴보자. 당신이 참자아 상태에 있을 때 당신은 자연스럽게 이러한 특성들이 몸으로 드러나게 된다.

1. 참자아는 관계성을 갖고 있다. 당신이 참자아 상태에 있으면 당신은 자연스럽게 다른 사람과 가깝게 느끼고 조화롭고 지지적인 방식으로 관계를 맺고 싶어 한다. 당신은 그들과 접촉하고 공동체에 속하고 싶은 마음이 생긴다. 참자아는 또 당신의 부분들과 관계를 맺고 싶어 한다. 당신이 참자아 상태에 있으면 당신은 각 부분과 관계를 맺는 데 관심을 갖게 되며 이것은 부분들이 당신을 신뢰하도록 만들어 치유의 길을 여는 데 도움을 준다.

2. 참자아는 **호기심**을 갖고 있다. 당신이 참자아 상태에 있을 때 당신은 개방적이고 수용적인 방식으로 다른 사람들에 대해 호기심을 갖는다. 무엇 때문에 그런 행동을 하는지 그들에게 물어볼 때는 당신이 그들을 판단하는 것이 아니라 그들을 이해하고 싶기 때문이다. 참자아는 또한 당신의 마음의 내면 작업에 대해 호기심을 갖고 있다. 당신은 각 부분이 지금처럼 행동하는 이유는 무엇인지, 당신을 향한 그의 긍정적인 의도는 무엇인지, 그것이 어떤 것으로부터 당신을 보호하려고 애쓰는지 이해하고 싶어 한다. 이 호기심은 비판적인 상태가 아니라 수용적인 상태에서 나온다. 부분들이 이 순수한 관심을 감지할 때 그들은 자신들이 환영 받는 환경으로 들어가고 있다는 것을 알게 되고 그들은 당신에게 자신들을 드러내는 것을 두려워하지 않게 된다.

3. 참자아는 **긍휼한** 마음을 가지고 있다. 긍휼한 마음은 사람들이 고통 가운데 있을 때 솟아나는 일종의 연민과 사랑이다. 당신은 사심 없이 그들의 기분이 어떤지에 관심을 갖고 어려운 시기를 헤쳐 나갈 수 있도록 그들을 지원하고 싶어 한다. 참자아 상태에 있으면 당신은 자연스럽게 당신 자신뿐만 아니라 다른 사람들에 대해서 긍휼함을 느낀다. 당신의 극단적인 부분들은 고통에 반응하고 있다. 즉, 추방자들은 그것을 느끼고 보호자들은 그것을 피하려 애쓴다. 그래서 당신이 매우 힘든 것을 떠맡는 동안 당신을 붙들고 지원하며 양육하기 위한 긍휼한 마음이 정말로 필요하다. 당신이 참자아 상태에 있으면 당신의 추방자들의 고통에 관심을 갖고, 어쩔 수 없이 당신의 정신적 고통을 담을 쌓아 막아 버린 당신의 보호자들에 대해 긍휼한 마음을 갖게 된다. 부분들은 자신들이 안전과 돌봄을 받고 있음을 느끼게 만드는 참자아의 긍휼한 마음을 감지할 수 있기에 그들은 마음을 열고 그들 자신의 이야기를 당신과 나누고 싶어 한다.

4. 참자아는 **침착**하고, 중심이 잡혀 있으며 가장 안정감 있는 상태이다. 이것은 당신이 강렬한 감정을 지닌 부분과 관계하고 있을 때 특히 도움을 준다. 만약 당신이 침착한 참자아 상태에 있지 않다면, 강렬한 슬픔이나 수치심

같은 것이 당신을 압도하게 되고 보호자들은 어떤 비용을 치르더라도 이같은 감정을 지닌 부분을 피하려 한다. 그러나 당신이 참자아의 침착함 가운데 중심이 잡혀 있을 때는 강렬한 감정을 지닌 부분을 피할 필요가 없다. 부분이 당신에게 자신의 고통을 보여 주는 동안에도 당신은 참자아 상태를 유지하게 된다. 참자아의 침착함은 당신을 지지하여 이 부분을 목격하고 치유하는 힘든 작업을 헤쳐 나가도록 만든다.

이 모든 이유로 참자아는 IFS 작업에서 심리 치유의 행위자이다. 참자아는 당신을 치유하고 당신의 부분들을 변화시키도록 돕는다. 그래서 부분들은 자신들의 극단적인 감정과 행동들로부터 해방되고, 당신의 삶에서 건강한 역할을 담당할 수 있게 된다.

정신 세계의 구조

참자아는 또한 당신의 내면 시스템의 천부적인 리더이다. 참자아는 위험을 무릅쓰는 용기, 현실을 명료하게 보는 시각, 문제에 대한 좋은 해법을 찾는 창의력을 가지고 있다. 참자아는 균형이 잡혀 있고, 공평하며, 대부분의 상황에서 어떻게 해야 하는지 알고 있다. 당신이 부분들을 치유하였고 부분들이 당신을 신뢰한다면, 그들은 결국 참자아의 이끎을 받으려 하게 된다. 이상적으로는 결정을 하고 행동으로 옮기는 존재가 참자아다. 참자아는 당신의 건강한 부분들뿐만 아니라, 치료를 통하여 치유된 부분들과도 함께 작업한다.

부분들도 많은 것을 제공한다. 그들은 당신에게 어느 특정한 상황에서 필요한 역량과 통찰력을 제공한다 ─ 예를 들면, 자발성, 유머, 유기적 구성, 불굴의 정신이 그것이다. 그러나 그들 혼자서는 더 큰 방향 감각이 결여되어 있다. 참자아가 그것을 제공한다. 참자아는 오케스트라의 지휘자처럼 목관 악기가 제때에 들어오게 하며, 연주자가 부드럽게 연주할 때를 알려 주며, 호른 독주의 순간을 알려 준다. 참자아는 각 순간마다 최선의 행동 방침을 정하고 당신의 건강한 부분들을 불러내어 그들의 재능을 기증하도록 한다. 당신의 부분들은 참자아를 신뢰하고 그에 기대어 지혜를 구하게 된다.

이것은 이상적인 상황이며 이것은 IFS 치료를 끝낸 후 당신의 정신 세계가 활동하는 모습이다. 그러나 우리 대부분은 여기서 시작하지 않는다. 우리의 삶 가운데서 특히 어릴 적에 받은 고통과 외상 때문에 우리의 부분들이 장악하고는 참자아를 뒤로 밀어내었다. 당신이 어린 나이에 상처를 받았을 때 삶이 당신에게 안겨 주었던 사건을 다룰 만큼 당신의 참자아는 충분히 발달되지 않았다. 당신은 아마도 약하고 상처 받기 쉬우며 완전히 무방비 상태여서 혼자서는 그 상황과 맞붙어 싸울 수 없는 느낌이었을 것이다. 당신의 부분들은 아무도 보충자원에 신경 쓰고 있지 않다는 느낌이 들었기에 온갖 노력을 기울여 당신을 보호해야만 하였다. 그들은 장악하고 최선을 다하였다.

원시적이고 미성숙하였지만 당신의 부분들은 극단적인 방식으로 당신을 보호해야 했다. 왜냐하면 그것이 그들이 할 수 있는 모든 것이었기 때문이다. 당신은 경험도 없었고 한 성인이 가지고 있는 내적 자원도 없었다. 그래서 당신의 부분들은 그들이 할 수 있는 것, 즉 외부와 단절한다든지, 불끈 화를 낸다든지, 과도하게 남을 즐겁게 해 준다든지, 효과가 있다고 생각되는 것들은 어떤 것이든 해야 하였다. 이런 식으로 참자아는 많고 적음의 차이는 있지만 잠식되었고 당신은 당신의 극단적인 부분들에 의해 영향을 받거나 지배된 삶을 살아온 것이다. 그러나 당신은 이제 나은 상황에서 살고 있는, 자원이 풍부한 성인이 되었으므로 그러한 극단적인 반응들은 더 이상 필요하지 않다. IFS 치료를 통하여 당신은 당신의 참자아에게 접근하고 그 부분들을 치유하여 당신의 내면 시스템을 변화시키는 법을 배울 수 있다. IFS 치료에는 두 가지 목표가 있다. 하나는 부분들의 극단적인 역할들이 건강한 역할로 바뀌도록 당신의 부분들을 치유하는 것이고 다른 하나는 참자아의 리더십 아래에서 그들이 서로 협력하도록 돕는 것이다.

다음의 그림은 치료 전 내면 시스템의 구조를 보여 준다. 추방자들은 당신이 그들의 고통을 느낄 수 없도록 휘장 뒤에 숨겨져 있다. 보호자들은 참자아로부터 리더십을 빼앗아 당신의 감정과 행동을 결정한다. 그들은 참자아를 신뢰하지 않으므로 참자아가 리드할 수 없는 곳, 즉 배경으로 참자아를 밀어넣는다.[3]

IFS 치료 전의 정신 세계 구조

추방자들은 휘장 뒤에 숨겨져 있다.

참자아(하트로 표시)는 보호자들 때문에 눈에 띄지 않는다.

보호자들이 당신의 감정과 행동을 결정한다.

IFS 프로세스

이제 심리 치유의 IFS 프로세스를 살펴보자. 이 프로세스에서 가장 중요한 면은

---

3) 역자 주 : 보호자는 참자아와 함께 휘장 앞에서 전경과 배경을 오간다. 하지만 추방자는 휘장 반대편에 있다. 참자아가 리더십을 되찾으면 보호자의 허락하에 휘장을 통과하여 추방자와 대면할 수 있다.

참자아 상태를 유지하는 법을 배우는 것이다. IFS에는 이렇게 할 수 있는 효과적인 방법들이 많이 있다. 그것들을 이 책에서 다루게 된다.

초점을 맞출 부분을 택함으로써 회기를 시작한다. 보통 보호자를 택한다. 예를 들면, 제1장에서 우리가 만났던 빌을 보자. 그는 쉽게 판단하고 경쟁심이 많은 보호자를 가지고 있다. 이 특성들은 그가 가진 더 나은 가치들과 대립하고 있기 때문에 고통스럽다. 그는 협조적, 수용적, 포용적 가치를 믿고 있다. 어느 정도는 그가 그런 모습이지만, 그가 위협을 받거나 한계 상황으로 쫓기게 되면 그의 쉽게 판단하는 보호자가 뛰쳐나와 장악한다. 종종 그는 자신의 판단을 숨길 수 있으나 때로는 그것들이 새어 나와 사람들을 불쾌하게 만든다. 왜냐하면 그가 비판적이고 냉혹한 듯이 보이기 때문이다. 직장에서는 이러한 행동이 상당히 많은 의견 충돌과 적대감을 유발한다. 빌은 종종 자신이 이러한 사건의 장본인임에도 불구하고 이러한 상황을 정말 싫어한다. 빌은 또한 자기 아내와 친밀하고 애정 어린 관계를 원하고 있으나 바로 이 보호자가 그녀를 조롱하고 우롱할 수 있다. 집안 분위기가 화목하지 않다. 그가 가장 원하는 것이 그것인데 말이다.

빌은 바로 이 보호자에 초점을 맞추며 나와 함께 IFS 작업을 시작하였다. 왜냐하면 그것이 분열을 촉진하는 가장 확실한 요인이었기 때문이다. 그가 그것을 판사라 부른 것은 적절하였다. 빌조차도 판사와 작업하려 접근하기가 쉽지 않았다. 왜냐하면 그는 자신의 이상을 따라 살지 못하는 그것(판사)에 정나미가 떨어졌기 때문이다. 나는 참자아는 결코 혐오감을 품지 않으므로 그가 판사를 헐뜯고 있을 때에는 참자아 상태에 있지 않다는 것을 알았다. 이것은 판사를 판단하는 또 하나의 보호자에 지나지 않았다!

얼마의 작업을 통해 빌은 참자아에 접근할 수 있었고, 참자아는 그로 하여금 판사를 알아 가는 것에 진지한 관심을 갖게 만들었다. 빌은 쉽게 판단하며 경쟁적인 가정에서 성장하였기에 판사는 부모를 본받았다. 판사는 아무 쓸모가 없음과 두려움을 느끼는 그의 또 다른 부분을 보상하기 위해서 사람들을 멸시하고 자신이 그들보다 우월한 듯이 행동하였다. 빌이 판사를 알아 가면서 그가 과거에 왜 그렇게 행동했는지 이해하였다. 그리고 그는 그것이 자신을 위한 판사의 노력이었음을 인정하게 되었다. 비록 그 노력들이 문제를 일으키기는 하였지만.

그는 아무 쓸모가 없음을 느끼는 추방자(이것을 그는 작은 빌리라 불렀음)와 작업할 수 있도록 허락해 달라고 판사에게 청하였다. 이 아이를 알아 가는 것은 매우 귀한 경험이었다. 작은 빌리는 자기가 일을 제대로 하지 못한다고 혹은 학교 과제물을 빨리 파악하지 못한다고 성급한 자기 아버지로부터 맞고 있는 어릴 적 장면을 보여 주었다. 그때까지 작은 빌리는 빌의 무의식 안에 감춰져 있었다. 그는 빌에 의해 거부당한 것으로 느꼈기 때문에 정신 세계의 지하실에 갇혀서 작은 빌리의 아무 쓸모가 없다는 감정만 커지게 되었다.

어릴 적 사건의 결과로 우리의 추방자들은 고통과 부정적인 신념들(이것을 IFS에서는 짐이라 부른다)을 떠맡는다. 작은 빌리는 아무 쓸모가 없음과 두려움의 짐을 떠맡은 것이다. 짐들이 처음부터 그 부분의 일부는 아니다. 과거에 발생하였던 사건의 결과로 짐들이 그 부분 위에 안착하는 것이다. 희소식은 IFS 치료를 통해 그 짐들을 내려놓을 수 있다는 것이다.

빌은 빌리에게 참자아 상태에서 긍휼한 마음과 돌봄을 가지고 반응하였고 그 부분은 처음으로 소중하고 귀하게 여김을 받고 있다는 생각에 이것을 받아들였다. 빌의 참자아로부터의 사랑으로 그리고 나의 지시를 따라 작은 빌리는 몇 단계를 더 밟아 그가 지금까지 짊어지고 있었던 짐을 내려놓았다. 그는 처음으로 나도 충분히 할 수 있다는 생각과 함께 해로부터 안전한 느낌을 가지고 참으로 건강한 부분으로 변화되었다. 그 결과 그는 장난을 좋아하고 얽매이지 않는 자유로운 모습을 되찾게 되었다.

이 변화는 더욱 확장되었다. 빌의 쉽게 판단하는 보호자는 보호할 것이 없으므로 이제 긴장을 풀 수 있게 되었다. 빌리의 고통을 보상하기 위해 더 이상 사람들을 비판할 필요도 없게 되었다. 사람들을 판단하는 보호적인 역할을 내려놓았고 사람들을 위한 인정 많은 지지자와 멘토로서의 새로운 역할을 떠맡았다.

이것은 빌로 하여금 그가 항상 바라 왔던 방식으로, 즉 개방과 수용과 협력적인 태도로 사람들을 대할 수 있게 하였다. 그 결과, 그는 직장에서 훨씬 효과적으로 업무처리를 하게 되었고 아내와의 싸움도 놀랄 만큼 줄어들게 되었다.

IFS 프로세스의 이러한 설명은 소개의 목적으로 단순화시킨 것이다. 물론 다른 어려움과 복잡함이 많이 있지만, 이것들은 이 책의 후반부에서 계속적으로 다룰 것이다. IFS 프로세스에 나오는 어떤 단계는 다른 유형의 치료나 영적 작업에서의 절차와 유사하지만, IFS는 종합적 프로세스 안에 그것들을 통합한다는 것이 독특하다.

정신 세계의 변화

아래 그림은 정신 세계가 IFS 치료의 결과로 어떻게 변화하는지를 보여 준다. 모든 부분들이 이제 참자아의 리더십 아래 협력하고 있다(부분들도 변화되기 때문에 더 건강한 역할을 수행하고 있지만 그림에서는 보이지 않는다).

변화된 정신 세계 구조

추방자들을 휘장 앞으로 데리고 나왔다.

참자아는 이제 정신 세계의 중심이다.

모든 부분은 이제 참자아의 안내를 받으며 서로 협력하고 있다.

이 책의 구조

처음 두 장에서는 IFS 모델을 소개하였고 보호자들, 추방자들 및 참자아에 대해 배웠다. IFS 접근법이 어떤 식으로 작동하여 부분들을 치유하고 변화시키며 당신의 궁극적 유익을 위해 서로 협력하도록 만드는지를 살펴보았다.

이 책의 나머지 부분에서는 IFS 회기를 진행해 나가는 단계별 순서를 소개한다. 또한 당신 삶의 사건들로 말미암아 부분들이 활성화되는 순간에 그것들과 작업하는 법도 보여 준다. 제1부는 참자아를 유지하는 법을 포함하여 보호자를 알아 가는 방법을 설명한다. 제2부는 추방자를 알아 가고 그의 짐을 내려놓는 단계들을 설명한다. 각 장에서는 전체 프로세스 중 한 단계를 설명하며 혼자서 혹은 파트너와 함께 그 단계를 훈련할 수 있는 연습문제들을 제공한다. 사람들의 IFS 작업 이야기와 IFS 회기의 축어록으로 단계를 생생하게 설명한다. 일부 장에서는 당신의 삶에서 실시간으로 부분들과 작업하는 법도 보여 준다.

나는 당신이 열심히 연구하며 자가 치유의 이 대모험을 시작해 보기를 권한다. 당신이 지금까지 함께 살아왔던 고통을 제거하고 당신 정신 세계의 교착 지점들로부터 벗어날 준비를 하라. 지금이 그 풍요를 발견할 시간이다.

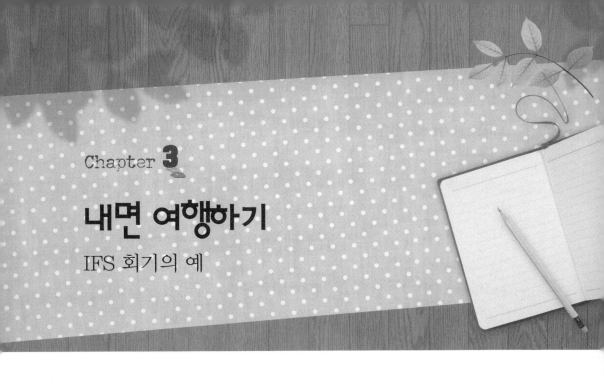

Chapter **3**

내면 여행하기
IFS 회기의 예

이 장에서는 나의 IFS 교육반 학생과 함께 진행한 완전한 IFS 1회기를 여행해 본다. IFS 프로세스는 치유를 향한 궤도를 따르는데, 때로는 단 1회기로 끝낼 수도 있다. 여러 부분들에 대해 이러한 치유 프로세스를 마치게 되는 회기를 선택하였으므로 이 회기를 통하여 전반적인 IFS 절차와 1회기 동안에 어느 정도 성취할 수 있는지에 대한 감을 가져다줄 것이다.

크리스틴[1]은 미 서부 해안 출신의 50세 대학 강사다. 세 딸 중 막내로 태어난 영국계지만 미국에서 오랫동안 살았다. 그녀는 수년 동안 치료와 영적 작업에 참여한 경험이 있지만 심리적인 문제를 치유하는 법에 대해 더 배우기 위해 내 교육반에 참여하였다. 축어록을 통해 그녀는 상당히 지적이고 자신 안에 있는 미묘한 경험들을 명료하게 접근할 줄 아는 여성이란 것을 알 수 있을 것이다. 내

1) 크리스틴(가명)은 이 축어록 사용을 허락하였다. 이 책의 축어록은 모두 사실이다.

교육반에 참여하기 전에 그녀는 상당한 치료 작업을 했었다. 그중에는 어릴 적 입원 때문에 생긴 것으로 보이는 반복적인 공황도 포함되어 있었다. 그녀는 또한 언니가 자기를 놓아두고 집 나간 기억을 가지고 있었으나 그에 대해서는 작업을 해 본 적이 없었다.

그녀는 내 반에서 교육을 받고 있었기 때문에 이미 IFS 모델에 대해 상당히 많이 알고 있었고, 그것이 이 작업에 많은 도움이 되었다. 이 회기는 작업이 상당히 직선적으로 진행되기 때문에 IFS를 처음 예시하는 데 도움이 되므로 나는 이 회기를 택하였다. 대부분의 회기는 훨씬 더 복잡하고 곁길로 빠지게 되는 경우도 많은데 실은 그것이야말로 IFS 모델이 정말 잘 다룰 수 있는 영역인 것이다. 이에 대한 예는 이 책 후반부에 나온다.

크리스틴은 자신의 삶 가운데서 탐색하고 싶은 문제를 꺼냄으로써 이 회기를 시작한다. 내가 코멘트한 부분은 엽서체로 하였다.

크리스틴 : 내가 때로는 어떻게 해서 혼란스러워지고 정신이 산란해지는지, 그에 관해 작업하고 싶어요. 대체로 나는 꽤 분명하고 예리한 편인데, 간혹 희미해지고 혼란스러워져요. 내가 정신을 똑바로 차려야 할 필요가 있는 상황에서 자주 이런 일이 일어나요.

제이 : 좋습니다. 종종 혼란시키는 당신의 부분이 있는 것 같습니다. 그런 느낌이 있습니까?

크리스틴 : 네.

제이 : 그러면 혼란시키는 부분에 초점을 맞추시지요. 그것이 몸에서 어떻게 감지되십니까?

크리스틴 : 혼란스러워질 때는 약간 어지럽고 머릿속이 텅 빈 느낌이에요.

   🗨 IFS에서는 우리의 부분들을 분석하지 않는다 – 우리가 그들을 직접적으로 접촉한다.

제이 : 음… 흠…… 그 부분을 알아 갈 수 있을 만큼 그것으로부터 충분히 떨어져 있는 느낌이 있는지 체크해 보세요.

크리스틴 : 잘 모르겠어요. 그런 것 같기도 해요. 흠, 어떻게 알 수 있지요?

제이 : 내면에서 혼란시키는 부분과 당신 사이에 빈 공간이 감지됩니까?

(그림) 작업이 효과적이기 위해서는 크리스틴이 그 부분을 알아 갈 때에 참자아 상태에 있어야 한다. 이것은 그녀가 그 부분과 관계를 맺을 수 있는, 가장 안정감 있고 분리된 상태에 있어야 함을 의미한다.

크리스틴 : …그에 대해서는 이야기하기가 힘들어요. (잠깐 쉰다.) 방금 제게 무슨 질문을 하셨지요?

제이 : 당신이 지금 혼란시키는 부분과 섞인 것 같습니다. 그러니 그 부분을 알아 갈 수 있도록 그 부분보고 당신에게서 떨어져 있으라고 요청하세요.

(그림) 크리스틴이 지금 혼란스러워져 있음은 꽤 분명하다. 이것은 아마도 혼란시키는 부분이 그녀를 장악했음을(즉, 그녀와 섞였음을) 의미한다. 그러므로 나는 크리스틴이 참자아 상태에 있을 수 있도록 그 부분에게 떨어져 달라고 요청하라고 이야기한다.

크리스틴 : 좋아요. 이제 기분이 달라지네요. 좀 더 확실해지는 것 같아요. 그리고 실제로 그 부분이 구름같이 피어나는 연기 이미지로 보여요.

제이 : 좋습니다. 지금 이 혼란시키는 부분을 향해 어떤 느낌이 드는지 체크해 보세요.

크리스틴 : 사라졌으면 좋겠어요. 혼란스러워지는 것이 너무 싫어요.

제이 : 좋습니다. 싫어하는 것과 사라지기를 바라는 것은 당신의 또 다른 부분에서 오고 있습니다. 왜 그 부분이 혼란시키는 부분이 사라지기를 원하는지 이해가 되세요? 당신의 명민함을 잃지 않으려는 거지요? 그러나 싫어하는 마음으로는 실제로 그 부분에 접근할 수 없습니다. 열린 마음으로 혼란시키는 부분을 알아 갈 수 있도록 그 싫어하는 부분이 옆으로 비켜설 의향이 있는지 물어보세요.

(그림) 크리스틴은 혼란시키는 부분을 싫어하고 있다. 참자아는 싫어하지 않기 때문에 크리스틴이 아직은 참자아 상태에 있는 것이 아님을 알 수 있다.

크리스틴 : 네, 그러지요. 이해가 된대요. 기꺼이 그렇게 하겠다고 합니다.

제이 : 좋습니다. 이제는 혼란시키는 부분에 대해 어떤 느낌이 듭니까?

크리스틴 : 그 부분이 나에게 이렇게 하는 이유가 무얼까 하는, 그에 대한 호

기심 같은 것이 느껴져요.

🗨 우리가 혼란시키는 부분을 알아 가는 다음 단계로 나아갈 수 있을 만큼 크리스틴은 이제 참자아에게 접근하였다.

제이 : 좋습니다. 그 부분이 어떤 느낌을 갖고 있는지 좀 더 이야기해 주거나 보여 주면 좋겠다고 이야기해 보세요.

크리스틴 : 졸리고 재미없는 것 같다고 하네요. 텅 빈 느낌이 든대요.

제이 : 그 부분이 재미없고 텅 빈 느낌을 갖고 있군요.

크리스틴 : 네, 이렇게 말하고 있어요. "자고 싶어. 깨어 있거나 의식 상태에 있고 싶지 않아." 때로는 사람들의 질문에 답도 잘 못한대요.

제이 : 음… 흠… 그 부분의 이름이 무엇인지 혹은 어떻게 불리기를 원하는 지 물어보세요.

크리스틴 : 혼란스럽게 하는 자라고 하네요.

제이 : 좋습니다. 그것을 혼란스럽게 하는 자라고 부르겠습니다. 그 부분이 졸리고 혼란스럽게 함으로써 어떤 것을 이루려 하는지 물어보세요.

🗨 나는 혼란스럽게 하는 자가 가진 크리스틴을 위한 긍정적인 의도를 발견하기 위하여 이 질문을 던진다.

크리스틴 : 이렇게 이야기하고 있어요. "무언가를 보고 싶지도 않고 무언가를 알고 싶지도 않아요." 불분명, 혼돈, 무관심 상태를 만드는 것에만 온통 관심이 있어요. 현재 일이 어떻게 돌아가고 있는지 내가 알지 못하도록 만들고 싶어 할 뿐이에요.

제이 : 어찌된 일인지 전혀 알 수 없도록 그 부분이 혼동시키고 있군요. 어떻게 혼돈을 일으키고 알지 못하게 하는지 물어보세요.

크리스틴 : 여러 가지가 있어요. 내면적으로 주제를 바꾸기도 하고 나의 주의를 빼앗기도 하며 매우 격앙된 모습과 행동을 보이기도 하지요. 그래서 한 곳에 정착하거나 눌어붙어 있지를 않아요. 자신 외에는 다른 어떤 것에도 주의를 기울이지 않지요. 전부 그런 식이에요. 이제 그 부분은 혼돈과 산만을 만들기 위해 허공에다 마술을 부리고 있는 사람

같아요.

🗨 부분을 알아 가면서 부분에 대한 이미지가 바뀌는 것은 꽤 흔한 일이다.

제이 : 좋습니다. 혼란스럽게 하는 자가 옆으로 비켜서서 당신이 상황들
을 볼 수 있게 한다면 어떤 일이 일어날까 봐 두려워하는지 물어보시
지요.

🗨 이러한 질문은 구체적인 목적을 알아내는 역할을 한다. 보호 받고 있는 추방자를
향한 탐문으로 나아가는 것이다.

크리스틴 : 이런 이야기예요. "어떤 일이 일어날 것 같으냐고요? 상상조차
할 수 없고 형언하기도 어려워요." 너무 무서워서 우리를 접근조차 못
하게 하고 있어요.

혼란스럽게 하는 자는 휘장을 등지고 서서
크리스틴이 휘장 너머 무엇이 있나
보는 것을 방해하기 위해
매직 사인을 그리고 있다.

크리스틴의 참자아는
자신의 숨겨진 부분들에 대해
더 많이 알아보려는 호기심을
가지고 있다.

제이 : 알겠습니다. 접근하는 것을 아주 무서워하고 있군요.

크리스틴 : 사느냐 죽느냐의 문제로 생각한다네요.

제이 : 네, 혼란스럽게 하는 자에게 얼마 동안이나 이 일을 해 오고 있었는지 물어보세요.

크리스틴 : 너무 오랫동안 그래 왔던 것 같아요.

제이 : 그 부분은 자기 역할에 대해 어떤 생각을 가지고 있나요?

크리스틴 : 이것은 불가능에 가까운 엄청난 일이래요. 그러나 그만둘 수가 없답니다.

제이 : 네, 자신에 대한 어떤 이야기를 들어 주었으면 하는지 그 부분(혼란스럽게 하는 자)에게 물어보세요.

크리스틴 : 나를 위해 엄청난 수고를 하고 있으므로 내게서 사랑과 존경과 감사를 받고 싶어 하는 것이 분명히 느껴져요.

💬 대다수의 부분들은 자신들이 수행하는 역할을 인정해 주기를 바라고 있다. 그러나 이런 방식으로 직접 요청하는 경우는 거의 없다.

제이 : 그에 대해서 어떤 반응을 보이실 건가요?

크리스틴 : 많이 감사하고 있지요.

제이 : 혼란스럽게 하는 자에게 정말로 감사하는 마음을 전해 보세요.

크리스틴 : 이 부분이 이 역할을 하면서 지금까지 보여 준 헌신과 정성에 대한 감사의 마음은 말로 다하기가 어려워요. (크리스틴은 정말로 감동하고 있다.)

제이 : 네, 정말로 그 부분을 알게 되었군요. 그 부분은 당신에게 어떤 반응을 보이고 있나요?

크리스틴 : 부드러워지고 있어요. 부드러워지면서 한 가지 분명해졌어요. 그 부분이 그만둘 줄을 모른다고 전에 내가 이야기한 것은 그 부분이 참자아와 전혀 연결이 되지 않았기 때문이었어요. 그 부분이 마음 놓고 긴장을 풀 수 있는 대상이 전혀 없었어요. 그러나 지금은 혼란스럽게 하는 자가 내가 여기 있다는 것을 감지하기 때문에 부드러워지고

있어요.

🗨 이것이 내 가슴을 뭉클하게 하고 있다. 크리스틴은 정말로 참자아로부터 혼란스럽게 하는 자와 관계를 맺게 되었고 그 부분은 그녀를 신뢰하고 긴장을 풀기 시작하고 있다. 이것은 중요한 단계다.

제이 : 좋습니다. 혼란스럽게 하는 자에게 자신의 혼돈을 이용하여 보호하고 있는 부분을 기꺼이 보여 줄 의향이 있는지 한번 물어보세요.

🗨 대부분의 보호자들은 자신들이 보호하고 있는 추방자가 고통에서 해방될 때까지 자신들의 역할을 완전히 내려놓지 못한다. 그래서 추방자를 치유할 필요가 있는 것이다.

크리스틴 : 아! 이제 혼란스럽게 하는 자 뒤에 있는 공포 상태가 얼핏 눈에 들어오네요.

제이 : 공포에 빠져 있는 추방자를 당신이 알아 갈 수 있도록 혼란스럽게 하는 자가 허락해 줄 수 있는지 알아보세요.

크리스틴 : …네, 그 문제에 대해서는 주저하네요. 매우 초조해하고 있어요.

제이 : 어떤 것을 염려하고 있는지 물어보세요. 어떤 일이 일어날까 봐 두려워하는가요?

🗨 보호자가 진행에 대해 염려하고 있기 때문에 우리는 보호자를 안심시켜 줄 수 있도록 그 염려가 무엇인지 찾아낼 필요가 있다. 그렇지 않으면 보호자는 우리에게 추방자와의 작업을 허락하지 않을 것이다.

크리스틴 : 혼란스럽게 하는 자는 추방자가 쏜살같이 달려 나와 나를 곤경에 빠뜨릴까 봐 두려워하고 있어요.

제이 : 만약 추방자가 당신을 곤경에 빠뜨리려 한다고 생각되면, 그 혼란스럽게 하는 자가 어떤 방법으로든 우리에게 신호를 보내라고 하세요. 왜냐하면 우리는 그런 일이 일어나지 못하도록 막을 수 있으니까요. 만약 그런 일이 일어나려고 하면 우리에게 알려 주는 것이 정말로 우리를 도와주는 것입니다. 그러면 당신은 참자아로 되돌아갈 수 있게 됩니다.

🗨 IFS는 내담자가 참자아 상태로 있도록 하며 추방자의 감정에 휩쓸리지 않도록 돕는 기법이다(후자는 후반부에 다룰 것이다). 나는 이것이 가능하다고 보호자를 안심시켜 주

며 그녀가 그 일을 할 수 있도록 도와 달라고 보호자에게 청하라고 이야기한다.

크리스틴 : 좋아요. 그 정도는 할 수 있을 것 같아요…. 지금 온갖 염려들이
떠오르고 있네요. 너무 지체될 것 같아요. 이것저것 모두 다 챙기다 아무
것도 못하면 어떡하지요.

🗨 첫 번째 설득은 효과가 있는 것 같았으나, 이제 혼란스럽게 하는 자의 또 다른 두려
움들이 나타난다. 이것은 좋은 현상이다. 왜냐하면 그것들이 크리스틴에게는 그 부분들을
설득시킬 수 있는 기회를 제공해 주기 때문이다.

크리스틴 : 나(참자아)는 이렇게 이야기해 주고 있어요. 혼란스럽게 하는 자
의 염려는 이해하지만, 그런 일은 일어날 것 같지 않아요. 우리는 전에
이 과정을 이미 경험해 보았고 기회만 닿으면 내 자신이 해낼 수 있다는
것을 보여 주었어요. 그리고 선생님(제이)도 여기서 도와주시잖아요. 긴
장을 풀고 그리 힘들게 일하지 않아도 되는 새로운 역할을 찾을 수 있는
기회가 될 수 있을 거예요.

🗨 크리스틴은 우리의 진행을 허락함으로써 보호자가 얻는 것(긴장을 풀 수 있다는 것)
이 있다고 제안한다.

제이 : 좋습니다. 보호자는 어떤 반응을 보이고 있나요?

크리스틴 : 좋대요. 이 이미지들이 아주 재미있어요. 혼란스럽게 하는 자는
잔디 밭 의자에 뒤로 기대어 앉아 다리를 꼬고 다음에 어떤 일이 일어나
나 보고 있어요. 아주 재미있어요. (웃으며) 아이구 참.

🗨 혼란스럽게 하는 자가 뒤로 기대
어 앉아 있다는 사실은 크리스틴의 설득
이 효과가 있었으며 추방자와의 진행을
허락하고 있다는 사실을 가리킨다. 그녀
의 부분들은 그녀를 상당히 쉽게 신뢰하
였다. 이것은 크리스틴이 자신에 대해
얼마나 많은 작업을 이미 해 놓았는지를
보여 주는 것이다.

제이 : 좋습니다.

크리스틴 : 아, 여기 추방자가 있네요. 이 여자 아이는 아주 작고 말라서 부
서질 것 같아요. 좀 이상하네요. 나는 키도 키고 튼튼한데…. 이 아이는

작은 옷을 입고 있고, 가볍고 조그만 몸이 상당히 약해 보여요. 침도 삼키지 못하며 경계하고 있고, 금방이라도 공포에 빠져들 것 같아요.

제이 : 음… 흠… 이 부분에게 어떻게 부르면 좋겠느냐고 물어보세요.

크리스틴 : 그냥 작은 소녀면 되겠대요.

제이 : 좋습니다. 작은 소녀에게 어떤 것을 그리 무서워하느냐고 물어보세요.

크리스틴 : 자기가 어둠 속에 혼자 남아 있어 주위에 아무도 없을 거라는 사실이래요. 아주 흥미롭네요. 그러나 지금 그 아이가 공포에 빠져들어 가는 것을 보는 내가 너무 힘들어요.

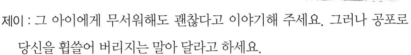

🗨 작은 소녀의 공포는 크리스틴과 섞여, 그녀를 참자아 상태로부터 벗어나게 하고 있다.

제이 : 그 아이에게 무서워해도 괜찮다고 이야기해 주세요. 그러나 공포로 당신을 휩쓸어 버리지는 말아 달라고 하세요.

🗨 휩쓸림을 당하는 것이 혼란스럽게 하는 자가 두려워하는 것 중의 하나지만 추방자에게 그녀를 휩쓸어 버리지 말아 달라고 부탁함으로써 이것을 예방할 수 있다.

크리스틴 : 이제 괜찮아요. 더 이상 그렇게 무섭진 않아요. 그 아이가 공포를 느낄 수 있도록 한 것은 잘한 것 같아요. 그렇지 않으면 그 아이는 도망가 버렸을 거예요.

🗨 이 예는 추방자에게 떨어져 있을 것을 요청하는 것이 감정을 느끼지 말라는 의미가 아님을 분명히 보여 주고 있다. 만약 이 추방자가 자신의 감정이 용납되지 않는다고 느꼈다면 크리스틴을 자기 주위에 머물러 있도록 할 만큼 신뢰하지 않았을 것이다.

크리스틴 : 그 아이가 지금은 내가 여기 있는 것을 좋아하네요. 여기 누군가 (참자아)가 있다는 사실을 알게 되어 놀라워하고 있어요. 그러고는 이내 침착해져서 그냥 나와 이야기하고 싶어 하는군요. 그 아이가 짐을 내려 놓았어요.

제이 : 음… 흠… 그 아이가 더욱 긴장을 풀고 당신에게 마음 문을 여는군요.

🗨 그 부분이 공포에 휩쓸리지 않으므로 크리스틴은 참자아 상태로 있을 수 있고 작은 소녀는 의지할 수 있는 누군가를 갖게 된다. 이것이 그 아이의 마음을 가라앉게 만든다.

크리스틴 : 네, 맞아요.

제이 : 그 아이가 당신에게 어떤 이야기를 하고 싶어 합니까?

크리스틴 : 그동안 자기가 얼마나 힘들었는지, 어떻게 자기 혼자서 모든 것을 해야 했는지, 그리고 그동안 정말로 무서웠었다는 이야기들이에요. 자기는 어떤 일이 일어나는지도 몰랐대요. 아무도 거기 없었대요. 하마터면 나도 모르게 그 아이에게 그것이 어떤 상황이었냐고 물을 뻔했어요.

제이 : 좋습니다.

크리스틴 : …내 마음은 단숨에 내가 아기였을 때의 병원 안이었다고 말하고 싶지만, 확실치는 않아요. 그 아이가 내게 이야기해 주었으면 좋겠는데.

🗨 크리스틴은 추방자의 두려움이 어릴 적 어디에서 왔는지에 대해 지적인 생각을 가지고는 있으나 그것이 정확한 것인지 확신을 갖기 위해서는 추방자의 경험으로부터 나오는 정보가 필요하다. 그래서 그녀는 그 아이에게 묻는다. 이것이 생동감 있고 구체적이며 바람직한 작업 진행이 되도록 해 주고 있다.

제이 : 잘하셨습니다.

크리스틴 : 그 아이가 이야기하네요. 어둡고 불이 꺼져 있다고. 그리고 아무도 자기를 사랑하지 않는다고. 아무도 없다는 것은 아무도 자기를 사랑하지 않는다는 이야기래요. 자기를 돌봐 주는 이가 아무도 없대요.

🗨 이것은 두려움과 공포, 그리고 아무도 자기를 사랑하지 않는다는 신념의 짐을 만들어 주었던 어릴 적 경험이다.

크리스틴 : 참자아의 관점에서 내가 그 이야기를 들으니 안아 주고 싶어요. 그 아이를 내 무릎에 앉히고 싶어요.

제이 : 어서 그렇게 하세요.

🗨 크리스틴은 놀랍게도 자발적으로 그리고 충동적으로 작은 소녀를 위로한다. 그녀는 지금 그 부분을 재양육하고 있다. 이것은 치유 과정의 한 면이다.

크리스틴 : 긴장감이 하나도 없는 그 작은 몸이 너무 충격적이에요. 아주 부

드럽고, 무방비 상태의 작은 몸이에요. 그리고 가슴 안에는 그 아이가 짊어지고 다니는 무거운 짐이 있는데 그 짐은 전혀 나아질 것이 없을 거라는 절망감에서 오고 있대요. 그리고 거기엔 아무도 없으니까 그 아이는 이 짐을 자기 혼자서 져야 한답니다. (잠깐 쉰다.) 아, 그렇군요. 이제 실마리가 보이네요. 그 아이를 들어 안아 줄 사람이 아무도 없을 때는 위축되고, 고립되고, 단절된대요. 온몸 구석구석 두려움이 가득 찬 경계를 하게 된답니다. 이 무거운 가슴은 오랜 시간에 걸쳐 형성되었대요. 단 한 번의 사건으로 그렇게 된 것이 아니래요. 조금씩 갉아먹은 것이죠. 무거움은 혼자서는 아무것도 바꿀 수 없는 자신의 무능함으로부터 온 거라는군요.

🗨️ 작은 소녀의 가슴 안에 있는 무거움은 크리스틴이 위로나 포옹이 필요할 때 자기 곁에 아무도 없었던, 어릴 적에 여러 해에 걸쳐 여러 차례 일어났던 사건들에 대한 반응이다. 작은 소녀는 자기가 필요한 돌봄을 얻을 수 없다는 절망감이 조금씩 자라났던 것이다.

제이 : 온몸 구석구석에 형성된 것, 그것이 어떤 것인가요?

크리스틴 : 경계, 조심, 경호, 보호, 그리고 세상으로부터의 차단이에요. 일종의 방어지요. 절실한 거예요. 뼈에 사무친 것 같아요. (잠깐 쉰다.) 지금은 무서운 느낌, 어둠 속에 홀로 갇힌 느낌이 있어요. 훨씬 더 어릴 때의 느낌이에요. 한참을 거슬러 올라가요. 구체적인 기억이 나요. 아기가 자기 팔과 다리를 버둥거리고 있어요. 누군가 와서 자기를 안아 주어야 하는데 아무도 오질 않네요. 이제 희미한 기억이 좀 나요. 아기 침대 안에 덩그러니 놓여 있는 어떤 것이…. 허공에 흩어지는 메아리. 어딘가 가려고, 안기려 애쓰는 느낌이 있어요. 그러나 아무도 없어요.

제이 : 그 아기는 필사적으로 안기려 하는데, 아무도 오지 않는군요.

🗨️ 작은 소녀의 상황을 목격하는 도중에 크리스틴은 한층 더 어린 부분에게 접근하게 되었다. 나는 이것을 아기라 부르기로 한다. 이 아기는 외로움과 공포에 관련된 아주 어릴 적 기억을 가지고 있다. 우리는 아직도 이것이 언제인지, 외부 상황이 어떤 것이었는지 알지 못한다. 그러나 그것이 치유에 필요한 것은 아니다.

크리스틴 : 네, 내가 그런 이야기를 한다는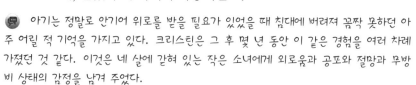
　　　　사실이 재미있어요. 왜냐하면 그것은
　　　　아이의 느낌과는 다르기 때문이에요.
　　　　그 의미를 잘 이해할 수는 없어요.

제이 : 그럼요. 이 더 어릴 적 기억은 또 다
　　　른 부분에서 온 것입니다.

크리스틴 : 네, 알겠어요. 아이가 나중이군요.

　　🤖　아기는 정말로 안기어 위로를 받을 필요가 있었을 때 침대에 버려져 꼼짝 못하던 아주 어릴 적 기억을 가지고 있다. 크리스틴은 그 후 몇 년 동안 이 같은 경험을 여러 차례 가졌던 것 같다. 이것은 네 살에 갇혀 있는 작은 소녀에게 외로움과 공포와 절망과 무방비 상태의 감정을 남겨 주었다.

크리스틴 : 바로 지금 무언가 저절로 바뀌는 것 같았어요. 거기에 둘 다 있다
　　　　는 것이 느껴지니까 짐이 덜어지네요. (잠시 쉰다.)

제이 : 제가 제안 하나 해도 될까요?

크리스틴 : 네, 해 주세요.

　　🤖　크리스틴이 두 부분에 대한 이야기와 감정을 목격하였으므로 이제는 그들을 치유하는 과정으로 나아갈 수 있게 되었다.

제이 : 아기에게 초점을 맞추시고 아기가 혼자 있는 장면으로 들어가세요.
　　　아기가 당신에게서 어떤 것을 필요로 하는지 알아보세요.

크리스틴 : 내가 안아 주기를 바라고 있어요.

제이 : 어서 그렇게 해 주세요.

크리스틴 : 더 크게 울면서 그냥 꼭 달라붙네요. 지금 코로 아기 뺨을 비벼
　　　　주니 그냥 내게 꼭 붙어 있네요. 머리카락이 거의 없어요. 아주 어려서
　　　　머리카락도 많지 않아요. 솜털뿐이에요.

제이 : 아기가 당신이 거기 있다는 것을 감지하고 있나요?

　　🤖　크리스틴은 아기를 재양육하고 있다. 아기가 크리스틴이 주고 있는 것을 받고 있는지 확실히 하기 위하여 나는 이 질문을 한다.

크리스틴 : 그럼요.

제이 : 아기가 어떤 반응을 보이는가요?

크리스틴 : 점점 잦아들어 지금은 울고 있지 않아요. 아기는 내게 파고들어 내 품 안에서 쉬고 있어요. 지금 작은 트림을 하네요. 아기가 한참 울고 나면 작은 여파가 지나가잖아요. 아기 등에서 그것이 느껴져요.

💬 분명히 아기가 크리스틴의 재양육을 받아들이고 있다.

크리스틴 : 좋아요. 긴가민가하기는 하지만, 사실은 작은 몸과 무거운 마음을 가진 아이가 아기를 안고 싶어 해요. 그래서 그 아이보고 그래 보라고 하려고요.

제이 : 좋습니다.

크리스틴 : 너무 귀엽네요! 모든 것이 이제 아름다운 놀이시간으로 바뀌었어요. 큰 사랑으로 둘러싸인 느낌이에요. 내가 이 작은 아이들을 사랑하는 것뿐 아니라 그들 둘도 사랑에 푹 빠졌어요. 아이들이 완전히 긴장이 풀렸어요. (긴 안도의 숨을 내쉰다.)

💬 재양육은 잘 진행된 것 같다. 그래서 나는 다음 치유 단계인 짐 내려놓기로 나아가자고 제안하였다.

제이 : 아기는 어둠 속에 혼자 남겨져서 공포와 외로움 같은 감정을 떠맡아 지내 왔어요. 괜찮다면, 아기가 떠맡았던 그 감정들을 내려놓는 짐 내려놓기 작업을 해도 좋을 것 같습니다. 그러나 그중에 어떤 짐들은 이미 내려놓아졌을 수도 있지만, 확실히 내려놓기 위해 내면 의식(internal ritual)을 가져 보는 것도 도움이 될 겁니다. 아기가 그 감정들을 내려놓고 싶어 하는지 한번 확인해 보세요.

크리스틴 : 좋아요. 아이고. (웃다가 운다.)

제이 : 무슨 일인가요?

크리스틴 : 슬픔과 고통이 몰려왔어요. 그리고 나서 내가 확인 질문을 하니,

아기는 아이와 함께 있을 수 있게 어서 빨리 쑥쑥 크고 싶은 마음에 가슴이 뛰었어요.

제이 : 괜찮았어요?

크리스틴 : 네, 기분은 좋았어요.

제이 : 좋습니다.

크리스틴 : 아기도 행복해해요.

🗨 이것은 아주 기분 좋은 일이다. 내가 의식의 가능성을 언급만 하였는데도 아기는 자발적으로 짐 내려놓기를 한 것으로 보인다. 물론 이것은 이 회기에서 이미 행해졌던 모든 좋은 작업 때문에 일어날 수 있었던 것이다. 이제 나는 크리스틴에게 실제 짐 내려놓기 의식이 아직도 필요한지 확인해 보라고 하였다.

제이 : 내가 짐 내려놓기 의식을 제안하자 가슴이 뛰었군요. 이제 그것만으로도 충분한지, 아니면 여전히 의식을 행하는 것이 좋을지 확인해 보세요.

크리스틴 : 몰려왔던 감정만으로도 아기는 지금 기분이 좋아요. 그렇지만 아이는 짐 내려놓기 의식이 필요한 것 같아요.

제이 : 좋습니다. 아이는 어떤 짐을 짊어지고 있나요?

크리스틴 : 무거운 마음, 절망감, 상황이 바뀌지 않을 거라는 느낌, 자기가 항상 아기의 공포와 두려움을 짊어지고 갈 수밖에 없다는 사실 같은 것이지요.

제이 : 아기가 지금 행복하다는 사실을 아이가 자각하고 있는지 먼저 확인해 보세요.

🗨 나는 아기가 짐을 내려놓았다는 사실을 작은 소녀가 자각하기를 바라고 있다. 왜냐하면 그 사실이 그녀가 절망할 필요도, 아기를 보호할 필요도 없도록 만들기 때문이다.

크리스틴 : 네, 아이는 아기와 함께 놀고 싶어 해요. 재미있어요. 아이가 아기와 놀고 있어도 여전히 자기가 아기를 돌보며 그 짐을 져야 한다는 신념이 있대요. 아이가 자기 눈으로 아기가 행복한 것을 보았음에도 불구하고 여전히 그 무거움과 절망감을 내려놓을 수 없다고 생각하고 있어요.

제이 : 좋습니다. 자기가 짊어지고 있는 무거운 마음과 상황이 바뀌지 않을 거라는 신념을 내려놓고 싶은지 아이에게 물어보세요.

크리스틴 : 그건 오히려 혼란스럽게 만드는 것 아닌가요? 아이는 그것이 자기 모습인 것으로 믿고 있으니까요. 그러한 신념이 없으면 여기까지 오지도 못했을 거예요.

제이 : 아이가 그 신념을 내려놓으면 자기가 원하는 다른 어떤 역할도 맡을 수 있고 자기가 되고 싶은 어떤 인물도 될 수 있다고 이야기해 주세요.

📖 부분들은 그들이 어릴 적에 떠맡은 부정적인 신념과 감정에 의해 정의되지 않는다. IFS는 이것을 부분들의 짐이라 부른다. 부분들은 본래 자신들만의 잠재력을 가지고 있다. 그 때문에 그들이 짐을 버리고 정신 세계에서 새로운 역할을 떠맡게 될 수 있는 것이다. 나는 이것을 그 작은 소녀에게 설명한다.

크리스틴 : 네, 그것을 내려놓고 뛰어놀고 싶어 해요. 그렇게 하면 재미있을 거라는 것을 알고 있어요.

제이 : 좋습니다. 아이가 그 무거운 마음과 절망의 신념을 어떻게 짊어지고 있는지 — 이를테면 자기 몸 안에, 혹은 자기 몸 위 어디에 지고 있는지 확인해 보세요.

크리스틴 : 아이의 가슴 주위에 무거운 덩어리가 있어요. 나머지는 머리에, 등에, 어깨에 걸치고 있어 무거운 외투나 다름없는 느낌이래요. 그래서 아이는 기뻐할 수도 없다는군요.

제이 : 좋습니다. 아이는 그 짐들을 물로 씻어 버리든지 혹은 바람에 날려보내든지, 혹은 햇빛에 쪼이든지 혹은 땅에 묻어 버리든지 혹은 불에 태워 버리든지 할 수 있습니다. 아니면 자기가 하고 싶은 대로 해도 되지요.

📖 IFS는 흙, 불, 바람, 물 혹은 빛 같은 자연의 기본 원소 중의 하나에게로 짐을 내려놓는 것이 도움이 된다는 사실을 발견하였다. 이것은 짐이 자연의 강력한 힘에 의해 쓸려갔거나 변화되었기 때문에 그 짐이 되돌아오지 않음을 상징한다.

크리스틴 : 아무도 그 짐을 짊어지지 못하도록 바꿔 버렸으면 좋겠대요. 그래서 태워 버리고 싶답니다.

제이 : 아이는 짐들을 불태워 버리고 싶어 하는군요. 그렇게 하세요.

크리스틴 : 아이는 자기의 작은 드레스를 마치 짐처럼 여겨 태워 버리고 싶답니다. 좀 이상하긴 하지만, 그렇게 이야기하네요. 다른 드레스를 갖고 싶대요.

제이 : 의식이 진행되는 동안 짐이 아이의 몸을 떠나는 것을 느껴 보세요. 그리고 짐이 완전히 없어질 때까지 시간을 충분히 가지며 기다리세요.

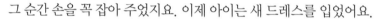

크리스틴 : 재미있네요. 변하는 순간에 아이는 상당히 혼란스러워하고 무서워해서 그 순간 손을 꼭 잡아 주었지요. 이제 아이는 새 드레스를 입었어요.

제이 : 그 모든 짐들이 이제 사라졌나요?

크리스틴 : 네.

제이 : 이제 짐이 사라지고 나서 어떤 긍정적인 특성이 그 아이 안에서 나타나고 있는지 주목해 보세요.

🔵 이제 짐 내려놓기 의식이 완결되었으므로 추방자가 본래의 긍정적인 특성들을 구현할 여유가 있게 되었다.

크리스틴 : 아이가 감사해하고 있어요. 그들 둘은 실제로 불타는 드레스에서 피어오르다 바람에 불려 가는 연기를 올려다보고 있어요. 아주 이상해요. 이 모든 이야기에 약간 당황스러워하는 사람도 있겠지만, 이미지들이 머릿속에 떠오르고 있으니 그냥 이야기해 볼게요. … 둘이서 서로 풋치놀이(footsy : 자기 두 발을 상대방의 두 발과 서로 맞대는 놀이)를 하고 있어요. 그걸 내가 하자고 할 수는 없잖아요. 정말로 우연히 일어난 일이에요. 귀여워요, 조그만 발들이.

제이 : 정말 놀랍습니다. 그리고 짐 내려놓기는 완전히 끝난 것 같습니다. 자, 이제는 혼란스럽게 하는 자를 확인해 보세요. 당신이 방금 했던 작업을 그 보호자가 알고 있는지 알아보세요.

크리스틴 : 혼란스럽게 하는 자가 잔디 의자에 느긋이 앉아 있던 것이 기억나는데. 아, 그럴듯한 표현이 생각났어요. 보호자가 한 방 먹었어요.

제이 : 그게 무슨 뜻이지요?

크리스틴 : 충격 받았다, 할 말을 잃었다는 뜻이지요. 그러나 괜찮아요.

제이 : 그 보호자가 여전히 혼돈을 일으킬 필요를 느끼는지 물어보세요.

크리스틴 : (잠깐 쉰다.) 아니에요. 더 이상 그럴 필요가 없을 것 같대요.

혼란스럽게 하는 자는 작은 소녀와 아기가 고통 중에 있는 동안만 혼돈을 일으키는 보호적인 역할을 수행할 필요가 있었다. 그녀는 그동안 주목하고 있었기에 그 역할이 더 이상 필요치 않고 이제는 새로운 역할을 떠맡을 수 있다는 사실을 깨달았다.

제이 : 좋습니다. 그 보호자가 당신의 정신 세계에서 다른 역할을 하고 싶은지 물어보세요.

크리스틴 : 그러지요. 아이가 외롭지 않도록 일종의 안내자나 멘토가 되고 싶대요.

제이 : 아주 좋습니다. 회기를 끝내기 전에 혹시 무언가를 이야기하고 싶어하는 다른 부분들이 있는지 확인해 보세요.

크리스틴 : 내가 아직 만나지 않았던 부분이 하나 있어요. 그 부분은 이 프로세스에 경외감을 느끼고 있지요. 다른 부분들이 서로 충돌하지 않으면

서 아름다운 것들을 만들어 나갈 수 있는 이 프로세스에 경외감을 갖고 있대요. 전에 늘 따라다녔던 비판의 음성은 사라지고 깊이를 측량하고 접근할 수 있게 되었대요. 이 부분에게는 그것이 아주 이상하게 느껴지나 봐요. 참자아는 "물론 이런 일이 일어날 수 있지요."라고는 이야기 하지만 이 부분은 전에 이 정도의 깊이를 본 적이 없었던 것 같대요. 대단히 고마웠어요. 멋진 여행이었어요.

🗣️ *놀라운 회기가 아닌가! 추방자와 보호자들이 짐을 내려놓았다. 그리고 보호자들은 자신들의 보호적인 역할을 내려놓고 새롭고 건강한 역할을 떠맡았다.*

요약

이 축어록은 IFS의 치유력을 멋지게 보여 주고 있다. 이것은 우리의 부분들에게 존중과 돌봄의 관심을 기울여 줌으로써 우리 안에 있는 깊은 곳─참자아와의 관계와 짐 내려놓기 의식을 통해 치유될 수 있는 장소─을 개방하도록 만드는 과정을 보여 준다. 당신은 이 회기의 세부적인 것들이 어떻게 IFS 프로세스와 관련되는지에 대해 많은 질문이 있을 것이다. 당신은 자신에 대해 이런 작업을 진행하는 법을 배우면서 점차로 이런 질문들에 대한 답을 얻게 될 것이다.

내가 이 회기를 택한 것은 IFS 작업으로 가능한 것이 무엇인지 한 장으로 설명해 주기 때문이다. 크리스틴이 이 과정 중에 거의 어려움을 만나지 않았다는 점에서 이 회기는 예외적이라 할 수 있다. 이렇게 순탄한 항해를 하는 사람은 거의 없다. 종종 더 많은 저항과 곁길로 빠지는 경우를 다루어야 이러한 수준의 접근과 치유를 이룰 수 있게 되고 보통 1회기 이상, 때로는 훨씬 더 긴 시간이 소요된다. 당신 자신에 대해 행하는 작업이 이렇게 매끈하게 진행되지 않는다고 하더라도 실망하지 말라. IFS는, 후속 장에서 설명하듯이, 발생하는 어려움들을 전문적으로 잘 다룰 수 있다.

제1부
참자아와 보호자들

인간 정신 세계는 고통을 회피하는 것을 중심으로 조직되어 있다. 고통으로부터의 충격을 완화하는 것 ─ 그것이 보호자들의 임무이다. 이것들은 당신이 숨겨진 고통을 직면할 필요가 없도록 당신의 삶과 당신의 정신 세계를 관리하느라 열심히 일하는 부분들이다. 그들은 당신의 복지와 당신의 생존이 자신들이 하는 일에 달려 있다고 믿으면서 자신들의 임무를 극도로 진지하게 떠맡는다. 당신의 정신 세계를 치유하며 변화시키기 위해서는 보호자들 뒤에 숨겨진 추방자들에게 접근하여 치유할 필요가 있다. 그러나 IFS에서는 문을 부수고 추방자에게로 달려들지는 않는다. 우리는 보호자들이 방어할 필요가 있음을 존중하고 천천히 그들을 알아 가며 그들의 신뢰를 얻는다. 그럴 때만이 이 문지기들은 긴장을 풀고 우리가 추방자들과 작업할 수 있도록 허락해 준다.

IFS 프로세스는 실제로 상당히 효율적이며 내면으로 깊이 파고든다. 그러나 역설적인 것은 강권적인 전술을 통해서가 아니라 보호자들을 조심스럽게 존중하면서 이 일을 수행한다. 더욱이 보호자들은 그들 나름대로 중요하다. 추방자들이 배경으로 밀려났기 때문에 전면에 나서서 사람들과 관계하고 세상에서 행동하는 것은 보호자들이다. 우리의 추방자들을 치유하는 것만으로 충분치 않다. 우리의 보호자들도 역시 자신들의 방어적 역할을 내려놓고 자신들의 긍정적인 특성이 나타나도록 하며, 내면 시스템에서 건강한 역할을 취할 수 있도록 치유되고 변화되어야 한다.

따라서 우리는 대부분의 IFS 회기를 보호자에게 초점을 맞추는 것으로 시작한다. 그들이 가장 의식적이며 쉽게 접근할 수 있는 부분들이기 때문에 그들로부터 시작하는 것이 자연스럽다. 그러나 주된 이유는 IFS에서 승인하지 않으려는 보호자로부터 허락을 얻어 내기까지는 추방자와 작업하는 것은 적절하지 않기 때문이다.

이 책은 IFS 방법을 단계별로 가르치고 있다. 보호자를 알아 가는 단계는 다음과 같이 요약할 수 있다. 회기를 시작할 때 당신은 여러 종류의 보호자들과 만나게 되는데 이때 초점을 맞출 하나를 선택한다. 이것을 **표적 부분**이라 부른다. 당신은 참자아 상태에서 당신을 향한 긍정적인 의도를 알아내며 이 보호자들을 알아 간다. 당신은 보호자와 신뢰 관계를 수립하고 보호자가 무엇으로부터 당신을 보호하려 애쓰고 있는지 이해한다. 이러한 과정은 보호자와 앞으로의 작업을 위한 무대 혹은 보호자가 보호하고 있는 추방자를 치유하기 위한 무대를 마련하는 것이다.

여기 보호자를 알아 가는 다섯 단계가 있다(P1~P5). P는 보호자를 뜻한다. 이 단계들이 제1부의 내용을 구성하고 있다.

P1 : 부분에게 접근하기
P2 : 표적 부분을 분리시키기

P3 : 염려하는 부분을 분리시키기

P4 : 보호자의 역할을 발견하기

P5 : 보호자와 신뢰 관계를 발전시키기

이 용어들은 다섯 단계 각각을 자세히 다루는 제4~8장에서 정의되고 설명될 것이다. 실제로 이 단계들은 때로는 서로 뒤얽히거나 순서가 달리 나타나기도 한다. 때로는 다른 보호자에게 초점을 다시 맞추어, 처음 단계로 되돌아갈 필요가 있을 경우도 있다. 그렇지만 이것이 기본적인 순서다. 제9장은 도중에 갑작스럽게 발생할 수 있는 각종 예기치 않은 상황을 다루면서 회기를 무난히 이끌어 가는 법을 설명한다.

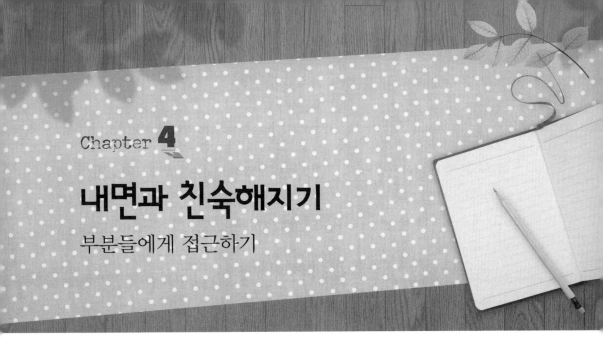

Chapter **4**

내면과 친숙해지기

부분들에게 접근하기

당신의 이웃은 왜 밤낮으로 시도 때도 없이 드나드는 이상한 방문객들이 많은지 알고 싶다고 가정해 보자. 당신은 망원경을 설치하고 이웃 집 안에 있는 그 사람을 관찰할 수 있다. 당신은 사설 탐정을 고용하여 이웃 사람을 추적하고 그의 활동을 알아낼 수도 있다. 당신은 그의 행동을 설명할 수 있는 이론을 만들어 낼 수도 있다. 그러나 먼 거리에서 관찰하고 지적인 추측을 하는 것만으로는 당신이 발견할 수 있는 것에 한계가 있다. 하지만 이것이 우리가 전형적으로 우리의 심리적 삶을 이해하려고 애쓰는 방식이다.

반면에 당신은 가서 이웃 집 문을 두드리고 자신을 소개하고 앉아서 그 사람에 대해 이야기해 달라고 부탁할 수도 있다. 당신 자신을 그에게 드러내고, 그가 자기 삶에 대해 이야기할 때 그와 시간을 함께하며, 시간이 지남에 따라 그와 우정을 키워 갈 수도 있다. 당신은 이런 식으로 그에 대해 더 많은 것을 배울 수 있다. 이것이 우리의 내면 삶으로 향하는 IFS 접근 방법이다. 우리는 우리의 부분을 인격적으로, 경험적으로 알아 간다.

시작점

당신이 작업하고 싶은 문제가 있다고 가정하자. 어떤 부분들을 탐색해야 할지 어떻게 아는가? 이 섹션에서 우리는 어떤 부분들이 문제에 연루되어 있는지를 결정하는 법을 보여 주고자 한다. IFS에서 문제를 때로는 **시작점**(trailhead)이라 부른다. 시작점은 당신 삶에서의 경험이나 어려움으로서 당신이 그것을 따라가면 흥미로운 부분들로 나아가게 되는 것을 말한다. 그것은 상황일 수도 있고 당신이 반응하는 사람일 수도 있다. 정서적 혹은 신체적 경험일 수도 있고 행동이나 사고의 패턴일 수도 있으며 꿈일 수도 있고 탐색할 부분들을 나타내는 다른 것일 수도 있다. 우리는 그것을 시작점이라 부른다. 왜냐하면 이것은 치유로 나아갈 수 있는 발자취의 시작점이기 때문이다. 이것은 보통 삶의 상황과 그 상황에 대한 당신의 반응 둘 다를 포함한다.

시작점은 부분(들)이 극단적인 역할 가운데 있음을 나타낸다. 당신의 행동이나 정서적인 반응이 역기능적이거나 문제가 있는 것이다.

1. 부분은 상황을 잘못 인식할 수 있다. 예를 들면, 당신의 상사가 실제로 당신을 도우려고 할 때 부분은 그가 당신을 판단하는 것으로 본다. 왜냐하면 당신이 상사만 보면 판단하는 아버지가 생각나기 때문이다.
2. 부분은 정서적으로 과민 반응을 보일 수 있다. 예를 들면, 당신의 상사가 다소 판단적일 수 있는 가능성이 있지만, 부분이 극단적으로 흥분한다.
3. 부분은 극단적이거나 부적절한 행동을 취할 수 있다. 예를 들면, 부분은 당신의 상사가 당신을 판단하고 있다고 인식하기 때문에 그에게 화를 내거나 반항하게 되고 그래서 이러한 행동이 문제를 야기한다.

나의 시작점 중의 하나는 내가 잘 알지 못하는 사람들이 많이 모인 그룹에서 부끄러움을 느끼는 것이다. 나는 뒤로 빼고 그리 표현을 하지 않거나 개방하지 않는 경향이 있다.

여기 내 교육반에 있던 사람들이 가졌던 몇 가지 시작점의 예를 들어 본다.

1. 나를 화나게 만드는 직장에서의 특정한 사람

2. 내가 어떤 행동을 취하든 누군가는 상처를 받을까 봐 두려워했던 상황. 왜냐하면 나는 두 사람 중에서 누군가를 선택해야만 해서 마비되는 느낌이었다.

3. 비행기를 타는 두려움

4. 어려운 프로젝트. 어떤 프로젝트가 내 생각보다 더 복잡하고 시간이 더 걸릴 때 나는 나의 신체적 욕구나 내 자신에 대한 자각 및 주의를 요하는 다른 과업들을 무시하면서 그것을 끝내려고 몇 시간이고 열심히 그것에 집중한다. 나는 빨려들어 가는 나 자신을 바라보지만, 도망할 수는 없다.

5. 사람들을 통제하는 것. 누군가 나를 통제하려 한다고 느끼면 나는 뒤로 빼고 가능한 한 빨리 자리를 피한다.

6. 거부에 대한 생각. 때때로 내가 누군가에 의해 거부당한다 느낄 때는 내가 무엇을 잘못했는지 내가 어떻게 이야기를 했어야 했는지 알아내려고 애쓰면서 그것에 대해 집착한다.

당신이 시작점에 있을 때, 적어도 활성화된 부분이 하나(종종 하나 이상) 있다. 예를 들면, 내가 낯선 사람들이 많이 모인 곳에 있을 때 적어도 세 부분이 활성화된다. 상처 받는 것을 두려워하는 부분, 나를 보호하기 위해 뒤로 빼고 싶어 하는 부분, 그리고 두려움에도 불구하고 다가가서 사람들과 이야기하고 싶어 하는 부분이 그것이다.

시작점에 있는 부분들을 파악하기

당신의 경험과 행동을 면밀히 살핌으로써 당신이 탐색하고 싶은 어떤 시작점에 연루된 부분들을 일차적으로 파악할 수 있다. 그 상황과 당신이 그에 대해 갖고 있는 사고, 욕구에 의해 촉발된 감정과 신체 반응에 상응하는 부분들이 있다. 또한 당신이 그 상황에서 행동하는 방식을 결정하는 부분도 있다. 이것들을 하나씩 차례로 살펴본다.

감정　당신은 시작점 상황에 적어도 하나의 (아마도 하나 이상) 정서적 반응을 보일 수 있다. 예를 들면 당신이 화를 낼 수도, 슬플 수도, 두려울 수도 있다. 게다가 당신은 그 상황에서 취하는 어떤 태도를 자각할 수도 있고, 당신이 판단하거나, 아무 생각이 없거나, 인색하거나, 조심하거나, 어리석거나, 의구심을 갖거나, 짓궂게 하고 싶은 느낌이 들 수 있다. 친절하거나 중심이 잡힌 것과 같이 참자아로부터 오는 태도들을 제외하고는, 각각의 느낌, 감정 혹은 태도는 부분의 존재를 가리킨다. 더욱이 당신이 감정의 단절을 느낀다면 그것은 아마도 부분에 의해 야기된 것이다. 예를 들면, 만약 당신이 시작점 상황에서 생기가 없거나, 갇혀 있거나 혹은 냉랭함을 느낀다면 거기에는 아마도 이것을 야기하는 부분이 있을 것이다.

신체 감각　시작점에 반응하여 나타나는 대부분의 신체 감각은 부분들과 관련이 있다. 순전히 생리적인 감각(먹은 것 때문에 생긴 복통과 같은)과 평화로운, 개방된 혹은 에너지가 넘치는 느낌과 같은 참자아의 신체적 경험들은 예외이다. 부분들은 어깨와 등이 뭉치는 것같이 근육의 긴장을 야기할 수 있다. 그것들은 당신의 팔에 열이 나게 하거나 배를 차게 만들 수 있다. 많은 신체 감각이 있을 수 있다―예를 들면, 무정함, 무거움, 메스꺼움, 공허함, 혹은 망설임이 있다. 당신은 몸 어느 구석에서인가 혹은 몸 전체에서 그것들을 경험할 수 있다. 그 밖에 만약 당신 몸(혹은 몸의 일부)에서 감각이 없어지면 그것 역시 당신이 느끼는 것을 원치 않는 부분에 의해 야기된 것이다.

생각들　시작점 상황에 반응하여 떠오르는 많은 생각들은 부분들로부터 나온다. 이것은 그 상황 속에 있는 사람들에 대한 다음과 같은 생각들이다. "그 여자 정말 주제넘게 나서네." 혹은 자신에 대해서 "바보 같은 소리를 하지 말았어야 했는데." 많은 사고 **패턴**도 역시 부분들을 가리킨다―예를 들면, 당신 상사와의 힘든 대화에 대한 생각에 사로잡혀 있거나, 빈번히 사람들에 대해 판단적인 생각을 하는 것이다. 심지어 때로는 생각이 없는 것도 부분을 나타낸다. 예를 들면, 당신 머릿속이 갑자기 멍해지면 보통 이것을 야기하는 부분이 있게 된다. 아마도 그 부분은 자신이 위험하다고 여기는 생각의 꼬리를 당신이 계속 물고 나아가는 것을 원치 않기 때문이다.

행동   어떤 행위나 행동 패턴은 한 부분을 나타낸다 — 뒤로 빼거나, 성급한 것이 그 예다. 행동을 회피하는 것도 역시 한 부분을 나타낸다. 예를 들면, 만약 당신이 전화 걸기를 회피하거나 작업해야 할 프로젝트를 회피한다면 그것은 미루는 부분으로부터 오는 것이다.

욕구   어떤 유형의 욕구는 부분에서 온다. 한 부분은 친밀함이나 성공을 원할 수도 있다. 다른 부분은 다른 사람이 봐 주고 높이 평가해 주기를 바랄 수 있다. 또 다른 부분은 혼자 있고 싶어 할 수도 있다. 욕구가 없는 것도 무언가를 바라는 것이 안전하다고 생각하지 않는 부분으로부터 올 수 있다.

시작점의 예를 좀 더 자세히 살펴보자. 베티가 다 큰 아들네 집에 들렀을 때 아들이 자기 아들에게 언어적으로 학대를 하고 있다는 생각이 들었다. 그래서 그녀는 이에 대해 아들에게 이야기를 할까 생각하고 있었지만 계속 머뭇거렸다. 이것을 탐색하기 위해서 나는 그녀에게 그 문제를 아들과 이야기하는 상황을 상상해 보라고 하였다. 다음은 그녀가 접근했던 부분들의 목록이다.

1. 한 부분은 이에 관해서 자기 아들에게 이야기하는 것을 회피하고자 한다. 여기서 그녀가 말하지 못하도록 그녀의 목을 조르는 느낌이 동반된다. 잘못 실수를 하여 아들에게 고통을 안길 수도 있기 때문이다.
2. 사랑하는 부분은 아들과 손자를 돌본다.
3. 한 부분은 슬퍼하고 후회에 잠겨 있다. 그녀가 지금까지 의사소통을 잘해 오지 않았기 때문이다.
4. 한 부분은 아들이 자기 아들을 대하는 태도에 실망과 당황을 느낀다.
5. 한 부분은 아들에게 화를 내고 손자에게 보호적이 된다. 그 부분은 "네가

어떻게 감히?!"라고 이야기하며 아들을 밀쳐내고 싶어 한다.

6. 한 부분은 화내는/보호적인 부분을 두려워하는데 그것이 속이 아주 거북한 것으로 나타난다. 이 부분은 화내는 부분에 의해 압도될까 봐 그리고 아들에게 상처 주는 말을 할까 봐 두려워하고 있다. 이 거북한 부분이 그녀가 한동안 화내는 부분을 자각하지 못하게 막았다.

당신은 베티의 경험으로 단 하나의 시작점에 의해 많은 부분들이 활성화될 수 있으며 그 부분들이 서로 상호작용하여 그녀의 감정과 행동에 영향을 주게 된다는 것을 알 수 있게 되었다. 이것은 어떻게 부분을 서로 구분할 수 있는가 하는 질문을 제기한다. 만약 두 감정이 아주 다른 것 같거나 서로 반대되면 그들은 분명히 서로 다른 부분이다. 예를 들어 베티의 아들에 대한 사랑과 그에 대한 분노는 반대이기 때문에 그것들은 분명히 서로 다른 부분에서 나온다. 만약 한 부분이 다른 부분을 가로막거나 배척하는 것으로 보이면 그것은 그들이 서로 다른 부분임을 뜻한다. 예를 들면 그녀의 속이 거북한 부분은 베티가 화내고/보호적

연 · 습 · 문 · 제 · 1

시작점에 있는 부분들을 파악하기

당신이 탐색하고 싶은 시작점을 고른다. 위에서 설명한 접근법을 사용하여 그 시작점과 관련된 각 부분들의 목록을 만든다. 각 부분에 대해 다음을 작성하도록 한다.

부분의 이름 : _____

그것이 정서적으로 느끼는 것 : _____

그것의 모습 : _____

그것이 몸으로 느끼는 것과 부위 : _____

그것이 말하는 것 : _____

그것이 당신을 어떻게 행동하게 만드는가 : _____

그것이 바라는 것 : _____

당신은 이 부분들을 아직 충분히 탐색하지 않았다. 따라서 당신이 그것들에 대해 많이 알지 못한다 하더라도 걱정하지 말라. 당신이 아는 것만 적어 넣으라. 당신이 그 부분을 더 잘 알아 가게 되면서 나중에 정보를 추가하라.

인 부분을 한동안 자각하지 못하도록 가로막았다.

그러나 두 부분이 유사하면 어떻게 되는가? 예를 들어 목을 조르는 느낌과 속이 거북한 것은 대체로 동일한 신체 감각인 것으로 보인다. 그래서 그것들은 동일한 부분에서 나오는 것일 수도 있고 두 개의 서로 다른 부분에서 나오는 것일 수도 있다. 이것은 지적으로 결정될 수 없다. 베티가 그것들을 좀 더 깊이 탐색할 때만 찾아낼 수 있게 된다.

P1 단계 : 부분에게 접근하기

작업하는 것이 도움이 될 것으로 생각되는 부분에게 접근하는 것으로 IFS 회기를 시작한다. 그것은 중요한 시작점과 연관되어 있을 수도 있고 그 순간에 강한 느낌을 야기하는 것일 수도 있다. 이 장에서 강조하려는 것은 부분과 간단하게 접촉할 수 있는 방법에 대한 것이다. 부분을 충분히 알아 가는 방법은 이어지는 장에서 다룰 것이다. 이 방법들은 그 어떤 부분을 접근하는 데에도 사용할 수 있지만, 우리는 보호자들을 강조할 것이다. 왜냐하면 그것이 제1부의 전체적인 초점이기 때문이다. 이 프로세스뿐만 아니라 나머지 어떤 IFS 회기 동안에도 눈을 감는 것이 가장 좋다. 나는 또한 사람이나 애완동물, 전화 혹은 컴퓨터에 의해 방해 받지 않는 방 안에서 이 작업을 하기를 권한다. 이렇게 함으로써 주의력 분산을 줄여 주고 접근하려는 보호자에게 완전히 초점을 맞출 수 있게 된다.

안으로 들어가 당신의 감정과 이미지와 신체 감각과 내면의 음성들을 통하여 경험적으로 그것과 접촉하라. 부분에게 접근하는 데는 다양한 내적 채널이 있다.

감정　부분을 특징지어 주는 감정, 태도, 욕구를 느낄 수 있는 감각을 부여한다.

신체 감각　부분과 함께하는 신체적 경험을 감지한다.

이미지　부분을 대표하는 내면의 이미지를 본다. 이것은 저절로 떠오를 수도 있고 그 부분을 대표하는 이미지를 찾을 수도 있다. 이것은 풀이 죽어 있거나 근육질을 가진 것처럼, 어떤 신체 자세나 표현을 가진 당신 자신의 이미지일 수도 있다. 그것은 특정 나이의 당신의 이미지일 수도 있다. 그것은 또한 유명한 사람, 만화 인물, 신화적 인물 혹은 동물의 이미지일 수도 있다. 부분들의 이미지는 또한 벽, 얼음 상자, 빛나는 태양 혹은 잡초 가득한 정원같이 좀 더 추상적일 수도 있다.

내면의 음성　부분이 속에서 조용하게 말하는 것을 듣는다. 그 부분은 당신에게 혹은 당신 삶 가운데 있는 누군가에게 혹은 심지어 또 다른 부분에게 이야기하고 있는 것인지도 모른다.

　때로는 당신이 접근하는 신체 감각이나 이미지가 처음에는 그렇게 분명치 않을 수 있다. 그래도 괜찮다. 그것은 단지 당신이 그 부분에 충분히 접근하지 못했다는 것을 뜻할 뿐이다. 당신이 진행하면서 그것을 알아 감에 따라 (제7장에서 설명하는 바와 같이) 그 부분은 더 명료해진다.

　부분에게 접근하는 법을 좀 더 충분히 이해하기 위해서 나의 IFS 교육반에서 발췌한 예를 보자. 여기 줄리가 자신의 경험을 설명하고 있다.

　　줄리 : 내가 1년 동안 가져왔던 관계를 끝내려고 해요. 내 남자 친구는 너무 쩨쩨하게 달라는 게 많아요. 나는 그동안 통제광처럼 행동해 왔어요.

　　제이 : 당신은 몸에서 그 부분을 어떻게 느낍니까?

　　줄리 : 일종의 무정함이요. 내 남자 친구를 향해서는 아무 느낌도 없어요. 전체적으로 궁휼한 마음을 갖고 있지 않은 느낌이에요. 그리고 부드러운 사랑의 느낌을 느끼지 못하기 때문에 무정함으로 보여요. 차단되어 있고, 연결이 되지 않으며 경직되어 있어요. 나는 가슴은 물론이고, 머리 아래로는 아무것도 느끼질 못해요.

　　제이 : 그 부분에 해당하는 이미지가 떠오르는지 보세요.

　　줄리 : 오즈의 마법사에서 나오는 틴맨이 보여요. 이제야 그것에 좀 더 연결이 되는 것 같아요.

그 이미지는 남성임에 유의하라. 어떤 부분들은 그 사람의 성별과 반대일 수도 있는데, 이상한 것이 아니다. 우리 모두는 우리 안에 양성의 특성을 가지고 있다는 것은 심리학에서 잘 알려져 있는 사실이다.

이 예에서는 줄리가 세 가지 채널을 사용하여 부분에게 접근한다. 그녀는 자기 몸 안의 무정함, 정서적으로 차단되어 있는 느낌과 틴맨의 이미지를 감지한다. 그러나 부분에게 접근하기 위해 많은 채널을 사용할 필요는 없다. 하나로도 충분하다.

당신에게 어떤 채널은 쉽고 자연스러울 수 있고 다른 채널은 더 어려울 수 있다. 예를 들면 나는 시각화를 잘하지 못한다. 그래서 나는 이미지를 통해서는 나의 부분에 대해 유용한 정보를 많이 얻지 못한다. 그러나 나는 내 신체 감각을 통해서, 나의 감정의 느낌을 통해서, 나의 부분들이 내게 말하는 것을 들음으로써 부분들에게 접근을 잘한다. 다른 사람들은 시각화를 잘하나 신체 감각으로의 접근은 잘 못한다. 더욱이 부분들마다 서로 다른 채널로 의사소통을 할 수도 있다. 당신은 각 부분에 대해 어떤 채널(들)을 사용할지 직관적으로 알게 될 것이다. IFS는 오직 한 채널만으로 작업하는 많은 심리치료 방법들과는 달리 어떤 채널이든지 당신에게 가장 효과가 좋은 것을 사용하도록 용인하고 있다.

부분들의 활성화

어떻게 당신이 부분에게 접근하는가는 그 순간에 그 부분이 활성화되었는지 여부에 달려 있다. 따라서 우리는 활성화를 먼저 이해해야 한다. 어떤 순간이라도 당신이 처해 있거나 혹은 생각하고 있는 상황 때문에 **활성화되어 있는 부분**이 하나 이상 있다. 각각의 활성화된 부분은 당신의 감정과 당신의 몸과 당신의 생각과 당신의 행동에 영향을 끼친다. 나머지 부분들은 휴지 상태이지만 어느 순간에라도 활성화될 수 있다. 예를 들면, 다음 그림에서 줄리의 틴맨 부분은 활성화된 공간에 있고 나머지 부분들은 그 순간에 휴지 상태로 휘장 뒤에 있다.

부분의 활성화

휴지 상태의 부분들

줄리의 마음을 차단하기 위해
틴맨은 활성화되어 있다.

활성화된 부분

(제2장에서는 이 휘장 뒤에 추방자만이 있는 정신 세계의 버전을 보여 주었던
것을 기억할 것이다. 이것은 단순화시킨 것이었다. 실제로 활성화되지 않은 모
든 보호자들도 이 휘장 뒤에 있게 된다.)

부분들은 외부적인 상황이나 내면적인 기억이나 사고에 따라 활성화된다. 만
약 당신이 당신의 부분들 중 어느 하나에라도 위험한 듯이 보이는 사건을 다루
고 있거나 사람과 관계하고 있다면 그것은 당신을 보호하기 위하여 활성화되고
당신의 정신 세계를 장악하게 된다. 예를 들면, 줄리의 틴맨은 그녀의 남자 친구
의 요구로부터 그녀를 보호해야 할 필요가 있다고 생각하였다. 틴맨은 만약 그
녀의 마음이 그에게 열린 채로 있으면 그녀는 그의 요구에 꼼짝 못한 채 관계를
끝낼 수 없게 될 것이란 사실이 두려웠다. 그래서 틴맨은 일단의 휴지 상태 부분

들로부터 나와 활성화된 공간을 장악하고 그녀의 부드러운 사랑의 감정을 차단해 버렸다.

상황에 의한 부분의 활성화

줄리는 남자 친구가 쩨쩨하게 달라는 게 많다고 인식한다.

틴맨은 친구로부터 줄리의 마음을 보호하기 위하여 앞으로 나아가 활성화된다.

활성화와 접근

당신이 어떤 부분에게 접근하기로 결정할 때 그것은 그 순간에 이미 활성화되었을 수도 있고 휴지 상태일 수도 있다. 접근은 매 경우마다 약간씩 다르게 한다. 만약 당신이 틴맨처럼 현재 활성화되어 있는 부분에게 접근하기로 결정한다면 비교적 하기 쉽다. 당신은 그냥 몸과 감정을 느끼고, 음성을 듣고 이미지를 감지하면 된다. 접근은 마치 그 부분에 대해 의식의 플래시를 비추는 것과 같다.

그러나 부분이 활성화되지 않았을지라도 당신은 여전히 그것에게 접근하여 그것과 작업할 수 있다. 먼저 그 부분을 활성화시키기만 하면 된다. 좋은 방법은

부분에게 접근하기

줄리의 참자아는 틴맨에게
의식의 플래시를 비춘다.

그것이 활성화되었던 최근 사건을 떠올리고 당신이 지금 그 상황에 놓여 있다고 상상하는 것이다. 이것을 상상하면서 내면에 어떤 느낌이 드는지 감지하라. 그리고 또한 이미지와 음성에도 주의를 기울이라. 혹은 당신이 그 부분이 활성화되었을 때 보통 어떤 느낌이 드는지 기억을 더듬어 볼 수도 있다.

예를 들어, 만약 줄리가 자신의 틴맨에게 접근하고 싶다면, 그녀는 그녀가 자기 남자 친구와 함께 있었고 그가 쩨쩨하게 굴었던 때를 생각하고는 그 당시 그녀가 내면에 어떤 느낌이었는지 기억하면 된다.

부분에게 접근하기 위하여 먼저 활성화시키기

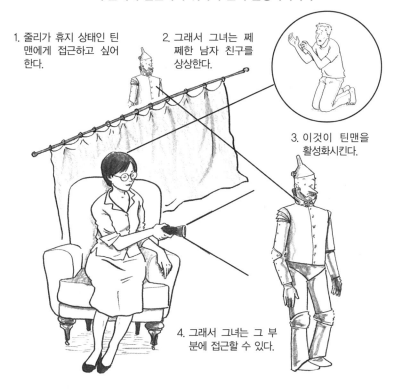

1. 줄리가 휴지 상태인 틴 맨에게 접근하고 싶어 한다.

2. 그래서 그녀는 쩨 쩨한 남자 친구를 상상한다.

3. 이것이 틴맨을 활성화시킨다.

4. 그래서 그녀는 그 부 분에 접근할 수 있다.

이같이 의도적으로 부분을 활성화시키는 것은 외적 상황만큼 충분히 그 부분을 촉발시키지는 않으나 당신이 그것에 접근할 수 있을 만큼은 활성화시켜 준다. 때로는 처음부터 활성화되지 않은 부분과 작업하는 것이 실제로 더 쉬울 수도 있다. 왜냐하면 그 부분의 감정이 당신을 휩쓸 정도로 그리 강렬하지 않기 때문이다(다음 장에서 감정의 휩쓸림이 일어나지 않도록 하는 법을 배운다).

활성화되어 있지 않은 부분에게 접근하는 제인의 이야기를 들어 보자.

제인 : 이것은 내가 어제 만났던 부분이에요. 나는 그 부분에게 게으름뱅이 라는 이름을 지어 주었어요. 내 동생이 나를 판단하고 있을 때 그 모습을 드러냈어요.

제이 : 동생이 어제 당신을 판단할 때 그 부분이 어떤 느낌이었는지 기억해 보세요.

🧑‍🏫 분명히 그 부분은 그 순간에 활성화되어 있지 않아서 나는 그녀에게 기억해 보라고 하였다.

제인 : (잠깐 쉰다) 좋아요. 이제 그 느낌이 와요. 목과 목 뒷덜미 두개골 근처가 뻣뻣해져요.

제이 : 그 부분에 대한 이미지가 떠오르는지 보세요.

제인 : 눈알이 크고, 튀어나왔으며 눈 주위가 시커먼 해골의 그림이에요. 엄청나게 화가 나 있어요. 자제를 거의 못하고 있어요.

🧑‍🏫 제인은 그녀의 어제 기억을 통해 게으름뱅이 부분을 활성화시켰기에 이제 그것에 접근할 수 있다.

연 ·습·문·제· 2

활성화되지 않은 부분에게 접근하기

지금 활성화되지 않은 당신의 부분 하나를 고르라. 그 부분이 활성화되어 있는 상황 가운데 당신이 놓여 있다고 상상하고 느낌이 어떤지 감지하라. 그 상태에서 다음의 각각의 채널을 사용하여 그 부분에 접근해 보도록 하라—느낌, 몸, 이미지 및 내면의 음성. 당신이 경험한 바를 적으라.

부분의 이름 : _____

그것이 정서적으로 느끼는 것 : _____

그것의 모습 : _____

그것이 몸으로 느끼는 것과 부위 : _____

그것이 말하는 것 : _____

그러나 반드시 모든 채널을 통해 접근할 필요는 없음을 기억하라.

현재의 경험으로부터 부분들에게 접근하기

이 장의 지금까지의 예에서처럼, 종종 당신은 이미 알고 있는 부분에게 접근하는 것으로 회기를 시작할 수도 있다. 그러나 때로는 당신이 어떤 부분과 작업할지 분명한 아이디어가 없을 수도 있다. 당신은 어느 순간에 탐색해 볼 만한 듯이 보이는 무언가를 느끼고 있지만 정확하게 어떤 감정이나 경험이 그곳에 있는지 명료하지 않을 수 있다. 감정의 뒤범벅일 가능성도 있다. IFS는 당신이 이것을 해결할 수 있도록 도와준다. 어느 순간이라도 대개는 한 부분 이상이 활성화되어 있다. 따라서 나와 있는 모든 부분을 파악하기 위해 당신의 현재 경험을 탐색하여 영역 지도를 그려 보는 것이 도움이 된다. 그리고 나서 작업할 것을 고르도록 한다.

순서는 다음과 같다. 당신의 감정, 신체 감각, 이미지와 음성을 감지하면서 내면을 체크하라. 아마도 먼저 당신의 주의를 끄는 어떤 것이 있을 것이다. 이 경험을 이용하여 부분에게 접근하라. 그리고는 그 부분에게 활성화된 다른 부분들을 알아 갈 수 있도록 옆으로 비켜서 달라고 요청하라. 그런 다음, 다른 경험들 중의 하나를 감지하고 그것에 연결되어 있는 부분에게 접근하라. 찾을 수 있는 모든 부분들에게 접근할 때까지 이런 식으로 계속한다.

조지아

부분들을 이런 식으로 접근하는 예가 여기 있다. 나는 조지아가 순간적으로 자각하였던 한 부분을 감지해 보라고 하였다.

> 조지아 : 당신이 이야기하고 있는 동안에 이미 시작되었어요. 내 가슴 안에 암담한 느낌이 있어요. 상당히 긴장되어 있고 경직되어 있어요. 그리고 내가 좀 더 그 안으로 들어가려 하면 내 몸에서는 두려움과 관련된 작은 마비들이 와요.
>
> 제이 : 그 부분은 어떤 모습인가요?
>
> 조지아 : 아마도 두 부분이 함께 있는 것 같아요. 두려움은 그중의 한 부분으로부터 나오는 것 같은데 그 부분은 다른 부분에 반응하고 있어요. 겁먹은 부분이 이 시커먼 것 같지는 않아요. 그 부분은 대략 너댓 살 먹은 작은 아이 같아 보이는데 꽤 놀란 모습이에요.
>
> 🗨 두 부분이 활성화되어 있다는 그녀의 말은 옳았고 그녀는 지금 그중의 하나인 겁먹은 부분에게 접근하였다.

제이 : 당신이 다른 부분에게 접근할 수 있도록 겁먹은 부분이 기꺼이 옆으로 비켜설 용의가 있는지 물어보세요.

조지아 : 이제 그 부분이 물러서니까 다른 부분, 공격자가 여기 있네요. 그것은 내 몸 안이 아닌 바깥, 내 앞에 서 있는 것 같아요. (이마에 있는) 내 세 번째 눈에 압박감이 느껴져요.

제이 : 그 부분의 이미지가 떠오르는지 보세요.

조지아 : 크고, 온통 새까맣고 튼튼한 남자예요.

제이 : 그 부분도 옆으로 비켜서 달라고 하세요.

조지아 : 내 세 번째 눈이 활짝 열리고 빛이 들어오는 것이 보여요. 공격 받기 직전에 나를 위로하고 있는 것 같아요.

조지아는 그 순간에 떠오른 세 부분 — 겁먹은 아이, 시커먼 공격자, 그리고 위로의 빛(참자아인 듯) — 에게 접근하였다. 이것은 그녀에게 영향을 끼치고 있는 내면의 힘들을 경험하게 해 주고 있다.

월터

한 순간에 여러 부분들에게 접근하는 월터의 경험을 소개한다.

월터 : 나는 목덜미에 옻이 올랐는지 화끈거려요. 그리고 매우 짜증 나요.

🗨 화끈거리는 감각은 부분에서 오는 것이 아니다. 그것은 옻에 대한 그의 신체적 반응이다. 순전히 신체적인 것이다. 그러나 짜증은 아마도 화끈거리는 감각에 대한 어떤 부분의 정서적 반응으로 보인다. 그래서 나는 그에게 그것에 초점을 맞추라고 요청한다.

제이 : 당신은 몸에서 짜증이 어떻게 느껴집니까?

월터 : 내 몸통에 압박감이 느껴져요.

제이 : 그 부분은 어떤 모습인가요?

월터 : 뭔가를 박살내고 있는 사람 같아요. 그가 얼마나 짜증 나 있는지를 표현할 수 있어서 기분 좋아하네요.

🗨 월터가 가리키고 있는 '그'가 부분이다.

제이 : 어떤 다른 부분들이 있는가 보세요.

월터 : 동시에 그(짜증 나 있는 부분)를 지나치게 진지하게 받아들이지는 않는 느낌이 있어요. 무엇이든지 허용하는, 용인하는 느낌이에요. 옻이 올랐지만, 내가 그것에 대해 할 수 있는 것은 아무것도 없어요. 긴장이 풀어지는 느낌에 가까워요.

제이 : 그 부분은 어떤 모습인데요?

월터 : 그냥 앉아 있는 통통한 부처의 모습 같아요.

제이 : 또 다른 부분이 있나 보세요.

월터 : 내가 이번 주에 접촉했던 부분이 이겁니다. 끊임없이 노력하는 부분이에요. 옻처럼 잘못된 것이 있으면 고쳐야 하고, 꼭 그 상태를 유지해야 합니다. 그 부분이 어떤 방식으로든 꼭 결과로 나타날 수 있도록 해야 해요. 노력해야 해요. 쉴 수가 없어요. 어떻게 하면 더 잘할 수 있는지를 항상 재 보면서.

제이 : 당신 몸 안 어디에서 이 부분을 느낍니까?

월터 : 머릿속에서요. 철두철미함 같은 것이 느껴져요. A형[1]의 항문기 고착적 성격을 가진 엄격한 부분이지요. 나는 이 부분이 마음에 들지 않아요. 좀 더 느긋해하는 나의 자화상과는 맞지 않아요.

제이 : 이 부분에 대한 이미지가 있습니까?

월터 : 책상 앞에 앉아 미친 듯이 서류 작업하는 회계사가 보이네요.

월터 역시 세 부분 — 박살내고 있는 남자, 부처 부분과 미친 듯한 회계사 — 에게 접근하였다. 이것은 그에게 순간적인 자신의 내면 풍경에 대한 느낌을 제공해 주고 있다.

---

1) 역자 주 : A형 성격은 지나치게 통제적이고, 꼼꼼하고, 조급하며, 시간관리에 강박적이며, 지체되는 것, 모호한 것을 싫어하고, 집요하며, 성취욕이 강하고, 사소한 일에도 짜증과 분노를 내는 성격 유형.

어느 한 순간에 활성화되어 있는 부분들에게 접근하기

부처

박살내고 있는 남자

월터는 어느 순간에 활성화되어 있는
부분이 셋이 있어, 한 번에 하나씩 접근한다.

미친 듯한 회계사

연 · 습 · 문 · 제 · **3**

현재의 경험으로부터 부분들에게 접근하기

이 순간의 당신 경험에 초점을 맞추고 한 번에 하나씩 당신이 자각하고 있는 각 부분들에게 접근하라. 가능한 한 많은 채널을 이용하라. 각 부분에 대해 당신이 경험한 바를 적으라.

부분의 이름 : _____

그것이 정서적으로 느끼는 것 : _____

그것의 모습 : _____

그것이 몸으로 느끼는 것과 부위 : _____

그것이 말하는 것 : _____

시작점으로부터 부분들에게 접근하기

앞에서 우리는 어떤 부분들이 시작점과 연관이 있는지 지적으로 결정하는 법을 논의하였다. 시작점과 경험적으로 작업하기 시작하면서 그 부분들에 대해 좀 더 명확히 알게 되며 아마도 더 많은 것들을 발견하게 된다. 시작점과 관련된 부분들에 대한 경험적인 탐색을 바로 시작할 수도 있다. 그 방법은 다음과 같다.

어떤 순간에 시작점은 부분과 마찬가지로 활성화되어 있을 수도 있고 그렇지 않을 수도 있다. 만약 그것이 활성화되어 있다면, 당신은 그에 대한 반응을 느끼게 된다. 당신이 그 순간에 활성화되어 있지 않은 시작점을 탐색하고 싶을 때는, 그 시작점이 활동하던 때를 머릿속에 그리고 내면에서 어떻게 느껴지는지 감지하라. 혹은 그 시작점이 활성화되어 있을 때 당신은 보통 어떻게 느끼는지 감지하라. 그리하면 당신은 그와 관련된 모든 부분들에게 접근할 수 있다.

시작점과 관련된 감정, 신체 감각, 이미지, 음성을 감지하기 위해 내면을 체크하라. 종종 여러 가지 경험들이 있을 것이다. 당신의 주의를 사로잡는 것을 골라 그것을 사용하여 부분에게 접근하라. 당신이 그 부분을 감지하면 그것에게 옆으로 비켜서 달라고 요청하고 다음 것에 접근한다. 이런 식으로 반복한다.

다음은 로라의 예이다. 그녀는 시작점을 설명하는 것으로 시작하고 있다.

> 로라 : 나는 내가 지은 집에 지금 머물고 있어요. 전남편과 헤어진 후로는 더 이상 거기서 살고 있지 않아요. 나는 그 지역을 두루 여행하고 있는데 전남편이 집을 비우게 되니 나보고 여기서 한 이틀 묵으라고 하네요. 이 상황이 나를 많이 심란하게 했어요.
>
> 🗨 *그녀가 심란한 상태에 있다는 사실이 시작점을 나타낸다.*
>
> 제이 : 이 상황과 관련된 부분들 중 하나를 느껴 보세요.
>
> 로라 : 눈물이 나려고 해요. 내가 그동안 물 속에 있다가 숨 쉬러 올라와 이 이야기를 하는 것 같아요. 이야기하고 싶은 충동이 내 온몸에 진동해요. 전율이 느껴져요. 어떻게든 외치고 싶어 하는 무언가가 있어요.

제이 : 그 부분의 이미지가 떠오르나요?

로라 : 떠오르는 것은 찰스 디킨즈의 작은 성냥팔이 소녀예요.

제이 : 좋습니다. 또 다른 부분들이 없나 체크해 보세요.

로라 : 이게 어떤 부분인지는 모르겠어요…. 여기 어떤 힘이 느껴져요. 지지 받고 있는 느낌. 내 눈은 더 크게 열리는 것 같고 내 머리는 조금씩 기울 어지고 있는 것 같아요. 흥분되어 행동을 개시하려는 생각이 어렴풋이 생기며, 아드레날린이 치솟듯이, 한바탕 싸우려고 내 몸이 긴장되는 느 낌이에요.

제이 : 이 부분은 어떤 모습인가요?

로라 : 뾰족하고, 예리하며 날카로운 투구를 쓴 투사의 모습이에요. 그 부분 이 그 작은 소녀를 보호하고 싶어 해요.

로라는 자신의 전남편 집에 머무르는 것을 시작점으로 하여 그와 관련된 두 부 분들에게 접근하였다. 물론 투사는 보호자이다.

연 · 습 · 문 · 제 · 4

시작점으로부터 부분들에게 접근하기

당신 삶에서 중요하게 여기는 시작점을 고르라. 그 순간에 그것이 활성화되어 있지 않으면 그 시작점 상황 가운데 있는 당신을 머릿속에 그리거나 그 상황 가운데 있었던 최근의 사건을 기억 해 보라. 그 상황에서 당신이 어떤 느낌을 갖는지 감지하라. 한 번에 하나씩 그 시작점과 관련 된, 당신이 자각하고 있는 부분들 각각에게 접근하라. 가능한 한 많은 채널을 사용하라. 각 부분 에 대해 당신이 경험하는 바를 적으라.

부분의 이름 : _____

그것이 정서적으로 느끼는 것 : _____

그것의 모습 : _____

그것이 몸으로 느끼는 것과 부위 : _____

그것이 말하는 것 : _____

표적 부분에 초점 맞추기

지금까지 당신은 어떤 부분에게 접근하는 법을 배웠다. 이제는 당신이 IFS 회기를 시작하기 위하여 그 능력을 사용하는 법을 배우게 될 것이다. IFS 회기 시작 단계에서는 당신 삶에서의 문제를 논의하거나 당신이 자각하고 있는 몇몇 부분들에 대해 이야기하고 싶어 할 수도 있다. 그러나 머지않아 이러한 순전히 지적인 이해는 별 가치가 없게 된다. 내면으로 들어가 당신 자신을 경험적으로 탐색할 시간이 되는 것이다. 당신의 목표는 깊이 알아 가려고 하는 부분에 초점을 맞추게 된다. (당신은 이 책 뒷부분에서 어떻게 하는지를 배울 것이다.) 이것을 **표적 부분**(target part)이라고 부른다.

다음 세 가지 방법으로 작업을 시작할 수 있다.

1. 당신이 이미 알고 있는 부분으로 시작하고 그것에게 접근하라.
2. 지금 이 순간에 활성화되어 있는 모든 부분에게 접근하고 나서 초점을 맞출 하나를 선택하라.
3. 시작점으로부터 출발하라. 어떤 부분들이 시작점과 관련되어 있는지 분석하고 나서 접근할 하나를 선택하라. 혹은 경험적으로 시작점과 관련 있는 모든 부분에게 접근하고 나서 하나를 고르라.

연 · 습 · 문 · 제 · 5

파트너와 함께 부분들에게 접근하기

만약 당신이 연습문제를 할 때 파트너와 작업하고 있다면 돌아가며 한 사람씩 다음 세 가지 방법으로 부분들에게 접근하는 것을 연습한다.

1. 당신이 알고 있는 부분으로 시작하기
2. 시작점으로 시작하기
3. 당신의 현재 경험으로 시작하기

파트너와 함께 작업하는 법에 대한 설명은 제16장을 보라.

일단 어느 한 부분과 작업을 시작하면 다른 것들이 활성화되어 당신은 그것들을 다룰 수밖에 없게 된다. 때로는 원래의 표적 부분과 작업을 계속할 수도 있고 때로는 초점을 그들 중의 하나로 바꿀 수도 있다. 이 문제는 제9장에서 자세히 논의된다.

실시간으로 부분을 감지하기

당신 삶에서 어떤 부분이 활성화되어 있는 순간에 실시간으로 그 부분에게 접근할 수 있다면 매우 도움이 된다. 계획된 IFS 회기와는 달리 당신 삶의 흐름 가운데 부분들과 작업하는 것을 가리키기 위하여 '실시간'이란 용어를 사용한다.

하루 중 어느 때고 당신의 어떤 한 부분이 활성화되어 있다는 사실을 감지하면, 당신은 잠깐 그것에게 접근하여 그 부분이 어떻게 당신에게 영향을 주고 있는지 주의를 기울여 볼 수 있다. 이러한 작업은 그 부분이 어떤 상황에서 얼마나 자주 촉발되는지 그리고 그것이 당신의 정서와 행동과, 삶에 어떻게 영향을 주는지에 대한 정보를 제공한다. 예를 들면, 당신의 상사가 당신을 자기 사무실로 불렀다고 하자. 그가 한 마디도 하기 전에 당신은 손바닥에 땀이 나고 가슴에 걱정이 밀려온다. 이것은 초조한 부분이 이미 활성화되었다는 사실을 당신에게 알려 주는 것이다. 당신은 잠깐만 그것에게 접근하여도 윗사람에 의해 판단 받는 것을 두려워하고 있음을 알게 된다. 혹은 당신이 중요한 전화를 해야 한다고 하자. 벌써 한 시간이 지났지만 그동안 당신은 전화 거는 대신에 다른 업무로 바빴음을 깨닫는다. 이것은 당신에게 회피하는 부분이 이미 활성화되어 있다는 사실을 알려 주는 것이다. 그것에게 접근해 보면 전화에다 대고 바보 같은 소리를 할까 봐 두려워하고 있음을 알게 된다.

실시간으로 부분을 감지하기

당신 삶에서 상당한 빈도로 활성화되기 때문에 당신이 좀 더 알고 싶어 하는 부분을 고르라.

_____

다음 주간에 이 부분이 활성화될 때가 언제인지 감지하는 연습을 한다. 먼저 당신이 절제력을 잃고 그 부분이 활성화되는 신호가 어떤 것인지에 대해 생각해 보라. 어떤 신체 감각, 생각, 혹은 감정이 그 부분이 흥분되어 있음을 알려 주는가? 예를 들면, 배가 쥐어뜯는 것 같거나 복수의 꿈을 꾸거나 아이처럼 눈물을 흘리고 싶은 것이 그 예다.

_____

어떤 행동이 그 부분이 장악했다는 사실을 알려 주는가? 예를 들면, 당신 파트너로부터 뒤로 빼거나, 대화를 장악하거나, 폭식하는 것이 그 예다.

_____

어떤 상황이나 사람이 이 부분을 활성화시키는 경향이 있는가? 예를 들면, 당신이 끌리는 사람과 만나거나, 무언가를 발표하거나 혹은 당신 아들이 반항하는 경우가 그 예다.

_____

이것들이 다음 주 동안에 언제 일어날 가능성이 있는가?

_____

이 기간에 이 부분이 활성화되는지 여부를 의도를 가지고 특별히 자각하라. 그 부분이 촉발된 것을 감지할 때마다 잠깐 그 부분에 접근한 다음 그에 대해 간단히 메모한다. 만약 그 순간에 메모할 만한 여유가 없다면, 다음 쉬는 시간에 혹은 가능한 한 빠른 시간 내에 하도록 하라. 기억이 생생할 때에 하도록 한다. 매일 일과를 마치고 몇 분 시간을 내어 그날을 되돌아보며 그 부분이 활성화되었던 순간을 떠올린다. 이때 메모를 추가하라. 이 같은 매일의 복습은 또한 다음 날도 이 연습을 할 수 있도록 기억하게 해 준다.

부분이 활성화될 때마다 메모할 내용

상황 : _____

그 부분을 경험한 경로 : _____

그 부분을 촉발시킨 직접적인 사건 : _____

_____

완벽을 기대하지 말라. 당신은 아마도 이 부분이 활성화된 모든 경우를 파악할 수도 없고 매번 무슨 일이 일어나는지에 대해 분명히 알 수도 없을 것이다. 그렇게 하기는 매우 힘들다. 예를 들면, 당신이 운전을 하고 있거나 프로젝트를 끝내려고 하거나 혹은 누군가와 이야기하고 있을 수도 있다. 그래서 다른 많은 것들을 자각하기 어려울 수 있다. 괜찮다. 그냥 당신이 할 수 있는 최선을 다하라.

요약

이 장에서 당신은 보호자를 경험적으로 접근하는 법을 배웠다. 이것은 보호자를 알아 가는 제1단계(P1)이다. 당신은 어떤 부분들이 시작점과 관련이 있는지 결정하는 법을 배웠다. 당신은 감정, 이미지, 신체 감각, 내면의 음성을 통해서 부분에게 접근할 수 있다. 당신은 어떤 부분이 활성화되어 있다는 것이 어떤 의미인지 알게 되었다. 당신은 시작점이나 당신의 현재 경험과 작업함으로써 활성화되어 있는 모든 부분에게 접근할 수 있다. 당신은 모호한 부분이 점점 명료해지도록 하는 법과 초점을 맞추고자 하는 부분을 고르는 법을 배웠다. 당신은 실시간으로 활성화된 부분을 감지하는 법도 배웠다. 다음에 이어지는 두 장에서는 당신이 보호자와 성공적으로 작업할 수 있도록 당신의 참자아에게 접근하는 법을 배우게 된다.

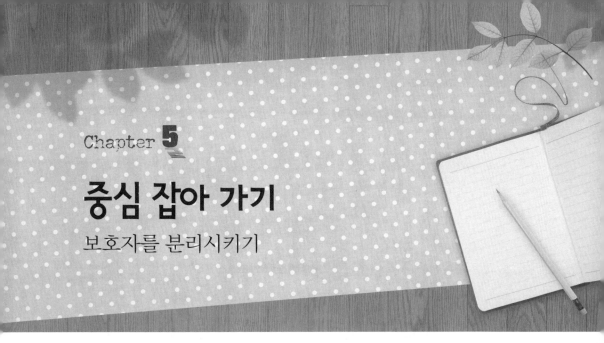

Chapter 5

중심 잡아 가기

보호자를 분리시키기

쉴라의 남편은 일에 파묻혀 그녀에게 신경을 많이 쓰지 못하고 있었다. 그러고는 그녀의 생일을 잊어버렸다. 그것이 뇌관을 건드렸다. 그녀는 일어서서 소리 질렀다. "당신은 더 이상 나를 사랑하지 않는군요! 온통 신경 쓰는 것이 일뿐이에요. 당신은 그 망할 놈의 컴퓨터 앞에 온종일 있으면서 나를 위한 시간은 조금도 없어요. 당신은 너무 이기적이에요!" 쉴라의 욱하는 부분이 활성화되었다. 그 순간, 그녀는 그 부분에 사로잡혀 그녀 자신이 욱하는 부분이 되었고 자신의 참자아에게는 접근할 수 없게 되었다.

때로는 우리가 한 부분이 화나 있어도 참자아 상태에 머물 수가 있다. 쉴라는 이렇게 이야기할 수 있었다. "그가 나를 사랑하는 것을 알아요. 그러나 정말 중요한 프로젝트의 마감일이 얼마 남지 않아 지금 나에게 신경을 쓰지 못하고 있어요. 그가 사람은 좋아요." 그녀가 참자아 상태에서 침착함과 배려로 대하였더라면 자기 남편과 이성적으로 관계할 수 있었을 것이다. 그녀는 남편에게 프로젝트가 어떻게 되어 가는가 물어본 후에 자기 생일에 대해 귀띔해 주었을 수도 있었다.

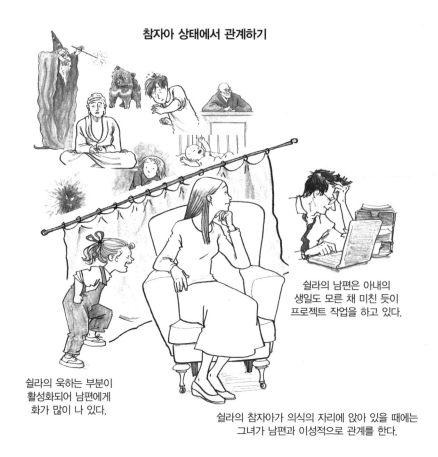

참자아 상태에서 관계하기

쉴라의 남편은 아내의
생일도 모른 채 미친 듯이
프로젝트 작업을 하고 있다.

쉴라의 욱하는 부분이
활성화되어 남편에게
화가 많이 나 있다.

쉴라의 참자아가 의식의 자리에 앉아 있을 때에는
그녀가 남편과 이성적으로 관계를 한다.

의식의 자리

우리는 의식의 자리라는 개념을 사용하여 이것을 다른 방법으로 설명할 수 있다.
우리 각자는 우리 정신 세계에 우리의 정체성, 선택, 감정과 인식을 결정하는 한
장소가 있다. 이 자리는 참자아가 차지할 수도 있고 한 부분이 차지할 수도 있
다. 어느 순간에 의식의 자리를 차지하는 자는 누구든지 그 순간의 우리 정신 세계를
담당한다. 그것이 부분이건 참자아건 자리를 차지하고 있는 자가 우리가 어떻게
느끼는지, 우리의 의도가 무엇인지, 우리가 다른 사람들을 어떻게 인식하는지,
우리가 그들과 어떻게 관계하는지 그리고 우리가 무엇을 선택해서 어떻게 행동
해야 할지를 결정한다. 이 문장은 당신의 활성화된 부분들이 당신의 감정과 행
동을 결정한다는 앞 장에서 소개된 개념을 다듬어 놓은 것이다. 어느 순간일지

라도 모든 활성화된 부분들은 당신에게 어느 정도의 영향을 끼치고 있으나 의식의 자리를 차지하고 있는 자가 우선적인 영향력을 가진다. 그것이 당신의 지배적인 감정과 당신의 행동을 결정하게 된다.

우리는 어느 순간이라도 우리의 의식의 자리를 차지하고 있는 자를 반드시 자각하지는 않는다. 사실 그것은 다른 것들을 바라보는 존재이기 때문에 우리에게는 보이지 않는 경향이 있다. 의식의 자리를 차지하고 있는 자는 자각하고 있거나 의식하고 있는 자이다. 우리는 그것을 우리 자신으로 생각한다. 그것은 관찰자나 목격자이며, 의식의 플래시를 비춘다. 우리는 이 플래시가 비추는 부분들은 어느 것이든 의식하나, 플래시가 자신을 들고 있는 자를 향하여 비추는 경우는 거의 없다. 따라서 우리는 목격자를 자각하지 못하는 경향이 있다. 목격자는 남을 보는 것이지 남들이 목격자를 보는 것은 아니다.

이상적으로는 참자아가 의식의 자리를 차지하는 자이다. 쉴라의 경우, 참자아가 그녀가 남편과 어떻게 상호작용하는가를 담당하는 것을 의미한다. 의식의 자리를 차지하고 있는 자는 쉴라가 자기 남편을 어떻게 인식하고(바쁜지 혹은 배려심이 없는지), 남편을 향해 어떻게 느끼며(염려하는지 혹은 화를 내는지), 남편을 향해 어떻게 행동하는지(이성적인지 혹은 비난하는지), 그리고 상호작용에서 성취하려고 하는 것이 어떤 것인지(관계 맺음인지 혹은 보복인지)를 결정한다. 의식의 자리는 심지어 당신의 정체성—즉 당신 자신을 누구로 생각하는지—도 결정한다. 예를 들면, 이 상황에서 만약 쉴라가 참자아 상태에 있다면 그녀는 자신을 자기 남편과 관계를 맺고 있는 파트너로 생각할 것이다. 그러나 만약 그녀가 욱하는 부분이면 그녀는 자신을 남편에 의해 학대 받고 있는 희생자로 여길 것이다.

참자아는 의식의 자리를 천부적으로 차지하는 자이다. 왜냐하면 그것이 우리의 참 모습이기 때문이다. 그것은 우리의 핵심적인 본성이요 우리의 영적인 중심이다. 이것은 한 부분(쉴라의 욱하는 부분처럼)이 의식의 자리를 장악하고 참자아를 배경으로 밀어내지 않는 한, 참자아가 의식의 자리를 차지하고 있다는 것을 의미한다. 부분이 한동안 당신의 정신 세계를 책임지기도 한다. 이것은 순간적으로 일어나므로 보통 우리가 그것을 깨닫지 못한다. 그러나 나중에 배우게 되겠지만, 만약 당신이 면밀히 주의를 기울이면 그 이동의 변화를 감지할 수 있고 그것과 작업할 수 있게 된다. 만약 그 부분이 옆으로 비켜서면 참자아는 자동적으로 의식의 자리를 되찾게 된다.

어느 순간이라도, 당신은 의식의 자리를 차지한 자와 동일시된다. 만약 참자아가 자리를 차지하고 있으면 당신은 참자아가 된다. 만약 어떤 부분이 자리를 장악했으면 당신은 그 부분과 동일시된다. 그 부분이 그 순간에 당신 자신이라고 생각하는 것이다. 우리는 보통 이러한 정체성의 변화를 감지하지 못한다. 우리는 우리가 항상 동일한 단일 성격(unitary personality)이라고 생각한다. 그러나 이러한 변화는 항상 일어나고 있고 IFS가 그것들을 자각할 수 있도록 도와줄 것이다. 이 책 전반을 통하여 내가 당신이라고 지칭할 때는 그 순간에 의식의 자리를 차지한 자를 가리킨다. 왜냐하면 그것이 당신이 생각하는 당신이기 때문이다. 때로는 이것이 참자아일 수도 있고 때로는 한 부분일 수도 있다.

쉴라의 상황에서는 욱하는 부분이 거의 완전하게 의식의 자리를 장악하였고 참자아는 그 자리 뒤의 배경으로 밀려났다. 쉴라는 욱하는 부분과 동일시되었다. IFS 용어로 이 부분은 참자아와 섞여 있고 참자아는 더 이상 쉴라가 자기 남편과 어떻게 관계할지를 결정하지 못하고 있었다. 그녀는 자신의 분노로부터 떨어져 있거나, 남편의 관점에서 그의 행동을 이해하거나, 혹은 이성적인 방식으로 행동할 수 없었다. 그녀는 심지어 화난 것에 대해 이야기도 할 수 없었다. 그녀가 할 수 있는 것이라곤 자기도 모르게 분노를 쏟아 놓고 그의 인격을 더럽히는 것이었다.

여기 섞임을 이해하는 또 다른 방식이 있다. 참자아를 침착하고 중심이 잡힌 투명한 물컵이라고 생각하라. 만약 당신이 인스턴트 커피 한 숟가락을 물에 넣으면 물은 즉각적으로 암갈색으로 바뀌고 강한 향이 난다. 물(참자아)이 커피(부분)와 섞여 완전히 그 모습이 변했다. 물은 여전히 거기 있지만, 커피에 의해 온통 가려진 것이다.

섞여 있는 부분으로부터 관계하기

쉴라의 참자아는 의식의 자리
뒤 배경으로 밀려나 있다.

쉴라의 남편

쉴라의 욱하는 부분이 참자아와
섞여(의식의 자리를 장악하고)
남편에게 소리 지른다.

　1시간 후, 남편을 향한 쉴라의 감정은 바뀌었다. 그녀가 가라앉자 자기가 반응했던 모습이 창피했다. "내가 그렇게 되는 것이 정말 싫어요. 그가 나를 사랑한다는 사실은 알아요. 그는 정말로 바빴고 최근 너무 정신이 없었어요. 내가 무언가에 씐 것 같아요. 그토록 분노하는 나의 그 부분이 없어지면 정말 좋겠어요." 이 시점에서 욱하는 부분은 더 이상 쉴라와 섞여 있지 않다. 그러나 그것이 그녀가 참자아 상태에 있다는 것을 의미하는 것은 아니다. 왜냐하면 지금은 또 다른 부분이 그녀와 섞여 있기 때문이다. 쉴라는 자신의 욱하는 부분을 판단하고 있으며 그것이 없어지기를 바라고 있다. 이것은 참자아가 아닌, 그녀의 또 다른 부분에서 오고 있는 것이다. 우리가 이렇게 말할 수 있는 것은 '참자아는 개방되어 있고 호기심이 있으며 각 부분뿐만 아니라 다른 사람들을 향하여 긍휼한 마음을 갖고 있다'라는 사실 때문이다. 참자아는 결코 비판적이지 않으며 부분을 없애고 싶어 하지 않는다. 쉴라는 판단적인 부분에 의해 이미 장악당한 것이다.

　이 예는 우리가 우리의 힘든 부분들과 관계할 때 취하는 가장 흔한 두 가지 방식 — 우리가 그것들과 섞이든가 아니면 우리가 그것들을 판단하든가 — 을 보여 주고 있다. 그러나 그 어느 태도도 한 부분을 알아 가고 그것과 관계를 맺는 데 도움을 주지 못한다. 성공적으로 알아 가기 위해서는 당신이 참자아 상태로 중심에 있어야 당신이 호기심과 긍휼한 마음을 가지고 부분과 관계할 수 있다. 이 장과 다음 장에서 이 두 가지 태도를 파악하는 방법과 참자아로 되돌아가는 방법을 배울 것이다. 이 장은 표적 부분이 언제 당신과 섞이는지를 파악하는 법과 참자아를 분리시키고 접근하는 법을 설명한다. 제6장에서는 표적 부분에 대해 염려하는 부분이 언제 당신과 섞이는지를 파악하는 법과 그 부분으로부터 분리시키는 법을 배우게 된다.

섞임

다음의 어느 하나라도 사실인 경우, 어떤 한 부분이 당신과 섞여 이미 의식의 자리를 장악한 것이다.

1. 당신이 안정되어 있지 못할 정도로 부분의 감정에 휩싸여 있다. 당신은 그러한 감정에 빠져 있다. 예를 들면, 부분이 분함을 느낀다면 당신은 되돌아볼 만한 거리를 전혀 두지 않은 채 그 분노 가운데 완전히 빠져 있는 것이다.

2. 당신이 그 부분의 신념 가운데 빠져 있어 그 상황에 대한 관점을 잃어버렸다. 당신은 그 부분이 가진 왜곡된 인식을 통해 세상을 보고 있다. 게다가 당신은 이것이 많은 관점들 중 하나라는 사실을 깨닫지 못한다 — 당신은 단순히 그것을 진실로 받아들인다. 만약 그 부분이 세상은 위험하다고 믿으면, 당신 자신의 신념을 세상에 투사하고 있을 가능성이 있다는 생각은 꿈에도 않고, 그것이 당신이 세상을 보는 방식이 되는 것이다.

3. 당신이 자신의 참자아를 충분히 느끼지 못한다. 부분을 목격하고 이해하기 위해 그 부분으로부터 떨어져 있는 당신 안의 한 장소에 충분히 접근하

지 못한다. 당신은 중심을 잡지 못하고 있고 안정감이 없다.

섞임은 활성화의 좀 더 극단적인 형태이다. 어떤 부분이 당신이 그 감정을 느끼며 그 부분이 당신에게 영향을 줄 수 있는 정도까지 활성화되어 있을 때에라도, 당신은 여전히 그 부분으로부터 떨어져 있는 느낌을 가질 수 있다. 당신은 자신의 감정적 반응이 과장되어 있거나 지신의 관점이 비뚤어져 있음 을 알고 있을 수도 있다. 상사가 당신이 제출한 보고서를 다시 작성하라고 명령하는 시나리오를 상상해 보라. 당신은 부족하다고 여김과 약간의 우울감을 갖게 되지만, 당신은 여전히 이것은 일시적인 반응이라고 인식할 수 있는 관점을 충분히 갖고 있다. 당신은 상사의 비난에 대해 곰곰이 생각한 다음 무엇 때문에 그랬는지 이해하고 앞으로 어떻게 해야 할지를 충분히 생각할 수 있다. 당신의 부족하다고 여기는 부분이 활성화되기는 하였지만 당신은 그로부터 어느 정도 거리를 두고 있다. 그것은 당신과 완전히 섞이지 않은 것이다. 당신의 참자아는 여전히 의식의 자리를 차지하고 있으며 따라서 당신이 기본적으로 역량이 있음을 알 수 있도록 해 주고 있다. 비록 낙심은 되지만, 결국 그것은 지나갈 것이라는 사실을 알고 있는 것이다.

그러나 당신이 상사에게 달리 반응한다고 하자. 당신의 보고서에 대한 비난이 당신의 가슴을 찌른다. 당신은 가까스로 그 사무실을 걸어 나와 깊은 우울감에 젖는다. 당신은 책상에 앉아 자신이 완전히 무능하다고 확신하여 그 보고서를 쓰레기통에 내던진다. 부족하다는 느낌이 내일까지는 가라앉을 것으로 보이지 않는다. 당신의 무능에 대한 신념이 단순히 신념으로 보이지 않는다. 당신이 무능하다는 것은 진실일 뿐이다. 당신의 세계는 쓸쓸해 보이고 자신이 형편없다고 생각한다. 삶은 희망이 없는 듯이 보이고 공허감과 무력감을 느낀다. 이것은 부족하다고 여기는 부분이 당신과 섞여 있다는 것을 가리킨다. 그 부분이 의식의 자리를 장악한 것이다. 당신의 참자아는 가려져 있는 것이다.

물론 섞임이 흑백의 문제는 아니다. 그것에는 정도 차이가 있다. 잠깐 담근 녹차처럼, 한 부분이 약간만 당신과 섞일 수도 있다. 당신은 대부분이 참자아일 수도 있고, 약간만 참자아일 수도 있으며, 참자아가 전혀 없을 수도 있다. 부분적인 섞임이 있을 때는 참자아와 부분이 의식의 자리를 공유하고 있음을 의미한다. 그들은 둘 다 당신이 다른 사람들과 관계하는 방식에 영향을 준다. 만약 쉴라가 이것을 경험했었더라면 그녀의 태도가 분노의 빛을 띠기는 했겠지만, 그녀는 남편에게 다소간 친절하고 이성적일 수 있었을 것이다.

부분적인 섞임

쉴라의 남편

쉴라의 참자아와 욱하는 부분은 부분적으로
섞여(의식의 자리를 공유하고) 있다. 그러므로
둘은 그녀가 남편에게 관계하는 방식에
영향을 주고 있다.

보호자를 알아 가기 위한 조건

보호자들과 성공적으로 작업하기 위해서는 섞임을 다룰 수 있어야 한다. 제4장에서 당신은 보호자에게 접근하고(P1) 그것에 초점을 맞추어 표적 부분으로 만드는 법을 배웠다. 그 부분을 알아 가기 위해서는 당신이 그 보호자에 대해 참자아 상태에 있어야 한다. 당신의 참자아는 의식의 자리에 있어야 하고, 참자아가 의식의 플래시를 그 부분에 비추고 그것과 관계를 만들어 갈 수 있도록 부분은 떨어져 있어야 한다. 이것은 때로는 이중 의식(dual consciousness)이라 불리기도 하는 재미있는 경험이다. 당신은 부분과 참자아 둘 다를 느낄 수 있다. 당신은 경험적으로 부분에게 접근하였기 때문에 어느 정도 그 감정을 느낄 수 있다. 그러나 동시에 당신의 의식은 일차적으로 참자아 상태에 중심을 두고 있다. 이러한 조합은 탁월한 치유력을 제공한다.

분리되었을 때 부분과 관계하기

쉴라의 참자아는 욱하는 부분으로부터 떨어져 있다. 그래서 그녀는 그 부분에 플래시를 비춤으로써 그 부분을 알아 갈 수 있다.

그러나 만약 부분이 당신과 섞여 있으면, 그 부분은 의식의 자리를 장악하고 참자아를 배경으로 밀어낸 것이다. 이제 당신은 그 부분이 되었고, 두 개의 실체가 아니기 때문에 그 부분을 알아 가거나 그 부분과 상호작용을 할 수 없다. 관계를 가지려면 두 실체가 필요하다. 부분만 있으면 관계는 불가능하다.

부분과 성공적으로 작업하기 위해서는 100% 참자아 상태에 있어야 할 필요는 없다. 참자아의 **임계 질량**만 갖고 있으면 된다. 당신은 부분과 떨어져 설 수 있을 정도의 참자아만 있으면 된다. 의식의 자리에 부분보다 참자아가 더 많아야 한다. 이 상태로부터 당신은 부분을 이해하고 도울 수 있다. 만약 당신이 참자아 상태에 있지 않다면 당신은 부분을 도울 수 없다. 당신이 부분의 이야기

부분과 섞여 있을 때 부분과 관계하는 것의 어려움

쉴라의 욱하는 부분이 의식의 자리를 장악하였다.
그래서 그 부분과 관계할 수 있는 떨어져 있는 참자아가 없다.

를 너무 곧이곧대로 받아들이기 때문이다. 성공적으로 어떤 부분과 작업하기 위해서는 그 부분이 활성화되어 있으나 당신과 너무 섞여 있지 않은 것이 가장 좋다.

P2 단계 : 표적 부분을 분리시키기

다음 단계(P2)는 부분이 당신과 섞여 있는지 보기 위해 내면을 체크하는 것이다. 다음과 같이 한다.

부분의 감정을 얼마나 강하게 느끼고 있는가? 만약 부분이 누군가에게 화가 나 있다면 그 분노를 얼마나 크게 느끼고 있는가? 예를 들어, 당신이 배우자와 다투는 중에 있다면, 쉴라가 하던 것처럼 아내에게 소리소리 지르고 있는가? 말 없이 얼굴만 붉으락푸르락하는가? 아내가 당신을 얼마나 형편없이 대하고 있다고 말해 주어야 속이 시원하겠는가? 혹은 건설적인 방법으로 의사소통을 시도해 볼 수 있도록 당신의 분노와 어느 정도 거리를 두고 있는가?

부분의 관점, 즉 부분이 가지고 있는 당신과 다른 사람들에 대한 신념을 얼마나 곧이듣는가? 예를 들어, 당신의 삶에서 사랑할 수 있는 사람을 찾을 가망이 없다고 당신의 부분이 믿는다면, 당신은 그 관점을 어느 정도로 수용하는가? 당신은 만족스러운 관계 찾기를 이미 포기하였는가? 당신은 이것이 당신의 운명이라고 믿게 되었는가? 혹은 이것은 비이성적인 생각에 지나지 않는다는 생각이 어느 정도 있는가? 쉴라의 경우, 남편이 그녀를 사랑하고 있지 않다는 욱하는 부분의 신념을 얼마나 곧이들었는가?

당신은 당신 안에 부분으로부터 떨어져 있는, 그리하여 그 부분의 감정과 신념을 목격할 수 있는 장소에서 얼마나 중심을 잡고 있는가? 부분이 가지고 있는 희망과 두려움보다 큰 내면의 공간, 달리 표현하면 현재 일어나고 있는 사건에 대해 비교적 침착하고 분명히 파악하고 있는 존재를 찾을 수 있는가? 이것이 의식의 자리를 차지하고 있는 참자아다.

당신은 부분을 향하여 어떤 느낌을 갖고 있는가? 부분이 갖고 있는 느낌이 아니라 마치 당신 앞에 앉아 있는 듯한 그 부분을 향해 당신이 갖고 있는 느낌을 말한다. 만약 당신이 슬퍼하는 부분에 초점을 맞추고 있고 당신이 슬픔을 느낀다면 그것은 부분의 감정이다. 당신이 그 슬퍼하는 부분을 향해 어떻게 느끼는지를 알 필요가 있다. 당신은 그것을 좋아하는가? 높이 평가하는가? 판단하는가? 미워하는가? 그에 대해 관심을 갖는가? 그것에 대해 좀 더 알고 싶어 하는 호기심이 있는가? 혹은 그것을 없애 버리고 싶은가? 만약 당신이 이 질문에 대해 분명한 답을 얻는다면, 그 부분은 십중팔구 당신과 섞여 있지 않은 것이다. 만약 그 부분이 당신과 섞여 있다면 그 질문에 답하기가 어려울 것이다. 한마디로 당신이 부분이라면, 부분을 향해 무언가를 느끼기는 힘들다는 것이다. 때로는 이 질문을 던져 보는 것만으로도 당신이 부분으로부터 분리될 수 있도록 해 준다. 왜냐하면 당신이 그에 답하기 위해 떨어진 장소로 발걸음을 옮겨야 하기 때문이다. 이 질문은 제6장에 나오는 IFS 프로세스의 P3 단계에도 매우 중요하다. 따라서 이것은 이중적인 기능을 하고 있는 것이다. 그때 이 질문을 다시 살펴보기로 한다.

때로는 어떤 부분이 당신과 섞여 있는지 여부를 물어보는 것만으로도 당신이 그 부분과 작업할 수 있을 정도로 충분히 분리가 이루어진다. 그러나 다른 경우에는 분리시키기 위해서 당신이 더 많은 일을 해야 한다. 만약 표적 부분이 당신과 섞여 있지 않다면 다음 장에 있는 P3 단계로 진행하라. 만약 섞여 있다면, 부분을 분리시키는 P2 단계를 계속하라. 여기에는 다양한 접근 방법이 있다.

부분에게 떨어져 달라고 요청하기

당신이 부분을 알아 갈 수 있도록 부분에게 당신으로부터 떨어져 달라고 요청하라. 이것이 무엇을 의미하는지를 이해하는 것이 중요하다. 당신이 그 부분에게 없어져 달라고 요청하라는 것이 아니다. 사실 당신은 그 부분과 친해지고 이해하고 싶어 한다. 그러나 그렇게 하기 위해서는 당신이 그로부터 떨어져 있어야 한다. 관계하기 위해서는 둘이 필요하다. 당신 하나밖에 없다면 당신이 부분과 관계를 가질 수 없다. 따라서 당신이 부분과 친해지기 위해 서 있을 공간만큼 부분에게 떨어져 달라고 요청하라는 것이다. 부분들은 일반적으로 이것을 이해한다. 그리고 일단 부분들이 이것으로부터 얻을 수 있는 것이 무엇인지 알게 되면, 즉 자기들을 이해해 줄 수 있는 누군가를 얻을 수 있다고 생각하면 그들은 기꺼이 떨어지려 한다. 원한다면 이 요청을 다음과 같이 달리 표현할 수도 있다. 부분에게 감정들을 표출하지 말거나 감정으로 당신을 휩쓸어 버리지 말아 달라고 요청할 수도 있고 부분에게 당신 몸 밖으로 나가 달라고 요청할 수도 있다.

당신은 부분에게, 영원이 아니라 이 회기에서 다만 몇 분 동안만이라도 당신으로부터 떨어져 달라고 요청하고 있다는 것을 이야기해 주라. 당신은 부분에게 그의 감정이나 신념을 포기하는 커다란 발걸음을 내디디라고 요청하고 있는 것이 아니다. 당신은 분명히 부분에게 크게 변화되기를 요청하고 있는 것이 아니다. 큰 변화가 이루어지기 위해서는 한 회기 혹은 여러 회기가 필요하다. 만약 부분이 원한다면, 회기가 끝난 후에는 부분이 당신과 다시 섞여도 괜찮다는 사실을 부분에게 설명해 주라. 지금 당장 당신이 필요한 것은 당신이 부분과 친밀해질 수 있도록 부분과의 사이에 약간의 공간일 뿐이다.

이것은 요청이다. 부분이 '싫다'고 말할 수도 있다. 만약 당신의 내면 상태에 변화가 없으면, 그 부분이 떨어지지 않았다는 의미이다. 이 경우 그 부분에게 물어보라. "당신이 나로부터 떨어지면 어떤 일이 일어날까 봐 두려워합니까?" 아마도 그 부분은 공간을 만드는 과정에서 자신이 밀려나거나 무시당하게 될 것을 두려워할 가능성이 있다. 우리는 부분들을 알아 가려고 시간을 내 본 적이 없기 때문에, 우리의 많은 부분들은 우리와 소원해지는 느낌을 갖게 된다. 우리는 정말로 부분들을 밀쳐내고 힘써 외면해 왔다. 부분들이 알고 있는, 자기를 좀 보고 자기 이야기를 들어 달라는 전략이라고는 우리와 섞이는 것뿐이다. 부분에게 당신이 그 부분을 알아 가고 싶어 한다고 설명해 주라. 사실 어느 정도 분리를 원하는 이유는 당신이 그 부분과 관계를 가지기 위한 것이다. 이렇게 하면 안심하게 되어 그 부분은 기꺼이 떨어지게 된다.

때로는 어떤 부분은 당신으로부터 떨어지지 않으려 한다. 만약 떨어지면 당신이 어리석은 짓을 할까 봐 무서워하기 때문이다. 그 부분은 당신이 위험하거나 어리석은 행동을 취하지 못하도록 하고 있다고 믿고 있다. 예를 들어, 제2장에서 나왔던 음식 통제자 부분을 회상해 보라. 만약 그 부분이 분리되면 당신이 초콜릿 폭식을 하게 될까 봐 무서워할 가능성도 있다. 당신이 이 회기 동안에 몇 분 동안만 떨어져 있기를 원한다고 하라. 그리고 당신이 어리석은 짓은 하지 않겠다고 안심시키라. 당신은 보호적인 역할을 포기하라고 그 부분(보호자)에게 요청하고 있는 것이 아니다. 그 부분을 알아 가기 위해 어느 정도의 공간만을 원하는 것뿐이다.

보통 이 정도면 효과가 있다. 부분과 이런 좀 더 확장된 대화를 갖는 것만으로도 떨어지도록 하는 데 도움이 된다.

다른 방법으로 분리시키기

부분이 당신으로부터 떨어지지 않으려 하면, 당신이 그 부분으로부터 떨어지면 된다. 떨어지고 참자아에게 접근하는 과정에서 당신이 좀 더 적극적인 역할을 취할 수 있다. 이렇게 하는 데에는 여러 가지 방법이 있다.

참자아로 들어가기

당신 내면에 분리된 경험을 만듦으로써 당신은 자신의 참자아가 부분과는 다르다고 느낄 수 있게 된다. 당신은 이것을 부분으로부터 안정된 장소로 옮겨 가는 듯한, 혹은 목격자의 자세로 바뀌는 듯한, 혹은 내면 깊숙이 중심에 자리 잡은 존재로 옮겨 가는 듯한 경험으로 표현할 수 있다. 어떤 사람들은 이것을 부분으로부터 한 발자국 물러나 자신들 안으로 들어가는 느낌이라고 한다. 이것은 또한 당신의 참자아가 의식의 자리를 차지할 수 있도록 부분이 앉았던 자리를 내어 주는 것으로 볼 수도 있다.

부분이 떨어져 있는 것으로 머릿속에 그리기

부분에 대한 시각적 이미지가 떠오르도록 하라. 이렇게 함으로써 당신은 부분이 독립된 실체라는 느낌을 갖게 된다. 부분이 당신으로부터 어느 정도 거리를 두고 분명히 떨어져 있다면, 이러한 접근법은 한층 더 효과적이다. 멀리 떨어져 있을수록 더 확실한 분리가 이루어진다.

시각적 분리를 이룰 수 있는 또 다른 방법은 부분의 이미지를 그리거나 색칠을 하는 것이다. 당신의 부분을 나타내는 집 안 물건을 고르거나 잡지나 인터넷에서 부분의 이미지를 찾을 수도 있다. 부분의 구체적인 상징물을 가지면 분리에 도움이 된다.

반대 부분을 찾기

표적 부분의 반대 성향을 보이는 부분이나, 표적 부분과 갈등 관계에 있는 부분이 있는지 내면을 둘러보라. 예를 들면, 쉴라는 어떤 일이 있더라도 자기 남편과 화합하기를 원하는 자신의 부분을 찾아낼 가능성이 있다. 그녀는 그 부분에게 접근하여 그 부분이 이야기하고자 하는 바를 들을 수도 있다. 이렇게 함으로써 그녀는 욱하는 부분 말고도 더 많은 것들이 자신에게 있다는 것을 깨닫게 되며 자기 안에 욱하는 부분도 아니고 화합하려는 부분도 아닌 어떤 장소를 찾을 수 있게 된다. 이것이 참자아일 가능성이 있다.

참자아 명상

표적에 초점을 맞추는 것을 잠시 중단하고, 당신이 안정된 상태에서 당신의 몸 안에 존재하도록 자신을 명상으로 안내하라. 명상에 대해 잘 안다면, 당신에게 효과가 있는 양식은 어떤 것이든지 사용할 수 있다. 만약 잘 알지 못한다면, 다음의 방법을 한번 사용해 보라. 이것은 여러 번 쉬면서 천천히 읽어야 한다. 파트너와 함께 작업을 하고 있다면 파트너에게 읽어 달라고 할 수도 있다.

척추의 긴장을 풀되 곧게 하여 조용히 앉는다. 눈을 감고 당신 몸에 있는 감각에 초점을 맞추라. 어깨에 긴장이나, 감은 눈 뒤에 압박감을 느낄 수도 있고 가슴에 따뜻함이 느껴지거나 배에 빵빵함이 느껴질 수도 있다. 시간을 충분히 갖고 주의를 끄는 신체 감각은 어떤 것이라도 감지하라. 이것들은 아마도 순간마다 변할 것이다. 당신이 하나하나의 감각을 감지할 때, 어느 정도의 시간을 가지고 그것을 느껴 보라. 그리고 그 순간에는 그것하고만 함께 있도록 하라. 만약 당신의 주의가 몸으로부터 떠나 방황하는 것을 감지하게 되면 판단하지 말고 부드럽게 데려오라. 이것이 한 번 이상 일어나더라도 전혀 염려하지 말라. 판단하지 말고 그때마다 몸에 주의를 기울이라.

한참 후에 주의를 당신 배로 옮겨 가라. 당신의 배 안에서 느껴지는 감각을 자각하라. 혹은 단순히 배가 있구나 하는 감각만이라도 느껴 보라. 이 상태로 긴장을 풀라. 이를 통해 마음을 가라앉히고 중심 잡힌 상태가 되도록 한다. 부드럽고 열린 방법으로, 한동안 당신의 배와 함께 있으라. 당신 자신에 대한 감각이 깊어지도록 하라.

시간이 지나면서, 당신 가슴에서의 감각, 마음에서의 감각을 자각하라. 당신의 마음을 약간 누그러뜨리고, 지금 적당한 만큼 개방하도록 하라. 부분들에 대한 긍휼한 마음과 그들의 발버둥과 고통을 느끼며 당신의 마음이 부분들 모두에게 개방되도록 하라. 부분들 하나하나를 환영하며 마음으로부터 그들에게 덩굴손을 뻗으라.

당신이 참자아 상태로 견고하게 자리 잡았을 때, 명상을 끝내고 당신의 주의를 표적 부분으로 다시 가져오라. 이제 당신이 그 부분으로부터 떨어진 느낌을 갖는지 보라.

특별히 좋아하는 것이 있거나, 유사한 안내 명상을 해 보았던 경험이 있으면, 자유롭게 이 명상에 변화를 주어도 좋다. 당신에게 효과가 있는 것을 사용하라. 이 같은 짧은 참자아 명상은 당신이 부분들에게 접근하기 전, 회기 첫머리에 사용할 수도 있다. 참자아 상태에서 모든 회기를 시작하기 위해 많은 사람들이 이 같은 명상을 사용한다.

일단 표적 부분으로부터 분리되었으면 다음 장의 P3 단계로 옮겨 가라.

분리시키기 예화 축어록

이것은 내 교육반의 한 학생 벤과 가진 회기 내용이다. 그는 45세의 캐나다인 교사로서 대가족의 장남이다. 그는 과거에 마약에 중독된 적이 있었지만, 여러 해 동안 정상적인 삶을 영위해 오고 있다. 그는 자기 누이와 가진 갈등에 대해 이야기하기 시작한다. 그의 한 부분은, 그녀가 통제적이며 다른 사람의 관점은 보지 못하기 때문에 잘못하고 있다고 보고 있다. 나는 그에게 내면으로 들어가 그 부분을 알아 가는 것으로 회기를 시작하라고 제안하였다.

제이 : 잠깐 시간을 내어 누이가 잘못되었다고 믿는 부분에 초점을 맞추세요. 그리고 당신 몸 안에서 그 부분이 어떤 느낌을 갖는지 감지해 보세요.
벤 : 네, 어떤 감각이 있네요. 상당히 고요하고 명료한 느낌이 있어요…. 또

한 "네 생각이 모두 잘못됐어."라고 말하는 부분 때문에 어깨가 많이 아파요.

🗨 벤이 자기 누이에 대해 비판적인 부분에게 접근하기 시작하자마자 반대 관점을 지닌 두 번째 부분이 나타난다. 이것은 상당히 흔한 일이다.

제이 : 알겠습니다. 누이에 대한 당신 생각이 잘못됐다고 말하는 부분이 있군요.

벤 : 네, "아마도 더 열심히 해야 할 것 같아. 너는 자만하고 있는 거야."라고 하는 이 부분은 늘 내 자신을 의심하게 만들고 있어요.

제이 : 누이를 비판하는 부분과 계속 같이 있고 싶습니까? 혹은 자신을 의심하는 부분에 초점을 맞추고 싶습니까?

벤 : 의심하는 부분이 훨씬 더 중요한 것 같아요.

제이 : 좋습니다. 당신은 지금 부분과 떨어져 있는 느낌이 있습니까? 혹은 부분과 섞여 있습니까?

🗨 나는 그에게 부분과 섞여 있는지 체크해 보라고 요청한다.

벤 : 내가 두 부분 사이를 왔다 갔다 하기 때문에 어떻게 이야기해야 할지 모르겠어요. 의심하는 부분이 나와 약간 섞여 있는 것 같기도 해요. 가족들과 함께 있으면 종종 혼돈 상태가 되기 때문이에요.

🗨 벤이 가족들과 함께 있을 때는 그가 의심하는 부분과 섞여 있는 것이 아마도 사실이라 하더라도 그것이 지금 중요하지는 않다. 여기서 중요한 것은 이 순간에 그가 의심하는 부분과 섞여 있는가 여부이다. 그래서 나는 그 상황을 묻는다.

제이 : 그런데 지금 그 섞임이 일어나고 있습니까?

벤 : 네, 약간이요.

제이 : 좋습니다. 이 섞임이라는 문제를 계속 체크하기 위해서는, 당신이 자신을 의심하고 있을 때 의심하는 부분을 알아 갈 수 있을 만큼의 충분한 참자아 상태가 되어야 합니다. 지금 그런가요?

벤 : 실제로 그래요.

제이 : 좋습니다. 그렇다면 조금만 더 진행해 보도록 하겠습니다. 이제 의심

하는 부분을 향해 어떤 느낌이 드는지 체크해 보세요.

🗨 이것이 섞임에 대한 또 다른 체크 방법이다. 그가 섞여 있지 않으면 P3 단계로 나아간다.

벤 : 나는 자기회의와 상당히 오랫동안 씨름해 왔어요.

제이 : 자신의 자기회의 과거사에 대해 아는 것은 중요합니다. 그러나 지금
　　　이 순간, 그 부분을 향해 어떤 느낌이 듭니까?

🗨 우리는 그가 지금 참자아 상태에 있는지 알고 싶다. 그래서 지금 여기에 대한 질문을 하는 것이다.

벤 : 좀 왔다 갔다 해요. 내가 이 프로세스를 계속할 수 있을까 하고 지금
　　　의심하고 있다는 사실을 방금 깨달았어요. 따라서 내가 그 부분과 섞여
　　　있는 것 같아요. 그래서 의심하는 부분에게 떨어져 달라고 요청할까 합
　　　니다.

🗨 벤이 자신이 섞여 있다는 것을 깨달은 것은 잘한 것이다. 그리고 교육반에서 배웠기 때문에, 섞인 부분에게 자신으로부터 떨어져 달라고 요청하는 법을 그는 알고 있다.

제이 : 네, 그렇게 해 보세요. 당신이 그 부분을 알아 갈 수 있도록 떨어져 달
　　　라고 요청하세요.

벤 : 좋습니다. 이미지가 떠오르네요….

제이 : 그 부분이 당신으로부터 기꺼이 떨어지려고 하는 느낌이 있습니까?

벤 : 아니요. 자기가 떨어져 있게 되면 내가 안전하지 못할 거라고 믿고 있어요.

제이 : 아, 네.

벤 : 만약 자기회의를 그만두면 내게 어떤 일이 터질 거라고 생각하고 있
　　　어요.

제이 : 그 부분에게 이렇게 이야기해 주세요. 당신에 대해 더 이상 의심하지
　　　말라고 요구하는 것이 아니라, 당신이 그 부분을 알아 갈 수 있을 정도만
　　　큼만 떨어져 달라고 요청하고 있는 거라고요.

🗨 그 부분은 우리가 그에게 무엇을 요청하고 있는지 오해하였다. 그 부분이 갖고 있는 의심하는 역할을 포기하는 것은 너무 시기상조다. 그 부분은 단지 이 순간에 벤으로부터 떨어지기만 하면 된다.

벤 : 좋습니다. 그것이 더 쉽군요.

제이 : 그 부분이 기꺼이 떨어지려 합니까?

벤 : 네.

제이 : 지금 그 부분을 향하여 어떤 느낌이 드는지 체크해 보세요.

💬 그가 어느 정도 분리가 되었기 때문에, 나는 다른 방식으로 참자아를 체크한다.

벤 : 덤덤해요. 다소 호기심이 있고, 약간의 조심하는 마음도 있는 것 같아요.

💬 그가 지금은 의심하는 부분으로부터 충분히 떨어져 있는 것으로 보이므로 우리는 P3 단계로 옮겨 갈 수 있다.

이 축어록은 당신이 표적 부분과 섞여 있는지를 파악하는 방법과 분리시키는 방법을 보여 주고 있다.

연 · 습 · 문 · 제 · 1

표적 부분을 분리시키기

지금 이 순간 당신과 섞여 있는 부분에 대해 짧은 IFS 회기를 가져 보라. 다음과 같은 세 가지 방법으로 진행할 수 있다.

1. 회기를 시작할 때 당신과 섞여 있는 부분이 있는지 보라. 그것을 당신의 표적 부분으로 택하라.
2. 당신과 많이 섞여 있는 부분이 있고 어떤 외부 사건들이 그 부분을 촉발시키는 경향이 있는지 알고 있다면, 그 부분이 활성화되어 당신과 섞일 가능성이 있는 날 회기를 갖도록 하라.
3. 부분이 당신과 섞이는 순간, 즉석에서 회기를 가지라. 이 장에서 논의한 대로 분리시키기를 연습하라. 그런 다음 그 부분을 조금씩 알아 가도록 하라. 그 부분이 어떤 느낌을 갖고 있는지 혹은 무엇을 염려하는지 물어보라. 그 부분이 자기에 대해 알아 주기를 바라는 것이 무엇인지 물어보라.

만약 당신이 파트너와 작업을 하고 있다면, 이 연습을 파트너와 함께하라. 부록에 이 방법에 대한 조언이 실려 있다. 당신 혼자서 할 수도 있다.

당신이 섞여 있을 때를 감지하기

일단 당신이 보호자로부터 분리되었고 보호자를 알아 가기 시작하였더라도, 그 부분이 프로세스 후반에 다시 당신과 섞일 수도 있다. 부분이 당신에게 자기 이야기를 들려주면서 당신을 장악할 수도 있다. 다시 말해서 자신도 모르는 사이에 당신이 그 부분이 된다는 뜻이다. 가능한 한 빨리 이것을 감지하여 당신이 참자아로 되돌아갈 수 있도록 하는 것이 좋다.

프로세스가 진행될 때 섞임을 어떻게 자각할 수 있는가? 당신이 처음에 체크했을 때와 같은 종류의 경험을 하는지 주의해 보라. 정서적으로 열 받기 시작하는가? 부분의 신념과 세계관을 받아들였는가?

부분이 자기 이야기를 하는 동안 섞임이 이루어지고 있다는 사실을 알아차리게 해 주는 두 가지 단서가 있다.

1. 부분이 이야기하고 있는 것을 당신이 3인칭으로 보고하는 것이 아니라, 부분(입장)이 되어 이야기하기 시작한다. "그 부분이 내 누이에 대해 화가 났어요."라고 이야기하는 것이 아니라, "내 누이는 못됐어."라고 이야기한다. 당신은 부분을 바라보고 있는 것이 아니라 부분이 되어 버린 것이다.

2. 당신은 부분의 관점에서 사람이나 사건에 대해 자세히 이야기를 시작한다. 당신은 주제를 벗어나 사건의 세세한 것들에 빠져 길을 잃어버린다. 당신이 부분의 이야기를 듣고 있거나 심지어 당신 자신을 탐색하고 있다는 감각을 잃어버렸다. 당신은 무슨 일이 일어났는지 혹은 누가 당신을 어떻게 대했는지를 단지 설명하고 있을 뿐이다. 당신은 정서적으로 이야기에 끌려들어 가 그것을 객관적으로 보지 못하는 것이다.

벤과의 회기에서 어떻게 이것이 일어날 뻔했는지에 대한 사례가 있다. 그는 자기 누이에 대해 비판적인 자신의 부분을 알아 가고 있는 중이다.

벤 : 이 부분이 누이의 의사소통 방식에 대해 화가 나서 누이를 비판하고 있어요.

제이 : 좋습니다. 그 부분이 어떤 느낌을 갖고 있는지 더 이야기해 달라고 요청하세요.

벤 : 그 부분은 누이가 너무 통제적이라고 화가 나 있어요. 누이는 항상 모든 것을 자기 식으로 해야 직성이 풀리므로 그 부분은 누이가 나를 장악할까 봐 무서워해요. 며칠 전에 누이는 엄마를 요양원으로 옮기고 싶어했으나 [나]는 동의하지 않았어요. 누이는 내 이야기를 전혀 듣지 않았어요. [나]는 내 의견을 표현하고 있을 따름인데 누이는 내가 자기에게 지시하고 있는 것으로 생각했나 봐요. (지금 그의 음성은 바뀌면서 점점 크게 화를 낸다) 그것이 정말로 나를 화나게 만들었어요. [나]는 엄마 문제를 해결하는 최선의 방법에 대해 내 관점을 이야기하고 싶었을 뿐이었어요. 그런데 누이는 마치 내가 자기를 제압하려고 하는 줄 알았나 봐요. 늘 그런 식이에요.

🗨 벤은 그 부분의 감정에 대해 보고하는 것이 아니라, 자신의 것으로 표현하고 있음을 눈여겨보라. 그는 그것(그 부분)이 아니라 '나'라고 이야기하고 있다.

벤 : 누이는 항상 이런 식이었어요. [내]가 의견을 이야기하려 할 때마다 누이는 내가 자기를 통제하려 한다고 생각해요. 그리고 결국에는 나에 대한 비난을 그대로 행동으로 옮겨 누이가 나를 통제하지요. 그 때문에 정말로 화나지만 [나]는 싸우고 싶지 않아 그냥 입다물고 수긍해 버리지요. 2주 전인가….

🗨 자기 누이를 비판하는 벤의 부분이 장악하고는 누이에 대해 설명하고 있다. 그는 그 부분에 귀를 기울이거나 자신을 탐색하고 있는 것이 아니다. 그는 단지 불만을 토로하고 있는 것이다. 참자아는 찾아볼 수 없다.

부분이 당신과 섞여 있음을 감지하는 즉시, 중단하고 되돌아보라. 이 장에 있는 방법 중의 하나를 사용하여 분리시키라. 그러고 나서 다시 부분에 대해 이야기해 달라고 요청하고는 그 대답에 귀를 기울이라.

연 · 습 · 문 · 제 · 2

부분들을 매일 체크하기

다음 주에는 매일 조금씩 시간을 내어 당신의 부분들을 체크하라. 제4장에서 배운 대로 그 순간에 어떤 부분들이 활성화되어 있는지 감지하라. 정기적으로 이것을 함으로써 당신은 당신의 내면 가족에 주의를 기울이는 습관을 갖게 된다. 이 연습을 하기 위해 매일 일정한 시간을 계획하라. 어떤 사람들은 아침에 제일 먼저 이것을 하기 좋아한다. 또 어떤 사람들은 잠자리에 들기 전밤 시간을 좋아한다. 그때 활성화된 각 부분을 목록으로 만들라. 아래 각각에 대해서 아는 대로 답을 채우라.

부분의 이름 : _____

그것의 느낌 : _____

그것의 모습 : _____

그것이 몸 안에 자리 잡은 부위 : _____

그것이 말하는 것 : _____

그것이 당신을 어떻게 행동하게 만드는가 : _____

그 부분에 대한 이 모든 정보를 알지 못하더라도 염려하지 말라. 당신이 할 수 있는 것만 채워넣으라.

요약

이 장에서는 부분이 의식의 자리를 차지함으로써 당신과 섞여 있다는 것이 무슨 의미인지 그리고 이것이 IFS의 후속 프로세스에 어떻게 방해가 되는지를 배웠다. 당신은 이제 당신이 섞여 있는지 여부를 어떻게 결정하는지, 부분으로부터 어떻게 분리시켜 참자아에게 접근하는지를 알게 되었다. 당신은 부분에게 당신으로부터 떨어져 달라고 요청할 수 있고, 필요하다면 분리가 되어야 부분을 알아 갈 수 있다고 부분을 안심시켜 줄 수도 있다.

　또한 다양한 방식으로 참자아 상태로 직접 옮겨 갈 수도 있다. 이것이 P2 단계이다. 당신은 또한 당신이 프로세스 후반에 섞임이 일어났는지 여부를 파악하는 법도 배웠다.

　나는 이 책에서 단계적으로 IFS를 가르치고 있다는 사실을 유념하라. 이것이 방법을 배울 수 있는 좋은 방식이기는 하지만 그것에 얽매이지는 말라. 이 책을 끝마치고 정말로 이 모델을 이해할 만큼 충분히 훈련하였을 즈음해서는, 당신이 이 단계를 떠나 원하는 대로 직관적으로 작업할 수 있다.

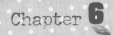
열린 마음과 호기심 유지하기

염려하는 부분을 분리시키기

한여성이 당신에게 접근하여 당신의 마음 문을 열고 속마음을 그녀에게 보여 달라고 한다고 하자. 그녀가 당신에게 화를 내고 있거나 당신을 판단하고 있다고 느끼면 당신이 마음 문을 열겠는가? 물론 아니다. 당신이 믿고 털어놓으려는 사람에게는 어떤 태도가 있어야 하겠는가? 나는 그녀가 아무런 의도를 갖지 않고 진심으로 나에 대해 궁금해하며 나의 관점에서 내가 누구인지 아는 것에 관심을 갖기를 바랄 것이다. 나는 그녀가 결코 지루해하거나 무관심하지 않으면서 나와 나의 감정을 배려해 주기를 바랄 것이다.

당신의 부분들도 마찬가지다. 그들은 당신이 솔직한 호기심을 갖고 그들에 대해 배려해 주었으면 한다. 그것은 참자아 상태에 있음을 의미한다. 그들은 당신이 그들을 향해 부정적인 느낌을 갖는지 그렇지 않은지 보통 구별할 수 있으며 만약 당신이 부정적인 느낌을 갖고 있다면 종종 그들은 자신들에 대해 많은 것을 보여 주지 않을 것이다.

앞 장에서 우리는 쉴라의 두 부분을 만났다. 남편이 그녀의 생일을 잊어버렸을 때 그녀의 욱하는 부분이 그에게 크게 화를 내었고 그녀의 또 다른 부분이 그녀가 화낸 것을 판단하였다. 앞 장에서는 욱하는 부분 같은 부분들로부터 분리시키는 법을 다루었다. 이 장에서는 쉴라의 판단하는 부분과 같은 부분들로부터 분리시키는 법을 다루고자 한다. 이것은 당신의 표적 부분을 향해 부정적으로 느끼고 있는 부분들로부터 떨어져 나오는 분리시키기의 두 번째 형태이다.

당신이 참자아 상태에 있는지 체크하기

당신이 초점을 맞추고자 하는 부분에게 접근하였고 당신이 그것과 섞여 있지 않을 만큼 떨어져 있다고 가정하자. 이제 당신이 바로 지금 이 표적 부분을 향해 어떻게 느끼는지 당신 스스로에게 질문해 보라. 이것은 당신이 그 부분을 어떻게 생각하는가를 묻는 것이 아니라 당신이 그것을 향해 정서적으로 어떻게 느끼고 있는가를 묻고 있는 것이다. 당신이 그 부분에 대해 어떻게 느끼고 있는지 당신 스스로에게 묻지 말라. 이것은 평가 프로세스를 촉발할 가능성이 있다. 그 부분이 도움이 되는가, 해가 되는가, 친근한가, 친근하지 않은가. 이런 것은 우리가 찾는 것이 아니다. 대신에 당신이 그 부분과 어떻게 관계하고 있는지, 그것을 향한 당신의 태도는 어떤지 체크하라. 그 부분을 좋아하는가 혹은 미워하는가? 그것을 높이 평가하는가 판단하는가? 그것을 멀리 쫓아내고 싶은가? 그것을 두려워하는가? 그에 대해 호기심을 갖는가? 그로부터 멀어진 느낌을 갖는가?

일반적인 상황에서 혹은 부분이 활성화되어 있을 때에 당신이 부분을 향하여 어떻게 느끼는지는 염려하지 말라. 문제는 지금 바로 이 순간에 당신이 그것을 향해 어떻게 느끼느냐 하는 것이다. 부분이 어떻게 느끼고 있는가를 당신이 체크하고 있는 것이 아니라는 사실을 이해하는 것이 중요하다. 당신이 그것을 향하여 어떻게 느끼는가를 체크하고 있는 것이다. 때로는 부분의 감정과 부분을 향한 당신의 느낌 사이를 구분하는 것이 쉽지 않을 수 있다. 예를 들어, 당신이 슬픈 부분을 향하여 어떻게 느끼고 있는지 체크할 때 당신이 그에 대해 슬픈 느낌을 갖고 있는 것을 발견한다. 여기에 두 가지 가능성이 있다. 당신이 부분의 슬픔을 경험하고 있을 수도 있고, 부분에 대해 동정이나 긍휼한 마음을 느끼고 있을 수도 있다. IFS 프로세스의 이 단계에서 우리는 당신이 부분을 향하여 갖고 있는 동정이나 긍휼한 마음 혹은 그 어떤 다른 느낌들에 대해 알고 싶어 한다.

이러한 질문은 당신이 이 부분에 대해 참자아 상태에 있는지 여부를 발견하는 것이 목적이다. IFS의 핵심 원리는 모든 부분이 환영 받고 있다는 사실이다. 이 것은 호기심과 긍휼한 마음을 가진 상태에서 각 부분을 알아 가기 위해서는 우리가 진실하게 마음 문을 열 필요가 있음을 의미한다. 이렇게 함으로써 부분이 자신을 드러내도록 힘을 북돋워 주게 된다. 이러한 자세는 항상 쉽게 손에 넣을 수 있는 것은 아니다. 만약 부분이 당신에게 문제를 일으켜 왔었다면 당신이 그에게 화를 내는 것은 당연할 것이다. 당신이 그것을 판단하고 없애 버리고 싶어 할지라도 이해할 만하다. 만약 부분이 실제로 위험한 짓을 했다면 당신이 그것을 두려워하는 것도 무리가 아닐 것이다.

그러나 이러한 태도로 부분에게 접근하는 것은 치유와 화해로 나아가지 못한다. 부분은 아마도 당신을 신뢰하거나 마음 문을 열지 않을 가능성이 있다. 그러므로 IFS에서는 당신이 참자아 상태에 있지 않는 한, 부분을 알아 가려고 애쓰지 않도록 한다. 이것은 당신이 부분에게 마음 문을 열고 부분의 관점에서 그 부분을 이해하고 싶어 함을 의미한다. 참자아 상태에서 당신은 무엇이 그 부분을 움직이게 만들며 그 부분은 세상을 어떻게 보는지, 그 부분이 당신을 위해 무엇을 하려고 애쓰는지에 관심이 있다. 고통을 피하고 당신이 해를 받지 않도록 보호하려는 그 부분의 노력에 당신은 동정을 느낄 수 있다.

이것은 우리가 보통 우리의 부분들에게 접근하는 방법과는 엄청나게 다르다. 이것은 IFS 모델에 내포된 영성으로부터 기인한다. 우리는 우리의 모든 부분을 사랑과 그들을 이해하고자 하는 열망을 가지고 접근한다. 참자아는 영적 실제가 가지고 있는 서로 깊은 관계 맺기를 반영하고 있다. 참자아는 우리의 부분들이 겉모습과는 다르게 우리를 돌보고 있으며 참자아는 부분들을 돌보고 있다는 사실을 알고 있다.

당신이 표적 부분을 향하여 어떻게 느끼고 있는지 스스로에게 물을 때, 만약 당신이 호기심과 개방과 긍휼한 마음과 수용 혹은 이와 비슷한 것을 감지한다면, 당신은 참자아 상태에 있는 것이고 다음 단계인 P4로 진행해도 된다. 만약 당신이 분노와 판단과 두려움 혹은 부정적인 것을 감지한다면 당신은 참자아 상태에 있는 것이 아니다. 그러나 염려하지 말라—당신은 잘못하고 있는 것이 전혀 아니다. 분노, 판단이나 두려움을 느끼고 있는 부분이 있어 당신과 섞여 있음을 뜻하는 것일 뿐이다. 나는 이것을 염려하는 부분이라고 부르고자 한다. 왜냐하면 그 부분은 표적 부분들에 대해 염려하고 있기 때문이다. 그 부분은 표적 부분이 어떤 문제를 일으킬지 두려워하거나 염려한다.

당신이 염려하는 부분과 섞여 있을 때는 다음과 같은 상황이다. 당신이 새 친구를 알아 가려고 노력하고 있는데, 제3자가 자꾸 사이에 끼어들어 대화를 가로채고 당신 친구를 판단하고 있다. 예를 들어, 쉴라가 1시간 후에 자신의 욱하는 부분을 판단하고 그것이 없어지기를 바랐던 것을 기억하라. 이러한 판단은 쉴라

참자아와 섞여 있는 염려하는 부분

쉴라의 판사는 자신과 섞여 있고(의식의 자리를 차지하였다)
판단적인 자세로 욱하는 부분과 관계하고 있다.

의 참자아가 아니라 염려하는 부분으로부터 오고 있었다. 그녀가 내면을 탐색하였을 때 그것은 법정의 판사 같은 모습이었다.

염려하는 부분들

염려하는 부분은 표적 부분을 향하여 부정적인 감정이나 혹은 참자아의 감정들(호기심, 긍휼한 마음 등)과는 다른 감정을 갖고 있는 부분이다. 염려하는 부분들은 표적 부분이 당신 삶에서 문제를 일으키고 있는 방식을 자각하고 있다. 예를 들어, 그들은 표적 부분이 당신을 사람들로부터 왕따당하게 한다든가, 당신이 아무 쓸모가 없다고 느끼도록 만들거나 당신의 감정을 단절해 버리는 것은 아닌지 염려할 수 있다. 당연히 그들은 이런 일을 하는 부분을 좋아하지 않는다. 그러나 만약 염려하는 부분이 당신과 섞여 있으면 당신이 이런 식으로 느끼고 있음을 의미한다. 그리고 염려하는 부분은 당신이 마음 문을 열고 긍휼한 마음을 가지고 — 참자아 상태에서 — 표적 부분에게 접근하지 못하도록 방해하는 것이다.

일반적으로 표적 부분은 보호자이거나 추방자가 된다. 이 장에서는 우리가 보호자와 작업하고 있으므로 표적 부분은 보호자가 된다. 염려하는 부분도 역시 보호자이다. 염려하는 부분은 표적 부분이 당신에게 고통을 초래하는 일을 할까 봐 걱정하고 있고 그로부터 당신을 보호하고 싶어 한다. 따라서 이 상황에서는 우리가 표적 부분과 염려하는 부분의 두 보호자와 작업하고 있는 것이다. 표적 부분은 이런 식으로 당신을 고통으로부터 보호하고 싶어 하며 염려하는 부분은 표적 부분의 극단적인 행동으로 야기된 고통으로부터 당신을 보호하고 싶어 한다.

예를 들면, 쉴라의 욱하는 부분(표적 부분)은 남편에 의해 상처 받지 않도록 그녀를 보호하려 하고 있는 것이다. 그 부분은 남편이 미래에 그녀의 생일을 기억하여 그녀가 다시는 상처 받지 않도록 하기 위해 남편에게 대들고 싶어 하는 것이다. 욱하는 것도 역시 쉴라가 상처로부터 주의를 돌리게 하는 역할을 한다.

그녀의 판사(염려하는 부분)는 욱하는 부분에 의해 야기된 부부싸움의 고통으로부터 그녀를 보호하고 싶어 한다. 이 부분만 조용히 있어 대결하지 않도록 하면 문제될 것이 없다. 두 부분이 서로 다른 두 가지로부터 당신을 보호하고 있으며 서로 반목하고 있는 것은 흔한 현상이다.

나는 지금까지 보호자와 추방자, 표적 부분과 염려하는 부분, 두 부류를 설명하였다. 이제 좀 더 명료하게 설명하고자 한다. 부분들은 그들이 고통 중에 있느냐 혹은 고통을 보호하고 있느냐에 따라 본질적으로 추방자들이거나 보호자들이다. 이들 중의 어느 것이라도 표적 부분이 될 수 있다. 그것은 단순히 당신이 초점을 맞추려고 택한 것이 어떤 것이냐에 따라 결정된다. 그리고 어떤 보호자도 만약 그것이 당신의 표적 부분에 대해 염려한다면 염려하는 부분이 될 수 있다.

어떤 경우에는 당신이 표적 부분을 향하여 두 가지 태도를 함께 가질 수 있다. 예를 들면, 당신은 마음 문을 열고 호기심을 느낄 수 있고 또한 거리감을 두고 방어적이 될 수도 있다. 이것은 당신 태도 중의 어떤 것(마음 문을 열고 호기심을 갖는 것)은 참자아로부터 오고, 어떤 것(거리감을 두고 방어적인 것)은 염려하는 부분으로부터 오고 있음을 의미한다. 이 경우에 염려하는 부분은 참자아와 부분적으로 섞여 있다. 참자아의 속성들이 비쳐지고 있기는 하지만, 부분도 역시 존재한다. 당신은 이 같은 염려하는 부분으로부터 분리되어 나와 충분한 참자아 상태에 있어야만 IFS 프로세스의 다음 단계로 진행할 수 있다.

만약 당신이 참자아 상태에 있는지 불확실하면 표적 부분이 자기 마음대로 얼굴을 내보이더라도 괜찮은지 자신에게 물어보라. 당신은 부분에 대해 고정된 시각을 갖고 있는가? 만일 그렇다면 당신은 그 부분에 대해 완전히 마음 문을 열고 호기심을 갖고 있는 것은 아니라는 뜻이다. 이것은 표적 부분에 대해 속셈을 가지고 있는 염려하는 부분이 당신을 장악하도록 만든다. 염려하는 부분은 특정한 방식으로 표적 부분을 본다. 예를 들면, 당신이 어떤 사람들에게 화를 내는 보호자를 알아 가고 있으며, 그 부분을 괴물로 머릿속에 그리고 있다고 가정하자. 당신은 그 부분이 자기 스스로를 좀 더 좋게 ─ 괴물이 아닌 강력한 검투사로 ─ 보아도 괜찮은지를 체크한다. 이에 반대해야겠다는 생각이 들면, 이것은 당신이 그 부분을 온통 괴물로만 보고 있음을 의미한다. 이것은 당신이 화난 부분을 판단하는 염려하는 부분과 섞여 있다는 실마리가 된다.

표적 부분을 향하여 옳은 태도를 갖도록 자신을 너무 강압하지 말라. 당신은 자신이 찾고 있는 참자아 태도를 알고 있으므로 호기심과 긍휼한 마음을 가지려고 애쓰며 그 자세를 취하려는 유혹을 느낄 수 있다. 그러나 이것은 당신이 정말로 느끼고 있는 바를 단순히 눈가림하는 것일 수 있다. 그 부분을 향한 당신의 실제 태도가 어떤 것인지 알기 위해 시간을 가지고 내면을 체크하라. 그런 다음 필요하다면 참자아에게 접근하기 위해 분리시킬 수 있다. 이것이 성공하는 확실한 길이다.

P3 단계 : 염려하는 부분을 분리시키기

당신이 표적 부분을 향하여 어떻게 느끼는지 물을 때, 만약 당신이 참자아가 아닌 태도를 취하고 있다면 당신은 참자아 상태로 돌아간 후에야 효과적으로 표적 부분을 알아 갈 수 있게 된다. 그렇지 않으면 참자아가 아닌 태도가 당신과 그 부분과의 관계를 해치게 된다. 그 부분은 아마도 당신에게 자신에 대해 많은 것을 드러내지 않거나 자신이 보호하고 있는 추방자와 작업하도록 허락하지 않을 것이다. 만약 그 부분이 당신을 신뢰하지 않는다면, 당신과 협력하지 않을 것이다.

그러나 모든 부분이 IFS에서는 환영 받음을 기억하라. 여기에는 염려하는 부분들 모두가 포함된다. 당신은 그들을 밀어내 버리고 싶어 하지도 않는다. 염려하는 부분이 무엇을 걱정하는지 알아 가기 위해서 그 부분으로부터 간단하게 듣고 나서 당신의 참자아가 활동할 수 있도록 염려하는 부분이 당신으로부터 분리되도록 돕는 것이 최선이다. 염려하는 부분은 없어질 필요도 없고 자신이 느끼는 바를 바꿀 필요도 없다. 그 부분은 당신이 마음 문을 열고 표적 부분에 대해 호기심을 가질 수 있을 만큼만 당신으로부터 분리되기만 하면 된다. 이것은 P3

단계의 계속이다.

이 프로세스를 시작하는 방법을 소개한다. 염려하는 부분에게 접근하라. 그리고 그의 걱정이 무엇인지 물어보라. 그것이 간절히 이야기하고자 하는 바를 경청하라. 표적 부분들을 향하여 염려하는 부분이 부정적인 태도를 갖고 있는지 알아보라. 그리고 왜 그런 태도를 갖고 있는지 이유를 마음 문을 열고 이해하도록 하라. 당신이 그 염려사항에 대해 동정을 갖고 있다는 것을 꼭 알게 해 주라. 만약 염려하는 부분이 자기 이야기를 들어 주고 있다고 느끼면, 즉 왜 자기가 표적 부분을 좋아하지 않는지 당신이 이해하였다고 믿으면, 그런 태도를 내려놓을 가능성이 높다.

그런 다음 당신이 마음 문을 열고 표적 부분을 알아 갈 수 있도록, 염려하는 부분이 기꺼이 옆으로 비켜설 의향이 있는지 물어보라. 당신이 염려하는 부분을 내쫓는 것이 아니라, 단지 그 부분에게 약간의 공간을 달라고 요청하는 것이라고 안심시키면 된다. 혹은 당신이 염려하는 부분에게 긴장을 풀고 뒤로 물러나 앉으라든가 당신과 떨어져 대기실로 가라고 요청하든가 혹은 적절히 달리 표현한다. 혹은 당신이 호기심과 함께 마음 문을 열고 표적 부분을 알아 갈 수 있도록 해 달라고 그 부분에게 요청할 수 있다. 예를 들면, 쉴라가 판사에게 왜 판단하는 느낌을 갖고 자신의 욱하는 부분을 수치스러워하는지 묻는다. 판사는 욱하는 부분이 공격과 강렬한 감정으로 그녀의 결혼생활에서 문제를 일으킨다고 말한다. 그녀는 "나는 왜 당신이 그런 식으로 느끼는지 충분히 이해해요. 그러나 옆으로 비켜서서 내가 마음 문을 열고 욱하는 부분을 알아 갈 수 있도록 해 줄 수 있나요?"라고 말한다.

염려하는 부분을 밀쳐 버리거나 옆으로 비켜서도록 만드는 것이 아니라 당신이 염려하는 부분에게 옆으로 비켜서 달라고 요청하고 있는 것임을 염두에 두라. 이것은 염려하는 부분이 '아니요'라고 이야기할 수도 있는데 당신은 그에 대해서도 마음 문을 열고 있어야 함을 의미한다. '아니요'라고 이야기하는 부분과 작업을 계속하는 방법은 언제든지 있기 마련이므로 IFS는 그 작업을 하기 쉽도록 만들어 준다. 이것은 다음에 논의한다.

만약 염려하는 부분이 앉아 있으면 당신이 지금 그 표적 부분을 향하여 어떻게 느끼고 있는지 다시 체크해 보라. 당신이 마음 문이 열려 있거나 수용하는 느낌 혹은 그 밖의 참자아 특성 중의 하나를 느끼고 있음을 감지할 수도 있다. 예를 들어, 만약 쉴라의 판사가 비켜서는 것에 동의하면 그녀는 이제 마음 문을 열고 호기심을 가지고 어떤 것이 욱하는 부분을 충동하는가에 대해 알아 가 보고 싶게 된다.

옆으로 비켜선 염려하는 부분

쉴라의 판사는
옆으로 비켜섰다.

그리하여 쉴라는 참자아 상태에서
욱하는 부분과 관계할 수 있게 된다.

그러나 어떤 경우에는 당신이 참자아가 아닌 감정, 즉 표적 부분을 향한 또 다른 부정적인 태도를 감지할 수도 있다. 이것은 당신과 섞여 있는 두 번째의 염려하는 부분이 있음을 가리킨다. 이 경우에 이 부분과 앞서의 과정을 되풀이하라. 그 부분의 염려 사항들을 알아내고 그 부분에게 옆으로 비켜서 달라고 요청하라. 모든 염려하는 부분들이 한 걸음 뒤로 물러나고 당신이 참자아 상태로 있게 될 때까지 계속하라.

만약 염려하는 부분이 당신 질문에 반응하여 옆으로 비켜섰는지 여부가 확실치 않으면 그 표적 부분을 향하는 당신의 느낌이 바뀌었는지 체크해 보라. 만약 당신이 판단하는 느낌이 덜 들고 마음 문이 더 열린 느낌이 들거나 몸 안의 변화(좀 더 마음이 열리거나 긴장이 완화됨)가 감지되면 염려하는 부분이 한 걸음 뒤로 물러났음을 의미한다. 만약 표적 부분을 향한 당신의 부정적인 태도가 바뀌지 않았으면, 그 염려하는 부분은 아직 뒤로 물러나지 않은 것이다.

만약 염려하는 부분이 옆으로 비켜서지 않으면 어떻게 할 것인가?

당신이 부분을 옆으로 비켜서도록 만드는 것보다 염려하는 부분에게 옆으로 비켜서 달라고 요청하는 것이 중요하다. IFS는 협력사업이다. 우리는 절대 부분들에게 무엇을 하라고 하지 않는다. 우리는 절대 그들과 싸우지 않는다. 우리는 그럴 필요가 없다. 그들이 마음으로는 우리가 잘되기를 바라고 있으므로 우리는 그들과 쉽게 친해지며 그들과 협력하는 법을 배울 수 있다. 당신이 요구가 아닌 요청을 하고 있으므로 그 부분이 거절할 수도 있다. 그 부분이 당신에게 직접적으로 '싫다'고 할 수도 있고, 표적 부분을 향한 당신의 느낌에 아무런 변화가 없을 수도 있다. 이것이 문제되지는 않는다. 당신이 분리시키기 위한 몇 단계를 더 밟을 수 있는데 그것은 다음과 같이 요약된다.

1. 염려하는 부분에게 옆으로 비켜서는 것의 가치를 설명해 주라. 부분들은 그들 나름대로의 지적 능력을 가지고 있고 이성적 사고에 마음 문을 연다.
2. 만약 여전히 효과가 없다면 염려하는 부분이 비켜서면 무슨 일이 일어날까 봐 무서워하는지 물어보라. 그리고 당신이 두려워하는 것은 무엇이든지 다룰 수 있다고 안심시키라.
3. 그래도 여전히 효과가 없다면, 염려하는 부분을 표적 부분으로 만들고 그 부분에 대해 작업하라.

이 단계들을 좀 더 자세히 보자.

1. 옆으로 비켜서는 것의 가치를 설명하기

염려하는 부분에게 긴장을 푸는 것이 왜 도움이 될 수 있는지 설명하라. 그것은 당신에게 문제를 일으키는 표적 부분에 대해 염려하고 있다. 그러므로 염려하는 부분이 뒤로 물러나서 당신이 표적 부분을 알아 가도록 하면, 당신은 그것을 치유하여 표적 부분이 더 이상 문제가 되지 않을 것인데 그것이 바로 염려하는 부분들이 원하는 것이 아니냐고 설명하라. 이것은 염려하는 부분이 옆으로 비켜서 당신이 이 치유 궤도를 따라 진행해 나아가도록 하는 자체가 자신의 계획을 완수하고 있는 것이라는 사실을 깨닫게 해 준다. 예를 들면, 만약 쉴라의 판사가 뒤로 물러서지 않는 경우, 만약 판사가 그녀로 하여금 마음 문을 열고 욱하는 부분을 알아 갈 수 있도록 해 준다면 그녀는 그 부분을 치유하여 그 부분이 계속 남편에게 싸움을 걸지 않을 것이 아니냐고 설명해 줄 수 있다. 염려하는 부분이 일단 이것을 이해하면, 보통 기꺼이 뒤로 물러선다. 만약 물러서면, 나중에 당신이 그 표적 부분을 향하여 어떻게 느끼는지 잊지 말고 체크해 보라. 이것은 당신이 참자아 상태에 있는 것을 재확인하고 또 다른 염려하는 부분들이 주위에 있는지 감지하기 위한 것이다.

당신이 이제 겨우 IFS를 배우고 있기 때문에 표적 부분을 치유할 수 있다고 말할 준비가 되어 있지 않으며, 치유가 어떻게 이루어지는지 아직 알지도 못한다고 이야기할 수도 있다. 이때에는 이렇게 하면 된다. 염려하는 부분에게 IFS는 부분들을 치유하는 방법을 가지고 있으며, 당신이 아직 방법 전체를 배우지는 않았지만 방법을 알게 되면 표적 부분을 치유할 계획을 가지고 있다고 설명하라.

2. 염려하는 부분을 안심시키기

만약 염려하는 부분이 여전히 옆으로 비켜서려고 하지 않는다 하더라도 또 할 수 있는 방법이 있다. 염려하는 부분에게 비켜서면 무슨 일이 일어날까 봐 두려워하는지 물어보라. 시간을 갖고 그의 두려움을 충분히 이해하고 공감하라. 염려하는 부분들은 보통 그들이 표적 부분에게 조그만 틈이라도 주면 그 부분이 당신을 장악하고 어리석거나, 파괴적이거나, 역기능적인 행동을 할까 봐 두려워한다. 예를 들면, 쉴라의 판사는 욱하는 부분이 그녀를 압도하고 남편과 비열한 싸움을 시작할까 봐 두려워하기 때문에 옆으로 비켜서기를 꺼릴 가능성도 있다 (118쪽 그림을 보라). 일단 당신이 정말로 염려하는 부분의 두려움을 들었다면 당신이 이해하였다는 사실을 알려 주라.

이것을 고려하라. 당신이 사랑하는 누군가가 위험하거나 파괴적인 행동을 하려고 하는 것을 염려하고 있다고 하자. 그러면 당신은 보호자적인 입장에서 이것을 막으려 할 것이다. 그가 정말로 당신의 염려 사항을 이해하였다고 느껴지지 않는 이상 당신은 기꺼이 옆으로 비켜서려고 하지 않을 것이다. 그렇지 않으면 그 결과를 어떻게 장담할 수 있겠는가? 만약 당신이 긴장을 풀면 모든 것이 엉망이 될 것이다. 대신 당신이 그러한 파괴적인 행동은 일어나지 않을 것이라는 것을 그가 보증해 주기를 바랄 수도 있다. 우리의 염려하는 부분들도 똑같이 느낀다. IFS에서 우리는 부분들이 기꺼이 하려는 이유뿐만 아니라 기꺼이 하지 않으려는 이유도 존중한다. 그 때문에 우리는 그들에게 강요하지 않는다. 우리는 그들이 우리를 신뢰하며 함께 작업할 수 있도록 돕고자 한다. 그들이 궁극적으로 우리가 잘되기를 바라고 있기 때문에, 일단 그들이 우리가 무엇을 왜 하려고 하는지를 이해하고, 우리가 그들의 두려움에 대해 그들을 안심시키기만 하면 그들은 협력하리라는 사실을 우리는 알고 있다.

그러므로 일단 당신이 염려하는 부분의 두려움을 이해하면, 상황을 안전하게 다룰 것이라고 그 부분을 안심시키라. 표적 부분이 장악하지 못하도록, 즉 당신이 참자아 상태에 있으면서 회기 동안 책임질 것이라고 설명하라. 쉴라의 판사는 그녀의 욱하는 부분이 장악하고 남편과 싸움을 시작할까 봐 두려워하였다. 그녀는 자기가 그 일이 일어나지 않도록 하겠노라고 설명할 수 있었다. 그녀가 참자아 상태를 유지하는 상황에서는(127쪽 그림) 남편에게 화가 났을 때 남편에게 자기 생일에 대해 이야기하지 말아야 된다는 것을 아는 성숙함을 지니게 된다.

그뿐만 아니라 만약 표적 부분이 당신과 섞이지만 않으면 참자아로 되돌아가는 방법이 여러 가지가 있다는 것을 염려하는 부분에게 설명하라(바로 앞 장에서 배웠다). 염려하는 부분에게 당신은 단지 이 회기 동안에만 뒤로 물러서 줄 수 있겠느냐고 요청하고 있다는 사실을 확실히 하라. 그 후에라도 만약 염려하는 부분이 당신을 안전하게 지키기 위해서 다시 섞여야 한다고 믿으면, 다시 그리할 수 있다. 예를 들면, 만약 쉴라의 판사가 여전히 그녀가 남편에게 싸움을 걸까 봐 여전히 염려하고 있다면, 그 회기가 끝난 다음 장악하면 된다.

만약 염려하는 부분에게 다른 두려움이 있다면, 그것에 대해서도 안심시키라. 염려하는 부분이 어떤 염려를 가지고 있더라도 결국 당신이 잘되기를 원하는 것이고 그와 함께 IFS 프로세스는 안전할 뿐만 아니라 치유를 가져다주기 때문에 당신은 항상 그 부분을 안심시킬 수 있다.

만약 염려하는 부분이 떠나는 것을 주저하면 염려하는 부분이 근처에 서서 지켜보다가 필요하면 뛰어들어 당신을 보호하면 어떻겠느냐고 제안할 수도 있다. 염려하는 부분이 자신의 보호적 역할을 완전히 포기할 필요가 없기 때문에 종종 이 방법이 마음이 놓이게 해 준다. 염려하는 부분은 당신에게 열린 마음으로 표적 부분과 관계할 여유를 주기만 하면 되고 여전히 보초를 설 수가 있기 때문이다.

3. 표적 부분들을 바꾸기

만약 염려하는 부분이 여전히 비켜서지 않으려 한다면 그 두려움을 누그러뜨리기 위한 주의력 집중이 분명히 필요하다. 그러므로 그 부분을 표적 부분으로 만든다. 당신의 초점을 원래의 표적 부분으로부터 염려하는 부분으로 바꾸고 염려하는 부분을 충분히 알아 가도록 한다. 예를 들면, 만약 쉴라의 판사가 정말로 비켜 앉지 않으려 한다면 그녀는 그 부분을 표적 부분으로 만들 수 있다. 그녀는 모든 주의력을 판사에게 기울이고 자신의 정신 세계에서 그 부분이 맡고 있는 역할에 대해 알아본다. 욱하는 부분에 대해 염려하는 것은 판사 이야기의 어느 한 면에 불과하다. 판사의 더 큰 역할은 무엇인가? 아마도 일반적으로 그녀가 싸움에 빠져들지 않도록 보호하는 것인데 옳은 일을 하는 것으로는 챔피언감일 것이다. 그녀는 판사가 보호하고 있는 추방자를 발견할 가능성도 있다.

표적 부분 바꾸기

쉴라는 판사를 알아 가기 위해 주의력을 판사에게로 향한다.
그녀는 욱하는 부분은 나중에 다루기로 한다.

새로운 표적 부분에 대해 당신이 참자아 상태에 있는지 확실히 하기 위해 이 부분을 향하여 어떤 느낌을 갖는지 체크해 보는 것으로 시작하는 것이 아마도 좋을 것이다. 이런 식으로 진행하면서, 이 부분에 대해 완전한 한 회기를 할애하게 될 수도 있다. 그래도 괜찮다. 이 부분이 아마도 당신 삶에서 중요한 역할을 하기 때문에 이것과 작업하는 것이 원래의 표적 부분과 작업하는 것만큼이나 가치가 있을 것이다. 당신은 앞으로의 회기에서 언제든지 원래 표적 부분으로 되돌아와 작업할 수 있다. 혹은 일단 당신이 염려하는 부분을 좀 더 충분히 알게 되었고 그 부분이 당신을 신뢰하기 시작하였다면 그 부분이 한 걸음 뒤로 물러서서 지금은 참자아 상태에 있는 당신이 원래 표적 부분과 작업할 수 있도록 해 줄 수도 있다.

축어록

다음은 염려하는 부분으로부터 분리시키는 방법에 대해 많은 시사점을 예시해 주는 축어록이다. 리사는 56세의 미국 북동부 지역 출신의 그래픽 디자이너이며 두 자매 중의 언니다. 두 자매는 나이 터울이 컸고 리사는 어린 동생에게 여러 모로 엄마 노릇을 할 수밖에 없었다. 리사는 여러 해에 걸쳐 특히 미술치료를 통해서 자신을 깊이 탐색해 왔다. 그녀는 자기가 작업하고 싶어 하는 표적 부분을 파악하는 것으로 시작한다. 그녀는 자신의 다른 부분들이 이 부분을 창피하게 여기고 있다고 말한다.

리사 : 내 동생을 미워하는 부분이 있어요. 툭하면 노골적으로 증오심을 드러냅니다. 동생의 목을 비틀고 싶어 해요. 너무나 부정적이에요.

제이 : 잠깐 시간을 내어 당신 몸 안에서 그 부분을 느껴보세요.

리사 : 네, 굴뚝 검댕이를 뒤집어쓴 작은 검은 악마 같은 것이 내 배 안에 죽치고 살고 있어요. "으르렁"거리면서요.

🗨 리사는 그 부분에게 접근하였다(P).

제이 : 좋습니다. 당신은 그 부분과 떨어져 있는 느낌이 듭니까?

리사 : 완전히 그런 것 같지는 않아요. 그것에 관심을 가지는 이유도 거기에 있어요. 내가 그 부분을 느낄 때는 그 부분으로부터 완전히 떨어져 있는 상태가 아니에요.

제이 : 당신이 그 부분으로부터 완전히 떨어져 있을 필요는 없어요. 참자아가 그 부분을 알아 갈 수 있을 정도만큼만 떨어져 있으면 됩니다. 그 정도는 됩니까?

🗨 리사는 부분의 활성화를 부분과의 섞임과 혼동하고 있는 것으로 보인다. 그 때문에 나는 이 질문을 추가적으로 던지고 있다.

리사 : 어느 정도는 그래요.

제이 : 좋습니다. 그 정도면 진행할 만큼 분리된 것 같군요. 만약 그것으로 충분치 않은 것 같으면 언제든지 이 단계를 다시 하면 됩니다.

🗨 그녀가 부분과 지나치게 섞여 있는 상태는 아닌 것처럼 보인다(P2).

제이 : 동생을 미워하는 이 검댕이 부분을 향하여 어떤 느낌이 드는지 지금 바로 체크해 보세요.

리사 : 조금 무서운데요.

제이 : 좋습니다. 그 검댕이 부분을 무서워하는 부분이 있군요.

🗨 이것이 염려하는 부분이다.

제이 : 무서워하는 부분이 잠깐 비켜설 의향이 있는지 물어보세요. 당신이 마음 문을 열고 이 검댕이 부분을 알아 갈 수 있도록 말이죠.

리사 : 그 부분이 1센티미터 정도 뒤로 물러날 의향이 있대요. 언제고 뛰쳐 나와 이 악마로부터 나를 확실히 보호할 수 있도록 내 어깨 너머에 아주 가까이 있고 싶대요. 이 둘은 꼭 붙어 다니는 것 같아요.

🗨 이 염려하는 부분이 약간 비켜서기는 했으나 우리가 검댕이 악마를 알아 가는 작업을 진행해 나갈 정도는 아니었다.

제이 : 좋습니다. 이 부분이 당신을 악마로부터 보호하려고 보초를 서고 있군요.

리사 : 네.

제이 : 이 부분은 자신을 어떻게 불러 주면 좋아할까요?

리사 : 감시자요. 이 부분은 그 작은 악마에게서 눈을 떼지 못하고 있어요. 그의 유일한 목적은 악마를 정확히 겨냥하는 거예요. 감시자는 나를 그리 잘 알지도 못해요.

제이 : 네, 그 부분은 당신이 잘 해낼 수 있다는 사실을 신뢰하지 않는군요.

리사 : 심지어 내 쪽으로 고개를 돌리지도 않아요. 그 작은 악마에 계속 시선을 고정하고 있어야 된대요. 그렇지 않으면 모든 것이 엉망이 될 거라 생각하고 있어요. 그 감시자는 내게 거의 눈길조차 주지 않아요. 혼자 중얼거리듯 이야기하고 있을 뿐이에요. 자기 임무가 매우, 매우 중요하다고 상당히 확신에 차 있어요.

🌀 염려하는 부분이 비켜서지 않으려 하는 이유 중의 하나는 그것이 참자아를 알지 못한다는 사실임에 주목하라. 감시자는 부분적으로 참자아와 섞여 있어 함께 의식의 자리를 공유하고 있으나 참자아를 자각하지는 못하고 있다. 우리가 작업을 진행하기 위해서는 더 많은 분리시킴이 필요하다.

제이 : 당신이 이 악마를 알아 갈 수 있도록 감시자가 허락해 준다면, 위험한 존재가 되지 않도록 그 악마를 치유해 주겠다고 이야기해 주세요.

리사 : 여기서, 잠깐만요. 분명히 감시자가 관심을 보였어요. 감시자가 처음으로 고개를 돌려 나를 바라보았어요. 마치 "정말이에요?"라고 이야기하듯이. 얼굴은 도저히 믿을 수 없다는 표정이에요. 그러고는 "좋아요."라고 하며 의자에 털썩 주저앉네요. 감시자가 완전히 떠나지는 않았지만 내가 그 악마를 알아 간다는 생각까지 했다는 사실에 놀라워해요. 재미있어 하네요.

제이 : 감시자는 당신이 한번 해 보도록 한 다음, 어떻게 진행되는지 보고 싶어 하는가요?

리사 : 네, 그럼요. 일단 감시자가 나에게로 시선을 돌렸다면 자기 임무에 상
　　　당히 싫증 나 있다는 것을 깨달은 거예요.

검댕이 악마는

리사가 의식의 자리를
차지하도록 허락한다.

감시자는 옆으로 비켜 긴장을 푼다.

　　감시자가 참자아를 자각하고 있으므로 자신의 경계를 늦출 수 있다. 그로 말미암아
감시자는 자신의 역할에 싫증 나 있다는 것을 깨닫게 된다. 이것은 보호자로서는 매우 중
대한 변화다.

제이 : 감시자가 비켜선 상태에서, 검댕이 악마를 향해 지금 어떤 느낌이 드
　　　는지 체크해 보세요.

　　염려하는 한 부분이 비켜섰기에 우리는 다시 체크한다.

리사 : 한층 더 두려운 느낌이에요. 감시자가 비켜서니까 실제로 두려움이
　　　더 커졌어요.

제이 : 이 검댕이 악마를 두려워하는 또 다른 부분이 있는 것 같군요. 그 부
　　　분은 감시자 때문에 다소 안전하게 있었는데 감시자가 비켜서니까 정말
　　　로 두려워진 거네요. 그렇지요?

리사 : 바로 그거예요. 조그만 예쁜 드레스를 입고 있는 커다란 눈의 아주 착한 소녀가 세상이 두 쪽 나는 것처럼 무서워하고 있어요.

🗨 이것이 두 번째 염려하는 부분이다.

제이 : 당신이 검댕이 악마를 알아 갈 수 있도록 작은 소녀도 비켜설 의향이 있는지 물어보세요.

리사 : 네, 그러겠다고 하네요. 약간 눈이 동그래졌지만, 즉시 한 발자국 물러나네요.

제이 : 좋습니다. 검댕이 악마를 향하여 지금 어떤 느낌이 드는지 체크해 보세요.

리사 : 좀 불안은 하지만 상당히 흥미 있어요. 상당히 흥미가 있고 마음은 열려 있어요. 속에서는 약간 흥분 같은 것도 느끼기 시작하고 있어요.

제이 : 참자아 상태가 충분한 것 같은가요? 아니면 그 불안에게 비켜서 달라고 요청할 필요가 있을까요?

리사 : 글쎄요. 재미있어요. 불안은 또 다른 부분에서 나오고 있어요. 시련과 풍파 가운데 압도당한 부족한 엄마 같은 느낌이에요. 압도당하여 꼼짝도 할 수 없어요. 어렸을 때 내 동생을 돌볼 때면 내가 엄마 노릇을 했어요. 그 엄마 노릇 하는 부분은 눈물도 많고, 슬픔도 많아요.

🗨 검댕이 악마를 향하여 부정적인 느낌을 갖고 있지 않기 때문에 엄마 노릇 하는 부분은 염려하는 부분이 아니라 동생을 향하여 감정을 가지고 있는 또 다른 부분이다. 어느 시점에는 이 부분과 작업하는 것이 도움이 될 수 있겠지만 지금은 우리가 검댕이 악마에 초점을 맞추고 있으므로 우리가 곁길로 빠지지 않도록 엄마 노릇 하는 부분에게 비켜서 달라고 요청한다.

제이 : 음… 흠… 마음을 열고 검댕이 악마를 알아 갈 수 있도록 엄마 노릇 하는 부분이 비켜설 의향이 있는지 물어보세요.

리사 : 기꺼이 그렇게 하겠대요. 나중에 그 부분이 나의 관심을 받고 싶어 할 때 이야기하기로 하지요.

제이 : 좋습니다.

리사 : 제 마음이 움직였어요. 그 부분을 향해 긍휼한 마음이 많이 느껴져요.

강한 반응이에요.

제이 : 좋습니다. 다음 기회에 그 부분과 작업하겠다고 이야기해 주세요.

리사 : 네, 그것이 중요한 것 같기는 한데.

제이 : 검댕이 악마를 향하여 어떤 느낌이 드는지 체크해 보세요.

리사 : (웃는다) 말하기 우습네요. 마음에 들어요.

제이 : 이해하고 있는 것 같군요. 그리고 검댕이 악마가 당신을 위해 무언가 하려고 애쓰는 것에 심지어 고마움까지 느끼는 것 같습니다.

리사 : 네, 여기서 바뀐 게 바로 그거예요. 나는 여전히 강한 역동의 느낌이 남아 있기는 하지만, 그 작은 타스마니안 데블을 너무너무 좋아하게 되었어요. 엉망으로 만드는 존재로 보이는 것이 아니라. 와! 믿기 어려울 정도로 효과적이네요. 해야 할 일이 있어요.

🔵 리사가 참자아의 눈으로 검댕이 악마를 보고 있으므로 그것은 악마라기보다 작은 동물인 타스마니안 데블처럼 보인다. 그녀가 두려움과 판단의 마음으로, 감시자의 눈으로 그것을 보고 있을 때는 그 부분이 악으로 보였다. 이제, 긍휼한 마음과 호기심의 마음, 참자아의 눈으로 그녀는 부분의 참 모습을 볼 수 있게 되었다. 이미지가 이같이 변형되는

타스마니안 데블

리사는 참자아의 눈으로 그 부분을 봄으로써
그것이 좀 더 온화한 형태를 취하게 만든다.

것은 꽤 흔한 일이다.

리사는 이제 P3 단계를 끝내고 P4로 옮겨 갈 수 있게 되었다. 이것은 제7장에서 다루게 된다.

다른 유형의 염려하는 부분들

염려하는 부분들은 보통 표적 부분을 향하여 판단하거나 화를 낸다. 그러나 다른 태도를 가질 수도 있다. 이 섹션에서는 다른 유형의 염려하는 부분들과 작업하는 법을 논의하고자 한다.

때로는 긍정적인 감정이 참자아 상태로 있는 것을 방해할 수 있다. 만약 표적 부분이 어떻게 해서 당신에게 문제를 일으키고 있는지를 간과할 정도로 당신이 그 부분을 매우 좋아한다면, 당신은 참자아 상태에 있는 것이 아니다. 예를 들면, 상사에게 정말로 화를 내며 직장에서 많은 갈등의 드라마를 만들어 내고 있는 부분이 당신에게 있다고 하자. 당신이 그 부분을 탐색하기 시작한다. 그리고 당신이 그 부분을 향하여 어떤 느낌이 드는지 체크할 때, 그 부분이 상사에게 대드는 방식을 좋아하고 있다는 것을 깨닫는다. 당신은 그리한 대가로 직장을 잃어버릴 수 있다는 사실을 간과한 것이다. 이것은 당신이 참자아 상태에 있지 않음을 뜻한다. 이 좋아하고 있는 부분에게 한 걸음 뒤로 물러서 달라고 요청하라.

때로는 염려하는 부분이 표적 부분을 무서워한다. 만약 염려하는 부분이 리사처럼 비켜서지 않는다면, 두 가지 방법으로 해결할 수 있다. 당신이 표적 부분을 알아 가는 동안 무서워하는 부분에게 안전하고 편안한 공간으로 옮겨 가 달라고 요청할 수 있다. 이렇게 하면 그 부분이 떠날 정도로 안심시켜 줄 수 있게 된다. 당신은 또한 창문을 통해 들여다볼 수 있는 방 안에 겁주는 표적 부분을 가두어 두는 모습을 머릿속에 그릴 수도 있다. 이것은 표적 부분이 우연히 공격할지도 모른다는 두려움을 경감시켜 준다.

연 · 습 · 문 · 제 · 1

염려하는 부분을 분리시키기

당신이 좋아하지 않거나 염려하는 느낌을 가지고 있는 보호자를 택하라. 예를 들면, 당신이 판단하거나 그에 대해 화를 내거나 혹은 없애 버리고 싶어 하는 것일 수 있다. 또한 거리감을 느끼거나 무서워하는 것일 수도 있다. 이러한 태도들은 당신의 염려하는 부분으로부터 나온다. 먼저 보호자에게 접근하라(P1). 그다음 필요하면 그것으로부터 분리시키라(P2). 그다음 이 장에서 배운 대로, 염려하는 부분으로부터 분리시키는 것을 훈련하라(P3). 그러고는 적어도 조금이라도 보호자를 알아 가도록 하라(P4). 비록 우리가 이 단계를 아직 다루지는 않았지만, 아마도 진행 방법에 대해 어느 정도 아이디어가 생겼을 것이다. 그 부분과 그것이 갖는 당신 삶에서의 역할을 파악하기 위하여 부분에게 몇 가지 질문을 하라. 단계를 안내해 주는 다음의 조견표를 사용하라. 다음에 할 일이 무엇인지 알 수 있도록 매 단계 후에 조견표를 참조하라.

만약 당신이 파트너와 작업하고 있다면, 이 연습을 파트너와 함께할 것을 권한다(진행 방법에 관한 도움말은 제16장을 보라). 이 권고 사항은 지금부터 매 장마다 적용된다. 대부분의 사람들은 파트너와 작업하는 것을 쉬워한다. 더욱이 당신이 파트너와 함께한 회기를 진행하면 계속해서 끝까지 할 가능성이 더 커진다.

아래에 보호자를 알아 가는 단계를 요약한 조견표가 나와 있다. 당신이 자신에 대해 혼자서 하거나 혹은 누군가와 파트너를 이루어 하는 동안 단계를 안내해 주기 위한 목적이다. 지금부터 매 장마다 있는 연습문제를 할 때 이것을 사용할 것을 권장한다.

조견표 1 : 보호자를 알아 가기

1. 보호자를 알아 가기

P1. 부분에게 접근하기

만약 부분이 활성화되어 있지 않으면, 부분이 활성화되었던 최근 상황에 당신이 처해 있다고 상상하라. 당신 몸에서 그 부분을 감지하거나 그 부분의 이미지를 끌어내라.

P2. 표적 부분을 분리시키기

당신이 지금 부분의 감정으로 꽉 차 있거나 그 신념에 붙들려 있는지 체크하라. 만일 그렇다면 당신은 섞여 있는 것이다. 지금 표적 부분을 향하여 어떤 느낌이 드는지 체크해 보라. 만약 분별할 수 없으면 당신은 섞인 상태일 수 있다. 당신이 표적 부분과 섞여 있다면 다음의 몇 가지 선택사항 중에서 분리시키기 방법을 고른다.

- 부분을 알아 갈 수 있도록, 부분에게 당신으로부터 떨어져 달라고 요청하라.
- 부분으로부터 떨어지기 위하여 내면적으로 뒤로 물러서라.
- 당신과 거리를 두고 있는 부분의 이미지를 머릿속에 그리라. 혹은 그 부분을 그림으로 그리라.
- 부분이 방에 들어가 있는 모습을 머릿속에 그리라.
- 짧은 시간 동안 중심 잡는 혹은 안정을 되찾는 명상을 하라.

만약 부분이 떨어지지 않으면, 떨어지면 어떤 일이 일어날까 봐 두려워하는지 물어보라. 부분에게 떨어지는 것의 가치를 설명하고 그가 가진 두려움에 대해 그 부분을 안심시키라.

P3. 염려하는 부분을 분리시키기

지금 표적 부분을 향하여 어떤 느낌이 드는지 체크하라. 만약 당신이 긍휼한 마음과 호기심 등을 느끼면 당신은 참자아 상태에 있는 것이므로 P4로 옮겨 갈 수 있다. 만약 그렇게 느끼지 못하면 염려하는 부분을 분리시키라.

- 마음 문을 열고 표적 부분을 알아 갈 수 있도록, 염려하는 부분이 잠깐만 비켜설 의향이 있는지 물어보라.
- 만약 의향이 있다면 그 표적 부분을 향하여 어떤 느낌이 드는지 다시 체크하고 되풀이하라.
- 만약 비켜설 의향이 없다면 비켜서는 것의 가치를 염려하는 부분에게 설명하라.
- 여전히 비켜서지 않으려 하면 비켜설 경우 무슨 일이 일어날까 봐 두려워하는지 물어보라. 그리고 그가 가진 두려움에 대해 안심시키라.
- 그래도 여전히 비켜서지 않으려 하면 염려하는 부분을 표적 부분으로 만들어 작업하라.

P4. 보호자의 역할을 발견하기

부분에게 부분 자신에 대한 이야기를 해 달라고 부탁하라. 부분은 말이나 이미지나 신체감각이나 감정이나 직접 아는 것으로 답할 수 있다. 다음은 당신이 부분에게 물어볼 수 있는 질문들이다.

- 어떤 느낌이 듭니까?
- 무엇을 염려합니까?
- 당신의 역할은 무엇입니까? 이 역할을 수행하기 위해서 어떤 일을 합니까?
- 이 역할을 함으로써 무엇을 성취하고자 합니까?
- 만약 당신이 이 일을 하지 않으면 어떤 일이 일어날까 봐 두려워합니까?

P5. 보호자와 신뢰 관계를 발전시키기

보호자에게 다음의 이야기(진실일 경우)를 해 줌으로써 신뢰를 쌓을 수 있다.

- 나는 당신이 왜 그 역할을 하는지 이해합니다.
- 나는 나를 위해 기울여 준 당신의 노력에 감사합니다.
- 나는 당신이 매우 열심히 일해 온 것을 알고 있습니다.

부분들을 추적하기

제4장에서 만든 부분들의 목록을 보라. 이 목록에 그 이후에 발견한 모든 새로운 부분들과 각각에 대한 설명을 추가하라. 이미 찾아 놓았던 부분에 대해 그 이후에 새로이 알게 된 정보를 추가하라. 각각의 부분에 대해 다음의 정보(당신이 알고 있다면)를 포함시키라.

보호자의 이름 : _____

그것의 느낌 : _____

그것의 모습 : _____

그것이 몸 안에 자리 잡은 부위 : _____

그것이 말하는 것 : _____

그것이 당신을 어떻게 행동하게 만드는가 : _____

그것이 원하는 것 : _____

어떤 상황이 그것을 활성화시키는가 : _____

어떤 염려하는 부분이 그것에 반응하는가 : _____

그 밖의 정보 : _____

회기를 가질 때마다 혹은 연습을 할 때마다 목록과 설명을 추가하라.

요약

이 장에서는 당신이 참자아 상태에 있는지 여부를 결정하기 위해 표적 부분을 향하여 어떤 느낌이 드는지를 체크하는 법을 배웠다. 만약 당신이 참자아가 아닌 태도를 가지고 있다면 염려하는 부분이 당신과 섞여 있다는 뜻이다. 당신은 염려하는 부분에게 비켜서 달라고 요청함으로써 분리시키는 것을 배웠다. 이것이 P3이다. 만약 그 부분이 주저한다면 분리할 수 있도록 안심시키는 법을 배웠다. 연습하는 동안 단계를 추적하는 데 조견표를 사용할 수도 있게 되었다. 이제 당신은 견실하게 참자아 상태에서 다음 장에서처럼 표적 보호자를 알아 갈 수 있게 되었다.

Chapter 7

자신을 알기
보호자의 역할을 발견하기

당신 삶에서 당신이 다루어야 하는 고통이나 역기능이 많다 하더라도 당신 정신 세계의 모든 부분은 최선을 다해 당신을 돕고 있다. 이것이 이상하게 들릴지 모른다. 만약 당신이 우울하거나 외롭다면, 만약 당신에게 다른 사람들로부터 멀어지게 만드는 분노의 폭발이 있다면, 만약 당신이 늘 사람을 잘못 선택하여 사랑에 빠진다면, 당신의 모든 부분이 당신을 위해 최선을 다하고 있다는 것이 어찌 가능하단 말인가? 만약 그들이 모두 도우려 하고 있다면, 왜 당신은 이 같은 문제를 가지고 있단 말인가?

당신은 이 장에서 그 이유를 발견하게 된다. 보호자들 각자는 역할이 있다. 당신은 각 부분이 자신들의 관점에서 당신을 위하여 하고 있는 일이 무엇인지를 알게 될 것이다. (물론 엉뚱하게 다른 길로 갈 수 있으나 그것이 당신을 위하여 최선을 다하고 있지 않음을 뜻하는 것은 아니다.) 보호자들은 당신이 해를 당하지 않도록 자신들의 역할을 수행해야 한다고 믿고 있다. 비록 이것이 의도와는 다르게 심각한 문제를 일으킬지라도, 이것을 앎으로써 당신은 그들을 이해하고 그들에 대해 긍휼한 마음을 가질 수 있게 된다 — 그리하여 궁극적으로 그들을 변화시키게 된다. 이런 과정을 통하여, 그들의 긍정적인 속성은 빛나고 그들은 당신의 나머지 내면 시스템과의 조화 가운데 작업하면서 진정으로 당신에게 도움이 되는 새로운 역할을 떠맡을 수 있게 된다.

IFS 회기의 단계를 진행해 나가는 과정에서, 당신은 참자아 상태에 있기 위하여 보호자에게 접근하였고 그것을 분리시켰다. 이제 당신은 이 보호자와 성공적으로 친숙해질 수 있는 위치에 서게 되었다.

IFS 방식으로 부분과 작업하기

대부분의 치료에서는 부분(혹은 심리적인 문제와 반응)과 작업하고 싶을 때, 그 부분을 지적으로 분석하거나 정서적으로 파고든다. 이 가능성들을 하나씩 살펴보자(비록 많은 치료 시스템들이 부분을 명시적으로 인정하고 있지는 않지만, 나는 이것을 부분이라는 용어로써 논의하고자 한다).

몇몇 치료 양식에서는 반응이나 감정을, 심리적 구성 요소에 대해 알고 있는 것과 연관 지어 파악한다. 예를 들면, 만약 사람들에 의해 평가 받을 때마다 화가 나는 부분이 당신에게 있다면, 당신은 아버지가 매우 쉽게 판단하는 사람임을 기억하고 이 부분의 감정은 집안의 내력이라고 가정할 수도 있다. 아니면 당신이 자신의 존재 가치에 대해 확신이 없다는 사실을 알고 이러한 불안감이 당신이 평가 받고 있을 때 촉발된다고 가정할 수도 있다.

이러한 지적인 접근은 좋은 첫 단계이며 중요한 정보를 제공해 줄 수 있다. 그러나 이 방법은 추측과 이론에 기초하고 있기 때문에 부분에 대해 미묘한 차이까지도 충분히 이해할 수 있게 하지 못한다. 비록 당신의 추측이 맞을지라도 당신이 부분과 직접 접촉하고 있는 상태가 아니기 때문에 부분을 치유하기는 어려울 것이다. 충분한 변화가 일어나기 위해서는 부분에 대한 직접 경험과 그 부분과의 신뢰 관계가 반드시 요구된다. 이것은 점차 이 책을 통해 명료하게 이해하게 될 것이다.

또 다른 치료에서는 반대의 접근법을 취한다. 여기서는 부분 안에서부터 작업할 수 있도록 당신이 그 부분이 되어 달라고 요청한다. IFS에서는 이것을 '섞임'이라고 부른다(이것은 이미 제5장에서 논의하였다). 당신은 부분을 충분히 구체적으로 나타내고 그의 모든 감정을 느낀다. 만약 호수가 있다면, 물로 바로 뛰어드는 것과 같다. 당신이 평가 받을 때 부분이 점점 화가 나는, 바로 앞서의 예를 보자. 이 접근법을 사용하여 당신은 당신 몸 안에서 그 부분을 감지하면서, 심지어 부분이 느끼는 분노를 표출까지 하면서 경험적으로 그 부분 안에 거할 수 있게 된다. 이것은 통찰이 경험으로부터 흘러나오도록 함으로써 부분에 대해 가장 많이 배울 수 있게 된다는 개념이다.

이것은 상당히 효과적일 수도 있지만, 약점도 갖고 있다. 당신이 부분 안에서 길을 잃고 (부분과 섞인 상태가 되어) 그 부분의 신념을 그대로 믿어 주는 위험을 무릅쓰는 것이다. 당신은 호수로 뛰어들 뿐만 아니라 강한 조류에 빨려들어가는 것이다. 예를 들면, 당신 자신이 과민 반응을 보였다는 사실은 무시한 채, 당신을 평가한 사람이 정말로 판단적인 사람이었으며, 누구든 자기처럼 반응할 것이라고 믿게 될 가능성도 있다. 이 몰입(immersion) 접근법이 갖는 두 번째 어려움은 당신이 부분에 뛰어들 때, 치료 프로세스에서 매우 중요한, 치유적 긍휼한 마음을 가진 존재인 참자아와의 직접적인 접촉을 잃기 쉽다는 것이다.

IFS는 이 방법들과는 달리 진행한다. 우선 우리가 참자아 안에 거하며 부분에게 질문을 하고 그 반응에 귀를 기울임으로써 부분을 알아 간다. 우리는 호수에 뛰어들지 않는다. 우리는 호숫가에 앉아 물에 발을 담그고 물 속을 들여다본다. 우리는 또한 마치 비행기에서 호수 사진을 찍듯이 부분에 대한 지적 유희만 즐기고 있는 것은 아니다. 그보다는 우리가 현장에 있으면서, 깊은 물에 빠져 길을 잃지 않고 부분이 우리에게 이야기하고자 하는 바에 진실로 귀 기울이고 있는 것이다. 우리는 그 감정에 대해 경험적으로, 그러나 참자아의 시각을 가지고 배우고 있는 것이다.

이 작업을 위해서는, 사실 IFS의 모든 회기 동안에는 주의가 산만해지지 않도록 눈을 감는 것이 가장 좋다. 이렇게 함으로써 당신의 몸을 느끼고, 이미지를 보며, 내면의 대화를 좀 더 명료하게 들을 수 있게 된다. 회기가 진행되면서 당신은 자연스럽게 당신 내면 깊이 의식의 상태로 들어가 매일의 염려와 생각들을 끊고, 당신의 부분을 더 쉽고 충분히 접촉할 수 있게 된다. 이를 통해 당신은 정상적으로는 자각하지 못하는 무의식의 부분들에게 접근할 수 있게 된다.

P4 단계 : 보호자의 역할을 발견하기

IFS 프로세스의 이 단계에서는 보호자의 감정, 염려, 신념과 보호자가 당신 삶에서 맡고 있는 역할을 발견한다. 그리고 당신은 보호자가 들려주고 싶은 것이 무엇이든 마음 문을 열고 들어 줄 준비를 한다. 만약 충분히 접근된 상태에 있으며 당신과 이야기하기를 간절히 원하는 보호자가 있다면, 그 보호자가 하고 싶은 이야기는 무엇이든 하라고 그냥 초대하면 된다. 그러나 특히 맨 처음에는 대부분의 부분들에게 구체적인 질문을 던져야 한다. 나는 종종 보호자에게 그가 가지고 있는 느낌이나 염려에 대해 이야기해 달라고 요청하는 것으로 시작한다. 혹은 만약 내가 그 부분에 대해 이미 어느 정도 알고 있다면, 나의 첫 번째 질문은 그 정보에 기초한 것이 될 수도 있다. 예를 들면, 만약 부분이 불안한 느낌을 가졌다는 사실을 내가 안다면, 무엇이 그 부분을 불안하게 만들었는지 혹은 그 부분이 무엇에 대해 불안감을 갖는지 묻는 것으로 시작할 수 있을 것이다.

보호자에게 물어볼 수 있는 가장 기초적이고 유용한 질문과 보호자의 답(고딕체)을 아래에 예시하였다.

- 어떤 느낌이 듭니까?
  의심과 판단하는 마음이 들어요.
- 무엇을 염려합니까?
  사람들이 당신에게 대항할까 봐 염려하고 있어요.
- 당신의 역할은 무엇입니까? 이 역할을 수행하기 위해 어떤 일을 합니까?

누가 믿을 만하고 누가 그렇지 못한지 알기 위해 조심스럽게 사람들을 체크하고 있어요.

- 이 역할을 함으로써 어떤 것을 성취하기를 바랍니까?

안전한 사람들에게만 마음을 열 수 있도록 하고 싶어요.

- 당신이 이 일을 하지 않으면 어떤 일이 일어날까 봐 두려워합니까?

배반당할까 봐 두려워요.

이 외에도 물어보는 데 도움이 될 만한 질문들은 많이 있다. 몇 가지 예가 있다.

- 어떤 것이 당신을 그리 화나게(혹은 슬프게, 우울하게, 의심하게) 만듭니까?

사람들이 당신을 버리는 것에 대해 화가 나요.

- 당신은 사람들과 어떻게 관계합니까?

사람들이 당신을 제대로 대접해 주고 있지 않으면 이야기해 주지요.

- 당신은 다른 부분들과 어떻게 상호작용을 합니까?

사람들을 기쁘게 하려고 애쓰는 당신의 부분과 싸우지요.

- 당신은 슬퍼지는 것(혹은 다른 감정)에 대해서는 어떤 느낌이 듭니까?

유치하고 바보 같다고 생각해요.

- 사람들에게로 나아가 접촉하는 것(혹은 그 밖에 다른 외적 사건이나 행동)에 대해서는 어떤 느낌이 듭니까?

그게 무서워서 피하고 싶어요.

- 어떤 것을 원합니까?

비판 받고 싶지 않아요.

- 당신이 제 역할을 하지 않는다면 어떤 감정이 올라올까 봐 두려워합니까?

엄습해 오는 큰 슬픔이 두려워요.

- 당신은 얼마 동안 그 역할을 해 오고 있습니까?

일곱 살부터요.

- 어떤 이유로 당신이 이 역할을 떠맡게 되었습니까? 그리고 언제 그랬습니까?

  계단에 앉아서 부모님들로부터는 내가 바라는 것을 결코 얻지 못할 거라는 것을 깨달았을 때 떠맡았어요.

- 당신의 역할에 대해서는 어떤 느낌이 듭니까?

  50% 정도는 효과가 없는 것 같지만, 그래도 해야 되기 때문에 매우 싫증 나요.

- 당신은 내게서 어떤 것을 원합니까?

  당신을 위해서 얼마나 열심히 일하는지 알아 주었으면 좋겠어요.

이 질문을 모두 하려는 의무감을 갖지 말라. 종종 부분과 그 긍정적인 의도를 알아보기 위해서는 서너 개의 질문만 해 보면 된다. 보호자가 당신의 호기심을 자극하는 답을 할 때는 그것을 이어 가라. 예를 들어, 만약 부분이 "당신을 안전하게 지켜 주고 싶어요."라고 말하면, 당신이 다음과 같이 물어볼 수 있다. "당신은 나를 무엇으로부터 지켜 주고 싶은데요?" 그러나 심문하는 사람이 되지는 말라. 밀어붙이는 대신에 답을 자연스럽게 내놓을 수 있도록 부분에게 시간을 주라. 그리고 프로세스를 촉진시킬 필요가 있을 때 질문을 던지기만 하라. 부분이 편하게 자기 식으로 자신을 드러낼 수 있도록 허용하라. 때로는 부분들이 이렇게 하도록 도와주려면 질문이 필요하지만, 다른 때에는 아무런 도움 없이도 해나갈 수 있다.

지금까지 내면 음성 채널을 사용하여 부분과 친밀해져 가는 것을 논의하였다. 그러나 이것만이 유일한 방법은 아니다. 신체 감각, 감정이나 이미지도 사용할 수 있다.

몸과 감정

당신은 부분을 알아 가기 위해 신체 감각이나 감정을 사용할 수도 있다. 당신은 몸 안에 있는 부분을 감지하거나 부분의 감정에 주파수를 맞출 수 있다. 부분은 당신의 명치 부분에서 짜릿한 흥분 같은 느낌을 가질 수도 있다. 그 경우에 당신은 그 부분이 무엇에 흥분해 있는지 물어볼 수 있다. 보호자 부분은 당신을 공격으로부터 보호하거나 화를 꾹 참고 있는 감각을 주면서, 등 한가운데 근육이 긴장되는 것 같은 느낌을 갖게 할 수도 있다. 부분이 슬픔과 애수에 잠기는 느낌이 들 수도 있는데, 그 부분에 초점을 맞추면서 이것의 의미는 서서히 드러나게 된다.

당신 몸에서 부분을 감지할 때, 그것의 크기나 모양과 같이, 느껴진 경험의 세세한 것들을 감지하는 것이 좋다. 그것은 작은 관인가 큰 공인가? 그것의 가장자리는 어떤 모양인가? 그것은 뚜렷한 형태가 없는가 혹은 있는가? 당신은 그것이 어떤 재료로 만들어진 것인지 감지할 수도 있다 — 고무, 쇠, 푹신한 솜사탕, 얼음, 불. 당신이 감지할 수 있는 다른 많은 속성들이 존재한다. 그것은 따뜻한가 차가운가? 밀집해 있는가 널찍한가? 방울방울 흩어져 있는가 꽉 뭉쳐져 있는가? 이러한 각각의 속성들은 부분에 대해 더 많은 정보를 줄 것이다. 예를 들면 만약 당신의 머리가 푹신한 솜사탕같이 느껴진다면, 당신이 명료하게 보지 못하도록 부분이 당신으로 하여금 멍하게 만들고 있음을 의미할 수도 있다. 만일 당신의 가슴이 얼음처럼 얼어 버린 느낌이 든다면, 그것은 당신이 상처를 받지 않도록 부분이 마음을 닫고 있음을 의미할 수도 있다. 만약 당신의 배가 편치 않다면, 부분이 불안감을 느끼고 있음을 가리키는 것일 수도 있다.

이 미 지

또한 부분의 이미지를 마음속에 떠오르게 함으로써 시각적으로 부분에 대해 알 수도 있다. 예를 들면, 부분이 찌푸린 얼굴을 가진 거대한 괴물로 보이게 되면, 부분이 얼마나 강력하고 악의에 차 있는 모습임을 이야기해 준다. 당신을 위협하는 사람들을 공격하는 괴물의 이미지를 볼 수도 있는데 이것은 화난 보호자를 시각적으로 나타내 주는 것이다.

이미지 안에서 구체적이며 세세한 것들을 찾아보라. 그것은 어떤 옷을 입고 있는가? 얼굴은 어떤 표정인가? 몸의 자세는 어떤가? 그것은 당신과 얼마나 멀리 떨어져 있는가? 그것은 당신을 향하고 있는가 혹은 다른 사람을 향하고 있는가? 그 부분은 무엇을 하고 있는가? 어떤 색깔인가? 그 부분이 다른 사람들이나 다른 부분들과 상호작용을 하거나 혹은 세상에서 특정한 행동을 취하고 있는 것을 볼 수도 있다. 그 부분에게 내면의 무대 위에서 연기를 함으로써 자신의 모습을 드러내 보여 달라고 요청할 수 있다. 이것은 당신의 삶에서 그 부분의 역할을 자세히 이해할 수 있게 해 준다.

당신이 부분과 더욱 친밀해짐에 따라 그것의 이미지는 온갖 순서적인 조합을 거칠 수가 있다. 부분은 자신의 얼굴 표정, 자신의 활동, 혹은 당신과 관계하고 있는 방법을 바꿀 수 있다. 자신의 크기, 색깔 혹은 나이도 바꿀 수 있다. 예를 들면, 부분이 회색 옷을 입고 눈살을 찌푸리며 공처럼 잔뜩 웅크리고 있는 작은 소녀로 시작한다. 그녀가 당신이 참자아 상태로 있다는 것을 깨닫고, 당신과 관계를 맺기 시작하면서 그녀는 갑자기 밝은 색깔을 입을 수도 있다. 그녀는 앉아서 당신을 바라보며 웃을지도 모른다. 어떤 경우에는 부분이 완전히 다른 이미지로 변화할 수도 있다. 예를 들면 이 부분이 치유된 후에는 반짝거리는 점퍼를 입고서 기분 좋아 뛰어 돌아다니는 나이 먹은 소녀로 보일 수도 있다.

직관

때로는 어느 감각 채널도 드러내 놓고 사용하지 않으면서 부분을 이해하기도 한다. 그 부분에 대한 당신의 생각을 통해서가 아니라 직관을 통해 알기도 한다. 예를 들어 당신이 부분에 초점을 맞추는 즉시 그 부분이 의심을 품고 있다는 사실을 안다. 그 부분이 말로 이것을 이야기해 주는 것이 아니고, 당신이 그것을 정서적으로 느끼는 것도 아니다. 당신은 그냥 아는 것이다.

다중 채널

많은 사람들이 한 가지 이상의 채널을 사용하여 자신들의 부분과 상호작용을 한다. 신체 감각과 감정이 동반되는 부분의 이미지가 보이기도 하고 부분이 또한 말로 자신에 대해 이야기해 줄 수도 있다. 예를 들면 회색 옷을 입은 작은 소녀에서, 그녀의 이미지 외에도, 당신은 그녀의 슬픔을 느낄 수도 있고, 당신의 몸에서 그녀의 체념을 감지할 수도 있으며 그녀가 자신이 얼마나 불행한지 이야기해줄 수도 있다. 어떤 경우에는 당신이 부분에게 말로 질문을 던지면 그 부분이 이미지나 신체 감각으로 반응하기도 한다. 부분이 사용하는 채널이 무엇이든 부분으로부터 오는 의사소통 신호를 마음 문을 열고 받아들이라.

부분이 모호할 때

때로는 처음에 부분이 명료하지 않을 수도 있다. 부분이 모호한 상태의 이미지나 감각으로 시작한다. 예를 들면 중첩된 이미지이다. 이 같은 부분은 인내심과 호기심을 갖고 경험을 떠나지 않음으로써 알아 갈 수 있다. 너무 일찍 명료함을 위해 서두르지 말라. 만약 당신이 마음 문을 열고 흥미를 가지고 있다면 부분은 자신이 환영 받고 있음을 알게 되고 그 부분의 본성이 몇 분만 지나면 더욱 명료해질 것이다. 예를 들어 공격으로부터 자신을 보호하기 위해 잔뜩 웅크려 있던 부분인 중첩된 이미지는 서서히 자신을 드러내게 된다.

가슴이 저미는 느낌과 같은 모호한 감정을 느낄 수도 있다. 혹은 가슴이 조여들거나 몸에 허전한 느낌이 들 수도 있다. 감각이나 이미지가 처음에 완전히 명료하지 않을 때는 그 부분으로의 접근이 여전히 진행 중이라는 의미에 불과하다. 가장 흥미로운 부분들 중 많은 것들이 이런 식으로 시작한다. 포커싱 훈련[1]은 부분들이 점차로 시야에 들어오도록 하는 탁월한 방법이다.

이 같은 명료화 프로세스는 서서히 단계적으로 일어날 수 있다. 시간을 가지고 하면 암실에서 사진 이미지가 현상되듯이 부분은 점차로 모습을 드러낸다. 예를 들면 빈 공간으로 출발한 것은 만족스럽지 못한 느낌을 경험한 것의 이미

1) 앤 와이저 코넬, 포커싱의 힘(*The Power of Focusing*)

지다. 그 경험이 당신의 뱃속에 있는 것으로 감지되고, 시간이 지남에 따라 채워질 필요가 있는 빈 주머니로서, 그리고 내면이 공허한 느낌을 갖고 있기 때문에 결국 양육할 필요가 있는 아이로서 자신을 드러낸다.

부분들의 이름

부분들에게 이름을 붙이는 것이 유용할 수 있다. 당신의 목표가 각 부분과의 관계를 발전시키는 것이기 때문에 부분에 이름을 붙여 주는 것이 오랜 시간에 걸쳐 부분을 추적할 수 있게 해 준다. 이름은 통제 부분 혹은 검댕이 악마와 같이 설명식일 수 있고, 월터같이 사람의 이름일 수도 있다. 틴맨같이 등장인물의 이름일 수도 있고 부처 같은 유명인이나, 아테나같이 신화 속 존재일 수도 있다.

부분에게 이름을 부여하는 대신에 스스로 이름을 짓게 할 수도 있다. 그런 식으로 하면, 이름은 당신이 그것을 어떻게 보는가보다 부분이 자신을 어떻게 보는가를 반영하게 된다. 예를 들면, 당신은 부분을 괴물로 볼 수 있지만, 부분은 자신을 투사로 볼 수도 있다. 만약 당신이 그 부분을 계속 괴물로 부른다면, 그 부분은 판단 받고 있다고 느끼고 당신과의 의사소통을 끊어 버릴 수도 있다. 부분이 자신을 이해하는 대로 부분을 알아 가는 것이 최선이다. 왜냐하면 부분을 바라보는 당신의 관점은 부분에 대한 당신의 판단이란 편견을 가질 수도 있어, 그 결과 당신은 부분이 당신을 위해 어떤 것을 하려고 애쓰는지를 알지 못하게 된다. 당신의 목표는 부분의 관점에서 부분을 이해하는 것이다.

때로는 부분의 이름은 시간이 감에 따라 당신이 부분을 더 잘 알아 가면서 마치 이미지 경우처럼 변한다. 이렇게 놔두라. 부분이 어떻게 변화되었는지 혹은 부분을 어떻게 새롭게 이해하였는지 반영되도록 언제라도 이름이 바뀌도록 하라. 예를 들면, 회색 옷을 입은 작은 슬픈 소녀가 체념한 부분으로 불리기 시작되었다고 하자. 그녀가 반짝거리는 점퍼를 입고 있는 나이 먹은 소녀로 변한 후에 그녀는 화려한 소녀라 불릴 수도 있다.

보호자의 긍정적인 의도

이 프로세스를 통해 보호자를 알아 갈 때, 보호자의 긍정적인 의도를 알아내는 것은 매우 중요하다. 당신을 위해 하려고 애쓰는 일이 무엇인가? 보호자는 어떻게 당신을 보호하려고 애쓰는가? 이것은 보호자가 당신에게 자기 자신을 드러내는 과정에서 자연스럽게 밝혀질 수도 있다. 그러나 때로는 그 의도를 밝혀내기 위해 구체적인 질문을 할 필요가 있다. 다음은 그 예이다. "당신은 이 역할을 수행함으로써 어떤 것을 이루고자 애쓰고 있습니까?"

가장 강력한 질문은 다음과 같다. "당신이 그 역할을 수행하지 않는다면 무슨 일이 일어날까 봐 두려워하십니까?" 보호자는 무서운 사건이나 모종의 고통의 분출로부터 당신을 보호해야 한다고 믿고 있기 때문에 이 질문은 강한 힘을 지닌다. 이 때문에 보호자는 무슨 일이 있더라도 자신의 역할을 수행해야 한다고 생각하는 것이다. 이 질문에 대한 대답으로부터 그 부분이 무엇으로부터 당신이나 추방자를 보호하고 있는지를 알 수 있게 된다. 부분이 자신의 역할을 수행하지 않으면 어떤 일이 일어날 것으로 '생각하느냐'고 묻지도 말고, 무엇이 일어날 것 '같으냐'고 묻지도 말라. 이 두 질문 어느 것도, 부분이 가지고 있는 동기가 아니라, 결과에 대한 지적인 대답을 촉구할 가능성이 있다. 예를 들면, 누군가 당신에게 어떤 일을 하라고 명령할 때 화를 내는 부분이 있다고 하자. 만약 당신이 화를 표출하지 않으면 어떤 일이 일어날 것 같은가 묻는다면 당신은 다음과 같은 이야기를 들을지도 모른다. "싸움을 그리 많이 하지는 않겠지요." 이것은 분명히 사실이지만, 이 대답은 화난 보호자로부터가 아니라, 아마도 당신의 이성적인 부분으로부터 나오고 있는 것이다. 핵심적인 질문은 이것이다. 어떤 일이 일어날까 봐 그 부분은 두려워하고 있는가? 당신이 명령을 받았을 때 그 부분이 화를 내지 않는다면 어떤 일이 일어날까 봐 두려워하고 있는지 화난 부분에게 질문한다고 가정하자. 그것은 이렇게 이야기할지 모른다. "나는 당신이 다른 사람들에 의해 통제되는 꼭두각시밖에 되지 않을까 봐 두려워하고 있어요." 그 때문에 그 부분은 자신의 분노로써 당신을 보호해야 한다고 믿고 있는 것이다. 이것이 보호자의 긍정적인 의도이며 당신이 찾고 있는 답인 것이다.

이 대답은 화난 부분 — 추방자가 꼭두각시처럼 통제 받고 있다고 이미 느끼고 있는 — 에 의해 보호 받고 있는 특정한 추방자를 향하고 있음에 주목하라. 십중팔구 어릴 적에 이런 식으로 대접 받았고, 희생당하는 느낌이 계속되어 왔기에 보호할 필요가 있는 것이다. 그래서 이 질문은 추방자의 후견인 역할을 하는 보호자뿐만 아니라 추방자에 대한 정보를 제공하게 된다.

보 호 의 두 종 류

당신이 보호자들의 긍정적인 의도를 탐색해 나가면서 그들은 다음 두 가지 방법 중 하나로 보호한다는 것을 발견하게 된다.

1. 외적인 보호. 추방자가 통제 받지 않기를 원하는 (앞서 언급한) 화난 보호 자처럼, 어떤 보호자들은 추방자가 다른 사람들로부터 해를 입지 않도록 애쓰고 있다. 이 보호자들은 추방자를 상처 받기 쉽고, 스스로를 보호할 수 없는 존재로 본다. 따라서 보호자들은 사람들이 추방자를 해치지 못하도록 하기 위해 필요하다고 생각하는 행동은 무엇이든지 취하게 된다.

2. 내적인 보호. 어떤 보호자들은, 정서적인 고통을 마비시키기 위해 지적 상 태로만 유지하도록 하는 논리 추구자같이, 추방자가 짊어지고 감정을 당신이 느끼지 못하도록 애쓰고 있다. 이 보호자들은 추방자가 느끼는 고통이나 외상을 차단시키기 위해 당신의 마음 문을 닫아 버리거나 주의력을 방해한다. 혹은 추방자의 고통을 중단시키기 위해 보호자들은 당신에게 안락함이나 쾌락 혹은 자긍심을 제공해 주려 애쓸 수도 있다.

두 가지 유형의 보호자 모두가 추방자를 보호하고 있지만, 추방자와 맺고 있는 관계는 서로 매우 다르다. 첫 번째 유형의 보호자들은 추방자를 배려하고 추방자가 잘되기를 원한다. 그래서 그들은 세상으로부터 추방자를 보호하려 한다. 두 번째 유형의 보호자들은 추방자가 당신을 고통으로 휩쓸지도 모르기 때문에 추방자가 위험하다고 생각한다. 그래서 보호자들은 추방자를 판단하고 밀쳐 버린다.

우리의 적들을 이해하기

어떤 보호자들은 우리에게 심각한 문제들을 야기하기 때문에 우리는 종종 그것들을 정신 세계에서 없애 버려야 하는 적들인 양 나쁜 것으로 본다. 예를 들어, 내면의 비판적인 부분은 당신이 행하는 세세한 것 하나마다 비난하고 당신에게 부족하다고 여기는 느낌과 아무 쓸모가 없다는 느낌을 안겨 준다. 그 부분은 당신의 사교 기술, 지능, 외모 혹은 역량을 비판할 수도 있다. 그 부분이 하는 일이라고는 당신을 공격하고 당신 자신에 대해 기분이 언짢도록 만드는 것이다. 이 부분이 하고 있는 짓을 볼 때는 그 부분을 없애 버리고 싶을 수도 있다. 두 번째 예는 당신이 노골적인 악—거칠게 후려치거나 분노가 폭발하는 것과 같은—으로 보고 있는 보호자이다. 이것은 당신을 해고당하게 할 수도 있고, 가족들 간에 커다란 불화를 만들어 낼 수도 있다.

　그러나 일단 당신이 어떤 보호자든 알아 가게 되면, 그것이 얼마나 파괴적이든 관계없이, 그 보호자가 결코 당신의 적이 아님을 발견하게 된다. 그 보호자는 당신을 해나 고통으로부터 보호하기 위하여 최선을 다하고 있는 것이다. 따라서 당신이 이것을 깨닫게 되면, 보호자를 향한 당신의 태도는 누그러지게 된다. 보호자가 단지 잘못 안내를 받고 있으며 그 보호자는 자신이 무서운 고통으로 여기는 것으로부터 당신을 보호할 수 있는 다른 방법을 전혀 알고 있지 못하고 있다는 사실을 당신은 알게 된다. 이것은 당신이 보호자를 이해하며 그에 대해 긍휼한 마음을 갖도록 도와준다. 우리는 다음에 나오는 리사와 검댕이 악마의 축어록에서 이것을 보게 된다.

　뜻은 좋은데 때로는 길을 잘못 드는 것처럼, 이런 방식으로 다른 사람들을 보면 어떨지 상상해 보라. 심지어 우리의 가장 나쁜 적들도 수치심, 두려움 및 다른 힘든 감정들로부터 그들을 보호하려고 애쓰고 있는 그들의 부분들에 의해 조종되고 있다는 사실을 우리는 이해할 수 있게 된다. 그들의 행동이 지금까지 얼마나 힘겨운 것이었을지라도 우리는 그들을 향해 태도를 누그러뜨릴 수 있다. 우리의 삶에서 만나는 힘들고 파괴적인 사람들에 대해서도 궁휼한 마음을 느낄 수 있다. 더욱이 우리 모두가 우리의 국제적인 적들, 우리를 위협하는 세상 사람들, 그리고 우리가 매우 냉혹하게 판단하는 정치꾼들을 향해서도 이런 식으로 느낄 수 있다면 세상이 어떻게 될지 상상해 보라. 만약 우리가 그들의 선한 의도를 진실되이 깨닫고 이해심을 가지고 그들과 관계하기 시작하면 그들은 우리를 신뢰할 수 있게 되어 친절하게 반응할 것이다.

리사와 검댕이 악마

P4 단계의 몇 가지 예를 보기로 한다. 앞 장에서 동생을 미워하는 검댕이 악마 부분을 알아 가고 있었던 리사와의 회기를 계속한다. 리사가 이 부분에 대해 분명히 참자아 상태로 있는 시점에서 시작한다.

> 제이 : 검댕이 악마 부분에게 자신에 대해 이야기해 달라고 부탁해 보세요. 그리고 특히 여동생을 향하여 어떻게 느끼고 있는지도요.
>
> 리사 : 그 부분은 작은 타스마니안 데블 같아요. 자신을 드러내 보이도록 해 주면, 공격하듯이 주위를 맴돌기 시작해요. "으르렁"거리며 동생의 다리를 끈질기게 물고 늘어지지요.
>
> 제이 : 검댕이 악마가 동생에게 어떤 행동을 하느냐고 물어보세요.
>
> 리사 : 동생을 판단하고 공격하고 싶어 하지만 나는 그 부분보고 아무것도 밖으로 드러내게 하지 못하게 하고 있어요. 그 때문에 정말로 동생에게 화가 나지만, 이것을 동생에게 표출하지는 않아요.
>
> 제이 : 좋습니다. 검댕이 악마가 동생을 공격함으로써 어떤 것을 이루려고 하는지 물어보세요.
>
> 리사 : 내 마음을 보호하려고 이런 행동을 하는 것 같아요. 보호적인 행동이

지요. 그 부분은 겁 없이 싸움에 뛰어들어요. 내 마음이 동생의 공격을 막아 내지 못하기 때문에 특히 동생한테 이런 행동을 해요. 내가 동생을 사랑하기 때문에 부분이 동생을 차단해 버리지는 못해요.

이 이야기는 동생을 공격하는 부분의 역할에 대해 시사해 주는 바가 있다. 검댕이 악마는 동생의 판단에 의해 리사의 마음이 상처 받지 않도록 자신의 분노가 방패막이 역할을 해 준다고 믿고 있다. 그녀가 동생의 공격을 막아 내지 못한다고 말하는 것이 흥미롭다. 내게는 그것이 동생에 대한 사랑을 차단할 수 있는 보호자가 없음을 의미한다. 이것은 다시 어떤 추방자는 동생에게 매우 마음이 열려 있어 상처를 받을 수 있을 만큼 취약함을 의미한다. 그녀는 이 추방자를 자신의 마음이라고 부르고 있다. 이 마음 부분이 너무 상처 받기 쉽고 다른 보호자가 나타나지 않기 때문에 검댕이 악마가 나서서 그 부분을 보호하는 것이다.

제이 : 네, 어떤 것이 그 부분으로 하여금 동생을 공격하고 싶도록 만드는지 물어보세요.

리사 : 동생이 날카롭고 경직된 태도로 나를 대하면, 이 작은 공격자 악마가 등장해요.

제이 : 당신의 마음을 보호하려고요?

리사 : 구체적으로 내 마음을 보호하기 위해서지요. 네.

그녀는 여기서 실제로 자신의 마음 부분을 가리키고 있다.

제이 : 동생을 공격하지 않으면 어떤 일이 일어날까 봐 두려워하는지 부분에게 물어보세요.

리사 : 내 마음은 정말로 동생 때문에 상처 받을 거예요.

제이 : 그렇지요. 당신의 마음은 깊은 상처를 받겠지요.

리사는 이제 검댕이 악마를 잘 이해하게 되었다. 처음에는 그 부분이 정말로 불쾌한 부분처럼 보였으나 지금은 그 부분이 그동안 자신의 복지를 위해 한결같이 지켜 주고 있었다는 사실을 깨닫는다. 다음 장에서 이 회기를 계속하기로 한다.

검댕이 악마는 동생의 날카로운 비판으로 인해
리사의 마음 부분이 아파하지 않도록
보호하려 애쓴다.

벤과 자기회의 부분

누이에 대한 인식을 의아해하면서 자신의 작업 능력에 회의를 품었던 벤의 자기
회의 부분과의 회기를 계속하기로 한다. 우리는 벤이 그 부분에 대해 분명히 참
자아 상태에 있는 시점에서 시작한다.

제이 : 자기회의 부분이 어떤 염려와 어떤 감정들을 가지고 있는지 이야기
　　　해 달라고 해 보세요.

벤 : 네, 자기회의는 나의 본능적인 반응이 제대로 맞지 않는다고 이야기하
　　고 있어요. 그래서 내가 갖고 있는 모든 충동이나 생각을 의심해 보아야
　　한다네요.

　💬　이제 우리는 자기회의 부분이 어떤 일 – 벤과 그의 본능 사이에 쐐기를 박아 넣는
일 – 을 하는지 알기에 나는 그 부분이 갖고 있는 동기를 알아내기 위해 계속 진행한다.

제이 : 좋습니다. 그 부분은 당신의 생각과 충동을 의심함으로써 어떤 것을
　　　이루려고 하는지 물어보세요.

벤 : 내가 하고 싶은 대로 행동하지 못하게 하는 거예요. 그래서 나는 행동하기 전에 항상 외부 정보를 체크해요. 그 부분은 내가 생각하는 것은 어떤 것이든지 아마도 틀릴 거라고 이야기하고 있어요.

제이 : 만약 그 부분이 당신이 하고 싶은 대로 행동하도록 놓아둔다면 어떤 일이 일어날까 봐 두려워하는지 물어보세요.

🗨 이 질문은 부분이 막아 내려고 하는 위협이 어떤 것인지를 알아내기 위한 것이다.

벤 : 실제로 지난 번 자기회의와 이야기했을 때와는 대답이 다르네요. 걱정은 덜 된대요. 이 작업을 시작하기 전에 생각했던 것만큼 비참한 상황이 될 것 같다는 생각은 들지 않는대요. 이런 느낌이에요. "맞아, 분명히 엉망이 될 거야. 그러나 그 과정에서 아무도 잃어버리지는 않을 거야." 그 부분은 이것이 세상의 끝은 아니라고 이야기하네요.

🗨 그가 이미 해 놓은 작업의 결과로 인하여 그 부분이 다소 긴장을 늦추게 되었다는 사실을 알게 되니 기분이 좋다.

제이 : 두려움과 모든 사람을 잃는 것과는 상관이 있지요. 그렇지요?

벤 : 아마 그게 본질일 거예요.

🗨 이 대답은 자기회의 부분으로부터가 아니라 벤의 지적인 부분으로부터 오는 것으로 보인다. 그래서 나는 그에게 직접 그 부분을 체크해 보라고 한다.

제이 : 그 부분에게 물어보세요. 어떤 것을 가장 두려워하는지 알아보세요.

벤 : 네, 그 부분은 내가 정말로 어리석고 파괴적인 짓을 하면서 사람들로부터 멀어지게 될까 봐 두려워하고 있어요. "너는 상식이나 안전과는 이제 끝났어."

제이 : 당신이 위험한 짓을 했었습니까?

벤 : 네, 약 20년 전에는 마약을 많이 했어요. 정말로 상당히 충동적인 짓들을 했었지요. 문제 덩어리였어요. 가까운 사람들에게 상처를 주었어요.

제이 : 그 부분이 두려워하고 있는 것이 그것인지 물어보세요.

벤 : 네, 그런 일이 언제라도 또 재발할 수 있을 거라고 생각하고 있어요. 그래서 다시는 절대로 그런 일이 일어나지 않도록 확실히 하고 싶어 한다

는 거예요.

제이 : 좋습니다. 그 부분이 그것을 막고 싶어 하는군요.

벤 : 네, 통제불능의 존재, 해로운 존재로 비치지 않게 하고 싶대요.

제이 : 네, 그 부분은 당신이 20년 전에 그랬듯이 지금 벼랑 끝에 서 있다고
    믿고 있군요.

벤 : 이렇게 이야기하고 있어요. "한 번 있었던 일이니까 항상 조심해야 돼.
    너는 또 그럴 가능성이 높아." 그래서 다시는 나를 신뢰하지 않는다는
    거예요.

🗨 이 부분이 가지고 있는 두려움은 상당히 전형적인 보호자의 모습이다. 그 부분은
과거에 갇혀 있어 벤이 엄청나게 성장하였고 오랫동안 마약을 하지 않고 있었다는 사실을
깨닫지 못하고 있다. 그 부분은 그가 미성숙하다고 왜곡된 시각으로 인식하고 있기 때문
에 계속해서 그를 보호해 주어야 한다고 믿고 있는 것이다.

벤 : 따라서 참자아 상태에서 지금 어느 정도 긍휼한 마음을 갖게 되네요.
    이 부분이 그동안 엄청나게 염려하면서, 또다시 충동으로 인해 미쳐 버
    리게 되는 외상을 당하지 않도록 아주 열심히 일해 왔어요.

🗨 이것은 좋은 소식이다. 벤은 그 부분이 벤 자신을 위해 하려고 애쓰는 일이 어떤 것
인지 이해하였기 때문에 그 부분을 돌보고 있다는 느낌을 갖는다.

크리스틴과 혼란스럽게 하는 자

이 섹션은 이미 앞서 보았던 제3장에서 크리스틴이 가졌던 혼란스럽게 하는 자
와의 회기 축어록을 다룬다. 혼란스럽게 하는 자는 크리스틴이 불분명하고, 혼
란스럽고, 주의력이 방해 받고 있다는 느낌을 갖도록 만들고 있다. 우리는 크리
스틴이 이미 참자아 상태로 들어간 시점에서 시작한다.

제이 : 그 부분이 어떤 느낌을 갖고 있는지 좀 더 이야기해 주거나 보여 주면
    좋겠다고 이야기해 보세요.

크리스틴 : 졸리며 재미없는 것 같다고 하네요. 텅 빈 느낌이 든대요.

제이 : 그 부분이 재미없고 텅 빈 느낌을 갖고 있군요.

크리스틴 : 네, 이렇게 말하고 있어요. "자고 싶어. 깨어 있거나 의식 상태에
    있고 싶지 않아." 때로는 사람들의 질문에 답도 잘 못한대요.

제이 : 음… 흠… 그 부분의 이름이 무엇인지 혹은 어떻게 불리기를 원하는
    지 물어보세요.

크리스틴 : 혼란스럽게 하는 자라고 하네요.

제이 : 좋습니다. 그것을 혼란스럽게 하는 자라고 부르겠습니다. 그 부분이
    졸리고 혼란스럽게 함으로써 어떤 것을 이루려 하는지 물어보세요.

🗨 나는 혼란스럽게 하는 자가 가진 크리스틴을 위한 긍정적인 의도를 발견하기 위하
여 이 질문을 던진다.

크리스틴 : 이렇게 이야기하고 있어요. "무언가를 보고 싶지도 않고 무언가
    를 알고 싶지도 않아요." 불분명, 혼돈, 무관심 상태를 만드는 것에만 온
    통 관심이 있어요. 현재 일이 어떻게 돌아가고 있는지 내가 알지 못하도
    록 만들고 싶어 할 뿐이에요.

제이 : 어찌된 일인지 전혀 알 수 없도록 그 부분이 혼동시키고 있군요. 어떻
    게 혼돈을 일으키고 알지 못하게 하는지 물어보세요.

크리스틴 : 여러 가지가 있어요. 내면적으로 주제를 바꾸기도 하고 나의 주
    의를 빼앗기도 하며 매우 격앙된 모습과 행동을 보이기도 하지요. 그래
    서 한 곳에 정착하거나 눌어붙어 있지를 않아요. 자신 외에는 다른 어떤
    것에도 주의를 기울이지 않지요. 전부 그런 식이에요. 이제 그 부분은 혼
    돈과 산만을 만들기 위해 허공에다 마술을 부리고 있는 사람 같아요.

제이 : 좋습니다. 혼란스럽게 하는 자가 옆으로 비켜서서 당신이 상황들을
    볼 수 있게 한다면 어떤 일이 일어날까 봐 두려워하는지 물어보시지요.

크리스틴 : 이런 이야기예요. "어떤 일이 일어날 것 같으냐고요? 상상조차
    할 수 없고 형언하기도 어려워요." 너무 무서워서 우리를 접근조차 못
    하게 하고 있어요.

제이 : 알겠습니다. 접근하는 것을 아주 무서워하고 있군요.

크리스틴 : 사느냐 죽느냐의 문제로 생각한다네요.

제이 : 네, 혼란스럽게 하는 자에게 얼마 동안이나 이 일을 해 오고 있었는지
물어보세요.

크리스틴 : 너무 오랫동안 그래 왔던 것 같아요.

제이 : 그 부분은 자기 역할에 대해 어떤 생각을 가지고 있나요?

크리스틴 : 이것은 불가능에 가까운 엄청난 일이래요. 그러나 그만둘 수가
없답니다.

크리스틴은 이제 혼란스럽게 하는 자를 알게 되었고 그 부분이 어떤 것을 막으
려 하고 있는지 어느 정도 이해하였다. 여태껏 그 부분은 굉장히 무섭다고 생각
하는 것으로부터 그녀를 보호하고자 애쓰고 있었다. 크리스틴은 그것이 무엇인
지 모른다(그러나 나는 그것이 추방자란 사실을 알고 있다). 그리고 혼란스럽게
하는 자는 그녀가 알게 되는 것을 원치 않는다. 그 부분은 혼란을 사용하여 그녀

연 · 습 · 문 · 제 · 1

보호자를 알아 가기

알아 가려는 보호자를 선택하라. 지금까지 배운 네 단계(P1~P4) 모두를 따라가 볼 수 있는
회기를 진행하라. 제6장에 있었던 조견표를 사용하여 단계를 밟아 보라. 파트너와 함께 작업
하고 있다면, 파트너 또한 조견표를 따르도록 한다. 다 끝나면, 그 부분에 대해 배운 바를 적
으라.

이름 : _____

그것의 느낌 : _____

그것의 모습 : _____

그것이 몸 안에 자리 잡은 부위 : _____

그것이 말하는 것 : _____

그것이 당신을 어떻게 행동하게 만드는가 : _____

어떤 상황이 그것을 활성화시키는가 : _____

긍정적인 의도 : _____

어떤 것을 막으며 보호하고 있는가 : _____

그 밖의 정보 : _____

가 진실을 명료하게 추구할 수 없도록 만든다. 만약 그녀가 명료하게 추구한다면 실제로 이 추방자를 찾을 가능성이 있지만, 혼란스럽게 하는 자는 그녀가 외상을 다룰 수 없다고 믿고 있다. 우리는 제8장에서 이 회기를 계속한다.

IFS 회기 종료하기

회기를 종료할 때는 언제나 당신이 지금까지 작업해 왔던 부분들과 존중하는 마음으로 인사하며 작업을 마무리하는 시간을 짧게라도 갖는 것이 좋다. 이것은 마치 방문을 끝낼 때 친구에게 잘 있으라고 인사하는 것과 같다. 이렇게 하여, 어떤 부분들과도 인사하지 못한 채로 헤어지지 않도록 한다. 앞으로의 회기에서 다루어야 할, 매듭짓지 못한 일이나 해결되지 못한 감정이 있는지도 찾아본다. 이것은 부분과의 관계를 강화시키는 것이다. 다음과 같이 할 것을 제안한다.

당신에게 자신을 드러내 준 표적 부분에게 감사하라. 만약 작업이 다 끝나지 않았으면, 나중에 다시 와서 좀 더 작업을 하겠다고 이야기한다. 이렇게 하면 당신이 그 부분을 잊지 않겠다고 하며 안심시켜 주는 것이 된다. 그 부분이 다음 주 정도에 당신으로부터 무엇인가 원하는 것이 있는지 물어보라. 그리고 그 부분이 요구하는 것은, 무엇이든 잊지 말고 제공해 주도록 하라. 예를 들면, 그 부분이 자기와 관계를 계속 맺자고 요청할 수도 있다. 만약 당신이 작업을 종료하였다면 그 부분이 잘 지내고 있는지 나중에 들러 보겠다고 이야기하라.

옆으로 비켜섬으로써 작업할 수 있도록 해 준 모든 염려하는 부분에게 감사하라. 그리고 괜찮다면, 지금까지 일어났던 일에 대해 어떤 느낌이 드는지 알아보라. 이렇게 함으로써 당신이 옆으로 비켜서 달라고 부탁한 부분이 단지 무시하려는 것이 아니었음을 확인시켜 준다.

당신이 중단하기 전에 어느 부분이라도 할 말이 남아 있는지 알아보라. 회기가 끝날 때 그들이 차별 받는 느낌이 들지 않도록 한다. 이것 역시 어떤 것을 끝내지 못했는지 발견할 수 있는 기회이다. 예를 들면, 어떤 부분은 일어났던 일이 무서우니 곧 관심을 가져 달라고 말할 가능성도 있다. 이런 식으로 당신은 다음 회기에서 그 부분과 작업해야겠다는 것을 알게 된다.

당신이 부분들에게 이야기하고 싶은 것이 있는지 알아보라. 이것은 당신이 부분과의 관계를 인정하고 강화할 수 있는 기회이다. 예를 들어, 당신은 표적 부분에게 그 용기가 가상하다고 말해 줄 수도 있다.

만약 당신이 보호자와 작업을 하였고 그 보호자가 당신이 추방자(이것은 제2부에서 다룬다)와 작업할 수 있도록 허락하였다면, 보호자에게 감사하고, 당신이 추방자와 행한 작업에 대해 어떤 느낌이 드는지 알아보라. 이렇게 함으로써, 당신이 여전히 보호자와 연결되어 있다는 사실을 보호자에게 알려 주고, 동시에 보호자가 당신이 하고 있는 작업을 인정해 주고 있는지 여부에 대해서도 감을 잡을 수 있도록 해 준다.

연습 없이 작업하기

어떤 사람들은 책을 읽으면서 연습을 하겠다고 결심하지만 끝까지 마치지 못한다. 만약 당신도 이런 상황에서 빠져나오지 못하는 경우라면, 당신 안에 어떤 일이 일어나고 있는지 탐색해 보는 것이 도움이 된다. 왜 어떤 것을 하고 싶어 하지만 끝까지 마치지 못하는가? 숨어 있는 보호자가 정말로 연습을 하고 싶어 하지 않기 때문에 종종 이런 일이 일어난다. 달리 이야기하면, 연습하면 유익이 많겠다고 당신의 한 부분이 결정하였더라도, 또 다른 부분이 훼방하고 있는 것이다. 이것은 연습을 끝까지 한다면, 당신이 다룰 수 없는 강한 감정과 마주칠 것을 두려워하는 보호자일 가능성이 있다. 혹은 당신이 이 작업으로부터 유익을 얻을 거라고 생각하지 않는, 그래서 귀찮게시리 굳이 하고 싶어 하지 않는 보호자일 수도 있다. 비록 무의식적이기는 하지만 이 회피성 보호자가 분명히 장악하고 있는 것이다(당신이 연습을 하고 있지 않으므로).

이 상황을 다룰 수 있는 최선의 방법은 이 회피성 보호자와 작업하는 회기를 반드시 한번 가져 보도록 하는 것이다. 이 회기에서 연습을 하고 싶어 하지 않는 느낌이 있는지 내면을 체크해 보라. 당신은 바로 지금 참여하고 있는 회기에 저항감을 느낄 수도 있다. 당신은 박차고 일어나 나가 버리고 싶을 수도 있다. 혹은 시간이 없다고 혼잣말을 할 수도 있고, 대체로 편안하지 않은 느낌이 들 수도 있다. 그 저항감에 초점을 맞추라. 그것은 고집이나 짜증 혹은 반항 같은 느낌일 수 있다. 무관심이나 염려를 감지할 수도 있다. 어떤 것이든 이러한 느낌은 회피성 부분에게 접근할 수 있도록 해 준다. 그런 다음 이 부분을 알아 가기 위해 IFS 단계를 진행해 나간다. 왜 이 부분은 당신이 작업하는 것을 원하지 않는지 당신에게 허락하면 어떤 일이 일어날까 봐 두려워하는지 그 원인을 알아보라.

그리고 나서 마치 염려하는 부분을 안심시키듯이 이 보호자의 두려움이 현실화되지 않을 거라고 안심시켜 줄 수 있는지 보라. 예를 들면, 당신은 엄청나게 고통스러운 감정으로 뛰어들지 않을 것이며 어떤 위험한 부분들도 장악하지 못하게 할 것이라고 설명해 주라. 당신이 부분들과 친숙해지는 동안 당신은 참자아 상태에 머물러 있을 것이라고 부분에게 확약하라.

이러한 확신이 효과적이 되기 위해서는 회피성 보호자와 신뢰의 관계를 발전시킬 필요가 있다(이것은 다음 장에서 다룬다). 그러나 회피성 보호자와 한 번의 짧은 회기를 가져 보는 것만으로도 연습을 해 보고자 하는 자발성에 큰 변화를 가져올 수 있다. 만약 이런 회기를 가져 보아도 여전히 회피하고자 한다면, 하나 이상의 회피성 보호자가 존재할 가능성이 있다. 다른 보호자들이 있는지 체크해 보고 그들과 작업하는 또 한 번의 회기를 가지라.

당신이 회기 갖는 것을 회피하고 있어서, 회피성 보호자에 대한 회기조차도 하기가 힘들 수 있다. 당신이 회기를 갖지 않으며 계속 핑계를 댈지도 모른다. 이 회기를 진행할 수 있게 하는 방법 중의 하나는 파트너와 함께 일정을 잡는 것이다. 만약 누군가 당신이 함께하기를 기대하고 있다면 회피가 힘들어진다. 혹은 당신의 회피 뒤에 숨어 있는 깊은 문제에 도달하도록 도와줄 수 있는 IFS 치료사와 회기를 진행할 수도 있다.

실시간으로 보호자를 알아보기

보호자가 활성화되지 않았을 때 회기를 진행하면 접근하기가 쉽지 않게 되어 보호자에 대해 많은 것을 알아내기가 힘들어진다. 예를 들면, 당신이 화가 나지 않을 때 화난 부분과 작업하겠다고 하면 그것과 접촉하기가 힘들 수 있다. 종종 이 문제는 제4장에서 논의한 바와 같이 보호자를 활성화시키는 상황 가운데 자신이 처해 있다고 상상함으로써 풀어 갈 수 있다. 예를 들면, 화난 부분과 작업하기 위해 당신을 짜증나게 만드는 누군가와 함께 있다고 상상해 보는 것이다.

그러나 이것이 효과가 없으면 보호자에 대해 알 수 있는 또 하나의 방법이 있다. 실시간으로 정말로 활성화될 때까지 기다리는 것이다. 당신 삶에서 이 부분이 촉발될 때가 언제인지 알아보겠다고 마음먹으라(제4장의 '실시간으로 부분을 감지하기'를 보라). 이런 상황이 발생하는 바로 그 순간에 시간을 갖고 이 부분과 친숙해지도록 하라. 만약 당신이 어떤 일을 하고 있는 도중이나 이 작업을 하기가 어려운 환경 가운데 있다면, 가능한 한 신속히 그러한 시간을 갖도록 하라. 대화가 종료되었을 때 할 수도 있고, 다음 쉬는 시간에, 혹은 그날 저녁에 할 수도 있다. 당신은 오래지 않아 그 부분이 손 닿는 거리에 있음을 알게 될 것이다.

동일한 원리가 시작점에도 적용된다. 때로는 당신이 작업하고 싶어 하는 시작점(당신이 삶에서 염려하는 문제)이 있다는 것은 알지만, 어떤 부분들이 연루되어 있는지 확실히 모르는 경우가 있다. 모든 것이 다소 모호하게 보인다. 그것들이 삶에서 활성화될 때 실시간으로 이런 부분들을 알아 가는 것이 유용할 수 있다. 이때가 부분들의 감정이 아주 명료해지는 때이다. 당신 삶에서 이 시작점이 활성화될 때를 감지하겠다고 마음을 먹으라. 활성화된 것을 깨닫는 순간 시간을 가지고 그 순간에 활성화된 모든 부분을 감지하도록 하라. 그리고 잠깐 그들에게 접근하라(제4장의 '시작점으로부터 부분들에게 접근하기'를 보라). 하필 바로 그 시간에 다른 일로 너무 바쁘다면, 다음 번 방해 받지 않는 시간을 사용하라. 각 부분에게 접근한 후, 잠깐의 시간을 내어 그것을 알아가

실시간으로 시작점과 작업하기

당신이 호기심을 갖는 시작점을 선택하라 : _____

_____

다음 주간에 이 시작점이 활성화되는 때가 언제인지 감지하고 관련된 부분들에게 접근하는 것이 연습 내용이다. 이것은 어떤 신호가 당신의 평정을 잃게 하여 시작점이 활성화되도록 하는지 알려 주게 된다. 어떤 종류의 상황이나 사람들이 이 시작점을 활성화시키는 경향을 보이는가? _____

_____

다음 주 중에서 언제 이러한 촉발 상황이 발생할 가능성이 많은가? _____

그 기간 중에 이 부분이 활성화되는지 여부를 특별히 자각하도록 마음을 먹으라. _____

_____

시작점을 감지하는 다른 방법도 있다. 어떤 신체 감각, 생각 혹은 감정이 시작점이 활성화되었다는 것을 알려 주는가? _____

어떤 행동이 당신에게 신호를 주는가? _____

시작점을 감지할 때마다 각 부분에게 잠깐 접근하여 그것들의 목록을 만들라. 만약 그 순간에 중단하고 목록을 만들 수 없다면 다음 번 쉬는 시간이나 가능한 한 빠른 시간 내에 하도록 하라. 이 연습을 계속 진행하도록 하기 위해 잠자리에 들기 전 매일 밤 잠깐의 시간을 내어 이 시작점이 그날 올라왔는지 되돌아본다.

만약 시작점이 올라왔다면 당신은 관련된 부분들에게 접근하였는가? _____

만약 접근하지 않았다면 어떤 것이 이것을 가로막는가? _____

_____

당신은 그것이 활성화된 것을 감지하는 데 실패하였는가? _____

감지는 하였지만 연습을 하지 않았는가? _____

만약 연습을 하였다면 그것으로부터 어떤 것을 배웠는가? _____

메모를 하면서 매일 밤 위의 다섯 가지 질문에 답하도록 하라. 이 매일의 복습은 당신으로 하여금 다음 날에도 연습이 있음을 기억할 수 있도록 도와줄 것이다. 이 시작점이 활성화되는 모든 경우를 포착하거나 매번 부분들에게 접근할 수 있기를 기대하지는 말라. 이렇게 하기는 매우 어렵다. 예를 들어, 당신이 운전을 하고 있거나 대화하는 중간이라면, 당신의 주의를 딴 곳으로 돌려 당신의 마음의 작업에 초점을 맞추기는 어렵다. 그냥 당신이 할 수 있는 최선을 다하라.

도록 하라. 나중에 이 부분들과 좀 더 충분히 친숙해질 수 있는 회기를 갖도록
하라.

요약

이 장에서는 내면 대화, 신체 감각, 감정, 이미지, 직관을 사용하여 보호자를 알
아 가는 법을 배웠다. 이것이 P4 단계이다. 당신은 보호자에게 어떤 질문을 해
야 하는지, 특히 그것의 긍정적인 의도와 그것이 당신을 보호하기 위해 가로막
는 것이 무엇인지를 이해하기 위해서는 어떤 질문을 해야 하는지 알게 되었다.
부분들을 이름 짓는 법도 알았다. 회기를 정중하게 종료하는 법, 연습에 대한 거
부감을 다루는 법, 실시간으로 보호자나 시작점에 대해 알아보는 법도 배웠다.
이제 보호자와 그가 가진 당신을 위한 긍정적인 의도를 이해했기 때문에 다음
장에서는 그것과 신뢰 관계를 발전시키는 법을 보여 주고자 한다.

Chapter **8**

자신과 친구 되기

보호자와 신뢰 관계를 발전시키기

당신은 아마도 당신 자신을 사랑하는 것, 당신 자신의 가장 친한 친구가 되는 것이 얼마나 중요한지 들어 보았을 것이다. 이 격언은 중요하지만, 실천하기는 힘들다. 당신 자신을 사랑한다는 것은 무슨 의미인가? 이것을 어떻게 해 나갈 수 있는가? 당신은 어떻게 당신 자신의 가장 친한 친구가 될 수 있는가? IFS는 이러한 생각들을 구체화시켜 준다. IFS는 그것들의 의미와 그것들을 성취하는 방법을 정확하게 보여 준다. 당신 자신을 사랑하는 것은 실제로 당신의 부분들 하나하나를 사랑하는 것을 의미한다. 당신 자신과 친해지는 것은 당신의 부분들 하나하나와 관계를 발전시키고 그들로 하여금 당신을 신뢰하게 만드는 것을 의미한다. IFS 방법은 이것을 가능하게 한다 — 부차적인 효과로서가 아니라 치료의 중심으로서. 이 장에서는 보호자와 신뢰 관계를 발전시키는 방법을 예시한다. 나중에 추방자와도 이렇게 하는 법을 배우게 될 것이다.

지금까지 당신은 보호자에게 접근하고 보호자에 대해 알아 가는 법을 배웠다. 단순히 정보와 통찰을 얻는 것만으로는 충분하지 않다. 당신은 보호자와 실질적인 관계를 발전시켜야 한다. IFS에서의 성공은 당신이 각각의 보호자와 관계를 맺어 보호자가 당신을 신뢰하게 되는 정도에 달려 있다.

바로 앞 장에서 논의한 바와 같이 보호자들은 당신에게 아픔과 수치심과 두려움, 슬픔을 야기하는 상황에 반응하여 극단적인 역할을 행동으로 표출한다. 보호자들은 당신이 이 같은 감정을 느끼지 못하도록 당신을 보호하고 싶어 하며, 그들은 이 모든 짐이 자신들의 몫이라고 생각한다. 그들은 참자아에 대해 알지 못하고 있으며 당신이 위협적인 상황을 다룰 수 있다고 신뢰하지 않는다. 그들은 만약 자신들이 무언가를 하지 않으면 다른 누구도 하지 않을 것이고 따라서 재앙이 뒤따를 것이라고 믿고 있다. 그들은 자신들이 삶의 시련과 환란들을 모두 혼자서 다루어야 하는 어린 시절 가운데 아직 머물러 있다고 생각한다.

실제에 있어서 대부분의 보호자들은, 당신이 어려서 능숙하고 성숙한 방법으로 행동하는 역량을 갖고 있지 못했을 때 자신들의 보호 전략을 발달시켰던 어린이 부분들이라 할 수 있다. 그래서 그들의 행동은 단순하고 종종 아이들의 그것처럼 극단적이다. 그리고 그들의 전략은 어른이 되어서도 그대로 유지된다. 보호자가 위협적이라고 인식하는 상황에 직면할 때는, 자신이 어릴 적에 배웠던 전술을 사용하여 자기가 아는 방법만으로 행동하게 된다. 이것은 성인의 삶에서는 제대로 기능하지 못한다.

예를 들면, 짐은 어떻게 해서라도 갈등을 회피하는 전략을 구사하는 보호자를 가지고 있다. 짐과 여자 친구가 의견을 달리할 때마다, 짐은 즉시 뒤로 빼거나 항복한다. 이것은 짐이 갈등 회피자라 부르는 보호자로부터 오고 있다. 그 보호자는 만약 짐을 논쟁에 참여하도록 하면 짐이 금방 화가 나서 소리를 지르며 물건들을 집어던지게 될까 봐 두려워하고 있다. 이 보호자는 또한 만약 짐이 여자 친구로부터 상처를 입게 되면 그가 눈물 바다에 빠질까 봐 두려워한다. 그의 여자 친구는 그와 연락이 닿지 않아 좌절감이 깊어져 왔다. 그녀는 짐의 두려움이 과거에 뿌리를 두고 있다는 사실을 알지 못하고 있다. 그가 어려서 부모에게 화가 났을 때 때로는 욱하고 터지고는 걷잡을 수 없이 한바탕 울곤 하였다. 그의 부모는 그런 행동을 한다고 심하게 야단쳤고, 갈등 회피자는 짐이 해를 당하지 않도록 보호하기 위해 부모와의 의견 차이에 절대 휘말리지 않는 법을 배웠다. 이 같은 회피 전략은 실제로 그 당시에는 기능을 발휘했었다. 회피 전략은 정서적으로 통제를 하지 못해 야단맞는 상황에 이르지 않도록 지켜 주었다. 전략으로서의 회피는 그의 미숙함과 그의 부모의 강렬한 반응에 비추어 볼 때 짐의 보호자가 그 상황에서 관리할 수 있는 정말로 최선의 것이었다.

이제 어른이 되어서도 갈등 회피자는 계속해서 갈등의 기미가 보이기만 하면 뒤로 뺀다. 갈등 회피자는 짐이 중심 잡은 상태에서 대처할 수 있는 참자아를 가지고 있다는 사실을 모르고 있다. 그래서 자신이 항상 책임져야 하고 짐의 감정이 새어 나가지 못하도록 해야 한다고 믿고 있는 것이다. 당신은 갈등 회피자가 왜 이에 대해 긴급 상황이라는 느낌을 갖는지 상상할 수 있을 것이다. 만약 분노를 조금이라도 표출하면 심하게 야단맞게 될 거라고 믿는다면, 당신도 역시 조심스러워질 것이다. 이 모든 것이 짐의 무의식 가운데 진행되고 있다. 그가 아는 것이라고는 자신이 어떤 갈등도 싫어하고 있다는 것뿐이다. 어릴 적에 집에서 문제를 일으키지 않도록 해 주었던 이 회피 전략은 이제 기능하지 못한다. 짐은 더 이상 어린아이가 아니며 갈등에 대해 더 건강하게 반응할 수 있게 되었다. 게다가 그의 부모가 옆에서 야단치는 것도 아니다. 따라서 더 이상 극단적인 회피 방법이 필요치 않다. 그러나 갈등 회피자는 이것을 깨닫지 못한다. 이것은 흔한 역동 중의 하나다. 어릴 적에 효과가 있었고 적절하였던 보호 전략은 어른 상황으로까지 이어졌지만, 이제는 그것이 완전히 무용지물이 된 것이다.

갈등 회피자는 짐의 성숙도와 현재 역량을 전혀 자각하지 못하고 어둠 속에서 작동하고 있다. 만약 갈등 회피자가 짐의 참자아가 지나치게 감정적이 되지 않으면서 여자 친구와 논쟁할 수 있을 만큼 신뢰할 수 있는 존재라는 것을 알게 된다면 긴장을 늦출 수 있을 것이다. 짐과 여자 친구에게 갈등이 있을 때, 갈등 회피자는 그가 여자 친구와 한바탕 싸우면서도 일들이 잘 해결될 거라고 신뢰할 것이다.

참자아를 신뢰하기

IFS에서의 주된 목표는 보호자들이 참자아 신뢰하기를 배우는 것이다. 그러면 그들이 힘든 상황에 부딪혔을 때 긴장하지 않고 참자아로 하여금 앞장서도록 허용한다. 보호자는 문제가 되는 삶의 상황과 저변에 깔려 있는 아픔을 다루는 데 필요한 힘과 궁휼한 마음 및 그 밖의 속성들을 가진 참자아가 있다는 것을 알아야 한다. 보호자는 참자아로서의 당신이 자신을 배려하고 자신의 역할을 이해하며, 자신이 오랜 세월 동안 당신을 위해 일해 온 노고를 인정하고 있다는 사실을 알 필요가 있다. 이로써 보호자는 긴장을 풀고 당신을 신뢰하기 시작하며, 당신으로 하여금 자신들이 보호하고 있는 추방자(들)에게로 접근할 수 있도록 해 준다. 만약 당신이 겁 많은 아이지만 믿을 수 있는 큰형이 근처에 있다는 것을 알면 당신은 더 이상 겁을 먹지 않게 된다. 당신은 기댈 수 있는 사람이 있는 것이다.

만약 당신이, 당신은 믿을 만하다는 사실을 아는 보호자와 연결되어 있지 않다면 보호자는 이 무서운 삶의 상황들을 혼자서 대처해야만 한다고 계속 믿게 된다. 그 결과, 보호자는 모든 갈등을 회피하는 것과 같은 역기능적인 행동을 계속할 것이다. 그리고 아마도 당신이 자신이 보호하고 있는 추방자와 작업하도록 허용하지 않을 것이다. 그러므로 각 보호자들과 신뢰 관계를 발전시키는 것이 중요하다. 신뢰의 문제는 IFS 프로세스 후반, 추방자가 짐을 내려놓은 후, 보호자가 자신의 보호 역할을 내려놓는 시간이 되었을 때 다시 중요해진다. 이것은 보호자가 당신을 신뢰할 때만 가능한 일이다.

만약 당신이 참자아 상태에 있지 않다면 이 신뢰 관계는 발전되지 않는다. 당신이 참자아 상태에 있을 때는, 단지 보호자를 이용하여 추방자에게 접근하려는 것이 아니라, 당신이 보호자와 관계를 맺는 것에 진심으로 흥미를 갖는다. 자신에 대해 작업해 본 경험이 있는 사람들은 종종 자신들의 어릴 적 상처에 가능하면 빨리 도달하고자 하는 목표를 세운다. 그들은 자신들의 추방자 치유가 노다지가 있는 곳이라고 생각한다. IFS에서는 추방자들의 치유가 작업의 중심이기는 하지만 그것을 서두르지 않는 것이 중요하다. "아, 보호자가 여기 있군. 좀 옆으로 비켜 주시겠어요. 중요한 부분인 추방자에게 접근할 수 있도록 해 주세요."라고 이야기하지 말라. 시간을 가지고 보호자 하나하나와 관계를 발전시키라.

여기서 더 큰 관점은 우리의 모든 부분이 중요하다는 사실이다 — 그냥 쓸데없이 존재하고 있는 것은 아무것도 없다. 각각의 부분은 이유가 있어서 존재하며 존경과 존중을 받아야 마땅하다. 따라서 이 보호자가 당신에게 긍정적인 의도를 가지고 있다는 사실을 입으로만 하지 말라. 보호자가 지금까지 당신을 위해 애써 온 것이 어떤 것이며 그의 보호 역할이 왜 그토록 중요하다고 생각하는지 진심으로 관심을 가지고 알아 가라. 당신을 도우려 애쓰는 부분을 존경하라.

당신의 보호자들에 고마워하기

대부분의 보호자들은 당신의 유익을 위해 오랜 세월 동안 지칠 줄 모르고 열심히 일해 오고 있다. 적어도 그들은 자신들의 임무가 당신의 유익을 위한 것이라고 생각한다 — 그것이 실제로 그렇든 그렇지 못하든 간에. 사실 그들은 자신들의 역할이 매우 중요하며, 자신들이 없으면 당신은 심각한 문제에 봉착하게 될 거라고 생각한다. 종종 그들조차도 자신들의 역할을 좋아하지는 않지만 누군가 그 일을 해야 한다고 믿고 있다. 아무도 당신에게 고마워하지 않는 힘들고 불쾌한 일을 쉬지 않고 여러 해 동안 하는 것을 상상해 보라. 그리고 당신이 결국 눈에 띄게 되었을 때 당신의 귀에 들리는 것이라고는 "이렇게 네가 내 인생을 망치게 하지 않았다면 좋았을 텐데. 우리가 중요한 선수인 추방자에게 다가갈 수 있도록 옆으로 비켜서라."뿐이라면. 보호자들은 자신들의 역할 수행이 자주 오해와 판단을 받는다고 생각한다. 그 이유는 우리가 자주 그들을 판단하기 때문이다. 일단 짐이 자신의 갈등 회피로 야기된 문제를 자각하게 되었을 때, 그는 갈등 회피자를 겁쟁이라고 부르며 판단하였다. 우리를 보호하려 한 이 보호자들의 시도를 우리는 마땅히 고마워해야 한다.

자신의 역할을 자랑스러워하는 보호자일지라도 세월이 가면서 싫증이 날 수 있다. 보호자는 휴식을 취하고 싶으나 불가능하다고 믿는다. 자기 손가락을 넣어 둑의 붕괴를 막은 네덜란드의 작은 소년처럼, 보호자가 잠깐이라도 손을 놓으면 당신이 아픔에 휩싸이거나 위험한 상황에 무방비 상태로 남겨지게 될까 봐 두려워한다.

보호자들은 누군가 왜 자신들이 그 역할을 수행하고 있는지 이해해 주고 자신들의 노력을 인정해 주기를 고대한다. 당신이 보호자에 대해 알아 가고 그가 가지고 있는 동기들을 이해할 때, 보호자가 당신을 위해 지금까지 애써 온 것들을 고마워해하며 이것을 표현하면 매우 도움이 된다(뒤에 설명이 나온다). 기억하라. 비록 보호자가 당신 삶에서 문제를 일으키고 있을지라도 그의 마음만큼은 당신을 제대로 도우려고 하고 있다는 것을. 만약 당신이 보호자에게 고마워할 수 있는 것이 아무것도 없더라도 그것만큼은 그에게 고마워할 수 있다.

세상의 많은 영적 전통들은 우리의 중심은 사랑으로 되어 있고 실제는 본질적으로 자애와 애정이라고 우리에게 말해 주고 있다. IFS는 우리의 모든 부분이 우리가 잘되기를 바라고 있다는 인식 속에 이 생각을 반영하고 있다. 그리고 참자아는 우리의 모든 부분을 깊이 배려하고 그들과 관계를 맺는 역량 가운데 이 사랑을 입증해 주고 있다.

어떤 보호자들은 상반된 역할을 갖고 있다. 그들은 때로는 당신을 위해 좋은 일을 한다. 그러나 그들이 도를 넘을 때는 문제를 일으킬 수 있다. 예를 들면, 내게는 내 삶에서 효율적이고 조직적으로 과업을 수행하기 위해 열심히 일하는 성취자라 불리는 보호자가 있다. 그것은 정말로 나의 전문직 영역에서 내가 역량을 갖고 성공하도록 돕고 있다. 그러나 성취자는 내가 과업을 수행하는 동안에도 즐거움이나 활기를 가질 수 있다는 사실을 믿지 않는다. 이 일이 고되기도 하므로 가능한 한 빨리 이 일을 마치고 나중에 즐겨야겠다고 성취자는 생각한다. 문제는 '나중에'가 실제로 절대 오지 않는 데 있다. 나는 항상 더 많은 과업을 쌓아 놓고 있기 때문이다. 나는 내 삶의 대부분을 지루하고 기계적으로 과업을 성취하며 보내곤 하였다. 그것은 내 삶에서 많은 활기와 즐거움을 앗아가 버렸다. 내가 해 온 IFS 작업 때문에 이 보호자가 긴장을 풀기는 하였지만 때로는 여전히 문제가 되고 있다.

어떤 보호자들은 그들이 당신 삶을 정말로 향상시키는 중요한 임무를 가지고 있기 때문에 건강한 내면 시스템에서도 계속해서 역할을 하게 된다. 그러나 그들은 건강한 방식으로 임무를 수행한다. 그러나 많은 보호자들은 그들이 추방자의 아픔을 막으려고 애쓰기 때문에 극단적이거나 역기능적이 된다. 예를 들면, 나의 성취자는 내가 내 자신에 대해 기분 좋고 귀하다는 느낌을 가질 수 있도록 성공적인 삶을 위해 애쓰고 있다. 이것은 사랑 받지 못한다고 느끼는 추방자의 아픔을 막아 보려는 시도이다. 당신이 때로는 건강한 역할을 수행하는 보호자와 작업할 때 그 부분의 역할을 인정하는 것이 매우 중요하다.

나의 이야기

성취자에 대해 스스로 작업하는 중에 보호자들과 관계 맺음의 중요성이 설득력 있게 다가왔던 때를 기억한다. 나는 수없이 보호자와 작업하였고 보호자를 알게 되었다. 나는 보호자가 보호하는 추방자들에 대해 작업하였고 어느 정도 그들을 치유하였다. 나는 프로젝트를 속히 끝내는 데 내 모든 시간을 쏟아붓는 것이라든지 빨리 직장에 도착하기 위해 과속하는 것 같은 나의 극단적인 성취자의 행동을 내려놓는 작업을 하였다. 나는 일하면서 서두르지 않기, 좀 더 현재에 집중하기, 좀 더 즐기기를 목표로 하였고, 이 모든 것이 어느 정도 이루어지고 있었다. 그러나 어느 날 나는 정말로 이 부분과 협조적이며 신뢰하는 관계를 형성하지 않고 있었다는 사실을 깨달았다. 나는 단지 그것을 회피하려고 애쓰고 있던 것이다.

그래서 나는 얼마간의 시간을 갖고 그 보호자와 관계를 다시 맺고 그 부분이 막아 주려고 애쓰고 있는 것뿐만 아니라 그 부분이 내 삶에 이미 공헌하였던 많은 방식들을 인정해 주었다. 성취자 때문에 <u>나는 많은</u> 일을 끝낼 수가 있었다. 이것은 정말로 나의 삶을 더 편하게 만들고, 책을 저술하고 교육반과 워크숍을 개설하도록 도와주었다. 처음으로, 성취자를 없애려는 대신에 나는 그것에 감사하였다. 나는 나의 목표가 성취자를 내려놓는 것이 아니라 성취자가 여전히 자기 임무를 할 수 있도록 협력하면서, 프로세스 중에 내게 좀 더 자유와 활력을 허락하는 것임을 이해하게 되었다. 이러한 내 태도의 변화로 말미암아 나의 부분들 사이에 더 많은 내적 조화를 갖게 되면서 찾아온 특별한 행복감을 경험하기 시작하였다.

나는 어느 날 아침 이 작업을 하였다. 그날 오후 늦게, 나는 매우 슬픈 느낌이 몰려오는 것을 감지하였다. 나는 이유를 도무지 알 수 없었다. 그래서 나는 시간을 가지고 내 자신을 탐색하였다. 내가 그동안 성취자의 가치를 폄하해 왔고 그것을 없애 버리려 했던 과거의 모든 시간을 성취자가 슬퍼하고 있음을 발견하였다. 이 감정들이 그날 오후 솟아 올라온 것은 내가 성취자를 경멸의 태도로 대하는 것을 중단하고 그것과 관계를 맺고 싶을 만큼 충분히 성취자를 존중했기 때문이었다. 성취자는 내가 바꾼 관계 방식을 정말로 고마워하였다. 이 일로 과거에 내가 대했던 방식으로 인하여 가졌던 아픔으로부터 성취자는 해방되었다. 이 것은 내가 진정으로 눈을 뜰 수 있게 해 준 사건이었다. 나는 나의 부분들이 정말로 내가 그들을 대하는 방식에 대해 감정을 갖고 있으며 나와 그들과의 관계가 매우 중요하다는 사실을 깨닫게 되었다.

P5 단계 : 보호자와 신뢰 관계를 발전시키기

이것은 보호자를 알아 가는 마지막 단계이다. 당신이 보호자를 이해하게 되고 그의 긍정적인 의도가 무엇인지 알아낸 후에, 그를 이해하며 고마워한다는 것을 알려 줌으로써 보호자와의 관계를 증진시킬 수 있다. 이것은 그 부분이 당신과 관계를 맺고 있다는 느낌을 갖고 당신을 신뢰하도록 돕는다. 이것은 또한 다른 부분과 연결되어 있다는 감각도 깊게 해 준다. 당신은 보호자에게 다음 중 어떤 표현이라도 (만약 그것이 당신의 진심이라면) 이야기해 줄 수 있다.

> 나는 당신이 왜 그 역할을 수행하는지 이해해요.
>
> 나는 당신이 왜 그것이 중요하다고 생각하는지 이해해요.
>
> 이해되네요.
>
> 나는 당신이 얼마나 열심히 일해야 했었는지 알아요.
>
> 나는 당신이 짊어지고 있는 책임을 이해해요.
>
> 나는 당신이 어떤 것을 희생시켜 왔는지 이해해요.
>
> 나는 당신이 나를 위해 기울인 노력에 감사하고 있어요.
>
> 나는 당신이 내가 어릴 적에 나를 위해 한 일에 감사하고 있어요.
>
> 나는 당신이 내 생애 동안 나를 위해 애써 왔던 것에 감사하고 있어요.
>
> 나는 당신이 나를 위해 애쓰고 있는 것에 감사해요.
>
> 나는 당신이 나를 위해 하고 있는 것에 감사해요.
>
> 나는 당신이 내 삶에 얼마나 공헌하고 있는지 알고 있어요.

보호자에게 이 중 한 가지 표현을 이야기한 후에 보호자가 당신에게 어떻게 반응하고 있는지 체크하라. 당신은 종종 부분이 가지고 있는 감정의 변화, 감사의 느낌, 더 깊은 관계 맺음이나 혹은 경직된 자세의 풀어짐 같은 것을 감지하게 된다.

부분이 당신을 자각하도록 돕기

만약 당신이 보호자에게 고마워한 후에도 아무 반응이 감지되지 않는다면, 그 부분이 당신을 자각하고 있는지 체크하라. 당신은 의사소통을 잘하고 있는 것으로 생각하고 여태까지 그 부분과 이야기해 오고 있었다. 어떻게 그 부분이 당신을 자각하지 못할 수 있단 말인가? 그러나 뜻밖일 수 있지만 때로는 그 부분이 당신이 거기에 있다는 사실을 모르기도 한다. 때로는 그 부분이 지금 현재 이야기하고 있는 당신은 자각하지 못하고 과거만 자각한다. 그 부분은 당신이 갖고 있는 상황에 대한 관점 같은 것은 갖고 있지 않을 수 있다. 그 부분은 당신이 어른이란 사실이나, 당신이 참자아를 가지고 있다는 사실을 자각하지 못할 수도 있다. 그가 아는 것이라고는 자기가 보고 있는 위험뿐이다. 예를 들면, 보호자는 이렇게 생각할 수 있다. "화가 났을 때의 아버지 모습 같아 보이는 누군가가 내게로 다가오는 것이 보인다. 그가 나를 상처 주지 못하게 막아야 한다. 도와줄 사람이 아무도 없다."

때로는 보호자들이 자신들이 보호하고 있는 추방자를 자각조차 못하기도 한다. 그들은 반드시 피해야 할 아픔이나 위험하다는 감각만 갖고 있을 뿐이다. 그들이 제한된 시각을 갖고 있는 이유는 많은 부분들이 전인(whole person)보다 훨씬 좁고 일차원적이기 때문이다. 그들은 자신들이 마주 대하고 있는 외부 상황과 당신의 내면 시스템 둘 다를 제한적으로 이해하기 때문이다. 활성화되면 틀에 박힌 방법으로 반응하는 경향이 있고 특히 세련되거나 지적이지 못한 상태가 된다. 그러나 부분 모두가 이 같은 것은 아니다. 어떤 것은 꽤 총명하며 예민하다. 그러나 대부분 근시안적이다. IFS에서 하는 식으로 그들을 대함으로써 우리는 그들이 자신들의 지평을 넓히고 자각을 증대시키도록 돕고 있는 것이다. 이것은 그 자체만으로도 도움이 된다.

비록 부분이 당신의 질문에 반응해 왔고 당신에게 자신에 대한 정보를 제공해 왔을지라도 당신을 하나의 독립된 개체 — 참자아 — 로 충분히 자각하지 못할 수도 있다. 지금까지의 대화는 일방적이었을 수도 있다. 당신은 이것을 성숙한 관계로 바꾸어야 한다. 가장 최선의 출발점은 그 부분이 당신을 자각하고 있는가를 알아내는 것이다. 만약 자각하고 있지 못하면, 당신이 여기 있다는 것을 감지해 달라고 요청하라. 이 부분과 의사소통하기 위해서 사용하는 채널이 어떤 것이냐에 따라 다음과 같이 몇 가지 방법이 있을 수 있다.

(a) 만약 당신이 부분의 이미지를 가지고 있다면, 부분이 당신을 바라보며, 당신의 존재에 반응하고 있는지 보라. 만약 그렇지 않으면, 당신을 바라보라고 요청하라.

(b) 만약 당신이 부분의 감정을 느끼거나 당신 몸 안에서 그것을 느낌으로 써 부분을 안다면 입장을 바꿔 일시적으로 부분과 동일시하라. 지금까지 당신은 참자아와 동일시하고 있었다. (왜냐하면 그것이 당신의 자연스런 정체성이기 때문이다.) 그러나 이제는 의식적으로 부분과 동일시하라, 즉 부분이 되라. 정서적으로 혹은 몸으로 부분을 느끼라. 그러고 나서 의도적으로 그 감정에 몰입하라. 부분이 슬픔으로 느껴졌다면 그 슬픔 속으로 들어가라. 그 상태에서 뒤돌아보아 참자아의 존재를 감지하라.

(c) 만약 당신이 내면 대화를 통해 부분과 의사소통을 한다면 부분이 당신을 자각하고 있는지 물어보라. 그렇지 못하다고 이야기하면, 그 부분에게 당신 좀 바라보라고 요청하라.

당신이 부분에게 당신에 대한 자각을 요청하는 것은, 과거에는 실질적인 관계가 없었기 때문에 매우 중요한 내면 변화의 시작점이다. 이제 당신은 진실로 변화를 시작하고 있는 것이다. 많은 부분들은 이것에 익숙하지 않다. 그들은 여태까지 참자아가 있다는 사실을 모른 채 살아왔다. 이것이 그들에게는 혼란스럽다. 처음에는 그것을 어떻게 생각해야 할지 알지 못한다. 만약 이것이 처음 해 보는 부분 작업, 즉 소인격체 클리닉이라면 그 부분만 혼란스러운 것이 아니다. 당신도 혼란스러울 수 있다. 처음에는 당신이 관계의 양쪽 측면을 자각하는 방법을 모를 수 있다. 시간을 가지고 그 안으로 들어가 느껴 보라. 당신의 내면 세계가 일단 재구성되어 부분이 당신을 자각하게 되면 종종 편안함이 느껴지고 내적 조화감과 행복감이 찾아온다. 당신의 부분들은 더 이상 외로운 느낌을 갖지 않는다. 그들은 더 큰 긍휼을 베푸는 존재가 있다는 것을 깨닫는다.

예를 들면, 쟈넷은 어릴 적에 부모로부터 관심과 인정을 받지 못하고 있다는 느낌을 가졌던 작은 소녀 부분을 가지고 있었다. 이 부분은 부모로부터 인정받고 싶어 하며 그들을 기쁘게 하려고 최선을 다하는 데 완전히 몰두하고 있었다. 쟈넷은 참자아 상태에서 작은 소녀에게 그 소녀의 감정이 어땠는지 이해하겠다고 말했는데도 그 부분은 그녀에게 전혀 반응하지 않았다. 쟈넷이 체크하여 보니, 작은 소녀는 자기를 외면하고 대신에 부모를 바라보고 있었다. 작은 소녀는 아직도 자신이 부모의 인정이 필요했던 어린 시절에 머물러 있다고 믿고 있었다.

그러나 그녀는 부모에 대한 과거 기억에 완전히 초점을 맞추고 있으며 부모로부터 인정을 받았으면 하고 있다.

부모는 다른 데 신경을 쓰고 있으며, 그녀를 바라보지도, 인정하지도 않고 있다.

쟈넷의 참자아는 작은 소녀에게로 손을 내민다.

쟈넷은 작은 소녀에게 자기(참자아 상태에 있는 쟈넷)가 여기 있다는 것을 감지해 보라고 요청하였다. 처음에는 작은 소녀가 어떻게 하는지를 몰랐다. 그녀는 너무 오랫동안 과거와 부모에게 초점을 맞추어 왔기에 다른 사람과는 어떻게 관계를 맺는지 몰랐다. 그러나 쟈넷이 계속 부드럽게 자신의 존재를 알려 주자 작은 소녀는 서서히 이해하였다. 그녀는 고개를 돌려 쟈넷을 바라보았다. 그녀는 자기를 주목하고 있는 누군가가 있다는 사실을 깨닫기 시작하였다. 갑자기 그녀는 자기가 혼자가 아니라는 사실을 깨달았다. 쟈넷은 작은 소녀가 부모로부터 무시당하고 조금도 관심을 받지 못하는 것이 얼마나 고통스러운지 정말로 이해한다고 하였다. 이제 작은 소녀는 쟈넷으로부터 이러한 주목과 이해를 받아들일 수 있었다. 그녀는 밝아지고 행복감을 느끼기 시작하였다. 쟈넷은 그녀와 관계 맺는 데 성공하였다. 이것은 쟈넷이 갖고 있는 관계 맺음에 대한 내적 감각에 중요한 변화를 불러일으켰다.

쟈넷의 참자아는 작은 소녀와 함께 현재에 머물고 있다.

그리고 작은 소녀는 결국 참자아로부터의 돌봄을 받아들이며 관계를 맺고 행복을 느낀다.

일단 부분이 당신을 자각하면 이해한다거나 고맙다는 이야기를 다시 하라. 그리고 그 부분이 당신에게 어떻게 반응하고 있는지 체크하라. 이제는 부분이 당신의 고마움을 받아들이고 느끼기 때문에 당신은 아마도 명료하고 강한 반응을 감지하게 될 것이다.

연 · 습 · 문 · 제 · 1

보호자와 신뢰 관계를 발전시키기

당신이 지금까지 배운 P1~P5 단계를 사용하여 보호자를 알아 가는 회기를 가지라. 이 장에서 배운 P5 단계에 특히 주의를 기울이라. 조견표를 따르며 단계를 추적하라. 끝나면 부분에 대해 지금까지 어떤 것을 배웠는지 적으라.

이름 : _____

그것의 느낌 : _____

그것의 모습 : _____

그것이 몸 안에 자리 잡은 부위 : _____

그것이 말하는 것 : _____

그것이 당신을 어떻게 행동하게 만드는가 : _____

어떤 상황이 그것을 활성화시키는가 : _____

어떤 것을 막으며 보호하고 있는가 : _____

긍정적인 의도 : _____

어떤 것을 막으며 보호하고 있는가 : _____

부분에 대한 당신의 이해와 감사 : _____

당신의 표현에 대한 부분의 반응 : _____

크리스틴과 혼란스럽게 하는 자

이것은 크리스틴이 가졌던 혼란스럽게 하는 자와의 회기 축어록의 일부이다. 이것은 크리스틴이 몽롱함과 혼란스러움을 느끼게 하며 주의를 산만하게 만드는 부분이다. 이 부분은 입에 담기도 싫은 사건으로 말미암아 무서워하고 있다. 나는 이 장의 주제를 명료화시키기 위해 몇 가지 새로운 코멘트를 추가하였다. 우리는 크리스틴이 혼란스럽게 하는 자를 알게 된 후, 그러나 그가 보호하고 있는 추방자에게로 아직 진행하지 않은 지점부터 시작한다.

제이 : 그 부분은 자기 역할에 대해 어떤 생각을 가지고 있나요?

크리스틴 : 이것은 불가능에 가까운 엄청난 일이래요. 그러나 그만둘 수가 없답니다.

🗨 부분이 자기 임무에 너무나 싫증을 내고 있으나 중단하는 것이 안전하다고 생각지 않음에 유의하라.

제이 : 네, 자신에 대한 어떤 이야기를 들어 주었으면 하는지 그 부분(혼란스럽게 하는 자)에게 물어보세요.

크리스틴 : 나를 위해 엄청난 수고를 하고 있으므로 내게서 사랑과 존경과 감사를 받고 싶어 하는 것이 분명히 느껴져요.

🗨 여기가 크리스틴과 혼란스럽게 하는 자와의 관계가 구체화되는 지점이다(P5 단계). 감사를 요구하는 것은 진정한 관계가 형성되고 있다는 신호다. 부분들이 인정/감사를 원하는 것이 특별한 것은 아니나, 그들이 보통 곧바로 경쾌하게 걸어 나와 그것을 요구하지는 않는다.

제이 : 그에 대해서 어떤 반응을 보이실 건가요?

크리스틴 : 많이 감사하고 있지요.

제이 : 혼란스럽게 하는 자에게 정말로 감사하는 마음을 전해 보세요.

크리스틴 : 이 부분이 이 역할을 하면서 지금까지 보여 준 헌신과 정성에 대한 감사의 마음은 말로 다하기가 어려워요. (크리스틴은 정말로 감동하고 있다.)

제이 : 네, 정말로 그 부분을 알게 되었군요. 그 부분은 당신에게 어떤 반응을 보이고 있나요?

크리스틴 : 부드러워지고 있어요. 부드러워지면서 한 가지 분명해졌어요. 그 부분이 그만둘 줄을 모른다고 전에 내가 이야기한 것은 그 부분이 참자아와 전혀 연결이 되지 않았기 때문이었어요. 그 부분이 마음 놓고 긴장을 풀 수 있는 대상이 전혀 없었어요. 그러나 지금은 혼란스럽게 하는 자가 내가 여기 있다는 것을 감지하기 때문에 부드러워지고 있어요.

🗨 이것이 내 가슴을 뭉클하게 하고 있다. 크

리스틴은 정말로 참자아로부터 혼란스럽게 하는 자와 관계를 맺게 되었고 그 부분은 그녀를 신뢰하고 긴장을 풀기 시작하고 있다. 이것은 중요한 단계다.

크리스틴 : 참자아로서 내가 지금까지 가졌던 경험들이 많이 있었음에도 이 부분과 전혀 접촉하지 못했던 이유를 도무지 모르겠어요.

크리스틴은 자신에 대해 많은 심리 및 영적 작업을 해 왔다. 그리고 IFS가 참자아라고 부르는 것에 대한 경험도 많이 가졌다. 그러나 이 과거 작업 중에는 크리스틴이 참자아 상태에서 혼란스럽게 하는 자와의 관계 맺음이 없었다. 그래서 그 부분은 크리스틴의 참자아에 대해 알아 가며 그녀와 관계 맺을 기회를 갖지 못했던 것이다.

크리스틴 : 한 가지 더요. 이 부분은 지금까지 내 삶에서 사랑을 너무나 신뢰하지 않고 있었어요. 내가 이것을 알고는 있었지만, 이제 혼란스럽게 하는 자가 더 큰 참자아와 어떻게 관계를 맺지 않고 있었는지 알게 되었기에 새롭게 깨닫게 되네요.

이 부분이 사랑을 신뢰하기 위해서는, 먼저 자신에 대한 크리스틴의 사랑을 신뢰해야 하였다. 이것이 이번 회기에서 일어나기 시작한 것이다.

리사와 검댕이 악마

이것은 리사가 가졌던 검댕이 악마와의 회기 축어록의 계속이다. 여기서 검댕이 악마는 리사의 마음을 보호하기 위해 동생을 공격하고자 한다. 우리는 그녀가 이 보호자를 알게 된 후부터 시작한다.

제이 : 이해하고 있는 것 같군요. 그리고 검댕이 악마가 당신을 위해 무언가 하려고 애쓰는 것에 심지어 고마움까지 느끼는 것 같습니다.

리사 : 네, 여기서 바뀐 게 바로 그거예요. 나는 여전히 강한 역동의 느낌이 남아 있기는 하지만 그 작은 타스마니안 데블을 너무너무 좋아하게 되었어요. 엉망으로 만드는 존재로 보이는 것이 아니라. 와! 믿기 어려울 정도로 효과적이네요. 해야 할 일이 있어요.

제이 : 네.

리사 : 오로지 그 사명에 충실하고 있어요. 존경스럽고 감탄할 만해요. 그 부

분을 좀 더 알고 싶어요.

제이 : 좋습니다. 그 부분에게 존경하며 너무 좋아하고 있다고 이야기해 주
세요. 소리 없이 할 수도 있고, 소리 내어 할 수도 있으며, 마음으로 전할
수도 있습니다.

리사 : (웃는다.) 그 부분이 잠깐 중단하고 "어, 이런." 하고 있네요. 마치 당
황한 듯이 발을 꼬면서. 그리고 나서 자랑하고 싶어 하네요. 자기가 할
수 있는 또 다른 것을 보여 주고 싶어 해요. (웃으며) "나는 정말로 공격
할 수 있어요. 이것 보세요." 일종의 기쁨이 올라오기 시작하고 있어요.
놀랍네요. 나는 한편으로 고마워하면서 한편으론 약간 놀란 목격자가
되었어요.

🐾 검댕이 악마는 정말로 리사의 감사를 받아들었고 그녀와 관계가 맺어진 느낌을 갖
고 있다. 이로 말미암아 그 부분은 다른 존재 양식으로 바뀌었다.

리사 : 또한 재미있는 것은 검댕이 악마가 더 이상 동생과 붙어 다니는 것 같지 않은 거예요. 독립된 한 부분 같아요. 이 순간 동생도 내 눈에는 사뭇 달라진 것 같아 보여요.

제이 : 어쨌든 검댕이 악마가 있기는 있군요. 동생 때문에 우연히 활성화하기는 하지만.

리사 : 네, 내가 그 부분을 너무 좋아하고 관심을 보이니까, 동생이 새로운 모습으로 다른 문을 통해 들어오는 것 같아요. 내가 알고 있던 모습이 아니에요.

> 리사의 작업이 그녀를 해방시켜 동생과 새로운 관계를 갖도록 한 것처럼 보인다.

제이 : 재미있네요. 우리가 회기를 마치기 전에 무언가 이야기하고 싶어 하는 다른 부분들이 있습니까?

리사 : 감시자는 지쳐 코를 골고 있어요. 작은 악마 부분은 만세 부르며 뛰어 다니면서 멋진 시간을 보내고 있어요. 너무 좋고, 이 모든 것이 놀라울 따름이에요. 재미있어요. 작은 악마가 여유 있게 돌아다니며 기운이 넘치니, 작은 소녀 부분이 깔깔거리고 있어요. 그리고 엄마 노릇 하는 부분도 짐이 약간 가벼워진 것 같대요. 작은 악마 안에 있는 무언가가 해방되었는데 그것이 전체 시스템에 영향을 주는 것 같아요. 분해되는 것이라기보다 힘차게 떠오르는 느낌이에요. 고마워요. 처음에는 그 영역에 발을 들여놓기가 아주 무서웠어요.

검댕이 악마와의 새로운 관계로 말미암아 리사의 전체적인 내면 시스템에 변화가 일어났다. 그녀의 다른 부분들도 긴장을 늦추게 되었다. 시스템은 좀 더 재미나는 분위기로 바뀌고 덜 엄격해졌다. 게다가 리사는 동생을 향해 다른 태도를 갖게 되었다. 이 모든 변화는 당신의 각 부분들과 좋은 관계를 갖는 것이 얼마나 가치 있는 일인지 말해 주고 있다. 이것은 당신 자신과 다른 사람들과의 모든 관계를 변화시킬 수 있다. 이것은 또한 당신의 부분들을 시스템으로 보는 것이 얼마나 중요한 것인가를 보여 주는 것이다. 당신이 어느 하나와의 관계를 변화시키면 다른 것들에 대한 느낌도 변화시킬 수 있게 된다.

부분이 당신과 관계를 맺지 않을 때

지금까지 이 장에서는, 당신에게 이미 어느 정도 마음 문을 연 보호자를 대상으로 관계 맺기와 신뢰를 증진시키는 방법에 대해 논의하였다. 그러나 때로는 부분이 너무도 당신에 대해 의심이 많아 좀 더 많은 작업이 필요한 경우도 있다. 사실 어떤 보호자들은 당신을 너무 불신하여 당신과 이야기하려 하지도 않고 당신에게 자신들을 드러내 보여 주지도 않으려 한다.

다음의 상황을 고려해 보자. 당신은 함께 작업하고 싶은 보호자에 대해 알고 있으며 그것이 당신 몸 안에서 어떻게 표출되는지 감지할 수 있다. 당신이 섞여 있는 상태인지 여부를 체크할 때 당신은 참자아 상태에 있는 것처럼 보인다. 당신은 이 보호자에게 기분이 어떠냐, 어떤 것을 염려하느냐고 물어본다. 그러나 답을 얻지 못한다. 그러자 보호자의 이미지를 얻는 데 초점을 맞추려 애쓴다. 그러나 아무것도 떠오르지 않는다. 답을 얻을 수 있을 것 같지 않다. 이상하다, 과거에는 부분으로부터 반응을 얻곤 했었는데. 어찌된 일인가?

이런 무반응은 다른 방식으로 나타날 수 있다. 침묵 대신에 표적 보호자는 단순히 당신에게 이야기하고 싶지 않다고 말할 수도 있다. 당신은 부분이 등을 돌리며 팔짱을 끼고 당신을 가로막는 이미지를 볼 수도 있다. 보호자를 알아 가는 프로세스 가운데 있다가, 갑자기 그 이미지가 사라지거나 당신과의 이야기를 중단할 수도 있다. 모든 프로세스가 갑작스럽게 멈춘다.

당신이 표적 보호자에게 접근하는 것을 염려하는 부분이 차단하고 있기 때문에 이러한 의사소통의 부재가 일어날 수 있다. 그 부분은 보호자가 너무 위험해 관계 맺기가 어렵다고 생각한다. 그 부분은 파괴적인 생각이 확산되는 것을 막으려 애쓰는 검열관과 같다. 표적 보호자에게 말을 거는 것을 원치 않는 부분을 모두 불러내어 이 가능성을 체크할 수 있다. 혹은 이 같은 부분이 있는지 알아보기 위해 당신의 내면을 체크할 수도 있다. 찾으면, 대부분의 염려하는 부분과 작업하던 방식으로 작업하라(제6장을 보라). 당신이 참자아 상태에 머물러 있을 것이며 표적 보호자가 장악하지 못하도록 하겠다고 설명한 다음, 그 염려하는 부분에게 옆으로 비켜서 달라고 요청하라.

부분이 당신을 신뢰하지 않을 때

만약 이 기법이 효과가 없으면, 보호자가 당신과 관계를 맺지 않으려 하는 다른 이유들을 찾아보라. 보호자가 당신을 신뢰하지 않는다는 것이 가장 가능성이 높다. 먼저 보호자가 당신을 신뢰하는지 그렇지 않은지 물어보라. 만약 보호자가 당신의 다른 어떤 질문에도 대답하지 않을지라도 이 질문에는 대답한 가능성이 높다. 만약 보호자가 당신을 신뢰하지 않는다면 아마도 그렇다고 말할 것이다. 부분이 당신을 신뢰하지 않는 이유에는 두 가지가 있을 수 있다.

염려하는 부분과 섞임

한 가지 가능성은 당신이 온전히 참자아 상태가 되지 않은 것이다 — 비록 당신은 그렇다고 믿고 있을지라도. 당신이 염려하는 부분과 섞여 있기 때문이다. 우리의 부분들은 종종 그들을 향한 우리의 태도에 매우 예민하다. 당신이 순수한 입장을 취하고 있는지, 당신이 자신들을 좋아하지 않고 판단하고 염려하는 부분에 의해 이미 장악되어 있는지 그들은 구분할 수 있다. 어떤 종류의 판단이라 하더라도 그들로 하여금 당신에게 이야기하는 것이 안전하지 않다고 느끼도록 만든다. 어떤 경우에는 그들이 이야기는 하지만 자신을 많이 드러내려 하지는 않는다. 요점은 나를 판단하고 있거나 내게 화를 내는 사람에게 나의 약점을 드러내려 하지는 않는다는 것이다. 우리의 부분들도 똑같이 느낀다.

이 보호자를 향해 어떤 느낌을 갖고 있는지 당신 자신에게 물어보라. 숨어서 화난 부분이나 판단적인 부분이 있는지 찾아보라. 만약 찾으면 옆으로 비켜서 달라고 요청하고, 그것으로도 부족하면 제6장에서 배운 대로 염려하는 부분과 작업하는 법을 적용하여 그것과 작업하라. 일단 그것이 옆으로 비켜서면 보호자는 쉽게 자신을 드러낼 가능성이 높다. 만약 염려하는 부분이 옆으로 비켜섰는데도 보호자가 아직도 당신을 신뢰하고 있지 않으면, 또 다른 염려하는 부분이 있는지 체크하라. 그렇지 않으면 다음과 같은 두 번째 가능성을 탐색하라.

배반의 역사

또 하나의 가능성은 표적 보호자가 과거에 상처나 유기 혹은 배반을 경험해서 이제는 당신을 포함하여 아무도 신뢰하지 않는 경우이다. 사실 그 부분은 참자아가 있다는 사실을 정말로 자각하지 못할 수도 있다. 과거에 사람을 믿었을 때는 상처를 받았다. 그래서 사람들은 믿을 만한 것이 못 된다고 결심을 하였고 다시는 당신을 포함해서 누구도 믿지 않으려 한다. 당신의 임무는 그 부분이 당신을 신뢰하기 시작할 때까지 예민하게 그리고 존중하는 마음으로 이 부분과 작업하는 것이다.

어떤 경우에는 자기가 당신을 신뢰하지 않는다는 사실 외에는 아무것도 당신에게 이야기하지 않을 정도로 부분이 당신을 신뢰하지 않을 수도 있다. 그러면 당신은 그 부분을 괴롭히지 말고 그것과 함께 있어 주기만 하라. 부분이 당신에게 신속하게 마음 문을 열어 놓을 것이라는 어떤 기대도 내려놓으라. 아무런 보답을 바라지 말고 그것에 당신의 관심을 기울이기만 하라. 서둘러 프로세스에 들어가려고 하지 말라. 당신이 사람을 경계하는 사슴 같은 야생동물과 마주쳤다고 하자. 당신은 그 동물이 당신의 접근을 허용할 만큼 당신을 믿어 주기를 원한다. 당신은 어떻게 하겠는가? 그것이 당신의 존재에 익숙해질 때까지 당신은 말없이 그것과 함께 앉아 있을 것이다. 이런 식으로 당신은 불신하는 부분과 관계를 맺어야 한다. 무서워하는 동물에게 하듯이 그 부분을 참고 인내하라. 그 부분은 서서히 마음을 돌이킬 것이다.

일단 부분이 기꺼이 이야기하려 하면 당신의 어떤 부분을 신뢰하지 못하는지 물어보라. 신뢰는 매우 광범위한 개념이다. 부분이 당신을 신뢰하지 않을 때는 보통 그것이 두려워하는 구체적인 무언가가 있다. 당신이 자신을 배려한다는 사실을 신뢰하지 않을 수 있다. 자신이 염려하는 상황을 다루기에 충분할 만큼 당신이 지식이 있거나 강하다는 사실을 신뢰하지 않을 수 있다. 만약 부분이 당신에게 마음의 문을 연다면, 버림을 받거나 공격을 당할 거라고 생각할 수도 있다. 당신이 자기를 없애 버릴까 봐 두려워할 수도 있다. 가장 중요한 첫 단계는 그 부분이 당신의 어떤 것을 신뢰하지 않는지를 정확하게 알아내는 것이다.

일단 부분이 거북해하는 것을 당신에게 털어놓겠다고 하면, 보통 불신하도록 만들었던 사건을 이야기해 달라고 하는 것이 좋다. 비록 당신이 안다고 생각하더라도 (이것은 분명히 당신의 과거 사건으로부터 오기 때문에) 부분에게 자신의 말로 이야기해 달라고 하라. 당신이 듣고 놀랄 수도 있다. 예를 들면 부분이 갓난아이 때는 엄마에게 정말로 친밀함을 느꼈으나 나이를 먹어 가면서 엄마가 화를 내고 거리감을 두었다는 이야기를 들려줄 수도 있다. 엄마가 왜 변했는지는 모르나 부분이 더 이상 엄마를 신뢰할 수는 없었다. 친구에게 하듯이 시간을 가지고 부분이 사건에 대해 가진 감정을 공감해 주라. 그리고 이것이 왜 불신을 야기하게 되었는지를 이해하도록 하라. 부분의 신뢰를 얻을 수 있는 중요한 측면은 부분이 당신이 들어 주고 있다는 느낌이 들어야 한다는 것이다. 이렇게 했을 때에 당신은 예전에 부분이 상처 받았던 식으로 대하지 않겠다고 부분을 안심시킬 수 있다.

이 대화 전체를 통해서, 부분이 경계를 풀고 즉각적으로 당신을 신뢰할 것이라고 기대하지 말라. 보통 그런 식으로 작동하지 않는다. 부분은 다음과 같이 이야기하며 저항할지 모른다. "예전에 내가 누군가를 필요로 할 때는 당신이 내 곁에 있지도 않았는데, 이제 내가 왜 당신을 신뢰해야 합니까?" 그 부분에게 사과하고, 그때는 당신도 어렸고 지금 가지고 있는 자원이나 이해력도 없었다고 설명하라. 이제 당신은 나이도 먹었고 더 지혜로워졌으며 도우려 곁에 있다는 것을 이야기해 주라.

부분이 빨리 당신을 신뢰하라고 압박하지 말라. 신뢰는 시간이 지나면서 찾아온다. 밀어붙인다고 되는 것이 아니다. 인내를 가지고 부분이 당신을 신뢰하는 데 필요한 만큼 충분한 시간을 갖도록 하라. 여러 회기 혹은 그보다 더 오랜 시간이 걸릴 수도 있다. 더욱이 부분이 당신을 신뢰해 주기를 바라는 이유는 부분이 자신에 대해 이야기해 주기를 바라는 것임을 기억하라. 만약 당신의 대화가 여기까지 왔다면 당신은 이미 목표를 달성한 것이다 — 부분이 당신과 다른 사람들을 불신하고 있는 이유를 설명하고 있다. 이것은 아마도 부분이 자신에 대해 당신에게 이야기해 줄 수 있는 가장 중요한 내용이다. 부분이 다음과 같이 이야기하도록 할 필요는 없다 — 신뢰를 중심으로 한 문제를 드러내면서 서서히 작업을 해 오고 있었기 때문에 내(부분)가 이제는 당신을 신뢰한다. 이같이 공손하며 비강압적인 상호작용을 계속하라. 그리고 어떤 추가적인 질문들이 필요하지는 않은지 질문하는 쪽으로 점점 옮겨 가라. 이 대화는 결국 충분한 신뢰를 쌓게 되어 보호자는 당신이 자기가 보호하고 있는 추방자와 작업하고 치유하도록 허용한다. 일단 이렇게 되면, 보호자는 아마도 당신을 완전히 신뢰할 수 있게 될 것이다.

축어록

불신하는 부분과 작업하는 법을 예시해 주는 축어록을 소개하고자 한다. 칼은 고강도의 관리 업무를 맡고 있는 40세의 내담자다. 그는 가끔 사람들에게, 특히 직장에서 이유 없이 화를 낸다. 이것이 다른 사람들에게서 상당히 힘든 반응을 불러일으켜 왔다.

> 칼 : 직장에서 사람들에게 화내는 부분에 대해 작업하고 싶습니다.
>
> 제이 : 좋습니다. 당신 몸에서 그 부분을 감지해 보세요.
>
> 칼 : 이를 갈고 주먹을 움켜쥐고 있어요.
>
> 제이 : 좋습니다. 당신이 그 부분을 향하여 어떤 느낌이 드는지 체크해 보세요.
>
> 칼 : 이 화난 부분에 대해 꽤 궁금해요. 왜 그 부분은 그처럼 홱 뒤집혀 버리는 거지 하면서요.
>
> 제이 : 좋습니다. 어떤 것이 그 부분을 그토록 화나게 만드는지 이야기해 달

라고 하세요.

칼 : (잠깐 쉰다.) 아무런 반응이 없네요.

제이 : 그 부분에 대한 시각적 이미지가 떠오릅니까?

칼 : 가만 있자. 네, 한 사람이 나를 사납게 노려보고 있어요. 그리고 이제는
내게 등을 돌리네요.

칼은 화난 부분의 주의를 끌고 싶어 한다.
그리고 그는 자신이 참자아 상태에
있다고 생각한다.

화난 부분은 그를
신뢰하지 않는다.

제이 : 아마 그는 당신을 신뢰하지 않나 봅니다. 당신이 정말로 참자아 상태
에 있는지 다시 체크해 보세요. 달리 말하면 그 부분을 향하여 당신이 느
끼고 있는 것이 오직 호기심뿐인지 혹은 다른 태도도 있는지 체크해 보
세요.

💬 이것이 신뢰의 문제로 보이기 때문에 나는 그 부분이 칼을 불신하고 있는 이유를 체
크해 보고 싶어 한다 ─ 그가 그 부분을 판단하고 있기 때문인지 혹은 다른 어떤 부정적인

감정이 올라오고 있기 때문인지.

칼 : 당신이 물어보니까 내가 어떤 판단이나 짜증을 느끼고 있다는 자각이 들어요 ─ 이 부분이 내게 너무 많은 문제를 일으키지 않았으면 좋겠다는 생각 말이죠.

제이 : 네, 화난 부분이 당신에게 협조하고 있지 않은 이유가 그 때문인지 모릅니다. 당신이 마음을 열고 화난 부분을 알아 갈 수 있도록 옆으로 비켜설 의사가 있는지 판단적/짜증난 부분에게 물어보세요.

칼 : 좋습니다. 그럴 만한 가치가 있다고 생각해서 판단적/짜증난 부분은 기꺼이 뒤로 물러서겠다고 하네요.

제이 : 좋습니다. 당신이 지금 화난 부분을 향해 어떤 느낌이 드는지 체크해 보세요.

칼 : 지금 나는 그에게 마음을 더 열었어요.

제이 : 지금 그가 당신과 이야기할 용의가 있는지 알아보세요.

칼 : 어떻게 하지요?

제이 : 어떤 것이 그를 그토록 화나게 만드는지 이야기해 달라고 하세요.

칼 : 그는 여전히 내게 등을 돌리고 있어요. 그에게서 원망 같은 것이 느껴져요. 그리고 질문에 대답도 하지 않아요.

제이 : 좋습니다. 그가 당신을 신뢰하고 있는지 물어보세요.

칼 : 아, 대답을 하네요. 이렇게 이야기하고 있어요. "빌어먹을, 아니요!"

제이 : 좋습니다. 그가 당신의 어떤 점을 신뢰하지 않는지 물어보세요.

칼 : (잠깐 쉰다.) 아직 대답을 하지 않고 있어요. 확실치는 않지만, 그가 아직도 등을 돌리고 있는 것 같아요.

제이 : 그가 허락할 준비가 되면 언제든지 그를 알아 가고 싶다고만 이야기해 주세요. 그리고 이제 잠깐 그와 사귀어 보세요.

칼 : 그게 무슨 뜻인지 잘 모르겠는데요.

제이 : 그에게 주목해 보세요 ─ 당신 몸에 있는 그에 대한 감각이나 이미지에. 그를 있는 모습 그대로 받아들이고 그가 빨리 마음 문을 열라고 독촉

하지 않는 열린 자세로 있어 보세요.

칼 : 그렇게 하기가 쉽지 않은데요. 그냥 여기 앉아 있어요? 얼마 동안이요?

제이 : 여기 지금 당신의 조급한 부분이 있는 것 같습니다. 이 부분과 그냥 함께 있다는 생각에 조급해하는 부분이 있는지 체크해 보세요.

칼 : 네, 있어요. 그 부분은 치료가 빨리 진전되기를 바라고 있어요.

제이 : 충분히 이해됩니다. 당신이 이번 회기에서 어느 정도 진척이 이루어지기를 원하니까요. 그러나 이 화난 부분에게는 그것이 통하지 않을 거예요. 따라서 조급한 부분에게 긴장을 풀고 당신이 조용히 화난 부분과 함께 있도록 허락해 줄 용의가 있는지 물어보세요.

💬 칼에게 이 부분을 인내하도록 요청하려면, 이번 회기에서 여기까지 오는 데 필요했던 것 이상의 참자아와 인내가 필요하다. 내가 그에게 인내를 가지라고 요청하자 염려하는 부분, 즉 조급한 부분이 있다는 사실이 드러났다.

판사와 조급한 부분은 옆으로 비켜섰다.

그래서 칼은 이제 좀 더 충분한 참자아 상태에 있다.

화난 부분은 이제 좀 더 신뢰하고 있다.

칼 : 네, 그 부분이 한번 해 볼 용의가 있다고 하네요. 좋습니다. 나는 화난 부분과 함께 그냥 여기에 있지요.

제이 : 좋습니다. 당신이 알아 가고 싶기는 하지만 화난 부분이 준비되었을 때에야 비로소 시작한다고 그에게 이야기해 주세요.

칼 : 좋습니다. 그렇게 이야기했어요. (잠깐 쉰다.) 그가 여전히 내게 등을 돌리고 있기는 하지만, 이제는 좀 더 선명한 이미지가 보여요.

제이 : 그의 이미지가 더 선명해져 보여 고마워하고 있다고 이야기해 주세요.

💬 부분들은 우리가 그들을 선명하게 볼 수 있거나 그렇지 못하게 할 역량을 가지고 있다. 나는 부분이 좀 더 선명한 이미지를 허락하였다고 가정하고 있다. 이미지가 선명해지는 것은 어느 정도의 신뢰가 싹트고 있음을 가리킨다.

칼 : 좋습니다. (잠깐 쉰다.) 이제 그가 천천히 돌아서면서 나를 바라보고 있네요. 내가 누구인지 관심을 갖기 시작하는 것 같습니다.

제이 : 좋습니다. 그가 당신의 어떤 것을 신뢰하지 못하는지 이야기해 줄 용의가 있는지 알아보세요.

칼 : 그는 내가 말하는 것이 정말인지 신뢰하지 못하겠다고 하네요.

제이 : 음… 흠… 좀 더 이야기해 달라고 해 보세요.

칼 : 내가 안전한 사람처럼 보이기는 하지만 나중에 자기에게 대들 거라고 하네요.

제이 : 이야기해 줘서 고맙다고 하세요. (잠깐 쉰다.) 과거에 그런 일이 일어났었는지, 즉 안전하다고 생각되었던 사람들이 그에게 대들었던 적이 있었는지 물어보세요.

칼 : 아, 네, 많이 있었대요.

💬 나중에 칼은 알코올 중독자였던 아버지가 제정신일 때는 칼에게 좋은 아버지였지만, 그렇지 않을 때는 학대하는 술주정뱅이가 되었다고 털어놓았다.

제이 : 그가 당신을 못 믿는 것도 무리는 아니군요.

💬 아버지와의 과거 경험으로 말미암아 이 부분은 믿을 사람이라고는 아무도 없다는 것을 배우게 되었다.

칼 : 그가 이렇게 이야기하네요. "네, 내가 당신을 필요로 할 때는 내 곁에 없었어요. 이제 당신이 내 곁에 있을 거라고 믿을 수 있는 근거가 어디 있습니까?"

제이 : 그가 왜 그렇게 생각하는지 이해가 갑니다. 당신도 이해가 되세요?

칼 : 네, 나도 이해가 되는 것 같아요.

제이 : 당신은 어떻게 그에게 반응하시겠습니까?

칼 : (부분에게) 그때는 내가 당신 곁에 있어 주지 못해서 미안해요. 그 당시
엔 내가 일이 어떻게 되어 가는지 깨닫지 못했어요. 나는 어린아이에 지
나지 않았었고, 이제는 내가 당신 곁에 있을 거예요. (잠깐 쉰다.) 그가
내 이야기를 믿지 않네요.

제이 : 충분히 이해가 되네요. 그러나 염려하지 마세요. 아직 그가 당신을 신
뢰하도록 해야 할 필요는 없어요. 서두를 것 없다고 이야기해 주세요. 그
리고 당신에게 자기가 어떤 느낌을 갖고 있는지 이야기할 용의가 있다는
것만 하더라도 고맙다고 하세요.

🔅 사실 그 부분은 칼을 어느 정도 신뢰하고 있다. 그렇지 않으면 그 부분이 그에게 자
기 경험에 대해 그만큼 이야기하지 않았을 것이다. 이 시점에서는 프로세스를 진행하기 위
해 더 많은 신뢰가 필요하지는 않다. 칼은 그가 여기까지 온 것만으로도 감사해야 한다.
자극하지 않고 감사하는 행위만으로도 신뢰 형성을 향해 많은 진전이 이루어진 것이다.

칼 : 네, 했습니다. 그가 고마워하는군요. 약간 부드러워지고 있는 것 같아
요. 좀 더 긴장이 풀린 자세이고 더 이상 얼굴을 찌푸리고 있지 않네요.

🔅 그 부분은 칼을 신뢰하게 되었다. 칼이 부분에게 원래 자신의 모습이 되찾을 수 있
는 여유를 주었기 때문이다. 칼이 부분으로 하여금 조건을 정하게 하고 부분에게 억지로
더 멀리 가도록 강요하고 있지 않다는 것을 부분은 알고 있다. 이것은 부분이 스스로 통
제하는 상황에 있고 따라서 위험 가운데 있지 않다는 것을 느낄 수 있게 되었음을 의미한
다. 이로 말미암아 부분은 긴장을 풀게 된다.

이 회기는 당신이 참자아 상태에 있는지의 확인, 부분에 대해 참고 인내함, 부분
이 당신을 신뢰하지 않는 이유의 탐색 등, 불신하는 부분과의 작업에서 만날 수
있는 여러 측면을 예시해 주고 있다. 만약 이 접근법을 당신과 이야기를 하지 않
고 있는 부분 어느 것에든 적용한다면 그 부분은 조만간 태도를 바꾸고 당신에
게 마음 문을 열 것이다. 이것은 그의 긍정적인 의도로부터 나온다. 일단 당신이
협조적인 입장에서 접근하고 있다는 것을 알게 되면, 그 부분이 구석에 앉아 잠
자코 있지 않는다. 팀 선수가 된 것이다.

부분의 신뢰를 얻기

작업을 시도해 왔지만 지금까지 반응이 없었던 보호자를 택하라.

어떤 식으로 그 부분은 당신에게 반응하지 않았는가? _____

_____

먼저 이 부분에 대하여 당신이 참자아 상태에 있고 어떤 염려하는 부분과 섞여 있지 않은지 확인하라. 만약 염려하는 부분 하나라도 발견하면 당신이 정말로 참자아 상태에 있도록 그들에게 옆으로 비켜서 달라고 요청하라.

어떤 식으로 그 부분은 당신에게 반응하지 않았는가? _____

염려하는 부분들 : _____

이 보호자가 이제 당신과 이야기하려 하는지 체크하라. 여전히 하려 하지 않는다면 이 장에서 논의한 대로 작업하고 당신이 그의 신뢰를 얻을 수 있는지 보라. 이 작업에 대해 다음 질문에 답하라.

부분이 당신의 어떤 것을 신뢰하지 않는가? _____

_____

과거에 어떤 사건이 그가 불신하도록 만들었는가? _____

_____

이것에 한 회기 이상이 소요될 수도 있다.

보호자가 실시간으로 긴장을 풀 수 있도록 돕기

일단 당신이 부분을 알게 되었고 그것과 신뢰 관계를 발전시켰으면 당신의 삶 가운데서 실시간으로 부분이 떠오를 때마다 그것과 작업할 수 있는 좋은 기회를 갖게 된다. 부분이 긴장을 풀고 당신이 참자아 상태에서 이끌어 나갈 수 있도록 해 주는 방법을 소개하고자 한다.

하루 중에 어느 시점에서 부분이 활성화되는 것을 감지하면, 잠깐이라도 그것에게 접근하여 당신이 그것과 섞여 있는지 알아본다. 종종 섞여 있다. 부분을 놀라게 하고, 부분으로 하여금 자기가 장악해야 한다고 믿게 만드는 당신 삶의 상황이 닥쳤기 때문에 그 부분이 당신과 섞여 있는 것이다.

예를 들면, 당신이 낯선 사람이 많은 파티에 참석하고 있고 어울리지 못할까 봐 두려워한다. 수줍어하는 부분이 장악하여 살금살금 구석으로 물러나 사람들에게 말하지 않게 된다. 이 상황에 대해 작업하기 위해서는 당신이 참자아 상태로 있을 수 있도록 수줍어하는 부분에게 당신으로부터 떨어질 것을 요청하라. 당신이 거기에 있으므로 그 부분이 이 상황을 자기 혼자서 대처할 필요가 없다고 그 부분에게 상기시켜 주라. 당신은 성인이고 또한 참자아 상태에 있기 때문에 부분이 생각하는 것보다 훨씬 더 많은 역량을 가지고 있다. (나는 부분이 과거에 갇혀 있고 당신이 어린아이의 역량밖에 갖고 있지 못하다고 생각할지 모르기 때문에 이것을 언급하는 것이다.) 수줍어하는 부분에게 어떤 것을 두려워하고 있는지 물어보라. 만약 당신이 누군가에게 다가가거나 말을 걸면 거부당하거나 조롱당할까 봐 두려워한다고 부분은 말한다. 그 부분에게 자기의 역할이 어떤 것인지 물어보라. 그것은 자기의 역할이 당신이 퇴짜 맞지 않도록 보호해 주기 위하여 뒤로 빼는 것이라고 말한다.

기회를 보아 그 부분에게 긴장을 풀고 당신이 참자아 상태에서 이끌어 나갈 수 있도록 맡겨 보라고 하라. 이 경우에 당신은 수줍어하는 부분에게 뒤로 빼지 말고 당신이 다가가 사람들과 대화하도록 해 보라고 할 수 있다. 비록 이것이 위험부담이 있다고 느껴질지라도. 당신이 저변에 있는 추방자를 치유하기까지는 수줍은 부분이 아마도 자기의 두려움을 완전히 내려놓지는 못할 것이다. 그러나 당신과 맺은 관계 때문에 그 부분은 어느 정도 긴장을 풀 수 있고, 당신이 참자아 입장에서 사람들과 상호작용을 하도록 해 줄 수도 있다.

이 일을 할 수 있기 위해서 당신에게서 필요한 것이 있는지 부분에게 물어보라. 수줍어하는 부분은 당신이 사람에게 말을 걸 때 혀가 꼬이거나 어색해지지 않을지 알고 싶다고 말한다. 당신은 지적인 대화를 해 나갈 수 있을 것이라고 그 부분을 안심시켜 줄 수 있다. 만약 당신이 이에 대해 확신이 없으면 이 문제에 대해 얼마간의 작업을 한 후 당신이 수줍어하는 부분에게 옆으로 비켜서 달라고 요청하라. 대화 기법을 훈련하거나 혹은 저변에 있는 추방자와 얼마간의 치유작업을 할 수도 있다. 당신이 준비가 되면, 다음 번 파티에서 수줍어하는 부분에게 당신이 이끌 수 있도록 맡겨 달라고 요청하라. 참자아가 앞장섰기 때문에 당신이 파티에서 더 멋진 시간을 가질 수 있었다면 수줍어하는 부분은 앞으로 당신을 신뢰할 가능성이 더 높아진다.

연 · 습 · 문 · 제 · 3

보호자가 실시간으로 긴장을 풀 수 있도록 돕기

보호자가 활성화되어 당신이 문제 행동을 하도록 야기하는 상황을 생각해 보라.

_____

어려움을 유발하고 있는 보호자를 알아 가는 회기를 진행하라. 이 보호자와 신뢰 관계를 형성하라.

보호자의 이름 : _____

보호자의 행동에 대한 묘사 : _____

만약 당신이 참자아 상태에서 행동할 수 있다면 어떻게 행동하고 싶은가 : _____

_____

다음 번에 당신이 이런 상황에 있게 될 때 당신이 이끌도록 하겠는지 보호자에게 물어보라. [당신이 목표로 하고 있는 긍정적인 행동을 잘 해내기 위한 삶의 기술 요령(life skill)을 확실히 갖도록 하라.] 만약 아니라고 대답하면, 그 이유를 묻고 보호자가 용인하는 지점까지 함께 작업하라. 다음 몇 주 간에 걸쳐 언제 이 상황이 일어날 가능성이 있는지 생각해 보라.

_____

그때 이 보호자가 장악하는지 여부를 자각하겠다고 마음을 먹으라. 그 부분이 장악할 때 위에서 설명한 대로 그 부분과 작업하여 긴장을 풀고 당신이 이끌 수 있도록 하라. 만약 이것이 효과가 있으면, 가능한 한 빨리 어떤 일이 일어났는지 적어 놓으라. 당신이 참자아 상태에서 이끌고 있을 때 당신의 행동은 어떤 모습이었는가 : _____

그 결과는 어떠했는가 : _____

부분이 활성화될 때마다 이 연습을 하면서 다음 몇 주에 걸쳐서 이런 종류의 상황을 계속해서 추적하라. 매일 저녁 잠자리에 들기 전에 그날을 되돌아보고 상황이 일어났었는지 알아보라. 그리고 당신이 이 연습을 할 때 어떤 일이 일어나는지 적으라. 만약 보호자가 당신이 이끌도록 한 다음 일이 잘되었다면, 그 부분이 이제는 당신을 더 신뢰하게 되었는지 체크하라. 만약 당신이 그때 상황을 감지하지 못하거나 연습을 하지 않았다면 어떤 것이 방해하였는지 탐색하라. 만약 이것이 그리 자주 발생하지 않는 상황이라면, 복습을 매일 저녁 한다는 것은 합리적이지 못할 것이다. 당신이 일주일에 한 번 복습하기로 할 수도 있다. 적절한 시간 간격을 택하라.

_____

_____

요약

이 장에서는 왜 보호자들이 참자아와의 사이가 소원해지는지 배웠다. 당신은 이제 각각의 보호자와 긍휼한 마음을 가지고 존중하는 관계를 발전시키는 것이 중요하며, 이것이 어떤 느낌인지를 이해하게 되었다. 이것이 P5 단계이다. 당신은 보호자와의 관계에서 신뢰를 쌓아 가는 법을 배웠다. 부분의 신뢰를 얻기 위해 당신을 불신하는 부분과 작업하는 법을 알게 되었다. 당신이 참자아 상태에서 행동을 취할 수 있도록 보호자가 매일의 삶 가운데서 긴장을 풀 수 있도록 돕는 방법도 배웠다.

당신이 보호자와 신뢰의 관계를 맺고 있으므로 보호자가 보호하고 있는 추방자와 함께 작업하는 단계로 나아갈 수 있다. 이것은 제10장부터 시작하는 제2부에서 다룬다. 그러나 먼저 제9장에서 우리는 예상치 않았던 것이 발생할 때 회기를 제대로 진행하는 방법을 탐색하고자 한다.

Chapter **9**

회기를 올바로 진행하기

등장하는 부분들을 탐지하기

이 책에서는 IFS 프로세스를 상당히 깔끔하고 직선적인 방식으로 제시하고 있다. 당신은 작업할 보호자를 선택하고 참자아 상태로 들어가, 마치 요리책에 있는 조리법을 따르듯이 단계를 따라 진행한다. 실제로 정신 세계는 이보다 혼란스럽다. 당신이 한 부분에 초점을 맞추는 동안 다른 하나가 예상치 못하게 몰래 기어들어 와 당신이 깨닫지 못하는 사이 당신을 참자아 상태로부터 낚아챈다. 아니면 당신이 초점을 맞추고 있는 부분보다 더 강렬한 새로운 느낌이 의식으로 쏟아져 들어올 수도 있다. 당신이 즉시 다양한 강렬한 감정에 휩싸이게 될 수도 있다. 그것은 마치 당신이 조리법을 따라 요리를 만들고 있는데, 재료가 예기치 않은 순간에 냄비 속으로 튀어 들어가는 것과 같다. 그럼에도 불구하고 이 장에서는 IFS가 이 모든 우발 상황을 다룰 수 있는 방법을 가지고 있음을 보여 주고자 한다.

한 회기에서의 우리의 목표는 떠오르는 어느 부분에게도 열린 마음으로 대하면서 올바로 진행하는 것이다. IFS는 혼란스럽지도 않고 경직되지도 않은 유연

한 입장을 찾는 데 타의 추종을 불허하는 방법을 가지고 있다. 이것은 당신으로 하여금 회기 동안에 어떤 것이 떠오르든지 간에 마음 문을 열어 놓은 상태에서 명료하게 초점을 유지할 수 있도록 해 준다. IFS는 또한 치료 프로세스를 장악하고 음해하는 은밀한 부분들을 탐지하는 방법을 가지고 있다. 이 장에서는 당신이 이 부분이 나타날 때를 인식하고 참자아 상태로 되돌아오도록 하기 위하여 '부분 탐지법'을 소개한다.

이를 통해 당신은 다음 몇 가지 상황을 피할 수 있게 될 것이다.

- 당신이 참자아 상태에 있다고 믿지만 사실 다른 부분이 당신을 장악한 경우
- 당신의 프로세스가 은밀한 보호자에 의해 저지당하는 경우
- 당신은 어떤 부분에게 이야기하고 있다고 생각하지만 실제로 다른 부분이 대답하고 있는 경우
- 떠오르는 새로운 부분 하나하나를 따라가다가 탐색의 끈을 놓치는 경우
- 많은 부분들이 한꺼번에 활성화되어 압도당하는 경우
- 다른 부분들을 옆으로 밀치거나 무시하면서, 표적 부분을 견고하게 붙잡고 있는 경우
- 잘해 나가고 있는지에 대한 염려나 프로세스에 대한 의구심으로 저지당하는 경우

우리는 이 각 상황을 차례로 살펴보고 그것들을 다루는 법을 설명하고자 한다.

가장 방심할 수 없는 문제는 당신이 한 부분과 작업하는 동안 자신도 모르게, 또 다른 부분이 당신과 섞이는 것이다. 당신이 갑자기 멍해지면서 초점을 잃을 수도 있고, 주의가 산만해질 수도 있으며, 당신의 감정이 마비되거나 혼란스러워질 수도 있다. 당신이 무엇을 하고 있는지 의구심이 들기 시작할 수도 있고, 프로세스가 추상적이고 가물가물하게 느껴지거나, 부분이 당신에게 이야기를 하지 않을 수도 있다. 프로세스가 저지당할 때는 일반적으로 당신을 중단시키고자 하는 보호자가 장악하고 있기 때문이다. 당신은 이것이 일어나고 있구나 인

식하면 왜 보호자가 당신의 작업을 이탈시키고 싶어 하는지에 대해 보호자와 대화할 필요가 있다.

때로는 보호자가 다른 이유로도 촉발된다 — 예를 들면, 서두른다든지, 부족하다고 여긴다든지, 표적 부분을 판단한다든지 하는 상황이다. 이 장은 문제가 생길 때 그것들을 발견하도록 '부분 탐지법'을 숙달하는 법을 가르쳐 준다. 당신의 작업을 이탈시키는 보호자들은 여섯 가지 유형이 있다 : 판단적인 부분들, 회피자들, 논리추구자들, 조급한 부분들, 부족하다고 여기는 부분들과 회의론자들이 그것이다.

판단적인 부분들을 탐지하기

제6장에서는 표적 부분을 향해 부정적인 감정을 가지고 있는 염려하는 부분에 대해 논의하였다. 표적 부분을 향하여 어떻게 느끼는지 감지함으로써 염려하는 부분과 섞여 있는지 여부를 체크하는 법을 배웠다. 예를 들면, 판단적이거나 화나거나 무서운 느낌이 있으면, 당신은 염려하는 부분과 섞여 있는 것이다. 그러면 당신이 참자아 상태에서 표적 부분과 작업할 수 있도록 그 부분에게 옆으로 비켜서 달라고 요청하라. 그러나 비록 참자아 상태에서 보호자와 작업을 시작할지라도 얼마 가지 않아 당신도 모르는 사이에 염려하는 부분이 당신과 섞일 수 있다. 그 결과, 표적 부분과 관계를 맺고자 하는 당신의 시도는 염려하는 부분의 분노, 판단 혹은 경계에 의해서 방해 받게 된다.

가장 흔한 종류의 염려하는 부분은 판단적인 부분들이다. 당신이 표적 부분을 알아 가면서, 은밀히 화가 나는 느낌이나 그에 대해 비판적인 느낌을 갖기 시작할 수 있다. 혹은 그 부분이 없어졌으면 좋겠다고 생각할 수도 있다. 아마도 마음 문을 열고, 판단하지 않는 참자아

상태로 시작했지만 표적 부분이 당신 삶 가운데서 일으키고 있는 문제들에 대해 더 많이 알아 가면서 당신은 그 부분에 대해 화가 나기 시작한다.

예를 들면, 다른 사람들보다 우월하다고 느끼는 거만한 부분을 알아 가고 있다고 하자. 이 거만한 부분이 활동하는 삶의 모든 상황을 인식해 가면서 당신은 그것이 불행의 주된 요인임을 깨닫는다. 그 부분이 오랫동안 당신의 마음을 담아왔기 때문이다. 이 거만한 부분은 당신과 낭만적인 관계를 맺고 있는 여성을 멸시하여 진짜 가능성을 갖고 있는 관계가 깨어지도록 만든다. 그 부분은 동료에게 짐짓 겸손한 체하여 동료들이 당신에게 화를 내게 만든다. 그 부분은 친구들을 향하여 거만하게 행동하여 친구들이 당신에게 다가오지 않게 되고 결국은 어떤 친구 관계에도 종지부를 찍게 만든다. 지금까지 당신은 이 부분이 야기한 모든 손상을 보고는 그 부분을 제거하고 싶어 한다. 당신은 사람들과의 관계를 가로막은 그 부분을 향하여 적개심을 느끼지 않을 수 없다. 이 부정적 감정은 참자아로부터 오는 것이 아니라 몰래 기어들어 와 당신과 섞여 있는 판단적인 부분으로부터 오는 것이다. 거만한 부분이 야기한 모든 문제 때문에 당신의 한 부분이 그 부분에게 화를 내는 것을 충분히 이해할 수는 있지만 그 비판적인 태도는 당신이 그 거만한 부분을 알아 가려는 시도를 해치게 된다.

몰래 기어들어 오는 판단에 대한 또 다른 예가 있다. 당신이 자기를 내세우지 않고 조용하며, 나서서 목소리를 내고 자기 주장 하려는 것을 막는 부분을 가지고 있다고 하자. 처음에는 꽤 마음 문을 열고 그 부분과 관계를 맺으며, 그 부분이 왜 이런 식으로 행동할 필요가 있는지에 대해 호기심을 갖는다. 그러나 그것을 알아 가기 시작하면서 그 부분을 겁쟁이로 보고 그를 향해 경멸하는 느낌을 갖는 당신의 한 부분이 등장한다. 그놈은 정말로 패배자다! 당신은 그 부분이 너무 수치스럽다. 경멸하는 부분은 당신과 섞여 있고 당신은 더 이상 자기를 내세우지 않은 부분에게 열린 마음으로 질문하지 않는다. 질문은 공격하는 말투가 되기 시작한다. "무엇 때문에 당신은 이렇게 행동합니까?"는 실제로 "네가 잘못한 거야!"를 의미한다. 한참 후에 자기를 내세우지 않는 부분의 이미지는 사라지고 당신은 그 부분과 접촉이 끊어진다. 이것은 이 부분이 당신의 경멸에 반응하고 있고 더 이상 당신과 이야기하고 싶어 하지 않기 때문이다.

일단 당신이 판단적인 부분과 섞여 있다는 것을 깨달으면, 마음 문을 열고 표적 부분을 알아 갈 수 있도록 부분에게 옆으로 비켜서 달라고 요청하라. 당신은 또한 왜 그 부분이 판단하는 느낌을 가질 만한 이유를 알고 있다고 인정하고 싶을 수도 있으나 그 태도가 효과적이지 못한 이유를 설명하라. 만약 옆으로 비켜서지 않으면 제6장에서 배운 염려하는 부분들과의 작업 지침을 따르라. 부분이 비켜서기를 주저하는 것이 드문 일은 아니다. 당신은 이미 이에 대처하는 법을 알고 있다. 여기서 중요한 문제는 당신이 그 지식을 적용할 수 있도록 그 부분을 탐지하는 것이다.

회피자를 탐지하기

여기 또 하나 흔히 볼 수 있는 현상이 있다. 당신이 IFS 회기에 조바심을 내기 시작한다. 아무런 예고 없이 중단하고 삶의 다른 것들에 신경을 쓰고 싶어진다. "나는 이 회기에서 충분히 했어. 이제 지루해. 나중에 이 작업을 하지." 다른 것들이 더 급한 것 같아 그 일을 해야만 할 것 같은 느낌을 받는다. 이것은 무언가 진행되고 있다는 신호이다. 아마도 회피자가 두려워하는 감정이 떠오르기 시작하기 때문에, 표적 부분이나 저변의 추방자 다루기를 피하고 싶어 하는 회피하는 부분이 당신과 섞여 버린 것이다. 예를 들면, 회피하는 부분은 당신이 작업하고 있는 보호자 저변에 많은 두려움을 품고 있는 추방자가 있다는 것을 감지한다. 회피자는 당신을 두려움으로부터 멀리 떨어뜨려 놓고 싶어 한다. 그래서 회피자는 당신에게 회기를 끝내자고 제안하는 것이다.

다른 방식으로 회피자가 활동할 수도 있다. 멍하게 있거나 몽상을 시작할

수도 있고 직장의 프로젝트나 그날 저녁식사 계획, 당신이 관여하고 있는 작업 외의 다른 것에 대해 생각하기 시작할 수도 있다. 옆방의 시끄러운 소리나 당신을 쳐다보고 있는 강아지에 주의가 산만해질 수 있다. 정상적으로는 이러한 생각이나 자극이 당신의 주의를 붙잡지는 않을 것이다. 그러나 당신이 작업을 계속하지 못하도록 하는 한 가지 방편으로 회피하는 부분이 그것들에게 신경을 쓰는 것이다. 이 부분은 회피란 방법으로 주의력 분산을 꾀하고 있는 것이다.

어떤 회피자들은 제3의 전략을 구사한다. 당신이 혼란스럽고 뭐가 뭔지 모르는 것 같은 느낌을 갖는다. 작업의 줄거리 끈을 따라갈 수 없다. 부분이 방금 당신에게 어떤 이야기를 하고 있었는지 기억할 수가 없다. 당신이 IFS 순서 중 어디까지 왔는지 기억이 나질 않는다. 만약 새로운 감정이 떠오르면 옆으로 비켜서 달라고 요청하기보다는 거기에 몰두한다. 고통에 가까이 가지 않기 위하여 회피하는 부분이 종종 이러한 유형의 혼란을 만들어 낸다.

당신의 작업을 방해할 수 있는 또 하나의 현상은 표적 부분과의 접촉이 끊기는 것이다. 만약 당신이 시각적으로 작업하고 있다면 부분의 이미지를 잃어버리고, 만약 당신이 감정이나 신체 감각과 작업하고 있다면 당신의 감정이 없어져 버리는 경우이다. 이것은 보통 작업이 진행되고 있는 방향에 위협을 느끼고 있는 회피하는 부분이 벌이는 수법이다.

일단 회피자의 수작을 탐지하면 그 부분에게 당신이 알아 갈 수 있도록 앞으로 나와 달라고 요청한다. 그리고는 여느 염려하는 부분처럼 다룬다. 그 부분이 당신이 작업을 계속하도록 허용한다면 어떤 일이 일어날까 봐 두려워하는지 물어보라. 그리고는 적절한 기회에 그 감정을 확인하라. 그리고 당신이 그의 염려 사항을 어떻게 다룰 것인지 설명하라. 이것은 보통 당신이 참자아 상태에 있을 것임을 의미한다(이렇게 하는 방법에 대해서 더 자세한 것은 제6장을 보라). 그러고 나서 옆으로 비켜서 달라고 요청한다.

IFS 프로세스가 방해 받는 것은 실제로 가능하지 않다는 것을 염두에 두라. 이 같은 방해가 일어나서는 안 되는 것으로 당신은 생각할지 모른다. "내가 이 프로세스를 잘할 줄 안다면 나는 다른 길로 빠지지 않고 순풍에 돛 단 듯이 나아갈 거야." 그렇지 않다. 위에서 언급한 것과 같은 회피자의 반응은 아주 흔하다. 비록 당신의 프로세스가 완전히 저지당했을지라도 그것이 당신이 잘못하고 있다는 것을 의미하는 것은 아니다. 단지 보호자가 무슨 이유에서인지 중지시키고 있다는 것을 의미할 뿐이다. 그 보호자에게 접근하여 왜 그 부분이 당신의 프로세스를 가로막고 있는지를 알아내기만 하면 된다. 그런 다음, 당신이 보통 그 부분과 관계를 맺으면 그 부분은 당신이 계속 진행할 수 있게 해 준다.

회피자가 치료 프로세스를 이탈하도록 만드는 또 하나의 방법이 있다. IFS 회기 진행하는 일을 미적거리게 만들 수 있다. 당신은 계속해서 그것을 뒤로 미룬다. 그에 대해 잊어버린다. 다른 일을 먼저 해야 한다고 혼잣말을 한다. 이같이 미루는 현상은 아마도 회기에서 나타날지 모르는 어떤 것을 두려워하고 있는 회피자에 의해 야기되고 있는 것이다. 이것을 다루는 가장 좋은 방법은 이 회피자를 표적 부분으로 만드는 회기를 갖도록 일정을 잡는 것이다. 만약 미루지 않고 그 부분과 그냥 IFS 작업을 하면 무슨 일이 일어날까 봐 두려워하는지 알아낸다. 그 부분과 관계를 맺고 그 부분이 두려워하는 상황을 어떻게 다룰 것인지 설명하라. 이렇게 하면 미루는 현상을 줄이는 데 도움이 될 것이다.

당신이 다음과 같이 물을 수도 있다. 회피자와 그런 회기를 갖는 것조차도 회피한다면 어떻게 합니까? 이 경우에는 파트너와 함께 회기 스케줄 잡을 것을 권한다. 다른 사람과의 약속은 끝까지 지켜 실제로 회기를 가질 수 있도록 도와줄 것이다.

논리추구자들을 탐지하기

보호자를 알아 갈 때, 실제로 논리추구자 부분이 장악하고 있는데 당신이 참자아 상태에 있다고 생각하는 경우가 흔하다. 질문을 하고 그 반응에 귀를 기울이기보다는 표적 부분을 분석하는 것이 이것을 말해 준다. 이상적으로는 표적 부분이 당신에게 자신에 대해 이야기하도록 해야 한다. 당신이 진실로 참자아 상태에 있을 때에는, 부분을 알아내고자 하는 지적인 관찰자가 아니다. 당신이 마음 문을 열고 표적 부분으로부터 배우려는 호기심 많은 경청자이다. 그리고 당신은 종종 뜻밖의 이야기를 듣게 된다. 만약 당신이 이런 식으로 마음 문을 열지 않으면 당신은 아마도 논리추구자나 통제하며 항상 모든 것을 알아내려 하는 부분과 섞여 있는 것이다.

예를 들면, 당신이 사교 모임에서 뒤로 빼는 부분을 알아 가고 있다고 가정하자. 과거에 사람들로부터의 거부와 판단을 두려워했기 때문에 뒤로 빼어 왔던 것을 기억하고 있다. 이것은 유용한 정보이다. 그러나 그것은 뒤로 뺀 부분에서 오고 있는 것이 아니다. 그것은 뒤로 뺀 부분에 대해 심리학적으로 설명하고 있는 논리추구자로부터 오고 있는 것이다. 당신은 부분에게 질문을 하면서 그 대답에 마음 문을 열고 있는 상태가 아니다. 분석하는 부분이 이미 장악한 것이다.

일단 당신이 논리추구자와 섞여 있다는 사실을 깨달으면 그 부분에 초점을 맞추라. 지적인 통찰이 유용하다는 것은 인정하라. 그러나 당신이 부분을 알아 가려고 애쓸 때 이런 일이 일어나면 그것이 프로세스를 이탈시킨다는 것을 설명하라. 당신이 진실로 참자아 상태에 있을 수 있도록 그 부분에게 옆으로 비켜서 달라고 요청하라. 그리고 회기가 끝날 때 당신이 배운 것을 먼저의 통찰과 연관 짓고 당신의 정신 세계를 좀 더 충분히 지적으로 이해할 수 있기 위하여 다시 들어올 수 있다고 그 부분에게 이야기해 주라. 지적인 부분들은 가치 있는 것들이다. 그러나 올바른 시간과 장소에서나 그렇다. 부분이 이렇게 가치 있다고 느낄 때는 당신과 협력할 가능성이 많다.

일단 논리추구자가 옆으로 비켜서면 다음과 같이 참자아 상태로부터 뒤로 뺐던 부분과 (혹은 어느 부분과도) 관계를 갖는다. 어떤 것을 두려워하여 뒤로 빼게 되었는지 물어보라. 그리고 마음 문을 열고 그 대답을 기다리라. 대답은 당신의 머리로부터가 아니라 당신의 정신 세계의 다른 부분으로부터 와야 한다.

조급한 부분들을 탐지하기

다음은 탐지하기 쉽지 않은 흔히 접할 수 있는 상황이다. 당신은 한동안 회기를 가져오고 있고 결과를 얻으려고 서두르고 있음을 알게 된다. 당신은 기분이 나아지도록 당연히 부분들을 치유하고 싶어 하지만 작업에 박차를 가하고 싶은 마음이다. 당신은 자기 페이스대로 전개되도록 프로세스를 마냥 신뢰할 수가 없다. 예를 들면, 정말로 보호자와 관계를 맺기 전에 추방자에게 접근하려고 서두를 수 있다. 혹은 염려하는 부분이 진로를 방해하면, 조급해져서 그 부분을 없애 버리고 싶어 한다. 그들이 빨리 당신을 들여보내지 않을 때 부분들이 '저항한다'고 낙인찍고는 그들을 제치고 달려가고자 한다. 당신은 회기 중에 어떤 일이 일어날 것이라는 사전 계획을 가지고 있어 다른 방식으로 일이 진행되는 것에 마음 문을 열지 못한다. 만약 당신이 이러한 태도 중 어느 하나라도 갖고 있다면 당신은 조급한 부분과 섞여 있음을 의미한다.

역설적으로 당신의 부분들을 치유하려고 서두르는 것은 실제로 진도를 늦추는 것이다. 왜냐하면 그것이 당신의 길을 막는 보호자들을 자극하는 경향을 보이기 때문이다. 그리고 당신의 표적 부분은 당신이 정말로 그것을 알아 가고 싶어 한다는 사실을 신뢰하지 못해 당신에게 마음 문을 열지 않을 것이다. 당신이 그 부분을 지나쳐 추방자에게로 가고만 싶어 한다는 것을 감지할 수도 있다. 그러면 그 부분은 협력을 거부할 것이다. 부분들이 당신이 정말로 그들을 알고 싶어 한다는 것을 신뢰할 수 없다면 당신에게 저항한다. 그러므로 IFS에서는 천천히 인내심을 갖고, 존중하는 자세로 관여된 모든 부분들과 작업하는 것이 문제를 해결할 수 있는 지름길이다.

당신이 조급한 부분과 섞여 있음을 깨달을 때 그것에 초점을 맞추라. 그 작업을 진척시키고 치유하고자 하는 욕구를 인정하라. 그러나 이렇게 하는 지름길이 모든 부분을 존중하고 작업의 흐름을 따르는 것임을 주지시키라. 당신이 참자아 상태에서 그것을 할 수 있도록 그 부분에게 옆으로 비켜서기를 요청하라.

참자아는 재촉하지 않는다. 참자아 상태에 있을 때 당신은 치유로 향하고 있음을 알지만 서두르지 않는다. 당신은 당신의 모든 부분은 물론이고 잠정적으로 당신의 진로를 방해할 수 있는, 부분들이 갖고 있는 두려움까지도 존중한다. 당신은 당신이 작업하고 있는 문제에 관여하고 있는 모든 부분을 알아 가는 데 관심을 가지고 있다. 그리고 시간이 얼마나 걸리더라도 그들이 말하고자 하는 것은 어떤 것이든지 듣고 싶어 한다. 당신은 치유라는 목표를 시야에서 놓치지 않으며 모든 부분이 경험될 수 있도록 마음의 공간을 확보한다.

참자아 상태에서는 '진로를 방해하는' 것으로 보이는 부분을 아는 것이 당신이 접근하려는 추방자만큼 중요할 수 있다는 것을 깨닫는다. 우리는 어떤 부분이라도 '저항하고 있다'고 낙인찍지 않는다. 저항하는 부분은 당신이 작업을 진행하도록 할 준비가 아직 되어 있지 않은 보호자일 뿐이다. 그 부분은 오랫동안 이 보호적인 역할을 해 왔다. 당신이 어렸을 적에 그 부분이 이 역할을 떠맡은 것은 그의 보호가 아마도 절실하였기 때문이었을 것이다. 우리는 부분에 대해 조급하기보다 부분을 존중한다.

부족하다고 여기는 부분을 탐지하기

치료는 때로는 매끈하게 진행되지 않는다. 정신 세계는 본질적으로 혼란스럽고 방어와 보호자와 고통으로 가득 차 있다. 많은 고통과 역기능이 있는 영역에 초점을 맞춘다. 왜냐하면 그곳이 치유가 필요한 곳이기 때문이다. 자연적으로 이 장소들은 방어망이 잘 구축되어 있다. 그러므로 우리가 우리 자신들에 대해 작업할 때 도중에 많은 어려움들이 있게 된다. 예를 들면, 많은 고통을 안고 있는 추방자는 수많은 끈질긴 보호자들이 보호하고 있을 수 있다.

IFS 프로세스에서 어려움에 부딪히는 많은 사람들은 자신들이 IFS 임상가로서 부족하다고 걱정한다. 자신들이 참자아 상태를 지속할 수 없을까 봐 혹은 갈등하는 부분을 너무 많이 가지고 있어서 혹은 사건들을 쫓아갈 수 없을까 봐 염려한다. 그들은 본질적으로 너무 흠이 많아 치유되지 못할까 봐 두려워한다. 이것은 결코 사실이 아니다. 그것은 당신의 부분 중 하나가 붙들고 있는 신념에 불과하다. 어떤 이들에게는 IFS 프로세스가 어려워서 외부의 많은 도움이 필요하고 IFS 치료사와 함께 작업하는 것을 고려해 보아야 할 수도 있다. 그러나 대부분 당신의 IFS 작업에 대해 무력감을 느끼는 것은 당신이 자신의 역량에 대해 걱정하고 있는 부분과 섞여 있음을 의미하는 것에 지나지 않는다. 당신은 부족하지 않다. 부분도 부족하지 않다. 단지 부족하다고 느끼는 것일 뿐이다. 당신의 삶의 다른 많은 영역에서 아마 부족하다고 느끼는 한 부분이 장악했다가 그 부분이 지금 당신의 IFS 작업에 대해서도 그런 식으로 느끼는 것이다. 당신을 부족하다고 판단하는 내면 비판 부분이 이것을 부채질한다.

당신이 부족하다고 여기는 부분과 섞여 있다는 것을 깨달을 때 그 부분을 안심시키고 나서 옆으로 비켜서라고 요청하라. 여기 몇 가지 예가 있다.

> "방법에 대해서는 내게 잘못이 없고 내 역량에도 잘못이 없다. 그것은 단지 더 나아가기를 두려워하기 때문에 프로세스를 이탈시키려 하고 있는 보호자일 뿐이다."

> "IFS를 잘못하거나 IFS가 방해 받는다는 것은 가능하지 않다. 도중에 보호자들이 있을 뿐이다."

> "나는 IFS 프로세스를 배우고 있는 중이다. 따라서 당연히 처음에는 그리 잘하지 못할 것이다. 그러나 연습하면 나아질 것이다."

그러고는 당신의 길을 막고 있는 부족하다고 여기는 부분에 초점을 맞추고 당신이 지금까지 배워 왔던 방법으로 그 부분과 작업하라. 그 부분을 안심시키고 나서 그 부분에게 비켜서서 당신이 참자아의 자신감을 가지고 작업을 계속할 수 있도록 해 달라고 요청하라. 보통은 수락한다. 일단 당신이 참자아 상태에 있게 되면 당신을 가로막고 있었던 보호자들을 한 번에 하나씩 불러내라. 그리고 그들에 대해 알아보라. 그들과 관계를 맺고 안심시키라. 그러면 그들은 당신이 좀 더 효과적으로 IFS 작업을 계속할 수 있도록 해 줄 것이다.

만약 부족하다고 여기는 부분이 옆으로 비켜서지 않는다면 그 부분이 당신이 작업을 계속하도록 하면 무슨 일이 일어날까 봐 두려워하는지 물어보라. 당신이 판단을 받거나 실패자로 낙인찍힐 것을 두려워할 수도 있다. 어떤 경우에는 당신이 그 부분을 표적 부분으로 만들어 어느 정도 치유를 한 후에 자신감을 갖고 계속할 수 있다.

회의론자를 탐지하기

IFS 회기에서 문제를 야기할 수 있는 또 다른 상황이 있다. 당신이 어떤 부분과 작업하는 도중에 한 음성이 튀어나와 이야기한다. "그 부분으로부터 얻은 모호한 느낌(혹은 이미지 혹은 문장)이 정말로 정확한 것인지 어떻게 아는가? 당신이 그냥 꾸며 내고 있는 것이 아닌가?" 혹은 한 음성이 이렇게 이야기한다. "이 IFS 작업이 변화를 가져올 거라고 정말로 생각하고 있단 말인가? 이같이 오래된 문제를 당신은 치유할 수 없다." 이것들은 회의적인 부분들의 음성이다. 또 다른 것은 이렇게 이야기할지 모른다. "이것이 효과 있다는 생각이 들지 않는다. 당신 스스로가 뭘 하고 있는지 정말로 알지 못한다." 당신이 이 같은 메시지를 들을 때는 그 회의론자에게 주의를 기울이고 그 부분을 알아 가라. 모든 부분은 도우려 애쓰고 있다는 것을 기억하라.

여기서 두 가지 가능성이 있다. 하나는 회의론자가 IFS의 효능에 대해 혹은 그 순간 프로세스에서 일어나고 있는 사건에 대해 진정한 염려를 하는 것이다. 다른 하나는 그 부분에게 작업이 어디로 향해 나아가고 있는지에 대해 감춰진 두려움이 있어 작업을 이탈시키기 위한 핑계로 회의를 사용하고 있는 것이다. 어느 경우라 하더라도 회의적인 부분에 초점을 맞추고 당신을 의심함으로써 어떤 것을 성취하려고 하는지를 물어보는 것으로 시작하는 것이 가장 좋다. 아니면 그 부분이 의심을 그치고 당신이 IFS 프로세스를 계속하도록 한다면 무슨 일이 일어날까 봐 두려워하는지 물어볼 수도 있다. 달리 이야기하면, 회의론자의 긍정적인 의도와 저변의 동기를 이해하려고 힘쓰라.

아무런 이유 없이 고통 속으로 빠져들고 싶지는 않기에 IFS가 얼마나 효과가 좋은지에 대해 정말로 염려가 된다면 그 부분에게 다음과 같이 이야기해 주라. IFS는 사람들이 심리적인 문제들을 치유할 수 있도록 돕는 데 있어서 오랜 성공의 역사를 가지고 있다. 만약 회의론자가 어떤 기억이나 떠오르는 감정에 대해 염려하고 있다면 실제로 이야기해 줄 수 있는 유일한 방법은 그들을 따라가 어떤 일이 일어나는지 보라는 것이다. 이 기억들이나 감정들이 유용한 방향으로 나아가고 있는지 알아보는 실험으로써 계속하게 해 달라고 요청하라. 회의가 경험적 작업 중간에 일어나면 치료 프로세스를 해친다. 그러나 한 회기 혹은 일련의 회기가 끝난 후에 작업이 정말로 도움이 되었는지 평가하는 데는 유용할 수 있다. 회기가 끝난 후에 그 부분에게 자신의 회의를 적용해 보라고 하라. 회의는 만약 그것을 올바른 시점에 적용한다면 매우 유용할 수 있다. 잘못된 시점에는 프로세스를 이탈시키게 된다.

만약 회의론자가 막 올라오려고 하는 고통스런 감정이나 촉발될 가능성이 있는 위험한 화난 부분에 대해 주로 염려하고 있다는 것을 발견하면 그 염려들을 인정하고 당신이 이것을 어떻게 다룰 것인지 설명하라. 예를 들면, 당신이 참자아 상태로 있을 것이고 그 부분들이 장악하지 못하도록 할 것이라고 회의론자를 안심시킬 수 있다. 그리고 그 부분에게 옆으로 비켜서 달라고 요청한다.

만약 당신이 삶 가운데서 하려고 하는 거의 모든 것을 음해하는 경향이 있는 회의적인 부분을 가지고 있으면 그 부분과 직접 작업하는 회기를 몇 차례에 걸쳐서 갖도록 하라. 어떤 사람들에게는 회의론자가 큰 힘을 쥐고 있어서 그 부분을 다루지 않으면 더 이상의 작업은 불가능하다. 당신이 자신 있게 작업의 흐름을 이끌고 나아가도록 하기 위해서는 그 부분이 상당한 치유가 필요할지 모른다.

연 · 습 · 문 · 제

부분들을 탐지하기

보호자로부터 시작하는 IFS 회기를 갖는다. 시작하기 전에 종이 위에 다음의 단어들을 적어 놓는다 : 판단자, 회피자, 논리추구자, 조급한 자, 부족하다고 여기는 자, 회의론자. 당신이 회기를 하는 동안 이 부분들 중 어느 하나라도 활성화되는지 여부를 감지하겠다고 마음을 먹으라. 만약 활성화되면, 이 장에 설명된 대로 그들과 작업한다. 만약 파트너가 있다면 그 사람에게도 이 부분들이 나타나는지 잘 살펴봐 달라고 요청한다.

추방자들을 탐지하기

당신의 작업을 곁길로 빠지게 할 수 있는 또 다른 흔한 사건은 깨닫지 못하는 사이에 당신이 이야기하고 있는 부분이 바뀔 때이다. 당신은 부분에게 질문을 하고 그 대답을 듣고 있다. 그러나 어떤 순간에 대답이 다른 부분에서 오기 시작한다. 이런 일이 일어날 때 이것을 탐지하는 것은 중요하다. 이런 일은 통상 당신이 보호자와 작업하고 있는 경우에 그리고 보호를 받고 있는 추방자로부터 듣기 시작하는 경우에 일어난다. 그러나 당신은 이런 일이 일어났는지조차 깨닫지 못한다. 당신은 아직도 보호자에게 이야기하고 있다고 생각한다. 보호자와 추방자는 밀접하게 연결되어 있기 때문에 이것은 놀라운 일이 아니다. 그러나 IFS에서는 추방자와는 다른 방식으로 보호자와 작업하기 때문에 당신은 언제 이 일이 일어나는지 인식하는 법을 배워야 한다. 당신이 추방자는 인식할 것이다. 왜냐하면 그 부분은 수치심, 두려움, 슬픔 혹은 상처와 같은 상처 받기 쉬운 감정을 가지고 있기 때문이다. 추방자를 탐색하기 전에 보호자의 허가를 받는 것이 중요하다. 그래서 추방자가 등장하면 보호자와 이야기를 끝낼 때까지 기다려 달라고 요청하라.

여기 제3장에서 크리스틴이 가졌던 회기의 예가 있다. 다음은 제3장에서의 축어록의 일부이다. 그리고 앞서 생략하였던 부분도 복원시켰다. 이것은 내담자가 깨닫지 못하는 사이에 보호자가 추방자로 바뀌는 것을 보여 준다. 크리스틴은 특정한 것을 보거나 알고 싶어 하지 않는 보호자를 파악하였다. 그녀는 그것을 알아 가고 있다. 그 시점에서 회기를 시작해 보도록 한다.

제이 : 그 부분이 어떤 느낌을 갖고 있는지 좀 더 이야기해 주거나 보여 주면 좋겠다고 이야기해 보세요.

크리스틴 : 졸리며 재미없는 것 같다고 하네요. 텅 빈 느낌이 든대요.

제이 : 그 부분이 재미없고 텅 빈 느낌을 갖고 있군요.

크리스틴 : 네, 이렇게 말하고 있어요. "자고 싶어. 깨어 있거나 의식 상태에 있고 싶지 않아." 때로는 사람들의 질문에 답도 잘 못한대요.

제이 : 음… 흠… 그 부분의 이름이 무엇인지 혹은 어떻게 불리기를 원하는지 물어보세요.

크리스틴 : 혼란스럽게 하는 자라고 하네요.

제이 : 좋습니다. 그것을 혼란스럽게 하는 자라고 부르겠습니다. 그 부분이 졸리고 혼란스럽게 함으로써 어떤 것을 이루려 하는지 물어보세요.

크리스틴 : 이렇게 이야기하고 있어요. "무언가를 보고 싶지도 않고 무언가를 알고 싶지도 않아." 불분명, 혼돈, 무관심 상태를 만드는 것에만 온통 관심이 있어요. 현재 일이 어떻게 돌아가고 있는지 내가 알지 못하도록 만들고 싶어 할 뿐이에요.

제이 : 어찌된 일인지 전혀 알 수 없도록 그 부분이 혼동시키고 있군요. 그 부분이 자신에 대해 알아 주었으면 하고 바라는 것이 또 어떤 것이 있나요?

크리스틴 : (잠깐 쉰다.) 자신의 공황 상태를 보여 주고 있네요. 혼자 있는 것과 관계가 있대요. 자신에게는 다른 어떤 방식의 삶도 생각할 수 없대요.

제이 : 다른 방식의 삶이라는 것은 어떤 것 말고 말입니까?

크리스틴 : 극단적인 공포 말고요.

🗨 여기가 바뀌는 순간이다. 크리스틴은 이제 추방자의 목소리를 듣고 있다. 추방자가 두려움에 떨고 있는 동안 혼란스럽게 하는 자는 혼돈과 알지 못함을 만들고 있다. 그래서 나는 어떤 일이 일어났는지 분명히 하기 위해 이에 대해 질문한다.

제이 : 좀 혼동되는데요. 나는 이것이 아무것도 보고 싶어 하지 않았던 부분인 것으로 생각했습니다.

크리스틴 : 동전의 양면이에요. 보고 싶어 하지 않는 것은 무섭기 때문에 보고 싶어 하지 않는 거래요.

🗨 이것은 사실이다. 그러나 실제로 공포를 느끼는 부분이 추방자이므로 나는 공포를 피하도록 하는 것이 자기 임무인 보호자에게 초점을 맞추도록 유도한다.

제이 : 무서워하는 것이 실제로 다른 부분이 아닌가 의심되네요. 무서워하는 부분에게 약간 기다릴 용의가 있는지 물어보세요. 그리고 괜찮다면 보지 않는 것이 자기 임무인 부분에게 초점을 맞추세요.

크리스틴 : 네, 이제 그 부분이 어떻게 하는지 내게 보여 주고 있네요. 내면적으로 주제를 바꾸고 나의 주의를 빼앗아 가네요. 매우 동요된 듯이 보이고 행동합니다. 그래서 한 곳에 진득하게 앉아 있지를 않네요. 자신에게만 주의를 기울이게 하고 다른 어떤 것에도 주의를 기울이지 못하게 하고 있어요. 모두 그런 식이에요.

🗨 이제 크리스틴의 작업은 보호자인 혼란스럽게 하는 자에게로 다시 초점이 맞추어진다. 우리는 회기 후반에 무서워하는 추방자에게로 가게 된다.

우리의 주의를 혼란스럽게 하는 자에게로 돌려놓는 것이 왜 중요했는가? 제8장에서 크리스틴이 혼란스럽게 하는 자에게 고마워하였을 때 그 부분이 그녀와 관계를 맺었다는 느낌을 가졌던 것을 기억할 것이다. 혼란스럽게 하는 자는 자기가 의지할 수 있는 침착함과 힘의 속성을 가진 참자아가 있다는 것을 전혀 알지 못하였다. 그리고 일단 이것을 알게 되자 상당히 긴장을 풀었다. 만약 크리스틴이 무서워하는 추방자가 나타날 때 그것과 함께 있었다면 그녀는 혼란스럽게 하는 자와 이런 관계를 맺지 못하였을 것이다.

이같이 보호자로부터 추방자로의 바뀜은 종종 일어난다. 왜냐하면 추방자가 필사적으로 자기 이야기를 들어 주기를 바라기 때문이다. 그 부분은 당신이 접근하여 추방 상태를 벗어나게 해 주고 싶어 한다는 것을 감지하기에 문으로 달려 나간다. 이런 일이 일어났다는 것이 탐지될 때는 당신이 보호자를 알아 간 다음 진행 허가를 받을 때까지 기다려 달라고 추방자에게 요청한다. 추방자가 무시당한 느낌이 들지 않도록 그 부분도 당신이 알아 가고 싶어 한다는 사실을 알려 준다. 그러나 보호자와 계속하는 동안 그 부분에게 기다려 달라고 요청한다.

줄거리의 끈 추적하기

인간의 정신 세계는 복잡하게 짜인 다양한 색실이다. 색실이 활성화되었을 때 한 끈에서 다른 끈으로 쉽게 밀리고 당겨질 수 있다. 예를 들면, 애인이 떠나겠다고 위협하고 있다고 가정하자. 그러면 당신은 강한 불안감이 밀려온다. 당신은 어떻게 반응할까 탐색하기 시작한다. 그리고 당신은 그가 떠나고 싶어 하는 것이 당신 잘못이 아님을 애인에게 증명해 보려는 방어 부분을 발견한다. 당신은 주의를 그 부분에게로 돌리지만 당신이 그 부분을 알아 가는 데 멀리 가기도 전에 당신은 다른 부분으로부터 오는 공포감을 자각하게 된다. 당신은 이 무서워하는 부분을 탐색하기 시작한다. 그리고 애인이 떠나가면 혼자 있게 되는 것에 대해 놀라고 있음을 발견한다. 머지않아 내면에서 큰 목소리가 이야기하기 시작한다. 이런 일이 일어나는 것은 모두 당신 잘못이라고. 이것은 자기 이야기를 들어 달라고 주장하는 자기판단 부분이다. 그래서 당신은 주의를 그 부분에게로 돌리고 그 부분이 이야기하고자 하는 바에 귀를 기울이기 시작한다. 그 부분은 관계 속에서 당신이 잘못한 부분을 모두 이야기하기 시작한다. 따라서 당신 파트너가 당신에게 두 손 드는 것도 무리가 아니다. 당신은 자기판단 부분이 왜 당신을 그토록 강하게 꾸짖을 필요를 느끼는지 궁금해진다. 탐색 중에 당신은 이 자기판단에 의해 충격을 받고 있는 한 부분으로부터 나오는 강렬한 수치심을 감지한다. 자기비판은 이 부분으로 하여금 아무 쓸모가 없고 스스로 마음에 들지 않는 느낌이 들도록 만든다.

이 모든 과정에서 당신의 주의는 한결같이 어느 순간에 가장 강한 느낌을 갖고 있는 부분으로 향하고 있다. 당신은 그 부분을 이해하거나 관계를 맺기에 충분할 만큼 어느 한 부분과 오랫동안 꾸준히 함께하지 못한다. 당신의 주의는 선수들이 이리저리 걷어차고 있는 경기장 위의 축구공이다. 그리하여 이 모든 부분들이 나타날 때쯤에는 당신이 원래 작업하고자 했던 부분을 잊어버리게 된다.

부분들이 등장할 때 그들 모두에게 접근하는 것이 유용할 수는 있다. 이것이 그들에게 이야기를 펼칠 수 있는 기회를 주기 때문이다. 그러나 내가 위에서 약술한 시나리오에서 부분들은 너무 빨리 서로에게 끼어들어 그들 중 아무도 실제로 충분한 주목을 받지 못하였다. 그리고 당신은 계속해서 곁길로 빠졌기 때문에 치유를 향하여 나아갈 수 없었다. 당신이 실타래를 풀고 그 끈이 드러내는 부분을 치유할 때까지 IFS는 한 번에 한 가닥의 끈을 따라가며, 당신 정신 세계의 태피스트리를 통과할 수 있는 방법을 제공한다. 당신이 다른 **표적 부분**으로 바꾸려는 **충분한 이유**가 있지 않는 한 당신이 택한 **표적 부분**과 함께할 계획을 세우라. 다른 부분들은 옆으로 비켜서 달라고 요청하라. 그들의 이야기를 들어 줄 차례가 돌아올 거라고 이야기해 주라. 그리고 당신이 택한 부분과 진행하도록 해 달라고 부탁하라. 등장한 모든 부분들을 추적할 수 있도록 적어 놓아도 좋다.

예를 들면, 당신이 방어 부분에 초점을 맞추기로 결정하고 나서 자기판단 부분이 등장했다고 하자. 나중에 시간을 내어 그 부분에게 귀 기울여 주겠지만, 지금은 방어 부분을 알아 갈 필요가 있다고 자기판단 부분에게 이야기해 주라. 자기판단 부분에게 기다려 달라고 요청하라. 만약 기다릴 수 없다면 그 부분이 내리는 판단에 대해 이야기해 보라고 하라. 그리고 얼마간의 시간을 내어 그 부분이 이야기하고자 하는 바를 호기심과 궁휼한 마음을 가지고 들어 주라. 일단 자기판단 부분이 자기 이야기를 들어 주고 있다는 느낌이 들면 그 부분에게 방어 부분과 진행할 수 있도록 허락해 달라고 요청하라. 그 부분이 이제는 허락할 가능성이 있다. 그러면 당신은 올바로 진행할 수 있게 된다. 당신은 자기판단 부분에게 진행하게 해 달라고 요청하고 있음을 주목하라—당신이 그 부분을 옆으로 비켜서게 만들고 있는 것이 아니다. IFS에서는 항상 요청한다. 절대 명령하거나 강요해서는 안 된다. 당신은 부분들과 협력적인 관계를 발전시키고 싶기 때문이다. 제6장에서 자세히 논의되었던, 부분들에게 옆으로 비켜서기를 요청하는 기법을 복습해 보아도 좋다.

당신이 자기판단 부분에게 귀를 기울이고 있는 동안 어떤 다른 부분들이 끼어든다면 그들에게도 역시 옆으로 비켜서 달라고 요청하라. 그리고 나중에 그들을 알아 갈 거라고 이야기해 주라. 나중에 그들에게 귀 기울여주겠다고 한 약속을 지킬 수 있도록, 등장하여 자기 이야기를 들어 달라고 하는 부분들을 모두 기록해 놓으라. 이 절차는 당신으로 하여금 어느 한 부분도 무시하거나 폐기하지 않고 작업을 올바로 진행하도록 해 준다. 만약 그들이 폐기당했다는 느낌을 받으면 그들은 분개하며 나중에 저항할지 모른다. 당신이 표적 부분을 치유하고 회기가 종료될 때까지 표적 부분과 계속하면서 IFS 절차의 모든 단계를 통과하라. 그리고 나서 당신이 작업한 바에 대해 기록하고 다음 회기에서 이 부분과의 작업을 계속하라.

표적 부분들을 바꾸기

표적 부분들을 바꾸는 것이 적절할 때가 있다. 그러나 충분한 이유가 있을 때만 하도록 한다. 예를 들면, 만약 자기판단 부분이 심지어 당신이 그의 두려움을 탐색한 후에도 뒤로 물러서려 하지 않는다면 그 부분을 표적 부분으로 만들어야 한다. 왜냐하면 그 부분이 당신의 길을 가로막고 있기 때문이다. 자기비판이 당신 삶에서 대단히 중요한 문제이기 때문에 당신이 그 부분과 작업하는 것이 중요하다고 결정하였다면 자기판단 부분으로 바꿀 수도 있다. 표적 부분을 바꾸는 또 하나의 이유는 한 부분이 지금 당장 이야기를 들어 달라고 주장할 때이다. 네 번째 이유는 보통 때는 접근하기 힘든 한 부분이 등장했으나 그 순간에 정말로 활기 있고 흥미진진한 느낌을 갖고 있는 경우다. 이미 등장했으므로 이 기회를 포착하여 이 부분과 작업하라. 만약 당신이 어떤 이유에서든 표적 부분들을 바꾸려 한다면, 원래의 표적 부분을 기억해 두었다가 다음에 기회를 잡아 그 부분과 작업하도록 하라.

표적 부분들을 바꾸려 할 때 현명하게 판단하라. 고통스럽거나 무서운 것을 회피하기 위해 부분들을 바꾸지 않도록 조심하라. 만약 당신이 빈번하게 표적 부분을 바꾸고 있다는 것을 감지한다면, 이것은 어떤 보호자가 위험하다고 생각하는 경험에 접근하지 못하도록 시도하고 있는 중이라는 표시일 수 있다.

부분들을 구별하기

당신이 한 부분에 초점을 맞추고 있다고 가정하자. 그리고 새로운 감정이 등장한다. 자연스러운 질문은 이것이다. 이 감정이 표적 부분으로부터 오는 것인가, 아니면 새로운 부분으로부터 오는 것인가? 이 같은 상황에서 당신은 부분들을 어떻게 구별하는가? 정형화된 방법은 없다. 왜냐하면 부분은 단순히 어떤 한 감정에 의해 정의되지 않기 때문이다. 예를 들어 만약 당신이 슬픈 부분을 가지고 있다면 그 부분은 슬픔에 의해 정의되지 않는다. 그 부분은 또한 화가 나거나 무서워할 가능성도 있다. 그리고 역시 슬퍼하는 또 다른 부분을 가지고 있을 수도 있다. 부분은 또한 특정 속성이나 역할에 의해 혹은 당신이 그 부분에 대해 품고 있는 어떤 개념에 의해 제한 받지 않는다.

그러면 당신은 어떻게 부분들을 구별할 수 있는가? 느껴지는 정체감이 있다. 당신이 슬퍼하는 부분에게 접근하였다고 가정해 보자. 그리고 나서 당신은 상처받은 느낌을 감지한다. 그 상처가 슬픈 부분으로부터 오는 것인지 아니면 다른 부분으로부터 오는 것인지 당신은 알고 싶다. 외부 사람은 이것을 알 수 있는 방법이 전혀 없다. 부분들을 구별할 수 있는 지적인 방법도 없다. 단순히 직관적이다. 상처가 슬픔과는 다른 부분인지를 구별할 수 있는 방법은 마음에 그 질문을 가지고 그 부분 안으로 들어가 느껴 보는 것이다. 그것들이 두 개의 서로 다른 부분인지 단지 한 부분인지 느껴지는 감을 얻게 된다. 혹은 당신이 부분들에게 물을 수도 있는데 그러면 그들이 아마도 이야기해 줄 것이다. 만약 당신이 내면을 체크했는데도 이 질문에 대한 답을 얻지 못하면 그것은 단지 당신이 그 부분이나 부분들에게 아직 충분히 접근하지 못하고 있다는 것을 의미한다. 그들과 계속 작업하라. 그러면 얼마 후에 알게 될 것이다.

압도 상황을 다루기

당신의 내면 세계는 풍요의 정원일 수도 있으나 어떤 순간 폭발하여 강렬한 감정의 무질서한 혼돈 상태가 될 수도 있다. 때로는 일촉즉발의 문제로 자극을 받게 되면 작업하기 좋게 부분들이 한 번에 하나씩 나타나는 것이 아니라 그들 모두가 한꺼번에 활성화되어 통제와 주목을 확보하려고 서로 싸우게 된다. 위의 예에서 당신이 애인이 떠나겠다고 위협하는 이야기를 듣자마자 많은 부분들이 동시에 등장한다고 가정하자. 당신은 공포를 느끼고, 방어적 자기판단적이 되며, 화가 나고, 수치심과 버려진 느낌 등 강렬한 한순간에 이 모든 것들을 느끼게 된다. 처음에는 당신이 이 각각의 감정들을 구별할 수 없을 것이다. 당신은 단지 내면적인 혼란, 갈등, 혼돈을 경험할지 모른다. 당신은 압도당하고 감정에 휩싸이는 느낌을 가질 가능성이 있다.

IFS에서 우리는 우리의 모든 부분을 환영하고 싶어 한다. 그러나 그들에 의해 압도당하고 싶어 하지는 않는다. 이것을 다루는 좋은 방법은 속도를 늦추고 천천히 심호흡을 하며 당신의 배와 다리를 만지는 것이다. 이것은 당신을 안정시키도록 도와줄 것이다. 그러고는 시간을 갖고 한 번에 한 감정(즉, 한 부분)씩 주의를 기울인다. 비록 당신이 한꺼번에 그것들을 느끼고는 있을지라도 제4장에서 배운 대로, 부분을 인식하고 접근하기에 충분할 정도로 한 번에 한 감정이나 한 경험에만 초점을 맞추라. 예를 들면, 방어적인 감정만을 집어내어 파트너의 비난에 대항하여 당신을 방어하고 싶어 한다고 이야기하는 것을 듣는다. 그리고 나서 당신은 혼자 있게 되는 것을 무서워하는 부분에게 접근한다. 그리고 나서 당신은 자기판단 부분으로부터 이야기를 듣는다. 이런 식으로 계속한다. 각 부분에게 마이크를 주어 돌아가며 이야기하도록 한다. 각각의 부분에게 많은 시간을 할애할 필요는 없다 — 그것에게 접근하여 그것이 어떤 느낌을 갖고 있는지 감을 잡을 정도면 된다. 일단 모든 부분에게 접근하였다면 당신은 지금 일어나고 있는 것에 대한 전반적인 관점을 갖게 되고 덜 혼돈스러운 느낌을 갖게 된다.

이 시점에서 한 표적 부분을 선택하여 그것을 알아 가는 작업을 진행할 수 있다. 만약 다른 부분들이 계속하여 끼어들면, 그들에게 귀를 기울이되 우리가 앞서 논의했던 대로 비켜서 달라고 요청하라. 이런 식으로 당신은 압도당하는 것을 피하며 발견과 치유의 생산적인 궤도에 초점을 유지할 수 있다.

모든 부분을 인정하기

그 반대도 있을 수 있다. 당신이 회기가 성공적이 되는 것에 너무 초점을 맞추어 원래의 표적 부분만을 작업하기로 결심한다. 그래서 당신은 등장하는 다른 부분들을 밀어 놓거나 무시한다. 당신이 판사라 불리는 부분과의 작업을 추구하고 있다고 가정하자. 오직 일념으로 당신의 정신 세계에서 일어나고 있는 다른 모든 것들은 무시한다. 만약 슬픔이 올라오면 당신은 그 부분을 무시한다. 왜냐하면 그 부분은 판사와 작업하려는 계획에 맞지 않기 때문이다. 만약 판사를 좋아하지 않거나 무서워하는 어떤 부분이 있다면 당신은 그 부분에게 요청하기보다 그 부분을 옆으로 비켜서게 만들려고 애쓴다. 이같이 닫힌 마음의 자세는 참자아로부터 오는 것이 아니라 오히려 경직되고 사로잡힌 보호자로부터 오는 것이다.

이 외골수적 접근법에는 두 가지 어려운 점이 있다.

1. 판사와의 작업과 실제로 관련된 것을 놓칠 수 있다. 아마도 판사와 대립되는 부분이 등장할 수도 있고 판사에 의해 상처 받고 있는 부분이 등장할 수도 있다. 이 부분들은 당신이 판사와 작업하는 데 매우 중요하다. 그들은 판사와 상호작용하는 부분들의 집단 구성원이다. 그런데 만약 당신이 그것들을 다루지 않는다면 당신은 이 보호자와의 작업을 결코 완결 짓지 못하게 된다. 그러므로 당신이 원래의 궤도를 계속 따라가기 전에, 그들을 인정하며 그들이 누구이며 그들이 판사와 어떻게 관련되어 있는지를 이해하는 것이 중요하다.

2. 이같이 사로잡힌 접근법은 내면적 불화와 갈등을 부추길 수 있다. 만약 당신이 한 부분을 무시하면, 그 부분은 당신이 그 부분을 배려하며 그 부분을 알고 싶어 한다는 사실을 신뢰하지 않을 것이다. 그리고 나중에 그 부분과 작업을 할 필요가 있을 때 그 부분은 상처를 받았기에 자기 자신을 당신에게 드러내 보일 가능성이 적을 수 있다. 그 부분이 자신의 극단적인 입장을 내려놓기는 힘들 것이다. 왜냐하면 그 부분은 당신이 자신의 염려 사항을 도우려고 거기 있다는 것을 믿지 않기 때문이다. 당신이 부분들을 배려하고 있다는 사실을 부분들이 느낄 수 있는 호기심과 긍휼한 마음의 분위기를 만들어 내는 것은 매우 중요하다. 당신의 부분들은 자기들이 내면 가족의 일부이며 참자아인 당신이 개인적으로 자기들에게 관심을 가지고 있고 또한 당신이 자기들을 귀하게 여기며 자기들이 귀한 공헌을 하고 있다고 생각해 주고 있다는 느낌을 갖고 싶어 한다. 만약 당신이 그들을 무시하고 그들을 밀어 놓는다면 나중에 당신은 그 대가를 지불해야 한다. 비록 당신이 지금 이 순간에 그 부분들이 방해하는 것을 원치 않을지라도 그들에게 관심을 가지고 그들을 존중하라. IFS의 이 원리를 기억하라. "모든 부분은 환영 받는다."

후속 회기에서 작업을 계속하기

종종 당신은 당신이 시작하였던 작업을 끝내기 전에, 달리 말하면 당신이 표적 부분과 그 부분이 보호하고 있는 모든 추방자들의 짐을 충분히 내려놓기 전에, IFS 회기를 종료하게 된다. 당신이 다음 회기를 시작하기 전에, 바로 전 회기에서 당신이 끝내지 못했던 작업을 이어서 하는 것이 종종 유용하다. 이것이 항상 필요한 것은 아니다. 때로는 당신이 다른 부분과 새로운 회기를 시작하고 싶어 할 수도 있다. 왜냐하면 당신 삶에서 급한 문제가 생겼을 수 있기 때문이다. 그러나 너무 오래 기다리지는 말고 당신의 부분들을 미해결된 채로 남겨 두거나 당신이 이미 시작하였던 탐색의 궤적을 놓치지 않도록 바로 전 작업의 끝을 들어울리라.

바로 앞서의 회기에서 끝냈던 부분에서 계속 이어서 하는 방법을 소개한다. 먼저 당신이 작업하고 있었던 부분에게 다시 접근하라. 그 표적 부분에 대해 알게 되었던 것, 그 부분과 당신과의 관계, IFS 프로세스에서 어디쯤 와 있었는지 등을 생각해 내면서 당신의 기억을 재생시키기 위해 앞서 회기에서 적었던 내용들을 되짚어 본다. 염려하는 부분들이나 완전히 옆으로 비켜서지 않았던 보호자들을 잊지 말고 염두에 두라. 그들 중의 하나와 시작할 필요가 있을 수도 있다. 앞서의 회기에서 부분이 하나 이상 있었다면 어느 것과 시작하는 것이 중요할지 감을 잡으라.

당신이 다시 접근할 부분을 택하였다면 앞서의 회기에서 그 부분을 어떤 경로 —시각적 이미지, 신체 감각, 감정 그리고 내면의 음성—를 통하여 알았는지 기억하라. 그 방식을 이용하여 그 부분에 다시 접근하라. 예를 들면, 당신이 앞치마를 두른 엄마로서 돌보는 자의 이미지를 가졌다면 그 이미지를 가지고 그 부분에 다시 접근하라. 그 부분에게 지금 어떤 느낌인지 그리고 당신과 상호작용을 계속할 준비가 되었는지 물어보라. 그러고는 바로 전 회기에 끝내지 못했던 부분에 이어 계속해 나가라. 예를 들면, 돌보는 자를 알아 가고 있었으나 그 부분이 가지고 있는 당신을 위한 긍정적인 의도를 아직 이해하지 못했다면 그것을 밝혀 줄 질문을 하라. 때로는 경험적으로 그 부분과의 관계를 새롭게 하기 위하여 그 부분을 다시 알아 갈 필요가 있을 수도 있다.

그 부분이 전과 아주 꼭 같을 것이라고 가정하지 말라. 지금은 그 부분이 지난 회기에서 가졌던 것과는 다른 느낌을 가지거나 혹은 당신에게 다른 이야기를 할 수도 있음을 각오하라. 예를 들면, 돌보는 자가 지난 회기에서는 남편에 대해 매우 염려하고 있었을 수도 있었으나 지금은 당신 자녀에 대해 걱정하고 있을 수 있다.

요약

이 장에서는 당신이 보호자 — 판단자, 회피자, 논리추구자, 조급한 자, 부족하고 여기는 자, 회의론자, 추방자 — 를 알아 가는 동안 장악할 가능성이 있는 부분들을 탐지하는 법과 그들 각각을 다루는 법을 배웠다. 당신은 IFS 작업의 궤도를 따라가는 법과 많은 부분들이 한꺼번에 등장하더라도 압도되지 않는 법을 알게 되었다. 당신은 줄거리의 끈을 놓치지 않으면서 당신의 의식 속에서 등장하는 모든 부분을 인정하는 법도 배웠다. 당신은 또한 새 회기를 시작할 때 앞서 회기에서 가졌던 부분과의 작업을 계속하는 법도 배웠다.

이 모든 것이 당신을 이탈시키지 않도록 하면서 당신으로 하여금 등장하는 모든 부분을 이해하고 인정할 수 있게 해 준다. 이런 방법으로 당신은 회기를 올바로 진행할 수 있게 된다.

제2부
추방자들과
짐 내려
놓기

일단 당신이 보호자를 알게 되었고 그 부분과 신뢰 관계를 발전시켰다면 그 부분이 긴장을 풀고 자신의 보호적인 역할을 내려놓는 방향으로 상당한 진전을 이룬 것이다. 그때까지 보호자는 추방자가 해를 입거나 당신이 추방자의 고통을 느끼게 될까 봐 염려할 것이다. 이런 식으로 생각해 보라. 만약 당신이 학교에서 깡패들로부터 위험에 처해 있는 어린 여동생을 보호해야겠다고 느끼면, 깡패들을 제압하고 여동생이 자신 스스로를 돌볼 수 있다는 확신이 설 때까지 당신은 경계를 늦출 수 없을 것이다. 보호자도 마찬가지다. 어느 정도 긴장을 풀 수는 있으나 그 부분이 방패 역할을 해 주는 추방자가 치유될 때까지는 완전히 내려놓을 수는 없다. 보호자를 밀어제치거나 그의 역할을 완전히 포기하도록 설득하는 것이 실제로 파괴적이 될 수도 있다. 이것은 보호자와 적대적인 관계를 형성하게 한다. 여기서 보호자는 당신과의 협력이 아니라 당신에게 저항해야 한다고 느끼는 것이다.

그러므로 우리는 보호자의 변화를 유도하기 위해 애쓰며 시간을 낭비하지 않는다. 우리는 단지 그 부분이 보호하고 있는 추방자와 작업해도 될지 허가를 구한다. 그러고는 그 어린아이 부분의 치유로 나아간다. 일단 여기까지 이루어졌으면 보호자에게로 되돌아간다. 이 시점에서 그 부분은 자신의 보호적인 역할을 내려놓을 가능성이 높다. 왜냐하면 추방자는 더 이상 부서지기 쉬워 보호를 필요로 하는 상태가 아니기 때문이다. 따라서 이 프로세스는 보호자로부터 추방자, 그리고 다시 보호자로 옮겨 가는 궤도이다. 이것은 추방자들을 치유하기 위해 보호자들을 그냥 지나치려는 많은 다른 치료법과 대조가 된다. 그 치료법들은 보호자들을 존중하며 관계를 맺지 않기 때문에 보호자의 치유가 종종 완결되지 못한다. 따라서 보호자들은 우리의 삶을 좌지우지하는 부분들로 남아 있는 것이다.

제2부에서는 고통 중에 있는 추방자와 그것이 짊어지고 있는 짐을 치유하는 단계를 자세히 설명한다. 이것은 IFS에서 추방자들과 갖는 심층 작업의 핵심이다. 우리는 저변에 있는 고통을 단지 탐색하지 않는다 — 우리는 그것을 변화시킨다. 보호자로부터 추방자와의 작업에 대한 허가를 얻은 후에 긍휼한 마음을 가지고 추방자의 고통에 귀를 기울인다. 그러고는 그 고통의 어릴 적 근원을 목격하고 그 당시 그 부분이 필요했던 방식으로 추방자를 재양육하며 억압적인 상황으로부터 그 부분을 데리고 나와 그 부분이 지금까지 짊어지고 있었던 고통이나 부정적인 신념을 내려놓도록 돕는다. 이를 통해 추방자는 변화되고 천부적인 긍정적인 속성들을 표출하기 시작한다. 일단 이렇게 되면, 당신은 자신의 '병동'이 이제는 안전하다는 것을 인식한 보호자에게로 되돌아간다. 그리고 당신은 그 부분이 자신의 보호적인 역할을 내려놓고 원하면 새로운 임무를 택하도록 돕는다.

추방자와의 작업 7단계가 제10~15장까지에 걸쳐서 설명되고 있다. 여기에는 완전한 심리적 치유뿐만 아니라 깊은 인격적 변화로 나아가는 데에 필요한 모든 것이 망라되어 있다.

추방자를 치유하는 단계

제1부에서는 당신이 보호자를 알아 가는 다섯 단계를 배웠다. 다소 다르게 다루기는 하지만, 추방자를 알아 가는 데도 이 동일한 다섯 단계가 적용된다. 보호자를 알아 가는 단계는 P1~P5로, 추방자를 알아 가는 단계는 E1~E5라 명명하였다.

IFS 프로세스의 모든 단계는 다음과 같은 순서를 밟는다. 이것들은 일반적으로 순서적으로 진행된다. 그러나 당연히 다소 다른 순서로 진행될 필요가 있을 때도 있다.

1. 보호자를 알아 가기
    P1 : 부분에게 접근하기
    P2 : 표적 부분을 분리시키기
    P3 : 염려하는 부분을 분리시키기
    P4 : 보호자의 역할을 발견하기
    P5 : 보호자와 신뢰 관계를 발전시키기
2. 추방자와의 작업을 허락 받기
3. 추방자를 알아 가기
    E1 : 추방자에게 접근하기
    E2 : 추방자로부터 분리시키기
    E3 : 염려하는 부분들을 분리시키기

E4 : 추방자에 대해 알아보기

E5 : 추방자와 신뢰 관계를 발전시키기

4. 어릴 적 기억에 접근하고 목격하기

5. 추방자를 재양육하기

6. 추방자를 데리고 나오기

7. 추방자의 짐 내려놓기

8. 보호자를 변화시키기

Chapter 10

내면 탐구를 허락 받기

추방자와의 작업을 허락 받기

보호자가 활동하는 유일한 이유는 추방자가 고통 중에 있기 때문이다. 즉 보호자들은 추방자들의 고통으로부터 우리를 보호하기 위해 극단적인 역할을 취하는 것이다. 그들은 종종 우리가 추방자들과 접촉하는 것을 내켜 하지 않는다. 왜냐하면 그들은 우리가 이 고통에 의해 압도당할 것을 두려워하기 때문이다. IFS에서의 중심 원칙은 다음과 같다. 반대할 가능성이 있는 보호자들로부터 허락을 얻기까지는 추방자와 작업하지 않는다. 만약 당신이 이 원칙을 위반하면 보호자들은 당신이 추방자들과 작업하는 것을 훼방할 가능성이 있다. 그들의 임무는 추방자가 품고 있는 고통과 접촉할 필요조차 없도록 만드는 것이다. 그 결과, 만약 당신이 뛰어들려고 한다면 문을 지키고 있는 이 사자들의 반감을 살 수 있다. 그리고 그들은 당신을 졸림, 논리추구화, 주의력 분산, 해리 혹은 분노와 같은 방어기제로 공격하며 추방자와의 작업을 이탈시킨다. 이 장은 추방자들의 나라에 들어가기 위해 허락을 얻는 법을 설명해 주고 있다. 보호자가 당신을 통과시켜 주기를 거부하면 어떻게 해야 하는지, 보호자가 문을 열어 주어 당신이 들어가도록 하게 하려면 어떻게 설득하는지를 소개한다.

보호 받고 있는 추방자를 발견하는 법

당신이 보호자와 작업하고 있으며 보호자를 알게 되었고 그의 긍정적인 의도를 발견하였으며 그와 신뢰 관계를 발전시켰다고 가정하자. 이것은 IFS 프로세스(P1~P5)의 제1단계에 해당한다. 다음 단계는 보호자가 보호하고 있는 추방자와 작업하기 위해 그의 허가를 얻는 것이다. 그러나 먼저 당신은 보호자가 어떤 추방자를 보호하고 있는지 파악해야 한다. 여기에는 여러 가지 방법이 있다.

당신이 보호자와 작업하는 동안 때로는 추방자의 감정이 올라온다. 예를 들면, 당신이 자기가 항상 옳아야 한다고 생각하는 보호자와 이야기하고 있다. 당신은 그 부분을 알아 가면서 가슴속에 상처 받은 느낌을 갖기 시작한다. 이것은 아마도 보호 받고 있는 추방자로부터 오고 있는 것이다.

때로는 추방자의 목소리를 듣는다. 예를 들면, 당신이 보호자와 이야기하는 동안 이같이 말하는 음성을 듣게 된다. "나는 외롭고 소외된 느낌이에요." 이것이 보호자의 소리로 들리지는 않으므로 십중팔구는 추방자이다.

때로는 보호자의 이미지 뒤에(혹은 아래) 추방자의 이미지를 갖거나 다른 방식으로 그들의 관계를 본다. 예를 들면, 당신이 어둠 속에서 길을 잃은 소녀인 추방자의 고통을 느끼지 못하도록 당신을 지나치게 바쁘게 만드는 보호자를 가지고 있다고 가정하자. 당신은 바쁜 보호자 뒤에 반쯤 숨어 있는 작은 소녀를 머릿속에 그릴 수 있

을 것이다.

당신은 보호자가 자기 역할을 하지 않는다면 어떤 일이 일어날까 봐 두려워하는지 물어볼 수 있다. 이 대답은 종종 추방자를 가리킨다. 왜냐하면 보호자가 거기 있는 이유는 추방자를 보호하기 위한 것이기 때문이다. 예를 들면, 만약 보호자가 당신이 마음 상해하거나 무서워하거나 외로운 느낌을 가질 것 같아 두려워한다고 하면 보호자는 십중팔구 그 감정들 중의 하나를 느끼고 있는 추방자를 보호하고 있는 것이다. 만약 보호자가 당신이 판단을 받거나 수모당할 것을 두려워한다고 말한다면, 그 부분은 십중팔구 과거에 판단을 받았거나 수모를 당했던 추방자를 보호하고 있는 것이다.

당신은 보호자에게 그가 보호하고 있는 추방자를 보여 달라고 할 수 있다. "만약 당신이 충분한 상호 신뢰를 구축하였다면 보호자는 보통 요청을 들어줄 것이다."

지금까지 나는 보호자와 추방자 사이에 1:1 상관관계가 있는 것처럼 이야기하였다. 그러나 사실 정신 세계는 훨씬 더 복잡하다. 때로는 한 보호자가 여러 명의 추방자를 보살피고 있거나 여러 명의 보호자가 단 하나의 추방자를 지키기도 한다. 그러므로 보호 받고 있는 추방자를 발견하고자 할 때는 둘이나 셋 혹은 그 이상도 찾게 될 수 있음을 각오하라. 만약 당신이 다수의 추방자를 찾더라도, 여전히 한 번에 하나씩 그들과 작업해야 한다. 그래서 하나를 택하여 시작하고 나머지 것들은 기억해 두었다가 나중 회기에 다루도록 하라.

추방자와의 작업을 위한 허락 얻기

일단 당신이 보호를 받고 있는 추방자를 자각하면 이 어린아이 부분을 알아 갈 수 있도록 보호자의 허락을 구하라. 당신은 예, 아니요의 분명한 대답을 얻을 수도 있고, 추방자로 가는 길이 뚫려 있거나 가로막혀 있다는 것을 감지만 할 수도 있다. 혹은 추방자가 갑자기 의식으로 출현할 수도 있는데 이것은 당신이 허락받았다는 사실을 나타낸다. 일단 허락을 받으면 당신이 이 추방자와 접촉하는 것을 반대하는 보호자들이 혹시 있는지 체크하여, 당신이 그들의 허락도 받을 수 있도록 하는 것이 좋다. 만약 허락을 받지 못한다면 아래의 '보호자의 두려움을 다루기'를 보라.

이 단계는 IFS 사용의 주요 장점 — 협력적인 접근법 — 을 부각시켜 주고 있다. 당신의 가슴이 애인으로부터 거절당한 고통을 느끼지 못하도록 위축된 상황을 생각해 보자. 많은 치료법에서는 위축된 상황에 초점을 맞추고, 저변에 있는 상처의 감정을 느낄 수 있도록 가슴을 열고 상처를 치유하려 애쓸 것이다. 그러나 이것은 위축된 당신의 부분(보호자)과 대항하여 싸우는 것을 의미한다. 이 부분은 당신이 이 강렬한 고통을 느끼지 않도록 자신이 위축된 상태를 유지해야 한다고 믿고 있다. 적수로 대하면 보통은 역효과가 난다. 당신이 위축된 상황을 통과하려고 애쓸수록 보호자는 당신과 더 맞서 대항한다. 만약 어떻게든 이 보호자를 돌파하려고 한다면, 당신은 극적인 카타르시스를 통한 치유를 얻게 될 수도 있겠지만 위축된 보호자는 머지않아 원래의 자기 모습으로 되돌아갈 가능성이 높아진다. 왜냐하면 당신이 보호자를 존중하여 그의 동의를 얻지 않았기 때문이다.

두 부분이 관여되어 있다는 사실을 이해하면 커다란 장점이 있다. 보호자가 당신을 고통으로부터 보호하고 있지만, 이미 고통을 느끼고 있는 추방자가 있다는 사실을 깨닫지 못할 수도 있다. 보호자는 추방자가 이미 경험하고 있는 바를 느끼지 못하도록 막기보다는 실제로 고통이 전혀 존재하지 못하도록 막고 있다고 생각할 수도 있다. IFS를 사용하여 당신은 그 보호막을 돌파하려고 하지 말라. 당신은 위축 상태에게 떠나라고 요청하지도 말라. 대신에 추방자가 이미 고통 중에 있다는 사실을 보호자에게 분명히 전하라. 그리고 당신은 이미 존재하고 있는 고통으로부터 추방자를 해방시킬 수 있도록 이 추방자와 작업하기 위한 허가만을 구하라. 이런 식으로 보호자는 당신의 고통을 야기하는 것이 아니라 도우려고 애쓰고 있음을 느끼게 된다. 그리하여 동의할 가능성이 높아지게 된다.

보호자의 두려움을 다루기

만약 보호자가 허락해 주고 싶어 하지 않는다면 보호자의 승낙 없이 헤치고 들어가지는 않을 것이라고 안심시켜 주는 것이 좋다. 당신이 추방자에게 접근할수 있느냐 없느냐가 완전히 보호자에게 달려 있다. 보호자를 무시하려고 하지않겠다고 이야기하라. 이것은 종종 미더워하지 않는 보호자를 안심시키고 그들이 당신을 신뢰하도록 돕는다. 그리고 나서 보호자에게 추방자에 대해 어떤 것을 염려하며 당신이 추방자와 접촉하도록 하면 어떤 일이 일어날까 봐 두려워하는지 물어보라. 보호자들은 보통 꽤 분명하게 자기들이 어떤 것을 두려워하는지이야기해 준다. 여기 보호자가 가장 흔하게 갖는 일곱 가지 두려움과 당신에게추방자에게로의 접근을 허락해 줄 수 있도록 보호자를 다루는 법을 소개한다.

1. 추방자의 고통이 너무 크다

보호자는 추방자가 너무 큰 고통을 가지고 있어 당신은 그것을 다룰 수 없을 거라고 말한다. 혹은 보호자가 추방자의 고통을 전혀 다루고 싶지 않다고 말한다.보호자는 또한 추방자는 당신이 빨려들어 갈 수 있는 혼돈의 블랙홀이라고 말할수도 있다. 어떤 보호자들은 당신이 추방자의 고통으로 휩싸이거나 압도될 것이라고 말한다.

추방자의 고통에 대한 염려가 정확히 무엇이든 간에 그것이 타당하다고 보호자의 말을 인정하라. 많은 사람들은 자신들의 추방자들이 짊어지고 있는 고통에압도된다. 그리고 고통에 대한 작업을 의식적으로 조심스럽게 하지 않으면 해로울 수 있다. 보호자에게 당신도 너무 큰 고통을 원치 않는다고 설명하라. 추방자의 고통으로 직접 뛰어드는 것이 아니라 그 부분과 작업하는 동안 참자아 상태를 유지하기 때문에 추방자는 압도당하게 되지 않는다고 약속해 주라. 당신은추방자와 그의 고통으로부터 떨어져 안정된 상태를 유지하므로 끌려들어 가거나 휩싸이지 않게 된다(이 방법에 대해서는 제11장을 보라).

보통은 우리가 두 극단 사이를 오간다. 추방자의 고통 가운데 붙잡혀 있거나 보호자의 방어로 차단된 상태가 된다. 이것은 보통 모든 보호자가 경험하는 것이다. 따라서 보호자가 처음에 허락해 주고 싶어 하지 않는 것은 놀라운 일이 아니다. 만약 보호자가 문을 열면, 당신이 다시금 추방자에 의해 휩싸일 거라고 예상한다. IFS는 이 두 경우와는 상당히 다르게 접근한다. 즉 참자아라는 안전하고 유리한 입장에서 당신이 추방자와 작업하도록 돕는다. 이러한 전혀 새로운 진행 방식을 이해할 수 있도록 보호자에게 설명하라. 그러면 보호자는 십중팔구 누그러지게 될 것이다.

만약 당신이 추방자와 섞이게 되었다면 IFS에는 당신이 분리되어 참자아 상태로 되돌아오도록 도와줄 수 있는 방법이 있다고 보호자에게 설명해 줄 수도 있다. 우리는 제5장에서 이미 보호자로부터 분리시키는 법을 배웠다. 제11장에서는 참자아 상태로 되돌아갈 수 있도록 당신을 휩싸고 있는 추방자로부터 분리시키는 법을 배울 것이다. 만약 보호자를 안심시키기 힘들다면 지금이라도 제11장을 읽어 보는 것이 도움이 될 수 있다. 이렇게 하면 보호자를 안심시킬 수 있는 자신감이 생길 것이다.

분리시키기 프로세스를 도와 달라고 보호자에게 요청할 수도 있다. 보호자는 압도당함을 염려하고 있으므로 당신이 추방자와 작업하고 있는 동안 조심스럽게 경계한다. 그리고 추방자가 너무 많은 감정으로 당신을 휩싸기 시작하고 있다는 것을 감지하는 순간 보호자는 분리시키기 절차를 착수하도록 당신에게 신호를 주게 된다. 이 같은 요청은 보호자 자신이 적극적인 역할을 할 수 있기 때문에 보호자를 더욱더 안심시키게 된다.

2. 아무런 의미가 없다

보호자는 추방자의 고통을 다시 개방시키는 것이 아무런 의미가 없다고 말한다. 보호자는 추방자가 치유될 수 있다는 사실을 믿지 않는다. 과거는 과거이고 바뀔 수 없다. 당신은 단지 그 부분을 묻어 두고 삶을 계속 살아야 한다.

보호자가 왜 이런 식으로 생각할 수 있는지 이해하라. 추방자는 이 고통을 오랫동안 짊어지고 있었다. 아마도 당신은 몇 가지 치유 방법들을 시도해 보았으나 효과가 없었다. 따라서 보호자가 그런 치유 노력이 쓸데없다고 생각하는 사실이 놀라운 일은 아니다. IFS를 사용하여 당신이 그 추방자를 치유할 수 있다고 설명하라. IFS는 사람들의 추방자들을 성공적으로 치유한 기록을 많이 갖고 있다. 이 내용이 소개되었던 제3장에 나온 축어록을 기억해 보라. 이 정도 확신을 불어넣으면 보통 보호자는 허락해 준다.

만약 이래도 효과가 없으면, 이 절차가 정말로 치유가 일어날 수 있는지 볼 수 있도록 당신이 추방자와 IFS를 한동안 시험 삼아 해 볼 수 있도록 허락해 줄 수 있겠느냐고 보호자에게 물어보라. 일단 긍정적인 결과가 보이면, 누그러질 가능성이 높다. 성공적인 IFS 작업 경험이 많을수록 당신은 자신감이 더욱 커질 것이다. 그리고 보호자들은 당신을 더욱 신뢰하고 들여보낼 것이다. 그러므로 너무 많은 고통을 짊어지고 있지 않은 추방자들을 택하여 IFS 작업을 시작하는 것도 좋은 방법이다. 이런 식으로 당신은 추방자들에게 접근하여 치유할 수 있다. 그러면 보호자들은 이 방법이 효과가 있다는 것을 알게 되어 좀 더 강렬한 추방자들에게 접근을 허락하게 된다.

만약 이것이 여전히 효과가 없으면, 당신이 추방자들을 치유하도록 도울 수 있는 경험과 전문성을 가진 IFS 치료사와 몇 회기를 진행하는 것도 좋은 방법이 될 수 있다. 아니면 나의 교육반 하나를 택하여 다른 사람들이 자신들의 문제에 대해 성공적으로 작업하는 것을 보면서 당신의 기술을 좀 더 계발할 수도 있다. 그러면 보호자들이 IFS 프로세스가 효과가 있다는 사실과 당신도 그것을 성공적으로 할 수 있다는 사실을 신뢰할 가능성이 높아질 것이다.

3. 보호자는 배제당하고 싶지 않다

보호자는 당신이 추방자를 치유하도록 허락하면 당신의 정신 세계에서 자신이 더 이상 할 역할이 없게 되어 힘을 잃거나 사라지게 될 거라고 말한다. 이것은 죽음을 의미하는 듯하여 이런 일이 일어나는 것을 원하지 않는다. 부분들은 배제당하지 않으려고 저항하는 경향을 보인다. 그들은 죽고 싶어 하지 않는다.

만약 보호자가 당신이 추방자를 치유하도록 하여 자신의 현재 역할이 필요치 않게 된다 하더라도 보호자가 떠날 필요는 없다는 것을 보호자에게 설명해 줄 수 있다. 보호자는 당신의 정신 세계에서 새로운 역할을 택할 수 있다. 부분은 자신의 역할이나 하는 일에 의해 정의되지 않는다. 그 부분은 오래전에 특정한 역할을 떠맡았고 끈질기게 열심히 노력하고 있으나 이것이 그 부분의 진짜 모습은 아니다. 만약 추방자가 치유되고 보호자가 자신의 임무가 더 이상 필요하지 않다는 것을 깨달으면, 보호자가 좋아할 만한 새로운 역할을 얼마든지 택할 수 있다. 그 부분이 자신의 평상시 역할을 할 필요가 없다면 무엇을 하고 싶은지 보호자에게 물어보라. 예를 들면, 감정을 회피하는 것이 임무인 논리 추구자는 인생의 의미를 묵상하는 철학자가 될 수도 있다. 일단 보호자가 자신의 존재가 위험에 처해 있지 않다고 깨달으면 당신에게 진행을 허락할 가능성이 높다.

4. 추방자가 해를 입을 것이다

보호자는 만약 추방자가 자신을 드러내면 나약하고, 못생기고, 가치 없고 혹은 나쁜 존재로 여김을 받아 추방자가 판단 받거나 거부당할 것을 두려워한다고 말한다. 보호자는 심지어 추방자가 야단 맞거나 공격을 당하는 것과 같이 좀 더 직접적으로 해를 입지나 않을까 두려워할 수도 있다. 세 가지 가능성이 있다. 보호자는 그 해가 당신으로부터 혹은 당신의 파트너(당신이 함께 작업하고 있는 경우)로부터, 혹은 다른 사람으로부터 올까 봐 두려워할 수 있다. 이것들을 하나씩 살펴본다.

(a) 만약 보호자가 당신이 추방자를 해칠 것을 두려워한다면, 이것은 당신의 한 부분이 추방자에게 화를 내고 있다는 사실을 가리키는 것일 수 있다. 보호자는 이것을 감지한다. 예를 들면, 만약 추방자가 작고 약하면, 약한 것을 싫어하고 그 때문에 추방자를 벌주고 싶어 하는 당신의 부분이 있을 수 있다. 당신의 추방자를 향해 어떤 느낌이 있는지 스스로에게 물어 봄으로써 이를 체크해 보라. 만약 당신과 섞인 부분이 정말로 있다는 사

실을 알게 되면 당신이 마음 문을 열고 긍휼한 마음을 가진 상태에서 추방자에게 접근할 수 있도록 그 부분에게 옆으로 비켜서 줄 것을 요청하라. 만약 물러나지 않으면 먼저 벌주는 부분과 작업할 필요가 있을지 모른다.

만약 당신이 분명히 참자아 상태에 있다면, 당신은 정말로 추방자를 배려하며 추방자가 잘되기만을 원하므로 당신 입장에서 이 방법은 안전하다고 보호자를 안심시키라. 당신이 보호자와의 관계를 더욱 공고히 구축하여야 그 부분이 당신 말을 믿게 될 것이다. 일단 믿기만 하면, 보호자는 당신이 추방자를 접촉하도록 허락할 것이다.

(b) 만약 보호자가 당신의 파트너를 신뢰하지 않는다면 그녀에 대해 어떤 것을 신뢰하지 않는지 물어보라. 그녀는 자기가 참자아 상태에 있는지 확실히 하고 추방자를 배려하며 해치지 않을 거라고 보호자를 안심시킬 필요가 있다.

(c) 보호자가 당신의 삶 가운데 있는 추방자를 해치는 다른 사람을 두려워할 수도 있다. 만약 추방자가 회기 중에 등장하면 그 부분은 일상생활에서 자신을 드러낼 수도 있다. 예를 들면, 추방자가 당신의 남자 친구에게 궁상을 떨고 남자친구가 그 때문에 당신을 거부할까 봐 보호자가 두려워할 수도 있다. 때로는 이 두려움이 정당하기도 하지만 그렇지 않을 때도 있다. 두 가지 가능성을 살펴보기로 한다.

만약 당신의 남자 친구가 궁상스럽다는 이유로 당신을 정말로 거부하는 것이 아니라면 보호자의 두려움은 아마도 당신의 어릴 적으로부터 오는 것이다 — 예를 들면, 당신이 어렸을 때 결핍 상태를 드러내 보이는 것이 안전하지 않았던 것이다. 이 경우, 그것은 과거에 실제였기 때문에 보호자의 두려움을 공감해 주라. 그러고는 당신이 지금은 이 추방자가 안심할 수 있는 상황 가운데 있고 당신은 당신의 결핍 상태로 인하여 거부당하지는 않을 거라고 보호자를 안심시키라. 이 정도면 보호자가 충분히 안심하게 되어 당신이 추방자와 작업할 수 있도록 허락해 주게 된다.

만약 당신의 남자 친구가 당신이 결핍 상태를 드러내 보였다는 이유로 당신을 정말로 거부한다면, 당신은 이 회기에서 추방자와 작업을 할 수 있도록 허락을 요청하고 있을 뿐이라고 보호자에게 설명하라. 나중에 필요하다면 보호자는 되돌아와 추방자를 감출 수 있다. 만약 이것으로도 보호자를 안심시키지 못하면, 당신의 삶의 상황이 정말로 심층 치료 작업을 하기에 안전하지 않다는 것을 가리키는 것일 수 있다. 왜냐하면 당신의 추방자들을 보거나 당신이 상당한 치료적 변화를 이룬다면 당신의 삶 가운데 좋지 않게 반응할 수 있는 사람들이 정말로 있기 때문이다. 만약 그렇다면, 당신이 당신의 관계나 가족 상황에 대해 무언가 조치를 취한 다음 당신의 추방자들에게 접근하여 그들을 변화시키는 것이 안전할 것이다. 당신은 당신 삶의 상황을 개선시키기 위해 부부치료나 가족치료도 할 수 있는 IFS 치료사와 작업할 필요가 있을 수도 있다.

5. 보호자가 당신의 역량을 신뢰하지 않는다

보호자는 당신이 상처 받기 쉬운 추방자와 작업을 잘할지 신뢰하지 못한다고 말한다. 당신은 보호자에게 당신에 대해 어떤 것을 신뢰하지 못하는지 물어볼 수 있다. 예를 들면, 당신이 올바로 진행하지 못하지나 않을까 혹은 어떻게 해야 하는지 모르지나 않을까 혹은 추방자를 제대로 돌봐 주지 못하지나 않을까 두려워할 수도 있다.

당신은 IFS 프로세스를 겨우 배우는 과정에 있고 연습하면서 좀 더 숙달될 수 있을 거라고 보호자에게 설명하라. 당신은 상처 받기 쉬운 추방자를 매우 조심해서 다룰 것이며 당신이 역량을 계발할 수 있도록 진행할 수 있게 해 달라고 보호자에게 요청하라. 당신이 좀 더 경험이 쌓일 때까지는 너무 강렬한 고통을 가진 추방자를 떠맡지는 않겠다는 것을 확실히 하라. 만약 당신이 파트너와 작업을 하고 있으면, 파트너가 이 프로세스를 도울 수 있다고 설명하라.

때로는 보호자가 두려움을 갖는 것은 당연하다. 왜냐하면 당신의 부분이 작업을 제대로 다루지 못하는 것은 사실이기 때문이다. 예를 들면, 당신의 한 부분이 멍하게 있기도 하고 고통으로 너무 빨리 뛰어들기도 하기 때문이다. 만약 이 부분들이 활성화되면 그들과 작업을 하며 옆으로 비켜서 달라고 요청하겠다고 설명하라. 추방자와의 안전하고 효과적인 작업을 위한 길을 닦기 위해 당신은 먼저 그들과 작업하고 싶어 할 수도 있다. 이것은 보호자를 안심시키는 데 매우 효과적이어서 보호자는 허락을 할 것이다.

6. 비밀이 드러날 것이다

보호자는 추방자가 감춰 두어야 할 비밀을 드러낼까 봐 두려워한다고 말한다. 이것은 보통 어릴 적에 덮어 두었던, 당신이 의식적으로 알고 있지 못하는 내용이다. 이 비밀이 당신의 원가족 안으로 새어 나온다면 위험하였다. 그래서 그 비밀을 품고 있는 어린아이 부분은 추방되었다. 보호자는 아직도 당신의 비밀이 탄로나면 위험한 가족 상황 가운데 붙들려 있는 어린아이라고 생각한다. 보호자는 당신이 지금은 독립된 성인이며 당신의 가족은 더 이상 당신에 대해 힘을 행사할 수 없다는 사실을 깨닫지 못하고 있다. 보호자가 갖고 있는 두려움은 당신이 조그만 아이였을 때 정말로 염려하던 것이었음을 인정하라. 그리고는 보호자를 오늘의 상황으로 데리고 오라. 그 시절은 이미 지나갔음을 보여 주라. 그리고 당신의 현재 삶과 역량의 일단을 이야기해 주라. 이런 식으로 하여 보호자는 비밀이 지금은 당신에게 문제를 일으키지 못한다는 것을 알 수 있게 된다.

　때로는 보호자 생각에 당신을 너무 괴롭힐 만한 비밀을 추방자가 품고 있을 수도 있다. 당신이 안정된 상태이며 중심이 잡혀 있기 때문에 당신이 어떤 것이든 다룰 수 있는 참자아 상태를 유지하겠다고 설명하라. 만약 어떤 부분이라도 그 정보에 의해 활성화된다면 당신이 즉시로 그들을 양육하고 달래겠다고 보호자에게 알려 주라.

7. 위험한 보호자가 활성화될 것이다

보호자는 추방자의 고통을 끄집어내게 되면 위험하거나 파괴적인 다른 보호자를 활성화시킬 것이라고 말한다. 예를 들면, 그 보호자는 어떤 보호자가 활성화되어 분노가 폭발하거나 폭음하게 될까 봐 두려워한다. 틀린 것이 아닐 수 있다. 때로는 실제의 가능성이 있다. 극단적인 보호자들을 IFS에서는 소방관이라고 부른다. 그들은 추방자가 올라오기 시작할 때 추방자가 가진 고통의 불을 끄려고 충동적으로 뛰어든다. 그들은 자신들의 행동이 파괴적인 결과를 가져올 가능성에 대해 염려하지 않는다. 그들은 어떤 대가를 치르더라도 고통을 중지시키고 싶을 뿐이다. 고통을 피하거나 주의를 돌리기 위한 최후 수단이다. 만약 평범한 보호자들이 고뇌를 막는 데 실패한다면 소방관들은 그 부분이 당신을 압도하지 못하도록 모든 방법을 취할 것이다. 그러므로 당신이 논리추구자나 돌보는 자와 같은 비교적 온건한 보호자를 비켜 간다면 소방관은 활성화될 수 있고 그리하여 추방자의 고통을 막기 위하여 무분별하게 그리고 파괴적으로 행동하게 될 수 있다. 종종 이 같은 현상은 회기가 끝난 다음 일어난다. 예를 들면, 소방관은 추방자가 가진 고통으로부터 주의를 돌리기 위하여 당신으로 하여금 외도하게 하거나 교통사고를 나게 할 수도 있다. 온건한 보호자는 더 위험한 것을 자각하여 추방자를 개방하지 말라고 경고할 수도 있다.

먼저 당신이 이 같은 소방관을 가지고 있는지 체크해 보라. 그러고 있다면 보호자의 염려를 인정하라. 그런 다음 소방관과 작업하라. 그 부분과 관계를 맺고 여느 보호자에게 했던 대로 그 부분을 알아 가도록 하라. 그 부분의 긍정적인 의도를 일아내고 그 부분과 신뢰 관계를 공고히 한다. 그리고 나서 추방자와 접촉할 수 있는 허락을 얻으라. 이렇게 함으로써 안전하게 진행해 나갈 수 있게 된다. 그런 다음 원래의 보호자를 다시 체크하라. 그 소방관이 분출하지 않으므로 보호자는 이제 아마도 허락을 해 줄 것이다.

우리는 지금까지 보호자의 허락을 가로막는 가장 흔한 일곱 가지 두려움과 각각에 대해 어떻게 대처할 것인가를 탐색하였다. 그러나 당신이 이 모든 경우와 반응을 암기할 필요는 없다. 원리는 어떤 것이 중요한가 하는 것이다. 보호자가 어떤 것을 두려워하는지 알아내어 당신이 안전하게 프로세스를 다룰 거라고 보호자를 안심시키라.

완고한 보호자와 작업하기

당신이 모든 것을 시도해 보았는데 보호자가 아주 완고하여 여전히 꼼짝하지 않으려 한다면 당신은 어떻게 할 것인가? 때로는 당신의 조심성을 미더워하지 않거나 당신이 보호자를 존중하는 느낌이 들지 않기 때문에 당신이 추방자에게 접근하는 것을 강하게 저항하는 보호자가 있다. 보호자는 당신이 추방자에게 도달하고자 자신을 밀어 제치고 나아가려 하거나 몰래 우회하려는 것을 두려워한다. 보호자는 자신의 보호적인 역할이 필수적이고 위반하면 안 된다고 믿고 있다. 이 같은 보호자에게는 당신이 추방자와 작업하느냐 못하느냐가 보호자의 결정에 달려 있다고 안심시키는 것이 도움이 된다. 당신은 보호자가 갖고 있는 보호의 필요성을 존중하고 있으며, 보호자의 허락을 받지 않고서는 아무것도 하지 않겠다는 것을 알려 주라. 이것은 실제로 사실이다. IFS의 운영 방식은 이렇다. 반대할 가능성이 있는 모든 보호자로부터 허락을 받지 않고서는 시간이 얼마나 오래 걸리든 추방자와 절대로 작업하지 않는다. 우리는 협조적인 방식으로만 작업한다. 당신이 보호자의 힘을 빼앗으려고 애쓰지 않겠다고 하라. 당신은 보호자가 동의할 때만 진행해 나아간다. (물론 당신은 말한 대로 행동해야 한다.) 당신이 이것을 보호자에게 확실히 하면 보호자가 당신을 신뢰하도록 하는 데 도움이 된다. 당신이 보호자와 싸우는 것이 아니라 협력하고 싶어 한다는 것을 깨닫기 때문에 당신에게 귀를 기울일 가능성이 높아진다. 일단 보호자가 귀 기울일 용의가 있게 되면 당신은 그가 가진 두려움에 대해 안심시켜 주고 그의 허락을 얻을 수 있게 된다.

새 역할에 대한 약속

효과적으로 허락을 얻어 낼 수 있는 또 다른 방법이 있다. 보호자에게 희망을 주라. 보호자들은 자신들의 일이 필요하다고 믿기 때문에 그 일을 꼭 붙들고 있기는 하지만 종종 자신들의 일에 지쳐 있다. 보호자로서의 역할 때문에 마음을 닫아 버리거나 판단적이 되는 것같이 불쾌한 짓을 보호자는 어쩔 수 없이 종종 해야 한다. 더욱이 이 역할은 효과를 가져다주는 경우가 많지 않다. 추방자는 어쨌든 상처를 받는다. 지금까지 길고도 험한 길이었지만 보호자는 인정을 거의(혹은 전혀) 받지 못한다. 사실 다른 부분들은 종종 보호자의 임무 수행을 판단한다. 만약 당신이 보호자에게 자신의 역할에 대해 어떻게 느끼는지 묻는다면 많은 보호자들은 그 역할에 아주 지쳐 있고 포기하고 싶지만, 그것이 가능할 것 같지 않다고 이야기할 것이다.

허락을 얻기 위하여 보호자에게 희망을 주는 방법을 보여 주는 시나리오를 소개한다. 당신은 보호 받고 있는 추방자를 이미 파악했다고 가정한다.

> 당신 : 만약 우리가 당신이 보호하고 있는 추방자를 더 이상 상처 받지 않고 고통 가운데 있지 않도록 치유한다면 당신이 여전히 지금의 일을 할 필요가 있겠습니까?
>
> 보호자 : 당신이 그렇게 할 수 있을 거라고 믿어지지 않네요.
>
> 당신 : 좋습니다. 그러나 우리가 할 수 있다면 어떻게 하실 겁니까? 여전히 당신의 일을 할 필요가 있겠습니까?
>
> 보호자 : 아닙니다. 필요할 것 같지 않아요. 큰 짐을 내려놓는 것이 되겠지요.
>
> 당신 : 그 대신에 어떤 일을 하고 싶으십니까?
>
> 보호자 : 추방자의 지지자가 되고 싶어요. (혹은 다른 긍정적인 역할을 수행하고 싶어요.)
>
> 😊 드러내지는 않지만, 모든 보호자들이 정말로 원하는 것이 이것이다.
>
> 당신 : 추방자가 치유될 수 있다는 것을 당신에게 보여 줄 수 있는 기회를 갖고 싶습니다. 제게 추방자와의 작업을 허락해 주시겠습니까? 그러면 당신은 이 부담스러운 일을 포기하고 대신에 추방자의 지지자가 될 수 있습니다.
>
> 보호자 : 좋습니다. 한번 해 보세요.

이 접근법은 보호자에게 힘들고, 보람 없고, 보상 받지 못하는 일을 포기할 수 있는 대신에 당신뿐만 아니라 보호자에게도 훨씬 기분 좋은 역할을 맡을 수 있는 희망을 제공한다.

허락을 받은 후에

표적 보호자로부터 허락을 얻었으므로 당신은 자유롭게 추방자와 작업할 수 있는가? 그것은 이 추방자가 위험하다고 느끼는 다른 보호자들의 존재 유무에 달려 있다. 종종 당신은 그냥 추방자와 작업하는 과정으로 나아갈 수 있다. 그러나 또 다른 저항이 하나라도 있다면, 그것을 지금 다루는 것이 현명할 것이다. 그렇지 않으면 이 보호자들은 반복적으로 당신이 하는 추방자와의 작업을 방해할 것이다. 그러므로 필요한 것 같아 보이면, 당신이 추방자에게 접근하는 것을 원치 않는 다른 보호자들이 혹시 있는지 물어보라. 보통 그들은 한 발짝 나서는데 그러면 일차적인 보호자와 했던 것처럼 당신은 그들의 두려움에 대해 물어보고 그들을 안심시켜 줄 수 있다. 이렇게 되면 보통 방해 받지 않고 추방자와 작업할 수 있는 길이 열리게 된다.

그러나 때로는 보호자들이 나중에 갑자기 튀어나오기도 한다. 당신이 추방자와 작업하는 동안, 만약 보호자가 추방자의 고통으로 위협 받는 느낌이 들면 그 고통을 차단하기 위해 보호자가 다시 활성화될 수도 있다. 졸리거나 주의가 산만해질 수 있다. 딴 생각을 하거나 화를 내게 될 수도 있다. 제9장에 나왔던, 당신의 부분을 탐지하는 능력을 사용하여 언제 이 같은 보호자가 활성화되었는지를 인식하라. 만약 그것이 당신에게 이미 추방자에게로의 접근을 허락해 주었던 보호자라면 추방자와의 작업에서 어떤 일이 있었기에 심경의 변화를 가져왔는지 물어보라. 보통 추방자의 고통이 강렬하게 출현하기 시작했기 때문일 수 있다. 그 보호자가 지금 어떤 것을 두려워하는지 알아내어 그 두려움에 대해 보호자를 안심시키라. 만약 그 부분이 당신에게 허락해 준 적이 없거나 전에 함께 작업한 적이 없었던 새로운 보호자라면 P1~P5 단계를 되짚어 가며, 당신은 이 보호자와 얼마간의 시간을 보내면서 그와 그의 긍정적인 의도를 알아 갈 필요가 있을 것이다. 그러고 나서 추방자와의 작업을 진행해 나가도 괜찮겠는지 그의 허락을 구하라.

때로는 추방자의 고통이 당신을 압도할 정도로 위협적이면 보호자는 이를 막기 위해 계속 뛰어들 것이다. 그러면 안심시키려 아무리 애를 써도 소용이 없게 된다. 그럴 경우, 당신은 보호자에게 허락을 구하기 전이라 할지라도 추방자와 분리시키기에 관해 협상해야 한다. 이것은 제11장에서 다룬다. 일단 추방자가 당신을 휩싸지 않겠다고 합의한 것으로 보이면, 보호자는 아마도 진행하라는 사인을 보낼 것이다.

만약 이 장에서 설명한 지시 사항을 따랐음에도 불구하고 보호자로부터 허락을 받을 수 없다면, 혹은 보호자가 계속해서 끼어들어 당신의 작업을 망쳐 놓는다면 이것은 아마도 당신이 혼자서 이 추방자와 (혹은 당신의 그 어떤 추방자와도) 작업하고 있는 것이 안전하지 않다는 표시일 수 있다. 당신은 추가적인 지원과 전문성을 제공해 줄 수 있는 IFS 치료사와의 작업이 필요하다.

크리스틴의 혼동시키는 자로부터 허락을 얻어 내기

허락을 얻어 내는 프로세스의 예를 보기로 하자. 다음은 제3장에서 크리스틴이 가졌던 혼동시키는 부분과의 작업에 관한 축어록의 일부이다. 이 부분은 크리스틴이 어떤 것들(이 회기가 진행되는 시점에는 이름을 붙이지 않았었다)을 볼 수 없도록 공백과 혼돈을 일으키고 있다. 먼저, 크리스틴이 추방자가 누구인지를 어떻게 알아내는지 볼 것이다.

> 제이 : 혼란스럽게 하는 자가 옆으로 비켜서서 그동안 자기가 숨기고 있었던 것을 당신이 볼 수 있게 한다면 어떤 일이 일어날까 봐 두려워하는지 물어보시지요.
>
> 🔘 이 질문은 보호 받고 있는 추방자를 향한 탐문으로 이어진다.

크리스틴 : 이런 이야기예요. "어떤 일이 일어날 것 같으냐고요? 상상조차
　　　할 수 없고 형언하기도 어려워요." 너무 무서워서 우리를 접근조차 못
　　　하게 하고 있어요.

제이 : 알겠습니다. 접근하는 것을 아주 무서워하고 있군요.

크리스틴 : 사느냐 죽느냐의 문제로 생각한다네요.

제이 : 혼란스럽게 하는 자에게 자신의 혼돈을 이용하여 보호하고 있는 부
　　　분을 기꺼이 보여 줄 의향이 있는지 한번 물어보세요.

크리스틴 : 아! 이제 혼란스럽게 하는 자 뒤에 있는 공포 상태가 얼핏 눈에 들
　　　어오네요.

제이 : 공포에 빠져 있는 추방자를 당신이 알아 갈 수 있도록 혼란스럽게 하
　　　는 자가 허락해 줄 수 있는지 알아보세요.

크리스틴 : …네, 그 문제에 대해서는 주저하네요. 매우 초조해하고 있어요.

제이 : 어떤 것을 염려하고 있는지 물어보세요. 어떤 일이 일어날까 봐 두려
　　　워하는가요?

크리스틴 : 혼란스럽게 하는 자는 추방자가 쏜살같이 달려 나와 나를 곤경에
　　　빠뜨릴까 봐 두려워하고 있어요.

제이 : 만약 추방자가 당신을 곤경에 빠뜨리려 한다고 생각되면, 그 혼란스
　　　럽게 하는 자가 어떤 방법으로든 우리에게 신호를 보내라고 하세요. 왜
　　　냐하면 우리는 그런 일이 일어나지 못하도록 막을 수 있으니까요. 만약
　　　그런 일이 일어나려고 하면 우리에게 알려 주는 것이 정말로 도와주는
　　　것입니다. 그러면 당신은 참자아로 되돌아갈 수 있게 됩니다.

　🗨 추방자의 고통이 엄청날 것이다. 이것이 우리의 목록 중 첫 번째 두려움이다. 그래
서 나는 크리스틴이 참자아 상태를 유지할 것이며 보호자에게는 프로세스 진행을 도와 달
라고 청하겠다고 이야기해 주면서 보호자가 안심하도록 하였다.

크리스틴 : 좋아요. 그 정도는 할 수 있을 것 같아요…. 지금 온갖 염려들이
　　　떠오르고 있네요. 너무 지체될 것 같아요. 이것저것 모두 다 챙기다 아무
　　　것도 못하면 어떡하지요.

💬 이 첫 번째 안심시켜 주기 작업이 효과가 있는 것 같았다. 그리고 지금은 혼동스럽게하는 자가 가지고 있는 다른 두려움들이 등장한다.

크리스틴 : 나(참자아)는 이렇게 이야기해 주고 있어요. 혼란스럽게 하는 자의 염려는 이해하지만, 그런 일은 일어날 것 같지 않아요. 우리는 전에 이 과정을 이미 경험해 보았고 기회만 닿으면 나 자신이 해낼 수 있다는 것을 보여 주었어요. 그리고 선생님(제이)도 여기서 도와주시잖아요. 긴장을 풀고 그리 힘들게 일하지 않아도 되는 새로운 역할을 찾을 수 있는 기회가 될 수 있을 거예요.

💬 크리스틴은 우리의 진행을 허락함으로써 보호자가 얻는 것(긴장을 풀 수 있다는 것)이 있다고 제안한다.

제이 : 좋습니다. 보호자는 어떤 반응을 보이고 있나요?

크리스틴 : 좋대요. 이 이미지들이 아주 재미있어요. 혼란스럽게 하는 자는 잔디 밭 의자에 뒤로 기대어 앉아 다리를 꼬고 다음에 어떤 일이 일어나나 보고 있어요. 아주 재미있어요. (웃으며) 아이구 참.

💬 혼동시키는 자의 느긋이 누운 모습은 크리스틴의 안심시켜 주기 작업이 효과가 있었고 추방자와의 작업 진행을 허락하고 있음을 말해 주고 있다.

프랜의 보호자들로부터 허락을 얻어 내기

이것은 나의 IFS 교육반 학생이었던 프랜과의 회기 일부이다. 그날의 모임에서 우리는 추방자로부터 분리시키기에 대해 배우고 있었다. 프랜은 추방자에 대해 알고 있었지만 자신이 작업하기를 두려워하기 때문에 자원하였고 그 부분에 대해 도움을 받고 싶어 하였다.

> 프랜 : 아주 커다란 추방자가 있는 것 같아 떨리기는 하시만 이 기회에 그 부분과 작업하고 싶어요.
>
> 제이 : 당신이 이 추방자와 작업하는 것을 바라지 않는 보호자들이 혹시 있는지 물어보세요. 만약 있다면 앞으로 나와 달라고 하세요. 당신이 추방자와 작업하는 회기를 시작하는 경우, 진행하기에 앞서 이 확인 작업을 하는 것이 좋습니다.
>
> 프랜 : 어머! 이 화난 부분들이 떼를 지어 몰려다는 것이 감지돼요. "네가 이 선을 넘어가 이 추방자와 이야기하려는 거지. 웃기지 말아." 그들은 인상을 쓰며 나를 겁주려 하고 있어요.

제이 : 우리가 더 진행하기 전에, 잠깐 시간을 내어 가능한 한 좀 더 많은 참자아에게 접근하도록 하시지요.

🗣 여기서 나는 프랜을 제5장에 나왔던 것과 비슷한, 잠깐 동안의 중심 잡기/안정 찾기 명상으로 인도한다. 실제 명상은 여기에 포함시키지 않았다.

프랜 : 좋아요. 참자아 상태에 있는 느낌이에요. 그러나 쉽게 깨질 것 같아요. 줄지어 다가오는 모습들이 나를 향해 주먹을 흔들고 있는 것이 보여요. 그러나 지금은 그들과는 다소 떨어져 있어 과거처럼 아주 겁먹기보다는 좀 더 관찰하고 있는 느낌이에요.

제이 : 좋습니다. 지금은 그들을 향해 어떤 느낌이 듭니까?

프랜 : 호기심이 느껴져요. 그리고 침착한 느낌도 있고요.

제이 : 그 보호자들이 어떤 염려 사항들을 갖고 있는지 물어보세요.

🗣 추방자와 작업하는 것에 대해 어떤 것을 두려워하는지 보려고 체크하는 방법이다.

프랜 : 어딘가 슬픈 감이 있어요. 그들이 이렇게 이야기하네요. "너는 그걸 다룰 수 없을 거야. 그러니 시작도 하지 말아. 전에도 이걸 시작하고 나서 우리를 포기해 버렸잖아."

제이 : 그것이 무슨 의미인지 아세요?

프랜 : 내가 고통 가운데 있는 부분들에게 주의를 기울이기 시작하지만 끝까지 지속하지 못한다는 뜻이에요. 내가 떠나면 그들은 또 추방당하는 거지요.

🗣 이것은 역량에 대한 두려움이다. 그들은 그녀가 추방자들과의 관계에서 일관성이 없을까 봐 두려워하고 있다.

제이 : 알겠습니다. 따라서 회기가 끝난 후에는 당신이 자기들을 버릴 거라는 이야기군요. 그것이 사실일 것 같습니까?

프랜 : 사실인 것 같아요. 때때로 나는 혼자서 해 보려고 고통을 느끼거나 그 이야기를 목격하기 시작했었지만, 그다음에 어떻게 할지를 모르겠어요. 결국에는 압도되어 또다시 마음 문을 닫아 버리지요. 나는 그 부분과 관계를 발전시킬 만큼 오랫동안 함께 있지를 못해요.

제이 : 그러면 오늘의 교육이 도움이 되겠군요. 아마도 당신이 추방자와 함

께 있지 못하는 이유는 그 부분과 섞였기 때문인 것 같습니다. 만약 당신이 분리된 상태를 유지할 수 있다면 그 부분과 함께 있을 가능성이 훨씬 높아질 것입니다. 당신이 휩싸이지 않을 것이기 때문이지요.

프랜 : 지금까지 그것이 문제라고는 깨닫지 못했어요.

제이 : 그쪽 보호자들에게 이야기해 보세요. 만약 분리시키기를 해 볼 수 있도록 해 준다면 당신이 그 추방자와 함께 있을 가능성이 높아질 거라고요.

💬 여기서 핵심은 프랜이 자신의 추방자들을 버렸던 이유가 있었다는 것이다 — 그녀가 휩싸이고 있었기 때문이었다. 그녀는 무작정 무책임한 것도 아니었다. 일단 그녀가 이 문제를 다루면, 그녀는 좀 더 일관성 있게 추방자들과 함께 있을 수 있을 것이다.

프랜 : 네, 그들이 그 생각은 괜찮다네요. 그러나 지금 어린아이 부분을 피할 수 있게 해 주는 혹은 위에서 경계해 주는 부분이 보이는데 나를 벌하는 신으로 보고 있어요. 그 부분은 나를 신뢰하지 않고 있어요. 나를 위험한 존재로 여기는 부모 역할의 보호자 같아요.

💬 일단의 보호자들은 자신들의 두려움에 대해 안도감을 갖게 되었다. 그리고 이제 두 번째 두려움이 올라온다.

제이 : 그래서 그 부분은 당신이 추방자를 상처 줄까 봐 두려워하는군요.

프랜 : 네, 내가 부드럽게 대하지 않을까 봐, 내가 거칠게 대할까 봐, 그리고 추방자에 대해 비현실적인 기대감을 가질까 봐 두려워하고 있어요. 나는 그 부분이 지금보다 더 성장할 수 있었으면 좋겠어요. 이제 내가 불안을 느끼고 자신이 없어지기 시작하네요. 거칠게 대할까 봐 두려워요.

🗨 프랜은 추방자에게 압력을 행사할 수 있는 어떤 부분을 가지고 있는 듯이 보인다. 그러나 중요한 것은 그 부분이 지금 그녀와 섞여 있는 상태인가 그렇지 않은가이다. 만약 섞여 있는 상태가 아니라면 그녀는 보호자를 안심시킬 수 있고 보호자는 그녀를 들여보낼 것이다.

제이 : 당신이 지금 그렇게 느껴지는지 체크해 보세요.

프랜 : 아니요. 지금 이 순간에는 그렇지 않아요. 이 아이를 향해서는 따뜻한 감정이 느껴져요.

제이 : 네, 보호자에게 그 이야기를 해 주세요. 그리고 그 아이와 작업할 수 있도록 허락해 줄 것인지 알아보세요.

프랜 : … 기분이 좋은가 봐요. 지금 더 평화로워졌어요. 추방자가 있는 동굴 앞에 얇은 베일이 가려져 있어요. 그러나 들어오지 말라는 것은 아니에요. 내가 커튼을 열어 볼 수는 있어요. 그리고 그곳에는 지금 도와주는 보모 같은 사람들이 있네요.

제이 : 당신에게 허락해 주는 거라고 할 수 있나요?

프랜 : 네, 그 부분은 옆으로 비켜서 허리 굽혀 길을 열어 주면서, 내가 걸어 들어갈 수 있도록 해 주고 있어요.

> 🗨 두 번째 보호자도 이제 허락을 해 주어서 프랜은 이제 추방자와 작업을 시작할 수 있게 되었다.

본 회기의 나머지 부분은 제11장에서 다룰 것이다.

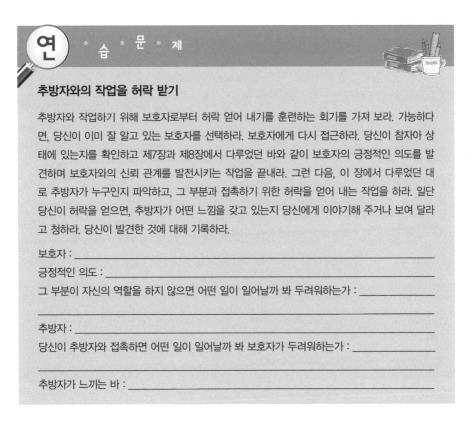

연 · 습 · 문 · 제

추방자와의 작업을 허락 받기

추방자와 작업하기 위해 보호자로부터 허락 얻어 내기를 훈련하는 회기를 가져 보라. 가능하다면, 당신이 이미 잘 알고 있는 보호자를 선택하라. 보호자에게 다시 접근하라. 당신이 참자아 상태에 있는지를 확인하고 제7장과 제8장에서 다루었던 바와 같이 보호자의 긍정적인 의도를 발견하며 보호자와의 신뢰 관계를 발전시키는 작업을 끝내라. 그런 다음, 이 장에서 다루었던 대로 추방자가 누구인지 파악하고, 그 부분과 접촉하기 위한 허락을 얻어 내는 작업을 하라. 일단 당신이 허락을 얻으면, 추방자가 어떤 느낌을 갖고 있는지 당신에게 이야기해 주거나 보여 달라고 청하라. 당신이 발견한 것에 대해 기록하라.

보호자 : _____

긍정적인 의도 : _____

그 부분이 자신의 역할을 하지 않으면 어떤 일이 일어날까 봐 두려워하는가 : _____

_____

추방자 : _____

당신이 추방자와 접촉하면 어떤 일이 일어날까 봐 보호자가 두려워하는가 : _____

_____

추방자가 느끼는 바 : _____

요약

이 장에서는 당신이 추방자와의 작업을 위해 보호자로부터 허락을 구하는 법을 배웠다. 추방자를 파악하는 법을 알게 되었고, 보호자들이 당신을 들어오지 못하게 하는 여러 종류의 두려움과 허락해 줄 수 있도록 보호자를 안심시키는 법도 이해하였다. 당신은 보호자에게 새로운 역할에 대한 희망을 주는 법, 그리고 보호자들이 추방자와의 작업을 이탈시키기 위해 계속 끼어드는 경우 대처하는 법도 학습하였다.

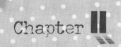

Chapter 11

자신의 고통을 드러내기

추방자를 알아 가기

0장에서는 전체적인 IFS 순서의 제3단계 —추방자를 알아 가기 —를 탐구한다. 그러나 먼저 추방자들을 좀 더 충분히 이해하는 것이 유용할 것이므로 그들이 어떻게 매일의 삶에서 우리의 감정들과 행동에 영향을 미치는지를 논의해 보도록 한다.

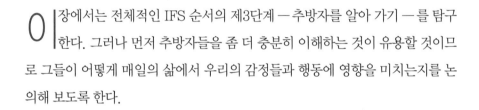

추방자가 활성화될 때

제4장에서 우리는 보호자가 활성화되는 것이 무슨 의미인지를 논의하였다. 무언가 심란하게 하거나 위협하는 것이 당신 삶 가운데서 발생하면 그것은 어떤 식으로든 당신이 해를 입지 않도록 하기 위하여 즉각적으로 보호자로 하여금 장악하도록 만든다. 예를 들면, 제4장에서 줄리의 남자 친구는 궁상 떠는 행동을 하고 있었고 그것은 줄리의 틴맨 보호자를 활성화시켰다. 그러고는 더 이상 그녀가 그와 연루되지 않도록 그녀의 마음을 닫아 버렸다.

추방자들은 또한 사건이나 사람 혹은 당신 삶의 상황에 의해 활성화될 수 있다. 그러나 추방자가 활성화될 때는 자주 그의 보호자도 역시 활성화된다. 예를 들면, 존이 자신도 모르게 끌리는 여성을 만나게 되면 불안하며 사회적으로 미숙한 느낌을 갖고 거부당할 것을 두려워하는 불안한 추방자를 활성화시킨다. 이 추방자에 반응하여 보호자는 또한 추방자가 그녀에 의해 거부당하지 않도록 존을 이 여성으로부터 떼어놓는 짓을 저지를 수 있다. 이 부분을 '뒤로 뺀 보호자'로 부르기로 한다.

대부분 우리는 추방자를 깨닫지 못한다. 왜냐하면 추방자들은 의식으로부터 밀려나 있기 때문이다. 우리가 무언가 깨닫는다면 그것은 보호자의 행동이다. 왜냐하면 우리 행동을 통제하는 것은 보호자이기 때문이다. 따라서 존은 자신이 이 매력적인 여성으로부터 떨어져 있다는 것을 자각하고는 있으나 불안한 추방자가 이 뒤에 있다는 것은 인식하지 못할 수 있다. 만약 존이 뒤로 빼지 않고 억지로 그 여성과 교류하려 한다면 실제로 초조해하며 거북한 느낌을 갖게 될 것이다. 그리하여 불안한 추방자를 의식적으로 자각하게 된다. 물론 존이 충분히 자각하고 있다면 어쨌든 추방자를 느낄 수 있을 것이다.

요약하면, 우리를 자극하는 대부분의 상황에서 적어도 두 부분이 관여되어 있다. 추방자가 보통 먼저 활성화된다. 그리고 나서 추방자를 보호하기 위해 보호자가 튀어나온다. 그러나 보호자는 순식간에 튀어나오기 때문에 우리는 추방자를 전혀 감지하지 못한다. 사실 추방자의 고통을 느끼지 못하도록 막는 것이 보호자의 사명이다.

때로는 추방자가 활성화될 때, 보호자의 즉각적인 개입 없이 우리는 추방자의 입장에서 직접 경험하고 행동한다. 예를 들면, 존은 두렵고 부족한 듯한 느낌을 가지면서도 끌리는 그 여성과 교류하며 아마도 그것과 일치하는 방식으로 행동—어색해하고, 나서지 못하며, 말을 더듬는 등—할 것이다. 이 경우에 추방자는 존과 섞여 있는 것이다.

여기 추방자가 장악하는 또 다른 사례가 있다. 제인은 랠프와 넉 달간 사귀었고 처음에는 그 관계에 매우 흥분했었지만 그녀는 랠프가 자기 자신에게만 너무 몰두하고 그녀를 잘 대해 주지 않는다는 것을 깨닫기 시작하고 있다. 그녀의 여러 부분들은 그와의 관계를 끊을 준비가 되어 있다. 그러나 그녀는 결사적으로 한 남자와 관계를 맺고자 하는 추방자를 가지고 있다. 이것을 나는 '궁핍한 부분'이라고 부르고자 한다. 이 부분은 랠프를 잃고 혼자 있게 된다는 사실을 무서워하고 있다. 궁핍한 부분은 어떻게 해서라도 외로운 감정을 회피하고 싶어 한다. 그래서 그 부분은 랠프와의 관계에 매달리고 있는 것이다. 그 부분은 제인과 섞여 있고 그녀가 그와의 관계를 끊지 못하게 만든다.

추방자들이 우리의 행동과 감정에 영향을 미칠 수 있는 방법에는 두 가지가 있다. (1) 제인의 궁핍한 부분과 존의 불안한 추방자의 경우처럼 그들이 직접 장악할 수 있다. (2) 혹은 존의 뒤로 뺀 보호자처럼 그들이 보호자들을 활성화시켜 장악하도록 만들 수도 있다. 보호자가 장악할 때 당신은 추방자를 전혀 자각하지 못할 수도 있다. 그러나 밑에 숨어서 보호자의 행동을 재촉하고 있는 것이다. 그러므로 당신이 문제를 탐색할 때 직간접적으로 항상 추방자가 관여되어 있음을 염두에 두라.

추방자를 알아 가기

이제 IFS 프로세스로 되돌아가 보자. 앞 장에서 당신은 보호자로부터 자신이 보호하고 있는 추방자를 알아 가도 좋다는 허락을 얻었다(제2단계). 이 장에서는 우리가 추방자를 알아 가는 제3단계를 다룬다. 여기에는 5개의 하부 단계(E1~E5)가 있는데, 이것은 보호자를 알아 가기 위해서 이미 학습한 5단계(P1~P5)와 유사하다. 먼저 당신은 경험적으로 추방자에게 접근한다(E1). 그때 당신이 참자아 상태에 있는지 확실히 한다. 왜냐하면 성공적으로 추방자를 알아 가기 위해서는 보호자들과의 관계에서와 마찬가지로 이것이 필수적이기 때문이다. 당신이 참자아 상태에 있을 때는 추방자의 고통으로 휩싸이지 않고(E2), 그 부분에 대해 긍휼한 마음을 느낄 수 있다(E3). 이것이 당신으로 하여금 그 부분을 알아 가며(E4) 그 부분과 신뢰 관계를 발전시키도록 해 준다(E5).

E1 단계 : 추방자에게 접근하기

앞 장의 제2단계에서 당신은 어떤 추방자가 그 보호자에 의해 보호를 받고 있는지 발견하였고 그 추방자와 작업할 수 있는 허락을 얻었다. 이제 그 추방자를 알아 가기 위해서는 당신이 추방자를 경험적으로 접촉해야 한다. 제4장에서 배운 부분에게 접근하는 법과 동일하게, 당신은 당신의 몸 안에서 추방자를 감지하거나 그 감정을 느끼거나 그 이미지를 얻는다.

어떤 경우에는 당신이 보호자와 작업하고 있는 동안 추방자가 이미 경험적으로 출현했을 수도 있다. 예를 들면, 당신이 추방자의 감정을 느꼈을 수도 있고 그 이미지를 보았을 수도 있다. 이 경우에 접근은 이미 이루어진 것이다. 그러나 또 다른 채널을 사용하여 다양한 경로로 추방자에게 접근하는 것이 유용할 수 있다. 예를 들면, 만약 당신이 추방자의 감정을 이미 느끼고 있다면 추방자를 대표하는 이미지가 떠오르는지 보도록 한다.

E2 단계 : 추방자로부터 분리시키기

어릴 적의 상처와 작업할 때는 두 가지 위험이 있다. 하나는 당신이 고통으로 휩싸이는 것이고, 다른 하나는 고통이 너무 괴로울까 봐 두려워하여 당신이 추방자를 회피하는 것이다. 추방자들은 자기 이야기를 들어 주고 자신이 치유되기를 바란다. 그러나 불행히도 그들이 때로는 당신을 자신들의 감정들로 휩싸면서까지 자기 이야기를 들어 달라고 애를 쓴다. 이것은 당신과 섞이는 것을 의미한다. 그들은 이것밖에 알지 못한다. 섞임은 무서울 수 있다. 왜냐하면 그것은 당신을 추방자가 갖고 있는 속수무책의 소용돌이로 끌어들이고 당신은 점점 더 고통이나 혼란 가운데 파묻히게 되기 때문이다. 이런 식의 강도 높은 외상의 재경험은 실제로 해롭다. 그리고 이런 현상이 일어나기 시작하면 보호자들은 보통 끼어들어 추방자로의 접근을 가로막는 반응을 보인다. 당신으로 하여금 이러한 고통을 겪지 않도록 하는 것이 오랜 세월 동안 그들의 일이었다. 그래서 그들은 자동적으로 반응하게 된다. 당신은 무감각해지거나 멍해진다. 주의가 산만해지거나 화를 내게 될 수도 있다. 이 같은 반응들은 모두 고통을 두려워하는 보호자들로부터 오며 충분한 이유를 가지고 있다. 당신이 대처하기가 정말로 어려울 수 있다.

IFS는 추방자의 고통을 안전하게 탐색하는 방식을 발견하였다. 당신은 참자아 상태를 유지하면서 추방자와 관계한다. 당신이 추방자가 되는 것이 아니다. 만약 당신이 추방자와 섞여 참자아와의 접촉을 잃게 되면, 고통은 정말로 엄청날 수 있다. 그러나 참자아가 추방자로부터 구별되고 분리될 때 참자아는 어느 것이라도 다룰 수 있게 된다. 참자아 상태에서 당신은 침착하고 안정된 상태로 앉아 있는다. 그러므로 당신은 고통과 외상에 의해 위협 받고 있지 않는 것이다. 만약 당신이 추방자의 감정에 의해 압도되기 시작하면 그 부분이 참자아와 섞이고 있음을 의미하므로, IFS의 효과적인 기법을 통해 당신을 분리시켜 안정된 상태로 되돌려놓을 수 있다.

이 접근법은 실행 가능하다. 왜냐하면 대부분의 경우에 당신이 추방자의 고통을 직접적으로 느낄 필요는 없기 때문이다. IFS에서는 목격하는 것만으로도 보통 나머지 치유 단계를 위한 만반의 준비가 된다는 사실을 발견하였다.

이 접근법에는 몇 가지 유익이 있다. 외상의 재경험을 피할 수 있다는 사실 외에도 당신은 당신을 추방자와 떼어놓기 위한 방어기제들과 직면하지 않게 된다. 당신이 추방자의 고통에 의해 위협을 받고 있지 않기 때문에 보호자들은 프로세스를 중단시킬 필요를 느끼지 않는다. 이것은 시간을 단축시킬 뿐만 아니라 때로는 추방자와 작업할 수 있는 유일한 방법이 된다. 왜냐하면 그렇지 않으면 보호자들이 계속해서 장애물을 집어던지고 영구적으로 프로세스를 가로막을 수도 있기 때문이다. 더욱이 참자아 상태에 머묾으로써 당신은 추방자의 고통에 대한 긍휼한 마음을 가진 목격자인 동시에 추방자의 치유와 변화의 촉진자가 될 수 있다. 게다가 참자아 상태로부터 당신은 당신 자신의 치유 프로세스를 성공적으로 이끌어 갈 수 있는 관점을 갖게 된다.

분리시키기 프로세스

일단 당신이 추방자에게 접근하였고 만약 당신이 그의[1] 감정을 강하게 느끼기 시작한다면 당신은 즉시로 분리시키기 작업을 할 필요가 있다. 비록 처음에 너무 많은 감정에 노출되지 않았다 하더라도 내리막길의 시작이 될 수도 있는 섞임을 경계하라. 섞임이 일어나기 시작할 때에 가능한 한 빨리 그것을 멈추게 하는 것이 최선이다. 그런 방식으로 당신은 감정으로 압도당하기 전에 참자아로 돌아올 수 있다. 만약 당신이 참자아로 되돌아오기 전에라도 고통이 너무 강렬해지도록 놓아둔다면 더욱 힘들어진다. 만약 당신이 추방자가 심한 고통이나 외상을 가지고 있음을 감지하면 맨 처음부터 그와 분리시키기 계약을 맺는 것도 좋은 생각이다. 만약 추방자가 분리되려 한다면 당신은 그 자리에서 그것을 도우면 된다. 이것이 가장 안전한 길이다.

추방자로부터 분리시키거나 분리시키기 계약을 맺는 최선의 방법을 소개한다. 당신이 추방자의 곁으로 다가가 그를 도울 수 있도록 그의 감정과 고통으로 당신을 휩싸지 말아 달라고 추방자에게 요청한다. 그렇지 않으면 그에게 그의 감정을 억제해 달라고 혹은 압도하지 말아 달라고 혹은 당신과 떨어져 있어 달라고 요청할 수 있다. 당신이 참자아 상태를 유지하면 그의 이야기를 들을 수 있고 그를 도울 수 있을 것이라고 추방자에게 설명하라. 추방자의 감정을 차단해 달라고 추방자에게 요청하는 것이 아니다. 추방자가 자기 감정을 느껴서는 안 된다고 제안하고 있는 것도 아니다. 당신이 도울 수 있는 확고한 위치에 있을 수 있도록 그러한 감정들이 당신과는 떨어져 있어 달라고 단지 요청하고 있는 것이다. 이것이 IFS 방법의 가장 강력한 혁신적인 기법 중의 하나이다. 슈워츠는 추방자들이 치유 프로세스에서 협력하며 그들이 원하기만 하면 당신이 경험하는

---

1) 지금까지 나는 '그 부분'이라는 부정 대명사를 사용하여 한 부분을 언급해 왔다. 실제 회기에서 사람들이 자신들의 부분들을 언급하는 방법들은 다양하다. 때로는 '그 부분', 때로는 '그' 혹은 '그녀'를 사용하기도 한다. 이 책에서는 지금부터 참자아와 추방자 사이의 관계가 갖는 특별히 인격적인 속성 때문에 나는 종종 추방자를 '그'나 '그녀'를 사용하여 언급할 것이다.

감정의 강도를 억제할 수 있는 역량을 가지고 있다는 사실을 발견하였다. 그것이 치유 과정에서 도움이 될 것이라고 설명하면서 요청한다면 대부분의 추방자들은 기꺼이 자신들의 고통을 당신으로부터 떼어놓을 수 있다.

당신이 추방자에게 그의 감정을 억제해 달라고 요청하더라도 때로는 그가 '아니'라고 하거나 당신이 감정의 강도에 변화를 감지하지 못할 수도 있다. 그러면 추방자에게 자신을 억제하면 어떤 일이 일어날까 봐 두려워하는지 물어보라. 대부분의 경우 그는 당신이 자신을 무시할 것 같다고 말할 것이다. 왜냐하면 그는 자기가 당신을 휩싸지 않으면 자신이 또다시 추방될 것을 두려워하기 때문이다. 이것은 충분히 이해가 된다. 우리 대부분은 우리의 추방자들을 담을 쌓아 격리시키든지 아니면 그들의 고통에 의해 휩싸임당하든지 한다. 따라서 추방자는 경험에 의해 자신의 이야기를 들어 줄 수 있게 하는 유일한 방법은 당신을 장악하는 것이라 믿고 있다. 그가 떨어져 있기를 원하지 않는 것도 무리는 아니다! 그는 자기가 떨어져 있게 되면 추방당할 것으로 생각한다. 당신이 IFS를 사용하기 때문에 이번에는 다를 것이라고 추방자에게 설명하라. 당신은 정말로 이 고통에 대해 알고 싶어 하고 그의 이야기를 목격해 보고 싶어 한다.

그러나 이렇게 하기 위해서는 당신이 참자아 상태에 있어야 한다. 그렇게 함으로써 추방자는 당신을 친절한 경청자, 돌보는 존재로서 혹은 아마도 양육하는 어버이로서 경험할 것이다. 일단 그가 자신이 추방당하지 않을 것이라는 사실을 이해하면 그는 아마도 기꺼이 떨어져 있을 것이다. 그는 자기가 협력해 주는 것이 결국 자기가 가장 원하는 바인 자신의 이야기를 들어 주도록 해 주는 것임을 알게 된다.

만약 이 접근법이 효과가 없다면 추방자로부터 분리시키는 다른 방법이 있는데 많은 것들이 보호자로부터 분리시키는 방법(제5장)과 유사하다. 당신은 내면적으로 추방자로부터 한 발짝 뒤로 물러나는 느낌을 가질 수 있다. 짧은 안정 찾기/중심 잡기 명상을 할 수도 있다. 혹은 당신에게서 떨어져 있는 추방자를 머릿속에 그릴 수도 있다.

이 머릿속에 그리는 기법을 사용하면 나중에 당신이 추방자에게 좀 더 가까이

다가가고 싶을 것이다. 추방자가 그를 알아 가며(E4) 섞임의 위협이 물러가면 당신은 점점 더 가까이 다가가 그가 당신을 휩싸지 않는다는 것을 확인하며 필요하면 되돌아가는 자신의 모습을 머릿속에 그릴 수 있다. 이것은 어떻게 당신이 추방자와 떨어져 있고 어떻게 당신이 그와 좀 더 관계를 맺게 되는지 둘 다를 상징적으로 보여 준다(E5). 목표는 여전히 떨어져 있으면서 정서적으로 추방자를 매우 가깝게 느끼는 것이다. 그것은 마치 줄타기를 하는 것과 같지만, 충분히 가능한 이야기다. 사람들은 종종 이것을 추방자를 들어 올려 꼭 껴안는 모습으로 머릿속에 그린다.

일단 당신이 분리되어 참자아 상태로 되면, 약 1분 동안 참자아 상태를 좀 더 충분히 경험하여 그 경험을 공고히 한다. 당신 몸에서 참자아의 특성이 어떻게 느껴지는가 감지하라. 배 안에 충만감이나 든든함을 경험할 수도 있다. 몸 전체에서 침착함과 긴장이 풀리는 것을 느낄 수도 있다. 두 발에 안정감을 가질 수도 있다. 가슴속에 부드러우며 사랑스러운 특성을 느낄 수도 있다. 당신 자신이 이 경험과 함께 있도록 하여 좀 더 충분히 느껴지고 당신 안에서 실재화되도록 한다. 이것은 장래에 추방자에 의해 휩싸임당하는 것을 막는 데 도움을 준다. 일단 당신의 경험 안에 참자아가 좀 더 충분히 확립된 것을 느끼면 추방자에게로 돌아가 그를 알아 가라. 이것은 당신이 추방자와의 작업을 시작하기 전에 당신의 참자아의 경험을 고정시키는 데에도 유용하다.

크리스틴을 작은 소녀로부터 분리시키기

제3장에 나온 크리스틴의 회기 축어록의 일부로서 추방자로부터 분리시키기를 보여 주고 있다. 이 시점에서 그녀는 이미 추방자와 접촉할 수 있는 허락을 받았다.

크리스틴 : 아, 여기 추방자가 있네요. 이 여자 아이는 아주 작고 말라서 부서질 것 같아요. 좀 이상하네요. 나는 키도 크고 튼튼한데…. 이 아이는

작은 옷을 입고 있고, 가볍고 조그만 몸이 상당히 약해 보여요. 침도 삼키지 못하며 경계하고 있고, 금방이라도 공포에 빠져들 것 같아요.

제이 : 음… 흠… 이 부분에게 어떻게 부르면 좋겠느냐고 물어보세요.

크리스틴 : 그냥 작은 소녀면 되겠대요.

제이 : 좋습니다. 작은 소녀에게 어떤 것을 그리 무서워하느냐고 물어보세요.

크리스틴 : 자기가 어둠 속에 혼자 남아 있어 주위에 아무도 없을 거라는 사실이래요. 아주 흥미롭네요. 그러나 지금 그 아이가 공포에 빠져들어 가는 것을 보는 내가 너무 힘들어요.

💬 작은 소녀의 공포는 크리스틴과 섞여, 그녀를 참자아 상태로부터 벗어나게 하고 있다.

제이 : 그 아이에게 무서워해도 괜찮다고 이야기해 주세요. 그러나 공포로 당신을 휩쓸어 버리지는 말아 달라고 하세요.

크리스틴 : 이제 괜찮아요. 더 이상 그렇게 무섭진 않아요. 그 아이가 공포를 느낄 수 있도록 한 것은 잘한 것 같아요. 그렇지 않으면 그 아이는 도망가 버렸을 거예요.

💬 이 예는 추방자에게 떨어져 있을 것을 요청하는 것이 감정을 느끼지 말라는 의미가 아님을 분명히 보여 주고 있다. 만약 이 추방자가 자신의 감정이 용납되지 않는다고 느꼈다면 크리스틴을 자기 주위에 머물러 있도록 할 만큼 신뢰하지 않았을 것이다.

크리스틴 : 그 아이가 지금은 내가 여기 있는 것을 좋아하네요. 여기 누군가 (참자아)가 있다는 사실을 알게 되어 놀라워하고 있어요. 그러고는 이내 침착해져서 그냥 나와 이야기하고 싶어 하는군요. 그 아이가 짐을 내려 놓았어요.

제이 : 음… 흠… 그 아이가 더욱 긴장을 풀고 당신에게 마음 문을 여는군요.

🗨 그 부분의 공포에 휩쓸리지 않으므로 크리스틴은 참자아 상태로 있을 수 있고 작은 소녀는 의지할 수 있는 누군가를 갖게 된다. 이것이 그 아이의 마음을 가라앉게 만든다.

크리스틴 : 네, 맞아요.

의식적인 섞임

분리시키기의 필요성에 예외는 있다. 때로는 추방자의 고통을 느끼는 것이 괜찮을 수 있다. 만약 당신이 그 경험으로 내팽개쳐진 느낌이 들지 않으면 그리고 그것이 당신으로 하여금 안정감을 갖지 못하게 하는 것이 아니라면, 당신은 스스로 그것을 경험해도 좋다. 사실 때로는 당신이 이 고통을 감지하는 것이 괜찮은 느낌일 것이다. 그리고 추방자는 당신이 그녀의 고통을 직접 경험하기 원할 수도 있다. 이것이 그녀가 당신에 의해 충분히 목격되고 있다는 느낌을 갖도록 해 주기 때문이다.

추방자의 고통을 이런 식으로 경험하는 것은 당신이 참자아 상태에 있으면서 동시에 추방자와 의식적으로 섞여 있다는 것을 의미한다. 추방자는 당신이 자신의 감정을 느끼게 함으로써 당신에게 자신의 감정을 보여 주고 있는 것이다. 당신이 이 경험을 참아 낼 수 있고 당신이 중심 잡힌 상태를 유지하며 추방자 곁에 있을 수 있는 한, 그리고 이것이 어떤 보호자도 활성화시키지 않는 한 그것은 괜찮다. 종종 어떤 한계까지는 추방자의 고통을 경험하는 것도 괜찮다. 지나치게 되면 그녀에게 억제해 달라고 요청하라.

어떤 경우에는 당신이 충분히 고통을 느낄 수도 있고 심지어 그것을 표현할 수도 있다. 당신은 자신이 어느 정도까지 경험할 수 있는지 알게 될 것이다. 이 접근법은 일종의 카타르시스 요법과도 비슷하다. 그러나 IFS에서는 안전하고 생산적일 경우에만 이 방향으로 진행한다.

나는 이것을 의식적인 섞임이라고 부른다. 왜냐하면 당신이 섞여 있고 의도적으로 그렇게 하고 있다는 것을 자각하고 있기 때문이다. 이것은 깨닫지 못하면서 섞여 있는 것이나 정서적으로 압도당하고 있는 것과는 매우 다르다. 의식적으로 섞임으로써 당신이 추방자의 감정을 경험하고 있는 동안에도 당신은 자신보다 훨씬 크고 강한 존재 안에서(참자아 상태에서) 안정된 상태에 있음을 당신은 알고 있다. 이것은 당신이 떠맡은 그녀의 고통 중 얼마만큼을 참아 낼 수 있는가를 파악할 수 있는 기회를 제공한다.

당신이 내면을 체크하면 의식적인 섞임이 해 볼 만한 것인지 — 추방자의 고통으로부터 분리시킬 것인지 아니면 직접 느껴 보게 할 것인지 — 당신은 알게 될 것이다. 주된 기준은 당신이 고통을 감내할 수 있느냐 그렇지 못하느냐 하는 것이다. 당신이 참자아 상태에 충분히 있을수록 그리고 당신이 추방자에 대해 느끼는 긍휼한 마음이 클수록 의식적인 섞임이 가능해질 수 있는 확률은 더욱 커진다. 그러나 의식적인 섞임이 항상 떨어져 참자아 상태로 있는 것보다 나은 것은 아님을 기억하라. 대부분의 경우, 추방자들은 우리가 자신들의 고통을 떠맡아 줄 필요가 없다. 목격하는 것만으로도 충분하다.

E3 단계 : 염려하는 부분들을 분리시키기

추방자들을 성공적으로 알아 가기 위해서는, 보호자를 알아 갈 때와 마찬가지로 당신이 참자아 상태에 있는 것이 중요하다. 이를 체크하기 위해서는 당신이 추방자를 향하여 어떤 느낌을 갖고 있는지를 감지해 보라. 당신이 호기심을 갖거나 수용적이거나 관계가 맺어진 느낌이 있거나 혹은 긍휼한 마음이 느껴지면 당신은 참자아 상태에 있어 진행할 수 있다. 만약 당신이 판단하는 마음이 있거나 화가 나거나 추방자를 무서워하거나 추방자가 없어져 버렸으면 한다면, 당신은 참자아 상태에 있는 것이 아니다. 당신은 염려하는 부분, 즉 당신이 추방자와 작업하는 것에 대해 걱정하고 있는 보호자와 섞여 있는 것이다(제6장을 보라). 당신은 원래 표적 부분인 보호자로부터 추방자와 작업해도 좋다는 허락을 받았다. 그러나 추방자를 개방시키는 것이 안전하다고 생각하지 않는 다른 보호자들도 있을 수 있다. 이 염려하는 부분이 이들 중 하나이다. 당신이 추방자를 변화시키는 데 도움을 줄 수 있는 상태가 될 수 있도록 염려하는 부분에게 옆으로 비켜 서 달라고 요청하라. 흔히 그 정도면 추방자가 긴장을 풀고 당신으로 하여금 참자아로 되돌아가도록 할 수 있다. 그리고 나서 추방자 알아 가기를 계속한다.

만약 염려하는 부분이 물러설 용의가 없다면, 물러설 경우 어떤 일이 일어날까 봐 두려워하는지 물어보라. 이것은 당신이 추방자에게 마음 문을 열지 못하도록 막고 있는 보호자의 두려움을 노출시켜 줄 것이다. 그것은 우리가 제10장에서 다루었던 보호자의 염려 사항들 중의 하나일 가능성이 매우 높다. 즉 추방자의 고통에 대한 두려움, 변화가 일어날 수 없다는 신념, 보호자가 제거되거나, 당신의 역량이 부족하다는 염려, 추방자가 해를 입거나, 비밀이 탄로나거나, 혹은 위험한 보호자가 활성화될 것이라는 두려움이 그것이다. 일단 보호자의 염려 사항을 알고 나면, 그 부분을 안심시켜 (제10장에서 배운 대로) 비켜서도록 함으로써 당신은 참자아 상태에 있을 수 있게 된다.

때로는 보호자가 당신이 추방자와 작업하는 것을 두려워하지는 않으나 추방자를 향하여 부정적인 감정을 가질 수도 있다. 이것은 돌보는 마음 상태에서 추방자에게 귀를 기울일 수 있는 당신의 능력을 가로막는다. 이에 대한 가장 흔한 두 가지 이유와 보호자가 옆으로 비켜설 수 있도록 대응하는 법을 소개한다.

(1) 추방자가 당신 삶에서 문제를 야기하였기 때문에 보호자는 추방자에게 화가 날 수도 있다. 예를 들면, 추방자의 두려움이 당신이 위험을 무릅쓰고 앞으로 나아가는 것을 가로막아 왔다. 혹은 추방자가 가진 아무 쓸모가 없다는 감정이 당신을 우울하게 만들어 왔다. 이 때문에 추방자를 좋아하지 않으며 이 문제를 해결하기 위해 추방자를 없애 버리고 싶어하는 보호자가 있을 거라는 사실이 놀라운 것은 아니다. 그러나 이러

한 태도는 치유를 가져오지 못한다. 당신이 추방자가 장악하지 못하도록 하겠다고 보호자에게 설명하라. 당신의 목표는 추방자가 당신의 삶을 더 이상 파괴하지 못하도록 두려움이나 짊어지고 있는 불안감의 짐을 내려놓도록 돕는 것이다. 이 짐 내려놓기가 이루어질 수 있도록 보호자에게 옆으로 비켜서서 당신이 사랑하는 마음으로 추방자와 관계를 맺게 허락해 달라고 요청하라. 이것은 보호자가 가진 추방자에 대한 염려 사항에 직접적으로 반응하는 것이기 때문에 합의가 이루어질 가능성이 높다.

(2) 추방자가 무서워하거나 불안하거나 약하기 때문에 혹은 너무 감정적이기 때문에 보호자가 추방자를 향해 판단하는 느낌을 가질 수 있다. 보호자는 때로는 부모를 본으로 삼기 때문에 이러한 판단들은 보통 어렸을 때 부모가 당신을 향해 가졌던 태도를 반영한다. (심리치료에서는 이것을 '내면화'라고 부른다.) 이러한 보호자의 판단들은 추방자에 대한 실제 진실이 아니라 떠맡은 부모의 태도라는 사실을 깨닫도록 어디에서 이러한 판단들을 습득하게 되었는지 보호자와 함께 탐색하라. 당신이 어려서 상처 받기 쉬울 때 일어났던 사건 때문에 추방자가 무섭거나 불안한 느낌을 갖고 있을 뿐이다. 따라서 그것은 정말로 추방자의 잘못이 아니라고 이야기해 주라. 이것은 또한 보호자가 자신의 판단을 누그러뜨리도록 도와줄 수도 있다. 그런 다음 당신이 추방자를 치유할 수 있도록 보호자에게 옆으로 비켜서 달라고 요청하라.

긍휼한 마음의 중요성

추방자와 성공적으로 작업하는 데 관련된 문제가 하나 더 있다. 당신은 추방자와 떨어져 있어야 할 뿐만 아니라 긍휼한 마음과 함께 관계를 맺고 있다는 느낌도 가져야 한다. 보호자에게 하듯이, 추방자에게 호기심을 가지고 마음을 여는 것만으로는 충분치 않다. 왜냐하면 긍휼한 마음이 추방자의 고통을 치유하기 위해 절대적으로 필요하기 때문이다. 추방자와 함께 충분히 참자아 상태로 있기 위해서는 긍휼한 마음과 관계성이 필수적이다. 추방자에 대한 호기심만으로 시작할 수는 있으나 그녀의 감정과 이야기에 귀를 기울이면서 당신은 종종 참기 힘든 고통을 목격하게 된다. 그것을 가로막는 것이 없다면 자연스럽게 가슴을 열게 만들 것이다.

긍휼한 마음과 감정 이입(공감)의 차이, 한 걸음 더 나아가 그들이 어떤 관계가 있는지 보기로 한다. 감정 이입은 다른 사람의 감정(혹은 추방자의 감정)과 공명하는 하나의 방법이다. 긍휼한 마음은 고통 중에 있는 누군가(혹은 추방자)를 향한 연민의 감정이다. 감정 이입은 종종 긍휼한 마음으로 이어진다. 당신은 누군가의 고통에 공명하고, 이것은 다시 그 사람에 대한 긍휼한 마음을 자극한다. 그러므로 이 둘은 종종 함께 일어난다. 그러나 그들이 어떻게 다른지 특히 당신의 추방자와 관련하여 이해하는 것이 중요하다. 만약 당신이 긍휼한 마음을 느끼지 않으면서 추방자에 대해 감정 이입을 느끼는 경우, 당신은 (공명 때문에) 그녀와 지나치게 섞이게 되어 참자아와의 접촉이 끊어질 위험이 있다. 긍휼한 마음을 가진 상태에서는 당신이 여전히 돌봄과 사랑의 감정을 가지고는 있지만 추방자와 떨어져 있다. 이것이 당신으로 하여금 참자아 상태를 유지할 수 있도록 도와주는 것이다.

긍휼한 마음은 추방자들과 작업하는 데 매우 중요하다. 추방자들의 고통은 너무 엄청나게 꼬여 있을 수 있으므로 부드럽고 온화한 품성을 갖고 있지 않은 사람에게는 마음을 열기가 힘들 수 있다. 우리는 친구가 긍휼한 마음으로 들어 주고 있다는 느낌이 들면 안전감을 느껴 우리의 가장 상처 받기 쉬운 곳도 드러낼 수 있게 된다. 우리의 추방된 부분들도 마찬가지다. 추방자들이 자신들을 드러내기 위해서는 우리의 긍휼한 마음이 필요하다. 그들은 어릴 적 상처에서 오는 고통을 가지고 있을 뿐만 아니라 흔히 우리에게서 상처 받고 거절당한 느낌을 갖고 있다. 왜냐하면 우리가 그들을 밀어젖히고 오랜 세월 동안 우리의 내면 가족으로부터 그들을 제외시켜 왔기 때문이다. 이것은 상처에 모욕을 더하는 것이다. 그들은 어릴 적에 상처를 입었다. 그리고 우리가 그들의 고통을 다루어 줄 수 없었기 때문에 사실상 그들은 우리에 의해 버림을 받은 것이다. 그래서 그들은 영원한 추방 상태로 있었던 것이다.

다행히도 긍휼한 마음은 고통 중에 있는 사람에 대한 참자아 상태에 있는 인간의 자연스러운 반응이다. IFS 회기에서는 참자아가 지하실에 오랜 세월 갇혀 있던 추방자에게 만남의 선물을 베풀고자 하는 것이다. 참자아가 어린아이 부분의 아픔과 고통을 긍휼한 마음을 가지고 목격할 때 추방자는 감동되어 거의 생전 처음으로 찾아와 준 것에 감사해한다. 이제 더 이상 외롭지 않게 된 것이다.

당신이 추방자를 향하여 어떻게 느끼는지를 체크할 때 때로는 당신이 단지 중립적인 느낌만 가질 수도 있다. 특별히 돌보고 있거나 관계를 맺고 있다는 느낌이라기보다는 떨어져 있는 느낌을 가질 수도 있다. 이것은 아마도 당신이 추방자와 거리를 두고 싶어 하는 염려하는 부분, 혹은 지적인 모습이나 보호 받는 상태로 남아 있기 원하는 부분과 섞여 있기 때문이다. 그 염려하는 부분에게 긴장을 풀어 당신이 자연스럽게 관계를 맺고 긍휼한 마음이 솟아날 수 있도록 해 달라고 요청하라. 만약 꺼린다면 그렇게 했을 경우 어떤 일이 일어날까 봐 무서워하는지 물어보라. 그리고 앞서 다른 보호자들에 대해 설명했던 대로 그의 염려 사항에 대해 작업하라. 일단 그 부분이 긴장을 풀고 당신이 추방자를 자연스럽게 돌보고자 하는 느낌이 들도록 하면 당신은 그녀의 고통과 부정적인 신념에 대해 알아 가며 사랑의 유대 관계를 형성할 수 있기에 뒤따르는 치유 과정의 확고한 기반을 제공해 주게 된다.

피터의 염려하는 부분

이 축어록은 피터가 추방자와의 작업을 시작하면서, 추방자를 마음에 들어 하지 않는 두 부분을 다루게 된 회기의 일부이다. 그는 이미 보호자를 알게 되었고 그 부분이 보호하고 있는 추방자도 발견한 상황이다.

피터 : 좋습니다. 지금 저는 추방자와 만나고 있습니다. 무언가에 크게 화를 내고 있는 아이 같아 보입니다.

🤖 피터가 추방자에게 접근하였다(E1).

제이 : 아이와 작업을 할 수 있도록 허락해 주겠는지 보호자에게 물어보세요.

피터 : 그러겠다고 하네요. 야, 그거 쉽군요.

제이 : 좋습니다. 당신은 아이의 화난 감정으로 휩싸이게 되는 것이 염려됩니까?

피터 : 아니요. 전혀 그런 기미가 없어요.

🤖 적어도 지금은 그 아이와 섞이는 것이 문제가 되는 것 같아 보이지는 않는다(E2).

제이 : 좋습니다. 이제 아이를 향해 어떤 느낌이 드는지 체크해 보세요.

🤖 그 아이에 대해서 피터가 참자아 상태에 있는지 체크해 보기 위한 것이다(E3).

피터 : 그 부분에 대해서는 괜찮은 것 같아요···. 잠깐, 무언가 판단하는 느낌이 들어요 — 실제로 아이를 향한 꽤 큰 판단이에요. 아이가 정말 맘에 들지 않아요.

제이 : 그러면 그것이 아이를 판단하고 맘에 들어 하지 않는 또 다른 부분입니다. 아이의 어떤 것이 마음에 들지 않는지 물어보세요.

피터 : 아이가 갓난아기처럼 약하고 감정적인 것들이 맘에 들지 않는대요. 이 부분은 내가 강건해지도록 애써 왔는데 이 어린애 같은 유치한 부분 때문에 모욕감을 느끼고 있답니다.

제이 : 아이가 매우 어려서 감정적이고 약할 수밖에 없지 않느냐고 이 염려하는 부분에게 설명해 주세요. 성숙해 가면서 저절로 강해질 거예요. 당신이 모든 것을 갖추었으면 하고 이 부분이 바랄 수는 있겠지요. 그러나 당신은 강하면서도 여전히 강렬한 감정을 느끼는 어린 부분을 가질 수 있습니다. 당신은 어른입니다. 더 이상 아이가 아닙니다.

피터 : 네, 좋습니다. 이 부분이 이해를 하고 비켜서는 것 같아요.

💬 그 염려하는 부분이 안심을 하고는 옆으로 비켜섰다.

제이 : 좋습니다. 아이를 향하여 지금 어떤 느낌이 드는지 체크해 보세요.

피터 : 아! 아이가 화날 때 비명을 지르고, 소리 치며 통제 불능의 상태가 되어 가는 것을 아주 싫어하는 또 다른 부분이 지금 다가오고 있어요. 그 부분은 그 같은 행동을 참지 못해요.

제이 : 좋습니다. 그 행동의 어떤 것을 그 부분이 싫어합니까?

피터 : 내가 어렸을 때는 많이도 화를 냈었고 정말로 그 때문에 야단을 많이 맞았어요. 그리고 어른이 된 이후에도 그런 일이 몇 번 있었어요. 그때는 정말 힘들었어요. 화를 많이 내서 여러 사람들과 사이가 멀어졌어요. 이 아이는 내게 많은 슬픔을 안겨 주었어요.

💬 우리는 이 염려하는 부분이 어떤 일로 화가 났는지 알기 때문에 안심시킬 수 있다.

제이 : 네, 당신의 한 부분이 그 아이에 대해 못마땅해하며 그를 경계한다는 것이 확실히 이해가 됩니다. 그러나 우리가 여기서 목표로 하는 것은 아이가 짊어지고 있는 고통을 내려놓도록 돕는 것이라는 사실을 그 부분에게 상기시켜 주세요. 일단 아이가 그 고통을 내려놓으면 통제 불능의 상태에 빠질 가능성은 적어질 것입니다. 당신이 진심으로 이 아이와 관계를 맺고 아이를 치유할 수 있도록 염려하는 부분이 옆으로 비켜서 주겠는지 물어보세요.

피터 : 그런 생각들을 고려하고 있대요…. 네, 지금 옆으로 비켜설 의향을 보이네요. 하지만 추방자가 제멋대로 돌아다니며 또다시 엉망으로 만들어서는 안 된다는 것을 다짐 받고 싶어 해요.

제이 : 좋습니다. 그 부분이 단지 이번 회기 동안에만 비켜 있으면 됩니다.

피터 : 네, 그렇게 해 보겠다고 합니다.

💬 이 부분이 긴장을 풀었기 때문에 우리는 다시 체크해 본다.

제이 : 좋습니다. 그러면 지금은 추방자를 향하여 어떤 느낌이 드는지 체크해 보세요.

피터 : (잠깐 쉰다.) 추방자가 정말로 상처를 많이 받았고 또한 배반도 당했기에 흥분해서 소리 지르는 것이 이해가 됩니다. 추방자의 기분이 좋아지도록 돕고 싶은 듯이 그에 대한 어떤 돌봄, 그를 향한 어떤 따뜻함이 느껴지기 시작하고 있어요.

제이 : 아주 좋습니다. 그래서 추방자가 어떻게 느끼는지에 대해 좀 더 자세히 이야기하거나 보여 달라고 요청하세요.

　💬　피터는 이제 그가 참자아 상태에 있음을 의미하는 긍휼한 마음을 가지고 추방자와 관계하기 시작한다. 그러므로 우리는 추방자를 알아 가는 단계로 나아갈 수 있다.

E4 & E5 단계 : 추방자에 대해 배우며 신뢰 관계를 발전시키기

일단 당신이 확실한 참자아 상태에 있다면 추방자에 대해 배우기를 시작할 수 있다. 당신은 추방자가 어떤 감정을 가지고 있는지 그리고 어떤 상황이 이런 감정들을 촉발시켰는지를 이해하는 것에 주된 관심을 갖고 있다. 추방자들에게는 너무 많은 질문을 할 필요는 없다―자신들의 느낌이나 당신이 알아 주었으면 하는 것이 어떤 것이든 이야기해 달라고 하기만 하면 된다. 추방자들은 자신들의 이야기를 들어 주기를 바란다. 자신들의 고통을 목격하고 이해해 주기를 바란다. 당신은 추방자에게 마음 문을 열고 자신을 당신에게 드러내어 달라고만 하면 된다. 그러면 추방자는 십중팔구 기분 좋게 그리할 것이다. 당신은 어떤 것이 추방자를 그토록 슬프게 (혹은 현재 경험하고 있는 감정) 만드는지 물어볼 수 있다. 당신이 추방자에 대해 배워 가면서 더 많은 질문이 생길 수 있다. 그것들을 질문하기를 주저하지 말라. 왜냐하면 이것이 이 어린아이 부분을 좀 더 자세히 이해하는 데 도움을 주기 때문이다. 당신의 몸과 감정을 통해 추방자를 더듬어 가며 배울 수도 있다. 사실 어떤 추방자들은 너무 어려서 말로써 의사소통을 하지 못한다. 그래서 당신의 몸을 통해서 그들에 대해 배워야 한다.

　추방자에 대해 많이 알아 가는 동안, 그 부분을 향하여 어떤 느낌이 드는지 특히 긍휼한 마음과 돌봄의 마음을 갖게 되는지 계속 체크하라. 당신의 긍휼한 마음을 추방자에 전달하는 것을 잊지 말라. 이것은 말로도 할 수 있지만, 당신의 가슴으로 직접 전달한다면 한층 더 효과적이다. 잠깐 시간을 내어 긍휼한 마음에 동반되는 실제 신체 감각을 느껴 보라. 예를 들면, 부드럽고 따뜻한, 가슴에서 타오르는 느낌이 느껴질 수도 있다. 종종 당신 몸의 특정 부위에서 추방자를 느끼는 경우, 긍휼한 마음이 당신 가슴에서 흘러나와 그곳으로 향하도록 한다.

그러고는 당신의 돌봄에 추방자가 어떻게 반응하는지 체크하라. 만약 추방자가 그것을 수용하고 있는 것 같지 않으면 먼저 추방자가 당신의 존재를 자각하고는 있는지 체크하라. 제8장에서 보호자와 했던 대로 추방자에게 당신의 존재를 감지해 달라고 요청할 수도 있다. 일단 추방자가 당신을 자각하면 당신의 긍휼한 마음을 다시 전달한다. 그러면 추방자가 그것을 수용할 수 있게 된다. 만약 이 정도로 당신을 신뢰하지 않는다면 제8장에서 배운 대로 추방자가 가지고 있는 신뢰 문제에 대해 작업하라. 만약 어느 순간에라도 당신이 추방자와 맺은 관계에 대해 확신이 서지 않는다면 당신이 추방자를 배려한다는 사실 자체를 신뢰하는지 물어볼 수도 있다. 추방자와의 관계는 과정이 진행됨에 따라 깊어지게 된다. 이어지는 장에서는 이 관계를 향상시키는 방법을 따라 취할 수 있는 단계를 논의하고자 한다.

프랜은 추방자와 어떻게 관계를 맺는가?

프랜이 추방자와 작업하도록 허락을 받았던 제10장에서의 축어록이 계속된다. 추방자를 알아 가는 매 단계를 보여 주고 있다.

제이 : 추방자를 감지하게 되면 말씀해 주세요.
프랜 : 나병을 갖고 있는 아이 같아 보여요. 동굴 안에 있고 빛이 비스듬히 비치고 있어요. 추방자는 여기저기 헐고 상처 나 있고 바짝 말랐어요.

프랜은 확실히 추방자에게 접근하였다(티).

제이 : 추방자가 가진 고통으로 당신을 휩싸지 않겠는지 물어보세요. 당신
　　　이 추방자를 도울 수 있도록.

프랜 : 내가 이렇게 이야기해 주고 있어요. "내가 당신의 고통을 충분히 느
　　　끼며 제대로 인정할 수 있도록, 그러나 내가 지나치게 압도당하여 떠나
　　　버릴 정도가 되지는 않도록 해 주세요. 나는 진정으로 당신과 함께 있고
　　　싶어요."

제이 : 추방자는 지금 당신의 요청에 어떻게 반응하고 있습니까?

프랜 : 그 부분은 이렇게 이야기하네요. "좋아요. 두고 보세요." 지금 내 가
　　　슴 깊은 곳에서는 슬픔이 느껴져요. 괜찮아요. 그만한 고통은 견딜 수 있
　　　어요.

🙂 추방자는 그녀와 지나치게 섞이지는 않기로 합의한 듯 보인다. 그 슬픔은 추방자로
부터 오고 있다. 그녀는 추방자와 어느 정도 의식적으로 섞일 준비가 되어 있다고 이야기
한다. 그녀는 이만큼의 추방자의 고통은 참아 낼 수 있다. 그래서 우리는 이제 E2 단계
를 완료하였다.

프랜 : 추방자는 구석에서 꼼짝 않고 있어요. 그 부분을 향해 따뜻한 마음이

느껴져요.

프랜이 추방자를 향하여 따뜻한 마음이 느껴진다는 것은 그녀가 참자아 상태에 있다는 사실을 가리킨다(E3).

제이 : 추방자에게 전해 주세요.

프랜 : 추방자가 내게 고개를 돌리고 있지는 않지만, 내가 조금 더 가까이 다가가고 있어요. 호흡조차 추방자와 보조를 맞추고 있어요. 손 대면 안 될 것 같아요. 그렇지만 팔을 뻗으면 닿을 만한 거리에 있어요.

이것은 추방자에게 접근하는 좋은 방법이다. 조금씩 그 부분에 가깝게 다가가는 것은 여기서 두 가지 기능을 한다. (1) 어느 정도 거리를 유지하는 것은 프랜이 추방자의 고통으로 휩싸이지 않도록 하는 데 도움이 된다. (2) 그녀가 너무 가까이 다가가 추방자를 놀라게 하기 전에 추방자가 그녀를 신뢰할 수 있는 기회를 갖도록 한다.

제이 : 그 부분이 당신의 존재를 자각하고 있나요?

프랜 : 네.

제이 : 그 부분이 당신의 돌봄을 받아들이고 있나요?

프랜 : 네, 그런 것 같아요. 나는 동굴 전체를 부드러운 존재감으로 채우고 있어요.

제이 : 잘하셨어요. 추방자가 어떤 느낌을 갖고 있는지 좀 더 이야기해 달라고 해 보세요.

그들 사이에 관계가 분명히 맺어졌으므로(E5), 추방자는 자신의 감정에 대해 더 많은 것을 보여 줄 만큼 안전감을 느끼고 있다(E4).

프랜 : 그 부분이 방금 나를 향해 얼굴을 돌렸는데 볼에 흐르는 눈물이 보였어요. 슬픔이 느껴져요. …내가 눈물 방울에 손 댈 수 있을 것 같지는 않아요. 하지만 가까이 다가가 쓰다듬어 주고 있어요…. 상당한 고통이 내 몸에 파도치듯 밀려오는 것 같아요. 하지만 나는 여전히 참자아 상태에 있어요.

제이 : 그 정도 고통을 느끼고 있어도 괜찮습니까?

프랜 : 네.

🌀 나는 그녀에게 이 정도의 의식적인 섞임도 참을 만한지 다시 체크해 보라고 한다.

프랜 : 파도처럼 느껴져요. 미묘한 느낌이에요.

제이 : 당신이 이토록 예민하게 그것을 자각하고 있다니 기쁩니다.

프랜 : 파도와 함께 있으면, 좀 더 현실감이 느껴져요…. 동굴에는 아주 희미
하게 빛이 퍼지고 있어요…. 내가 그 고통의 파도를 받아들였다가는 흩
뿌리고 있는 것 같은 느낌이 들어요…. 추방자의 고통의 파도를 잔잔하
게 해 주는 참자아로부터 나오는 빛…. 그 가운데서 거닐며 파도와 고통
을 지켜보고 싶어요.

🌀 프랜은 참자아 상태를 견지하면서 추방자의 고통을 느끼는 방법을 알아내었다. 고
통이 그녀를 압도하지 못하도록 분산시키는 것도 그중 하나인 것으로 보인다. 나는 이것
이 가능하다고 생각한다. 왜냐하면 추방자가 그녀를 압도하지 않겠다고 앞서 합의하였기
때문이다. 이것은 그녀가 빛으로 상징되는 참자아의 상태에서 추방자를 달랠 수 있게 해
준다.

제이 : 추방자는 당신의 존재를 자각하고 있습니까?

프랜 : 네, 어렴풋하게요.

🗨️ 여기서 나는 둘 사이의 연결이 추방자에 의해 의식적으로 경험되고 있는지를 확실히 하기 위하여 다시 체크한다.

멋진 작업이 아닌가! 시간 관계로 회기는 여기서 끝내야 하였다. 우리는 추방자의 고통에 대해 아직도 많이 알지 못하기 때문에 추후 회기에서 작업을 계속할 때 프랜이 그에 대해 묻고 싶어 할 가능성이 있다. 혹은 다음 장의 제4단계로 들어갈 준비를 할 수도 있다.

연 · 습 · 문 · 제 · 1

추방자를 알아 가기

추방자를 알아 가는 회기를 진행하라. 가능하면 이미 작업할 수 있도록 허락 받은 추방자로부터 시작하여 E1~E5 단계를 진행하라. 다음에 나오는 조견표 2를 조견표 1과 함께 사용하여 단계의 안내를 받으라. 만약 이 같은 추방자가 준비되지 않았다면 보호자로부터 시작하라. 보호자를 알아 가기 위해 단계를 거쳐서 그 부분이 보호하고 있는 추방자를 발견하고 추방자 단계를 진행하기 전에 보호자의 허락을 받으라. 그러고는 아래에 당신의 작업과 관련된 답을 적어 넣으라.

추방자 : _____

추방자가 당신과 떨어지게 되는 경우, 어떤 것을 두려워하는가 : _____
_____

염려하는 부분들과 그들이 두려워하는 것 : _____
_____

추방자의 감정 : _____

어떤 상황이 그런 느낌을 갖게 만드는가 : _____
_____

추방자를 향하여 어떤 느낌이 드는가 : _____

추방자는 당신에게 어떻게 반응하고 있는가 : _____

추방자를 알아 가는 단계를 정리한 조견표 2가 다음 쪽에 나와 있다. 이 조견표는 당신이 스스로에 대해 작업하거나 누군가와 짝을 이루어 작업할 때 진행 단계를 안내하기 위한 것이다. 나중에 제6장에 있는 조견표 1과 함께 사용하도록 한다.

2. 추방자와의 작업을 허락 받기

필요하면 보호자에게 추방자를 보여 달라고 요청하라. 추방자를 알아 가기 위해 보호자의 허락을 구하라. 보호자가 허락해 주지 않는 경우, 당신이 추방자에게 접근하면 어떤 일이 일어날까 봐 두려워하는지 물어보라. 다음과 같은 가능성이 있다.

- 추방자가 너무 큰 고통을 안고 있다. 당신이 참자아 상태를 유지하면서 추방자를 알아 갈 것이며 추방자의 고통에 직접 뛰어들지는 않을 것이라고 설명하라.
- 고통 속으로 들어가 봐야 아무 의미가 없다. 당신이 추방자를 치유할 수 있다는 의미가 있다고 설명하라.
- 보호자의 역할이 없어지게 되어 제거당할 것이다. 보호자는 당신의 정신 세계에서 새로운 역할을 택할 수 있다고 설명하라.

3. 추방자를 알아 가기

E1 : 추방자에게 접근하기

당신 몸에서 그 부분을 감지하거나 그 부분에 대한 이미지를 떠올리라.

E2 : 추방자로부터 분리시키기

만약 당신이 추방자와 섞여 있다면

- 당신이 도와주러 갈 테니 추방자에게 감정들을 억제하고 있어 달라고 요청하라.
- 의식적으로 추방자와 떨어져 참자아 상태로 들어가라.
- 당신과 거리를 두고 있는 추방자의 이미지를 떠올리라.
- 중심을 잡거나 안정을 찾도록 하라.

만약 추방자가 자신의 감정들을 억제하지 않으려 한다면

- 억제할 경우, 어떤 일이 일어날까 봐 두려워하는지 물어보라.
- 당신이 정말로 추방자의 감정과 이야기를 목격하고 싶은데, 그렇게 하기 위해서는 떨어져 있을 필요가 있다고 설명하라.

의식적인 섞임 : 만약 당신이 그 부분을 참아 낼 수 있다면 추방자의 고통을 느껴 보도록 하라.

E3 : 염려하는 부분들을 분리시키기

추방자를 향하여 어떤 느낌이 드는지 체크하라. 만약 당신이 참자아 상태에 있지 않거나 긍휼한 마음이 느껴지지 않는다면 염려하는 부분들을 분리시키라. 그들은 보통 추방자의 고통에 의해 압도당하는 것이나 추방자가 장악하는 것을 두려워한다. 당신은 참자아 상태를 유지할 것이며 추방자에게 장악할 수 있는 힘을 주지 않겠다고 설명하라.

E4 : 추방자에 대해 알아보기

다음과 같이 질문하라 : 어떤 느낌이 드는가? 무엇 때문에 그리 놀라거나 가슴 아파하는가(혹은 다른 감정)?

E5 : 추방자와 신뢰 관계를 발전시키기

당신이 추방자의 이야기를 듣고 싶다고 이야기해 주라. 당신이 추방자를 향하여 긍휼한 마음과 돌봄의 느낌을 갖고 있다고 이야기해 주라. 추방자가 당신의 존재를 감지하고 있는지 체크해 보라. 그리고 그 부분이 당신의 긍휼한 마음을 수용하고 있는지 감지하라.

연 · 습 · 문 · 제 · 2

실시간으로 추방자를 감지하기

당신이 이미 알게 된 추방자를 택하라. 다음 주간에 이 추방자가 언제 활성화되는지 감지해 보라. 보통 이 추방자를 자극하는 상황을 생각해 보면 도움이 된다. _____

_____

그 같은 상황이 이번 주에는 언제 일어날 것 같은가 : _____

_____

그러한 상황에 처할 때마다 추방자가 활성화되는지 주의 깊게 살펴보라. 활성화되면 어떤 느낌이 드는가 : _____

이 추방자를 보호하기 위해 보호자가 활성화되는가? 그렇다면 어떤 보호자이며 어떻게 행동하는가 : _____

_____

보호자가 없다면, 추방자는 어떻게 행동하는가 : _____

_____

요약

이 장에서는 IFS 프로세스의 제3단계와 그 하부 단계인 E1~E5를 배웠다. 추방자의 고통이나 외상으로부터 떨어져 있는 것이 왜 중요한지 그리고 필요하면 어떻게 분리시키는지 알게 되었다. 어떤 상황에서는 추방자의 감정과 의식적으로 섞이는 것이 도움이 될 수 있다는 것도 알았다. 추방자와의 작업에 있어서 긍휼한 마음의 중요성과 추방자를 판단하는 염려하는 부분들로부터 분리시키는 법도 이해하였다. 추방자를 알아 가고 그와 신뢰의 관계를 발전시키는 법도 알게 되었다. 또한 삶 가운데서 추방자들이 어떻게 활성화되는지 그리고 그들이 어떻게 보호자들을 활성화시키는지도 알게 되었다.

일단 당신이 추방자를 이해하고 추방자가 당신을 신뢰하면, 당신은 다음 장에서 다루는 제4단계로 나아갈 수 있다.

Chapter 12

시작점 찾기

어릴 적 기억에 접근하고 목격하기

우리의 심리 문제를 배후에서 조종하고 있는 주된 힘 중의 하나는 어릴 적부터 지금까지 짊어지고 있는 고통이다. IFS는 이것을 우리의 추방자들이 '짐'을 짊어지고 있다고 본다. 짐은 당신 자신이나 세상에 대한 고통스러운 느낌이나 부정적인 신념이다 — 예를 들면, 버림 받음, 아무 쓸모가 없음, 두들겨 맞는 것에 대한 두려움, 수치심 등이 그것이다. 추방자는 짐을 짊어지고 오늘에 이르렀다. 왜냐하면 해로운 사건이나 과거(보통 어릴 적)로부터의 관계가 소화되지 못하였기 때문이다. 예를 들면, 어렸을 적에 사람들이 그리 많이 안아 주지 않았다. 학교에서 아이들한테 많은 놀림을 받았다. 삼촌의 허리띠로 두들겨 맞았다. 속에 있는 이야기를 하거나 혹은 자기 의견을 피력하려 할 때마다 야단을 맞았다. 어머니는 자신의 행복을 당신이 책임져야 한다는 메시지를 주었다. 아버지는 당신을 바보라고 불렀다.

아버지의 예를 더 들어 보자. 아버지로부터 판단

을 받고 있기 때문에 당신은 자신이 바보라 믿는 짐을 짊어지고 있는 추방자를 가지고 있다. 이제 당신의 현재 삶에서 어릴 적으로부터의 관계를 생각나게 하는 사건이 발생한다. 어떤 사람이 아버지가 당신을 대했던 방법과 비슷한 식으로 당신을 대한다. 아마도 상사가 당신의 작업에 실수가 있다고 이야기한다고 하자. 이것은 수치심을 느끼는 작은 소년 추방자를 자극한다.

기억으로부터 부분의 활성화

외부 상황이 어릴 적 기억을 생각나게 하기 때문에 작은 소년 추방자가 활성화되어 있다.

외부 상황

상사가 실수를 지적한다.

이 사건은 작은 소년의 수치심을 자극할 뿐만 아니라 수치심을 느끼지 못하도록 보호하는 보호자는 당신을 마비시키면서 방어적이 되어, 예를 들면 상사와 싸우거나 술에 취한다. 이 시나리오는 어릴 적 기억이 우리의 현재 행동과 감정에 어떻게 영향을 끼치는지 보여 준다.

IFS 프로세스의 주된 목표 중의 하나는 추방자들이 짐을 내려놓아 고통과 두려움으로부터 해방되도록 돕는 것이다. 그리하여 이것은 보호자들로 하여금 상처 받기 쉬운 추방자들을 안전하게 보호하기 위해 극단적이고 경직된 행동을 취하려는 충동으로부터 벗어나게 한다. 그러나 추방자가 짐을 내려놓을 수 있기 전에 그 짐의 근원들이 경험되고 목격되어야 한다. 이것은 추방자를 개방시켜 치유 과정들이 뒤따를 수 있게 해 준다.

그러므로 일단 당신이 추방자를 알게 되고 그것과 관계를 맺으면(제3단계) 다음 단계는 짐을 만든 원래의 어릴 적 상황에 접근하고 목격하는 것이다. 이것이 이 장에서 다루는 IFS 프로세스의 제4단계이다. 추방자들은 자신들의 짐이 어디서 왔는지 알고 있다. 그리고 질문을 받으면 그들은 보통 이것을 당신에게 드러낸다. 이것은 깊이 묻혀 있는 기억에 쉽고 자연스럽게 접근하도록 한다.

어릴 적 경험을 소화시키기

당신이 고통스럽거나 힘든 경험을 참을 때마다 당신의 정신 세계가 건강을 유지하기 위해서는 경험을 충분히 처리하여 소화시켜야 한다. 당신은 경험을 충분히 느끼고 그것을 이해한 다음, 당신 자신에 대한 부정적이고 부정확한 관점이 남아 있지 않도록 당신이 가지고 있는 자신이 누구인지에 대한 개념으로 그것을 통합해야 한다. 성인 삶에서의 경험까지 이런 식으로 소화시켜야 한다. 예를 들면, 당신의 배우자를 암으로 잃었다고 가정하자. 당신은 그것이 가져다주는 슬픔과 그 밖의 감정을 느끼고 깊이 생각하고, 친구들과 그것을 논의하고 당신이 느끼는 죄책감이나 자책감을 끝까지 작업할 필요가 있다. 이것이 여러 달에 걸쳐 반복적으로 일어난 후에야 당신은 그것을 받아들일 수 있게 된다.

위협적이거나 외상적인 경험은 당신의 몸을 '싸울 것인가 도망갈 것인가'의 스트레스 반응으로 몰아넣는다. 예를 들면, 당신이 총을 가진 강도에 의해 위협받고 있다고 가정해 보자. 당신의 몸은 고도의 경계와 두려움 상태로 들어간다.

나중에 당신이 사건의 자초지종을 이야기하며 두려움을 느끼게 되면, 이것은 당신 몸이 생리적인 반응을 종료하고 정상적인 이완된 상태로 되돌아갈 수 있도록 해 준다.

힘든 경험도 또한 자신에 대해서 나쁜 감정을 갖게 하거나 사람들을 불신하게 만든다. 예를 들면, 당신이 근무 성적이 좋지 않아 해고당했다고 가정하자. 이로 말미암아 당신은 자신감을 잃게 되고 한동안 그에 대해 속을 끓인 후에는 세상이 불공평하다고 믿게 된다. 당신은 시간을 갖고 외부의 지원을 받아 이것을 깊이 생각하며 당신이 제대로 하지 못한 것이 어떤 것인지 이 중에 얼마가 직장 내 힘겨루기로 인한 것인지 알아낼 필요가 있다. 이것이 경험을 당신의 정신 세계와 자아에 대한 감각에 통합시키며 자신에 대해 부정적인 관점을 취하지 않고 당신의 실수로부터 배울 수 있도록 해 줄 것이다.

성인으로서 문제가 되는 경험을 하였을 때에는 보통 그것을 제대로 소화시킬 자원을 가지고 있다. 그 문제를 명료화할 줄 알며, 지적으로 정서적으로 성숙하며 친구, 가족 혹은 치료사로부터 지지를 얻을 수 있다. 그러나 어린아이는 종종 어려운 사건을 소화시키는 자원을 가지고 있지 못하다. 혼자서 그것을 할 수 없기에 부모나 다른 어른들로부터 많은 섬세한 지원이 필요하다. 경험이 고통스럽고 외상적일수록 그것을 소화시킬 수 있는 지원이 더 많이 필요하다. 그러나 이 지원은 종종 부모가 당신이 그것을 필요로 하는 것을 깨닫지 못하거나 그것을 베풀어 줄 수 있는 역량을 갖고 있지 못하기 때문에 혹은 최악의 경우이긴 하지만 부모가 외상적 사고의 근원이기 때문에 얻지 못한다.

소화되지 않은 경험은 그것을 경험한 추방자에게 짐을 만든다. 어린아이 부분을 치유하고 그의 짐을 내려놓도록 돕기 위해서는 기억이 재경험되어야 하고 완전히 처리되어야 한다. 참자아가 그 경험을 목격하도록 하는 것은 치유의 중요한 측면이다.

제4단계: 어릴 적 기억에 접근하고 목격하기

당신이 추방자를 알게 되면서 그는 먼저 당신에게 사신의 느낌이 어떤지 현재 삶에서의 어떤 상황이 자신을 자극하는 경향이 있는지를 보여 준다. 당신이 추방자를 알게 되고 그와 관계를 맺은 후 어떤 사건이 처음으로 짐을 만들었는지 보여 달라고 요청하라. (때로는 추방자가 자발적으로 이것을 보여 준다. 이 경우에는 당신이 요청할 필요가 없다.) 당신은 다음의 어느 한 가지를 이야기하면 된다.

- 당신이 어렸을 때처럼 느끼고 싶으니 사건의 이미지나 기억을 보여 주십시오.
- 당신이 어릴 적에 처음으로 이 역할을 떠맡았을 때를 보여 주십시오.
- 당신이 작은 아이였을 때 어떻게 이것을 믿게 되었는지 보여 주십시오.

이러한 기억이 추방자로부터 나오도록 하는 것이 중요하다. 당신이 그것을 알아내려고 애쓰지 말라. 당신의 기억들을 샅샅이 뒤지고 어떤 것을 작업할까 결정하려고 서두르지 말라. 그렇게 하는 것은 별로 도움이 되지 않을 지적인 프로세스를 사용하는 것이다. 그냥 추방자에게 그 기억을 물어보고 어떤 것이 떠오르는지 기다려 보라. 보통 어떤 기억이 자연스럽게 떠오를 것이다. 당신이 의식적으로 기억하지 못했던 사고나 관계의 이미지를 볼 수도 있다.

만약 당신이 물어봐도 추방자가 아무것도 보여 주지 않는다면 여기에는 여러 가지 이유가 있을 수 있다. 아래에 그 이유를 그것을 다룰 수 있는 방법과 함께 열거하였다.

1. 당신이 아주 구체적이고 명료한 기억을 찾고 있다(아래 '기억의 유형'을 보라). 이것은 추방자가 당신에게 보여 줄 수 있는 것을 제한하고 있는 것이다. 그 기대를 버리고 암묵 기억, 이미지 조각, 신체 기억 등에도 마음 문을 열라.

2. 당신이 아직 추방자와 충분한 접촉을 갖지 못하였다. 이 경우, 그의 감정과 내면 상태의 목격을 통해 추방자를 계속 알아 가도록 하라. 일단 당신이 좀 더 친밀한 접근을 하게 되면 다시 기억을 요청한다. 이제 기억이 떠오를 가능성이 높아진다.

3. 추방자는 당신에게 기억을 보여 주고 싶어 하지 않는다. 아마도 아버지가 외도를 하고 있다는 정보처럼 추방자가 드러내 놓기를 꺼리는 비밀일 수도 있다. 당신은 지금 성인이며 이 정보는 더 이상 위험하지 않다고 추방자를 안심시키라. 아마도 기억 그 자체가 문제가 아니라 추방자는 그에 수반되는 감정을 당신이 다룰 수 없다고 생각할 수도 있다. 당신이 그 기억을 볼 수 있도록 허락하는 경우, 어떤 일이 일어날까 봐 두려워하는지 추방자에게 물어보라. 그리고 나서 당신의 감정이 당신을 압도하지 않을 참자아 상태를 유지할 거라고 안심시키라.

4. 당신에게 그 기억을 보지 않았으면 하는 보호자가 있다. 위에서 언급한 갖가지 이유 중의 어느 하나일 수 있다. 그 보호자에게 동일한 질문을 던지라. 당신이 그 기억을 볼 수 있도록 허락하는 경우 어떤 일이 일어날까 봐 두려워하는가? 그리고 나서 두려움에 대해 보호자를 안심시키라.

기억의 유형

때로는 당신이 추방자에게 기억을 떠올려 보라고 요청할 때 그는 당신이 명료하게 회상하는 구체적인 상황을 보여 준다. 예를 들면, 여덟 살 때 학교에서 돌아와서 엄마가 매우 심각하게 우울한 상태로 침대에 누워 있는 것을 보았다. 이것은 외현 기억이라 불린다. 그것은 특정 상황을 명료하게 회상하는 것이다. 그러나 모든 기억이 이런 것은 아니다. 마음은 재상영할 수 있는 영화 필름을 단순히 저장만 하는 것은 아니다. 어떤 기억은 모호한 신체 감각이나 어릴 적 이미지의 조각들로 나타난다. 그리 분명치 않은 기억들은 암묵 기억이라 불린다. 예를 들면, 임박한 공격의 어렴풋한 감각, 당신을 향해 날라 오는 주먹과 같은 마음 그림의 한 조각, 숨막힐 것 같아 안아 달라고 팔을 내미는 자각이 그것이다.

암묵 기억에는 보거나 느낄 수 있는 원래의 사건, 그 이상이 있다. 즉, 당신은 그 사건의 일부에 대한 감각만을 가지고 있는 것이다. 여기에는 몇 가지 그럴 만한 이유가 있다.

1. 그 사건의 남은 부분에 대해서는 아직 접근이 이루어지지 않았다. 예를 들면, 만약 당신을 향해 날라 오는 손 같은 어렴풋한 이미지를 가지고 있다면, 이것은 당신이 엄마에게 많이 맞았던 사실에서 오는 것일 수 있다. 만약 당신이 이 이미지를 계속 품고 있다면, 모든 기억이 떠오를 수도 있다.

2. 당신이 얻어맞는 것을 재경험할 경우 느끼게 될 엄청난 고통을 두려워하는 보호자가 그 모든 기억을 회상하지 못하도록 막고 있다.

3. 그 기억은 당신의 두뇌가 외현 기억을 저장할 만큼 발달하지 못했던 아주 어렸을 때로 거슬러 올라가기 때문에, 겨우 어렴풋한 이미지와 감각만을 기억하고 있을 뿐이다. 아니면, 아직 말 못할 때의 신체 기억을 갖고 있다.

암묵 기억들이 중요하지 않다고 생각할 수도 있지만, 그것들은 외현 기억들만큼이나 치유에 유용하다. 어떤 한 기억이 떠오를 때는 그것을 목격하고 그것에 대해 좀 더 이야기해 달라고 추방자를 독려하라. 마음을 열고 관심을 가지라. 당신이 추방자에게 더 많이 접근하게 되면서 그리고 그가 더 많은 것을 드러낼 준비가 되면서 종종 추가적인 정보를 얻게 된다. 그러나 명료함을 위해서 강압하지 말라. 왜냐하면 이것은 프로세스의 자발적인 전개를 방해할 수 있기 때문이다. 아픔과 고통을 드러내는 것은 추방자에게 민감한 프로세스이다. 그가 자신의 시간에 맞추어 개방하게 하라. 그리고 사건을 완전히 명료하게 이해하는 것이 절대적으로 중요한 것은 아니다. 기억의 자세한 면을 아는 것이 도움이 되기는 하지만, 이러한 지식이 없어도 여전히 치유 과정의 다음 단계로 나아갈 수 있다.

다른 유형의 기억도 있다. 어떤 것들은 특정한 사건보다는 당신 부모와의 관계(적대적, 통제적, 거리를 둔)나 혹은 당신이 가족들 가운데서 대우 받는 방식(무시당하고 비난 받는)을 나타내는 일반화된 이미지로 떠오른다. 예를 들면, 무언가 잘못했다고 당신을 꾸짖는 아버지의 이미지를 갖고 있을 수 있는데, 여기서 당신 나이나 잘못된 것이 무엇인지는 분명치 않다. 이것은 수없이 발생했던 것을 나타내는 일반 기억이다. 아버지는 아마도 당신이 어린 시절에 걸쳐 수백 번 꼭 같은 목소리와 얼굴 표정으로 당신을 꾸짖었을 것이다. 일반 기억은 이 모든 사건들을 나타낸다. 그러므로 IFS 프로세스 중에 그것을 치유할 때는 이 모든 기억들을 치유하고 있는 것이다(후속 장에서 하는 법을 보게 된다).

때로는 외현 기억 하나가 그와 얽혀 있는 모든 것을 의미하기도 한다. 예를 들어, 중학교 1학년 수학 숙제를 이해하지 못해서 아버지가 매우 화가 났던 어느 특정한 사건이 머릿속에 떠올랐다고 하자. 이 기억은 보통 아버지가 당신에게 소리질렀던 다른 모든 경우를 대표하는 역할을 하게 된다.

추방자는 또한 당신에게 상징 기억을 보여 줄 수도 있다. 마치 꿈이 심리적인 것을 의미하듯이 이 기억은 당신에게 일어났던 것을 상징적인 형태로 대표시키는 이미지이다. 예를 들어 후안은 물에 떠다니는 해초의 이미지가 보였다. 그것은 해저에 고정되어 있어야 하는 것이었으나 조류에 밀려 떠다니고 있었다. 그가 탐색해 본 결과, 그것은 어릴 적에 자신이 가졌던 어머니와의 불안전한 애착을 대표하고 있음을 깨달았다. 해초는 갓난아기 때의 자기를, 해저는 그의 엄마를 대표하였다. 해초는 해저에 붙어 있어야 함에도 붙어 있지 않았다. 이것은 그가 엄마와 단절되어 있음을 뜻하였다. 만약 당신에게 상징 기억이 떠오르면 그것을 감사함으로 받으라. 그리고 시간이 지남에 따라 어떻게 발전해 나가는지 이해하기 위해 그 기억과 함께 있으라. 당신은 또한 그것이 어떤 것을 의미하는지 좀 더 보여 달라고 추방자에게 요청할 수도 있다. 그러나 명료함을 위해 추방자를 심문하듯 하지 않는 것이 중요하다. 단지 마음을 열고 어떤 것이 전개되는지 보라.

어릴 적 근원을 목격하기

일단 추방자가 당신에게 기억을 보여 주면 추방자가 하고 싶은 만큼 자세하게 관련된 이야기들을 해 달라고 하라. 추방자는 이미지를 통해 할 수도 있고 또한 어떤 일이 일어났는지 이야기해 줄 수도 있으며, 당신이 다른 방식으로 그것을 감지할 수도 있다. 긍휼한 마음을 가진 목격자로서 추방자를 위해 곁에 있으라. 추방자가 당신에게 매우 고통스런 경험을 보여 줄 수도 있다. 따라서 당신이 추방자와 추방자가 그동안 경험했던 것에 대해 마음속에서 우러나오는 돌봄과 존중으로 그것들을 수용하는 것이 매우 중요하다. 대부분의 경우, 추방자가 자신에게 일어났던 사건 중에서 당신이 알아 주었으면 하는 것을 보여 주면서 리드해 나가도록 만들라. 추방자들은 자신들을 목격해 주고 이해해 주기를 원한다.

어떤 기억이라도 두 가지 중요한 측면이 있다 — 어떤 일이 일어났었고, 그것이 추방자로 하여금 어떤 느낌을 갖도록 만들었는가 하는 것이다. 가능하면 추방자가 당신에게 이 둘을 모두 보여 주도록 하라. 만약 추방자가 어떤 일이 일어났었는지만 보여 준다면 그 사건이 추방자에게 어떤 느낌을 갖도록 만들었는지 물어보라. 만약 당신에게 느낌만이 전달된다면, 어떤 것이 그러한 느낌들을 갖도록 만들었는지 이야기해 달라고 추방자에게 즉각 요구하라.

그녀가 점차적으로 기억에 대해 더 많은 것들을 드러내는 동안 그 추방자들과 함께 있으라. 추방자가 편해하는 속도로 정보가 전개되도록 하라. 모든 자세한 기억들이 나오기 위해서는 상당한 시간이 걸릴 수 있다. 이렇게 진행되면서 추방자와의 접촉 또한 깊어져 더 많은 것들이 떠오르게 된다. 종종 처음에는 어릴 적의 상황을 보고 그것이 어떤 느낌을 갖도록 만들었는지에 대해 어느 정도 감을 잡게 되지만 당신이 그 경험과 함께 있으면서 추방자의 느낌은 훨씬 분명해지고 고통의 깊이는 명확해진다. 보통 그때쯤이면 당신이 그 추방자와 더 견고한 관계를 맺었고 추방자에 대해 긍휼한 마음을 느끼고 있기 때문에 섞이지 않으면서 더 많은 고통을 목격할 수 있게 된다. 고통을 추방자가 충분히 느끼고 당신이 충분히 목격할수록 치유는 더 깊어진다.

추방자는 또한 사건에 대해 화가 나거나 심지어 분노를 느낄 수도 있다. 이 같은 느낌은 고통만큼 잘 목격되어야 한다. 화를 보여 달라고 추방자를 격려하라.

그녀는 보통 내면적인 이미지 작업을 통해 화를 표현하고 싶어 할 수 있다. 보호자가 더 깊은 고통을 방어하기 위한 방편으로서 화를 사용하기도 하지만, 추방자들도 마찬가지로 종종 화를 짊어지고 있다. 추방자의 화는 방어가 아니며 충분히 목격되어야 할 필요가 있다.

추방자가 일련의 기억을 보여 준다면 다행이다. 그러나 그 기억들이 모두 한 느낌이나 문제에 관련된 것인지를 분명히 하라. 예를 들면, 만약 추방자에 대한 문제가 사람들에 의해 판단 받는 느낌이라면 모든 기억은 어릴 적에 판단 받았던 사건이나 자신에 대해 나쁜 느낌을 갖도록 만든 어떤 것이어야 한다. 만약 어떤 기억들이 관련 없는 문제에 대한 것이면 한 가지 주된 문제에 대해 좀 더 구체적으로 초점을 맞추어 달라고 요청하라. 당신이 한 번에 한 문제씩 밖에 치유할 수 없으므로, 다른 기억들은 나중 회기에 다루겠다고 이야기해 주라.

이해 받는 느낌

때로는 추방자에게 이 기억과 관련된 중요한 것을 다 보여 주었는지 혹은 보여 줄 것이 더 있는지 물어보라. 추방자가 기억에 살붙이기를 끝냈을 때, 이것이 추방자에게 얼마나 고통스러웠을지 정말로 이해되었는지 체크해 보라. 만약 그렇지 못하다면 정말로 이해될 때까지 더 많은 질문을 하라.

그리고 나서 그것이 얼마나 힘들었는가를 이해하고 있는 것으로 느껴지는지 추방자에게 물어보라. 이것은 매우 중요한 질문이다. 다음 단계로 진행하기 전에 추방자는 자신의 이야기를 해야 할 뿐아니라 또한 자신의 고통을 정말로 보여 주었고 들려주었다는 사실도 받아들일 수 있어야 한다. 만약 추방자가 당신이 이해하고 있다고 느끼지 않으면 당신에게 더 보여 주어야겠다고 생각하는 것인지 혹은 당신이 정말로 정서적으로 그것을 이해하고 있다는 사실을 믿지 않는 것인지 물어보라.

추방자는 자기가 경험한 바를 누구나 이해할 수 있다고 믿기 힘들어할 수도

있다. 혹은 어느 누구도 신뢰하기 힘들어할 수도 있다. 이 경우, 어릴 적에 추방
자가 아무도 신뢰하기 힘들도록 만든 어떤 사건이 있었는지 탐색해 보라. 그리
고 그것에 대해 그녀를 공감해 주라. 더불어 그녀의 경험에 대해 당신이 이해하
고 있는 바를 정확히 설명하라. 이렇게 함으로써 추방자가 당신을 신뢰하도록
하는 데 큰 도움을 주게 된다. 물론 당신이 참자아 상태에 있지 않아 추방자의
고통을 충분히 공감하지 못할 가능성도 있다. 그 경우, 추방자에게 충분히 마음
문을 열 수 있도록 당신을 가로막고 있는 염려하는 부분으로부터 분리시킬 필
요가 있다. 이렇게 하여 그녀는 자기 이야기를 들어 주고 있다는 느낌을 받게
된다.

목격의 유익

이 목격 프로세스로부터 얻게 되는 여러 가지 중요한 유익이 있다.

1. 감춰진 기억을 개방하여 치유될 수 있도록 한다. 추방자와 기억이 정신 세
   계에 깊이 묻혀 있을 때 완전한 치유는 불가능하다. 상처 받은 부분은 대낮
   같은 빛이 필요하다. 만약 당신이 그 기억에 대해 순전히 지적으로만 이해
   한다면 아마도 치유로 나아가지 못할 것이다. 그 기억은 느껴지고 이해될
   수 있도록 정서적으로 그리고 동시에 지적으로 개방되어야 한다. 그러나
   이것이 추방자의 감정을 당신이 느껴야 한다는 것을 의미하는 것은 아니
   다. 앞 장에서 설명한 바와 같이 보통 추방자가 그것들을 느끼는 것만으로
   도 충분하다.
2. 그 기억은 참자아의 안내와 지지하에 소화된다. 그리하여 앞서 설명한
   것처럼, 그 경험은 완성되고 통합되며 생리적인 스트레스 반응은 가라앉
   는다.
3. 추방자는 참자아에 의해 충분히 이해 받아야 한다. 원래 있었던 사건과 추
   방자가 그 기억을 되살려 함께 나누면서 지금 경험하고 있는 것 사이에는

매우 중요한 차이가 있다. 이번에는 추방자가 혼자가 아닌 것이다! 원래의 사건은 특히 힘들었다. 왜냐하면 추방자가 다른 어느 누구의 도움이나 이해를 받지 않으며 혼자서 그것을 해결해야 했기 때문이다. 나는 추방자들로부터 언제나 다음과 같은 이야기를 듣는다. 자신들은 완전히 혼자 있는 느낌이며 반응은 있으나 나눌 수는 없다. 이제 치료 회기에서는 그 경험을 목격하고 이해를 해 주는 참자아가 있다. 이것이 추방자에게는 치유이며 추방자와 참자아 사이에 더 큰 유대감을 형성한다. 이것은 우리가 IFS 프로세스를 진행할 때, 참자아가 더 깊은 치유의 행위자가 될 수 있는 무대를 제공해 준다.

참자아가 어릴 적 기억을 목격한다

참자아는 원래 상황에서 작은 소년이 갖고 있는
수치감을 목격한다. 이번에는 그 소년이 참자아와 관계를
맺고 있기 때문에 혼자라고 느끼지 않는다.

4. 추방자는 자신이 짊어지고 있는 짐이 과거로부터 온 것이고 태어날 때부터 가지고 있는 것이 아니라는 사실을 이해한다. 예를 들면, 아무 쓸모가

없다고 느끼는 어린아이 부분은 가족들이 자신으로 하여금 그런 느낌을 갖도록 만들었다는 사실을 알게 되었다. 이런 식으로 추방자는 자신의 아무 쓸모가 없다는 느낌이 진실이 아니며 정말로 그녀의 것이 아닌 어릴 적에 떠맡은 짐이란 것을 깨닫게 된다. 그러므로 그 짐은 내려놓을 수 있게 되고 추방자는 자신의 타고난 가치를 경험할 수 있게 된다.

보호자의 어릴 적 근원을 목격하기

추방자만이 고통스러운 어릴 적 경험으로부터 온 짐을 짊어지고 있는 부분인 것은 아니다. 보호자들도 역시 짐을 지고 있다. 해롭거나 외상적인 사건이 어린 당신에게 발생하면 추방자가 그 고통을 떠안고 보호자는 종종 그 고통을 중지시키는 역할을 맡는다. 그 목표는 그 사건이 다시 일어나지 못하도록 하거나 당신이 그 고통에 의해 압도당하지 못하도록 하는 것이다. 고통(혹은 부정적인 신념)이 짐인 추방자와는 달리 보호자의 역할 자체가 보호자의 짐이다. 모든 보호자가 어릴 적 외상을 경험한 시점에서 자신들의 임무를 떠맡는 것은 아니라는 사실에 주목하는 것이 중요하다. 어떤 것들은 나중에 떠맡는다. 예를 들면, 당신에게서 모든 정서적 고통을 떼어놓는 임무를 가진 지적인 부분은 몇 년이 지난 후 발달할 수도 있다. 그러나 많은 보호자들이 원래의 어릴 적 손상에 직접 묶여 있는 짐을 짊어지고 있어 그들 짐의 근원을 목격하는 것이 도움이 된다. 그것 말고는 두 가지 유형의 보호자를 동일한 방식으로 작업한다.

IFS 프로세스 흐름에서 일단 당신이 보호자의 긍정적인 태도를 발견하였고 그것과의 관계를 발전시켰다면 통상적인 절차는 제10장에서 배운 대로 그것이 보호하고 있는 추방자와 작업해도 되는지에 대한 허락을 얻는 것이다. 그러나 때로는 보호자에게 그 보호적인 역할 뒤에 숨어 있는 어릴 적 기억을 보여 달라고 요청할 수 있다. 먼저 추방자를 알아 가고 난 다음 기억을 요청하는 대신에 당신이 보호자에게 직접 기억을 요청할 수 있다. 추방자와 하던 방식과 동일하게 진행한다.

언제 보호자에게 물을지는 당신의 직관을 따르도록 하라. 만약 옛 상처가 재발하지 않도록 보호하는 것을 매우 염려하는 듯이 보이면 당신은 그 상처의 기억을 직접 요청할 수 있다. 예를 들면, 언성을 높이고 화나 있는 것으로 보이는 누군가를 달래고 회유하려고 애쓰는 보호자와 작업하고 있다고 가정하자. 그것을 '회유자'라고 부르자. 당신은 만약 회유자가 사람들을 진정시키려 애쓰지 않는다면 어떤 일이 일어날까 봐 두려워하는지 물어보라. 그것은 그들이 비명을 지르고 당신에게 욕하고 심지어 폭력을 휘두를까 봐 두려워한다고 말한다. 당신은 회유자에게 이것을 무서워하게 만들었던 어릴 적 사건의 이미지나 기억을 보여 달라고 요청할 수 있다. 아마 욕을 먹고 신체적으로 학대 받은 기억을 보여 줄 것이다.

위에서 논의한 방식으로 당신이 이 기억을 목격하면서 자연스럽게 이러한 분노와 학대를 경험하였던 추방자에게로 나아가게 된다. 그러면 당신은 그 사건에 대해 보호자와는 다른 경험을 갖고 있는 추방자를 목격할 수 있다. 이렇듯 외상적인 사건이 발생할 때는 추방자와 보호자 둘 다 기억을 갖고 있지만 방식은 달리한다. 하지만 둘 중 어느 하나라도 원래의 사건으로 이끌어 줄 수 있다.

크리스틴이 자신의 추방자들을 목격하다

크리스틴이 자신의 작은 소녀 추방자와 가진 회기 후반부를 통해서 그녀가 어떻게 어릴 적 근원에 접근하는지를 보도록 한다. 이것은 어둠 가운데 홀로 있었던 추방자다. 여기서 크리스틴은 추방자와 이미 분리된 상태였고 추방자를 알아 갈 준비가 되어 있다.

제이 : 그 아이가 당신에게 어떤 이야기를 하고 싶어 합니까?

크리스틴 : 그동안 자기가 얼마나 힘들었는지, 어떻게 자기 혼자서 모든 것을 해야 했는지, 그리고 그동안 정말로 무서웠다는 이야기들이에요.

자기는 어떤 일이 일어나는지도 몰랐대요. 아무도 거기 없었대요.

🗨 크리스틴이 과거 시제를 사용하는 것으로 보아 작은 소녀가 이미 어릴 적 환경 가운데 있으며, 크리스틴이 이것을 깨닫고 있다는 사실을 알 수 있다. 그러나 우리는 그 당시 무슨 일이 일어났었는지 아직 모르므로 물어보는 것이 좋다.

크리스틴 : 하마터면 나도 모르게 그 아이에게 그것이 어떤 상황이었냐고 물을 뻔했어요.

제이 : 좋습니다.

크리스틴 : …내 마음은 단숨에 내가 아기였을 때의 병원 안이었다고 말하고 싶지만, 확실치는 않아요. 그 아이가 내게 이야기해 주었으면 좋겠는데….

🗨 크리스틴은 추방자의 두려움이 어릴 적 어디에서 왔는지에 대해 지적인 생각을 가지고는 있으나 그것이 정확한 것인지 확신을 갖기 위해서는 추방자의 경험으로부터 나오는 정보가 필요하다. 그래서 그녀는 그 아이에게 묻는다. 이것이 생동감 있고 구체적이며 바람직한 작업 진행이 되도록 해 주고 있다.

제이 : 잘하셨습니다.

크리스틴 : 그 아이가 이야기하네요. 어둡고 불이 꺼져 있다고. 그리고 아무도 자기를 사랑하지 않는다고. 아무도 없다는 것은 아무도 자기를 사랑하지 않는다는 이야기래요. 자기를 돌봐 주는 이가 아무도 없대요.

🗨 이것은 두려움과 공포, 그리고 아무도 자기를 사랑하지 않는다는 신념의 짐을 만들어 주었던 어릴 적 경험이다. 그리고 어떤 특정 사건을 가리키지 않으므로 암묵 기억이다. 이제 그 아이는 더 많은 목격담을 쏟아 놓는다.

크리스틴 : 참자아의 관점에서 내가 그 이야기를 들으니 안아 주고 싶어요. 그 아이를 내 무릎에 앉히고 싶어요.

제이 : 어서 그렇게 하세요.

🗨 크리스틴은 작은 소녀를 위안하여 그들의 유대를 강화시키려는 훌륭하고 자발적인 욕구를 가지고 있다.

크리스틴 : 긴장감이 하나도 없는 그 작은 몸이 너무 충격적이에요. 아주 부드럽고, 무방비 상태의 작은 몸이에요. 그리고 가슴 안에는 그 아이가 짊어지고 다니는 무거운 짐이 있는데 그 짐은 전혀 나아질 것이 없을 거라

는 절망감에서 오고 있대요. 그리고 거기엔 아무도 없으니까 그 아이는 이 짐을 자기 혼자서 져야 한답니다. (잠깐 쉰다.)

아, 그렇군요. 이제 실마리가 보이네요. 그 아이를 들어 안아 줄 사람이 아무도 없을 때는 위축되고, 고립되고, 단절된대요. 온몸 구석구석 두려움이 가득 찬 경계를 하게 된답니다. 이 무거운 가슴은 오랜 시간에 걸쳐 형성되었대요. 단 한 번의 사건으로 그렇게 된 것이 아니래요. 조금씩 갉아먹은 것이죠. 무거움은 혼자서는 아무것도 바꿀 수 없는 자신의 무능함으로부터 온 거라는군요.

🧑 이것은 그 아이가 위안과 안아 줌이 필요할 때 아무도 그 아이를 위해 있어 주지 않았던 크리스틴의 아주 어린 시절에 수년에 걸쳐서 있었던 많은 사건을 대표하는 일반 기억이다. 그리고 이 부분이 무거움과 고립의 짐을 떠맡았다.

제이 : 온몸 구석구석에 형성된 것, 그것이 어떤 것인가요?

크리스틴 : 경계, 조심, 경호, 보호, 그리고 세상으로부터의 차단이에요. 일종의 방어지요. 절실한 거예요. 뼈에 사무친 것 같아요. (잠깐 쉰다.) 지금은 무서운 느낌, 어둠 속에 홀로 갇힌 느낌이 있어요. 훨씬 더 어릴 때의 느낌이에요. 한참을 거슬러 올라가요. 구체적인 기억이 나요. 아기가 자기 팔과 다리를 버둥거리고 있어요. 누군가 와서 자기를 안아 주어야 하는데 아무도 오질 않네요.

🧑 이 기억은 더 어린 부분, 아기라고 불리는 추방자로부터 오고 있다.

크리스틴 : 이제 희미한 기억이 좀 나요. 아기 침대 안에 덩그러니 놓여 있는 어떤 것이…. 허공에 흩어지는 메아리. 어딘가 가려고, 안기려 애쓰는 느낌이 있어요. 그러나 아무도 없어요.

🧑 이 기억은 암묵적인 동시에 일반적이다. 기억이 모호하며 아마도 그 아이가 돌봄을 받지 않았던 많은 경우를 대표하고 있는 것으로 생각된다.

제이 : 그 아기는 필사적으로 안기려 하는데, 아무도 오지 않는군요.

크리스틴은 이제 이 기억들의 중요한 측면들을 목격하였고 IFS 프로세스의 다음 단계로 진행할 수 있게 되었다.

멜라니가 수치심 추방자를 목격하다

이 축어록은 추방자를 목격하는 방법에 대해 좀 더 많은 것을 보여 준다. 멜라니는 여러 차례의 IFS 회기를 통해 많은 수치심을 품고 있는 추방자에게 이미 접근하였다. 멜라니는 이 수치심 추방자와 작업하기 위해 사전에 보호자로부터 허락을 받아 놓은 상태다. 그래서 우리는 바로 시작한다.

제이 : 수치심 추방자에 초점을 맞추고 당신이 추방자에 대한 감각을 갖게 되면 이야기해 주세요.

멜라니 : 수치심 추방자와 닿았어요. 고개 숙여 땅을 내려다보고 있는 해바라기 같아요.

제이 : 그러면 그 부분을 향해 어떤 느낌이 드시나요?

멜라니 : 느낌 같은 것은 모르겠지만, 지지하는 자세는 가지고 있어요. 우리가 그 아이의 이야기를 꺼내니까 약간 당황해하고 있는 것은 이해가 돼요.

제이 : 아이가 어떤 느낌을 갖고 있는지에 대해 좀 더 이야기해 달라거나 보여 달라고 해 보세요. 그리고 당신이 참자아 상태를 유지하면서 그 아이를 지지할 수 있도록 감정으로 휩싸지 말아 달라고 부탁하세요.

🔈 여기서 나는 멜라니가 이 추방자에 대해 참자아 상태에 있는지를 체크한다. 그리고 나는 그녀가 추방자와 섞이지 않도록 보호하기 위한 몇 가지 보호막을 친다.

멜라니 : 아이는 만성적인 절망감을 벗어나질 못하고 있대요. 그 어디에도 없는 것 같은 이 절망감이 늘 있대요. 공허함, 허무함, 허망함이래요. 마치 끝 모르고 계속 떨어지고 있는 것 같답니다. 그리고 아이는 작은 소녀일 때 이런 감정을 어떻게 이렇게 많이 느꼈었는지 지금 보여 주고 있어

요. 블랙홀인데, 아이가 그 안에 빠지면 자신은 온데간데없고 단지 블랙홀만 있을 것 같대요.

💬 멜라니가 추방자를 알아 가면서 일반적인 어릴 적 기억이 저절로 드러난다.

멜라니 : 공허뿐인 공간, 이 블랙홀을 경험하였을 때가 기억난대요. 아무 의미도 없고, 본질도 없으며, 어느 것에도 연결되어 있지 않았대요.

제이 : 아이에게 그 상태에서 정서적으로 어떤 느낌이 드는지 물어보세요.

멜라니 : 이야기를 할 수가 없다네요. 대단히 두렵고 전혀 무의미한 장소래요…. 그 아이는 거기서 거의 죽어 있는 것 같은 느낌이래요.

제이 : 두 가지 느낌이 있군요 ─ 두려움과 죽은 상태.

💬 추방자가 표현한 느낌에 이름을 지어 주는 것은 가치 있는 일이다.

멜라니 : 네, 맞아요. 내가 지금까지 이것을 자각하지 못했다는 사실이 이제는 상당히 슬픈 느낌으로 다가와요. 정말이에요. 아주 무거운…. 어떻게 표현할 수가 없네요.

제이 : 그것이 얼마나 무거운지 알고 있다고 아이에게 이야기해 주세요.

💬 멜라니가 추방자의 느낌이 어떤지 이해하고 있기 때문에 추방자에게 그 내용을 이야기해 주라고 하고 있다. 그것이 그들의 관계를 강화시키기 때문이다.

멜라니 : 아이가 "그래서? 당신이 그것을 이해한다고, 그래서?"라고 하네요.

제이 : 그래서 아이는 아무 희망의 느낌이 없나요?

💬 추방자들은 일반적으로 자기 이야기를 들어 주고 이해해 주기를 바란다. 따라서 참자아가 이 점을 신경 쓰지 않기 때문에 아이가 그 어떤 것도 자신의 곤궁한 처지를 개선시켜 주지 못한다는 무망감 가운데 있는 것이 아닌가 하고 나는 가정한다.

멜라니 : 네, 아이는 또한 아주 무기력해 보여요. "나는 모든 것을 털어놓았고 내 내면에 아무것도 존재하지 않는다는 이야기까지도 당신에게 했어요."라고 하네요. 희망이 없을 만도 해요. "그것을 설명하려 애쓰는 것조차 소용없는 일 아닌가?"라고까지 생각하고 있어요.

제이 : 아이가 우리와 함께 계속 작업해 나간다면 이러한 감정들을 내려놓을 수 있도록 우리가 돕겠다고 이야기해 주세요.

🗣 나는 추방자의 기분이 나아질 수 있다는 어느 정도의 희망을 주기 위하여 이렇게 말하고 있다. 이것은 추방자가 작업을 방해하지 않도록 확실히 하는 데 도움이 된다.

멜라니 : 네, 그럴게요. 아이는 저항하지는 않지만, 그렇다고 어떤 기대도 하고 있지 않는군요.

제이 : 그럴 필요까지는 없는데. 좋습니다.

🗣 그 부분이 우리가 어떤 것을 할 수 있는지 믿어야 할 필요는 없다. 부분은 작업의 진행을 허락하기만 하면 된다.

제이 : 아이가 이런 느낌을 갖도록 만든 어릴 적 사건의 기억이나 이미지를 보여 달라고 요청하세요.

🗣 추방자가 이미 우리에게 기억 하나를 보여 주기는 하였지만, 그것은 단지 감정이었지 그 감정들을 유발한 사건들은 아니었다.

멜라니 : 아이는 부모로부터 용서를 받지 못했던 기억이 많다고 하네요. 언젠가 한번 내가 실수한 적이 있었는데, 그 실수에 대해 두고두고 야단을 맞았어요. 그것은 어떤 패턴, 매우 견고한 패턴 같았어요.

제이 : 부모님이 어떻게 아이를 야단쳤는지 보여 달라고 해 보세요.

멜라니 : 무언가 엎지른 것을 가지고 부모님이 내게 소리소리 질렀던 때가 생각난대요. 매우 겁이 났고 당황했답니다.

제이 : 그 사건으로 아이는 정말 무서워했겠군요.

멜라니 : 네, 자기에게 정말로 문제가 있는 줄로 알았대요. (잠깐 쉰다.) 이제 아이가 나중에 사람들이 방문했을 때를 보여 주고 있네요. 아빠는 내가 뭔가 엎질렀다는 이야기를 그들에게 해 주고 있어요. 아, 내 드레스에 무슨 국물이 묻었었던 것 같아요. 아빠는 그 일로 나를 웃음거리로 만들고 있고 모두가 나를 보고 웃고 있어요.

제이 : 아, 그 사건이 아이에게 어떤 느낌이 들게 했나요?

멜라니 : 굴욕감이에요. 그냥 없어졌으면 해요. (잠깐 쉰다.) 그리고 아이가 단지 서툰 것이 아니라 일종의… 내 추측에는 더럽다는 의미가 내포되어 있는 것 같아요. 적어도 그렇게 느꼈대요.

제이 : 정말 불쾌하군요.

멜라니 : 그들은 이 이야기를 두고두고 계속해서 하고 있어요. 마치 그 아이를 이렇게 계속해서 모욕 주는 것이 정말로 재미있는 것인 양 말이죠.

제이 : 그렇게 반복적으로 야단 맞는 것이 어떤 느낌이 들게 했는지 물어보세요.

멜라니 : 자신이 먼지 조각 같았대요. 그것이 가장 적절할 표현일 거에요.

    🙂 이것은 매우 강력한 표현이다. 멜라니는 이제 추방자의 경험의 깊이에 도달하였다.

제이 : 네, 아이가 당신에게 보여 주고 싶은 것이 이게 다인지 혹은 이야기하고 싶은 또 다른 것이 있는지 확인해 보세요.

멜라니 : 이 일로 정말로 화가 나 있어요.

제이 : 자신의 분노를 원하는 대로 표출해 보라고 하세요.

멜라니 : 비명을 지르며 그들에게 소리소리 지르네요.

제이 : 네. (잠깐 쉰다.)

🧑 분노는 추방자들이 표출할 필요가 있는 여느 다른 것들과 마찬가지의 감정이다. 상처를 입었을 당시 종종 그들은 분노를 느끼거나 드러내 보일 수 없었다. 지금이라도 그것을 할 수 있다는 것이 매우 만족스럽다.

제이 : 그 아이가 이야기하고 싶어 하는 또 다른 것이 있습니까?

멜라니 : 그게 전부인 것 같아요. (잠깐 쉰다.) 매우 슬퍼요.

제이 : 당신이 그 아이의 슬픔을 경험하고 있거나 그 아이에 대해 긍휼한 마음이 든다는 뜻인가요?

멜라니 : 나는 그 아이에 대해 긍휼한 마음이 많이 드는 것은 사실이에요. 내가 "먼지 조각"이란 소리를 처음으로 들었기 때문이지요. 쓰레기 조각이라면 좀 나을 텐데 먼지 조각이라니. 정말 불쾌하네요. 내게 너무도 선명하게 들렸어요.

제이 : 당신의 긍휼한 마음을 그 아이에게 전해 보시지요. (잠깐 쉰다.)

🧑 작은 소녀가 멜라니에게 보여 주고자 했던 것을 보여 주었으므로 이제 멜라니가 자신의 긍휼한 마음을 보여 주는 것은 중요하다. 이것은 그들의 관계를 강화시키는 데 도움을 준다.

제이 : 그것이 얼마나 불쾌했었는지를 당신이 알고 있다고 생각하는지 그 아이에게 체크해 보세요.

멜라니 : 내가 자기의 말을 다 듣고 있었다는 것을 알고 있어요. 내가 자기 말을 끝까지 들어 주었다고 기뻐하고 있어요.

이것은 추방자가 정서적으로 충분히 이해 받았다는 느낌이 드는지 확인하는 최종적인 체크였다. 그 아이가 그렇게 느끼므로 멜라니는 제13장, 제14장에 나오는 IFS 프로세스의 다음 단계로 나아갈 수 있게 되었다.

어릴 적 기억에 접근하고 목격하기

추방자의 어릴 적 기억에 접근하고 그것을 목격하는 회기를 가지라. 가능하다면 당신이 이미 접근 허가를 받았고 어느 정도 함께 작업해 온 추방자와 시작하라. 만약 당신이 지금까지 하나도 갖지 못하였다면 보호자와 시작하여 그것을 알아 가는 단계를 모두 거쳐, 추방자를 발견하고 알아 가라. 그리고 나서 이 장에서 배운 대로 추방자의 고통의 어릴 적 근원에 접근하고 목격하라.

추방자 : _____

_____

추방자의 느낌과 신념 : _____

_____

어릴 적에 있었던 사건 : _____

그것이 추방자에게 어떤 느낌이 들도록 만들었는가 : _____

지금 그 추방자를 향해 어떤 느낌을 갖는가 : _____

그것이 얼마나 불쾌했던가를 당신이 이해하고 있다고 추방자는 느끼는가 : _____

요약

이 장에서는 추방자가 짊어지고 있는 짐의 근원인 어릴 적 기억에 접근하는 법을 배웠다. 짐이 무엇이며 접근 가능한 기억의 종류들을 알게 되었다. 어릴 적 상황에서 일어났던 사건을 목격하는 법 그리고 그것이 추방자로 하여금 어떤 느낌이 들도록 만들었는지를 이해하였다. 이것이 IFS 프로세스의 제4단계이다. 당신은 이 목격 프로세스의 이점과 추방자가 당신이 귀 기울여 들어 주었다는 느낌을 갖는지 체크하는 법도 이해하였다. 이로써 다음 장에 나오는 첫 번째 본격적인 치유 단계로 진입할 수 있게 되었다.

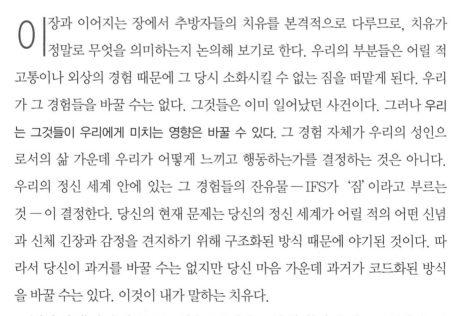

Chapter 13

내면 아이를 돌보기
추방자의 재양육과 데리고 나오기

이장과 이어지는 장에서 추방자들의 치유를 본격적으로 다루므로, 치유가 정말로 무엇을 의미하는지 논의해 보기로 한다. 우리의 부분들은 어릴 적 고통이나 외상의 경험 때문에 그 당시 소화시킬 수 없는 짐을 떠맡게 된다. 우리가 그 경험들을 바꿀 수는 없다. 그것들은 이미 일어났던 사건이다. 그러나 우리는 그것들이 우리에게 미치는 영향은 바꿀 수 있다. 그 경험 자체가 우리의 성인으로서의 삶 가운데 우리가 어떻게 느끼고 행동하는가를 결정하는 것은 아니다. 우리의 정신 세계 안에 있는 그 경험들의 잔유물—IFS가 '짐'이라고 부르는 것—이 결정한다. 당신의 현재 문제는 당신의 정신 세계가 어릴 적의 어떤 신념과 신체 긴장과 감정을 견지하기 위해 구조화된 방식 때문에 야기된 것이다. 따라서 당신이 과거를 바꿀 수는 없지만 당신 마음 가운데 과거가 코드화된 방식을 바꿀 수는 있다. 이것이 내가 말하는 치유다.

'내면 아이'라 흔히 부르는 것을 IFS에서는 '추방자'란 용어로 표현한다. 그러나 사람들은 종종 그 내면의 아이가 마치 하나밖에 없는 듯이 이야기한다.

IFS에서는 내면 아이 부분들 혹은 추방자들이 많이 존재하고 있으며 각각이 자신만의 짐을 지고 있다고 인식한다. 모든 추방자는 각각 독특한 방식으로 치유되어야 한다. 왜냐하면 각각은 자신만의 감정과 짐과 기억을 가지고 있기 때문이다.

앞 장에서 배운 대로 일단 추방자의 고통이 목격되었다면, IFS 프로세스의 제5단계 재양육, 그리고 제6단계 데리고 나오기로 진행한다. 이 장에서는 이 두 단계를 다루게 된다.

제5단계 : 추방자를 재양육하기

참자아는 추방자에게 원래의 고통스런 경험을 대체하는 새롭고 긍정적인 경험을 베풀어 줄 수 있다. 목격 단계에서 추방자는 당신에게 기억을 보여 주었다. 그것이 외현적이었든, 암묵적이었든, 일반적이었든 그리고 그것이 명료하였든 모호하였든 간에, 추방자는 당신에게 고통과 부정적인 신념을 떠맡게 되었던 과거의 어떤 상황이나 관계를 보여 주었다. 만약 추방자가 여러 가지 관련된 기억을 보여 주었다면, 그중 하나를 선택하여 초점을 맞추고 재양육 및 후속 단계를 진행한다.

추방자를 재양육하는 방법은 이렇다. 상상 속에서 당신은 원래의 어릴 적 상황에 있는 추방자와 함께 있으라. 예를 들면, 만약 부엌에서 엄마를 돕다가 엄마로부터 조롱당하고 있는 기억이 생각난다면, 그 어린아이 부분과 엄마와 함께 부엌에 있는 당신의 모습을 머릿속에 그린다. 당신은 긍휼한 마음과 침착함과 같은 참자아의 성품에 의해 증강된 당신의 모든 성인 지식과 역량을 무장한 참자아로서 그 상황에 들어가도록 해야 한다. 그 아이가 그 당시 필요했던 누군가의 모습으로 추방자와 함께 있으라. 그 아이는 이해, 돌봄, 지지, 인정, 해로부터의 보호, 격려 혹은 사랑이 필요할 수 있다. 그 아이를 치유하고 그 사건을 시정하기 위해서는 그 아이가 그 상황에서 당신으로부터 어떤 것을 필요로 하는지 감을 잡으라. 예를 들면, 그 아이가 나쁜 아이가 아니다―그 사건은 전혀 그 아이의 잘못이 아니었다 ― 는 사실을 보여 주거나 확인 받을 필요가 있을 수 있다. 추방자가 당신에게서 어떤 것을 필요로 하는지 감 잡는 것 외에 당신이 직접 물어볼 수도 있다.

그 아이가 당신으로부터 어떤 것을 필요로 하는지를 이해하면, 시각적 이미지, 신체 감각, 정서적 접촉 및 직접 대화를 포함한 당신의 내적인 상상력을 통해 그것을 그 아이에게 주라. 참자아 상태에서 당신은 그 아이를 재양육할 수 있는, 그 아이가 필요로 하는 좋은 부모가 될 수 있는 역량을 가지고 있다. 이것은 추방자에게 매우 만족스럽고 또한 당신에게도 보람이 될 수 있다. 왜냐하면 당신의 한 부분이 결사적으로 필요로 하는 위안과 안전을 당신이 베풀어 주는 것은 놀라운 느낌이기 때문이다. 그것은 또한 당신과의 사이에 유대감을 강화시킨다.

재양육 프로세스는 실제로 두뇌 안에 새로운 신경 회로를 깔아 놓는 것이다. 당신의 정신 세계와 삶이 그토록 극적으로 변화될 수 있는 것은 바로 이 때문이다. 당신은 그 어린아이 부분에게 당신의 어린 시절 어떤 측면에 한 새로운 경험, 즉 옛것을 치유하거나 대신하는 경험을 가져다준다. 이번에는, 참자아로서의 당신이 그 어린아이의 내면 깊이 존재하는 욕구를 채워 주고 있다. 이것은 어릴 적 상황에서 일어나지 않았던 바로 그 사건이다. 마치 당신이 과거가 다른 것처럼 단순히 흉내 내고 있는 것처럼 보일 수도 있지만, 당신이 실제로 하고 있는 일은 현재 가운데 있는 추방자와 새롭고 건전한 관계를 창조하고 있는 것이다. 이것은 추방자에게 삶은 좋고 행복할 수 있음을 보여 준다. 추방자는 과거 속에 실제로 존재하지 않는다. 추방자는 현재 가운데 지금 여기에 존재한다. 추방자가 자신이 여전히 고통스런 어릴 적 상황 가운데 있다고 생각하는 것뿐이다. 그러므로 추방자가 당신과 새로운 경험과 새로운 관계를 가질 때 당신은 실제로 그 추방자를 현재의 실제 상황에 더 가까이 데려오고 있는 것이다. 추방자는 이상적인 부모를 갖는 것이 어떤 것인가 하고 단지 **상상**만 하고 있는 것은 아니다. 당신이 그 추방자에게 이상적인 부모가 **되어** 가고 있는 것이다. 이렇게 되면 추방자는 변화된다. 추방자는 자신과 모든 세상에 대해 달리 느끼게 된다.

예를 들면, 만약 어릴 적에 돌봄을 받지 못하여 추방자가 되었다면 품에 꼭 껴안아 주고 사랑한다고 이야기해 줄 수도 있다. 만약 배고플 때 시간 맞춰 젖병으로 우유를 먹고 자랐기 때문에 추방자가 굶주려 있으면 팔로 안아 젖을 물릴 수도 있다. 만약 가족들이 가지고 있는 문제들을 뒤집어쓰고 추방자가 되었다면, 그 사건이 추방자의 잘못이 아니었고 추방자는 착한 아이라고 설명해 줄 수도 있다. 만약 슬퍼하는 것으로 조롱당하여 추방자가 되었다면 그 아이가 그 당시 흘릴 수 없었던 눈물을 흘리며 울라고 허락해 줄 수 있다. 그 아이의 슬픔은 그 아이가 처해 있던 상황에 대해 완전히 자연스러운 반응이었으며 그런 느낌을 갖는 것이 그 아이에게는 아무 잘못이 없다고 설명해 줄 수도 있다. 만약 아버지에게 학대를 당했다면 당신이 그 장면 속에 들어가 아버지의 내면화된 존재로부터 그 아이를 보호함으로써 그 아이가 안전감을 갖게 한다. 만약 엄마가 무시하였다면 당신은 그 장면에 들어가 그런 식으로 아이를 구박하지 말라고 어머니의 이미지에 거리낌 없이 이야기할 수 있다. 또한 당신이 정말로 그 아이에게 관심을 가지고 있다고 추방자에게 이야기해 줄 수도 있다.

만약 부모를 위해 성적을 잘 받아 와야 했거나 혹은 부모로부터 귀한 대접을 받기 위해 우등생이 되어야 했다면 당신을 위해서 그럴 필요는 조금도 없다고 이야기해 줄 수 있다. 있는 모습 그대로 추방자를 사랑하고 귀하게 여기라. 만약 당신의 부모님들이 정말로 귀 기울여 줄 시간이 전혀 없었다면 당신이 시간을 내어 그 아이의 삶의 세세한 면을 들어 줄 수도 있다. 만약 홀로 있을 때가 많았다면 당신이 그 아이의 친구와 동무가 되어 재미있는 시간을 가질 수도 있다. 만약 세상이 어떻게 돌아가는지 이야기해 주거나 능력을 개발하는 데 있어서 자신을 지원해 주는 사람이 전혀 없었다면 당신이 지금 그 아이를 위해 그 일을 해 줄 수 있다. 만약 부모님의 감정에 대해 책임을 지도록 강요당하였다면 그 아이가 책임이 없었다고 이야기해 줄 수 있다. 그들은 성인이었고 그 아이는 어린아이에 지나지 않았다. 부모를 돌보는 것이 그 아이의 임무는 아니었다. 만약 화가 나거나 궁핍한 느낌 혹은 성적인 느낌을 갖는 것에 대해 수치심을 느낀다면 당신은 그러한 감정들은 어린아이가 가질 수 있는 정말로 자연스러운 것이며 그 아이가 그것들을 가지고 있다 해서 잘못된 것은 아니라고 이야기해 줄 수 있다.

추방자를 어떤 방식으로든 변화시키려고 애쓰지 말라. 그 아이 자신에 대해 달리 느끼라고 혹은 더 나은 방식으로 생각하라고 요구하지 말라. 그것은 당신이 그 아이에게 주는 재양육으로부터 자연스럽게 얻어진다. 단지 그 아이가 필요로 하는 것을 그 아이에게 베풀어 주라. 그러면 그 아이는 자연스럽게 자유로움, 행복감, 귀함, 안전감과 자신감을 느끼게 될 것이다. 만약 추방자가 미래에 (예를 들어 다음 몇 주에 걸쳐) 당신으로부터 무언가를 원한다면 그것이 중요하기는 하지만 해당 회기 후반부에 다루도록 하라. 지금 그 아이와의 접촉이 끊어져서는 안 된다. 그 아이는 이 순간에 자신의 욕구를 충족시켜야 한다. 따라서 바로 지금 이 순간에 추방자가 당신으로부터 필요로 하는 것이 어떤 것인지 확실히 알아내어 이번 회기에 그 아이에게 그것을 줄 수 있도록 하라.

만약 당신이 준비가 되지 않았다면

재양육은 속임수로 할 수 없다. 당신은 추방자를 향해 진심으로 사랑이나 돌봄 혹은 존중하는 마음이 있어야 한다. 당신은 그 아이가 필요로 하는, 예를 들면 그 아이를 안아 주든지 혹은 격려하든지 하는 것을 정말로 주고 싶은 마음이 있어야 한다. 만약 당신이 참자아 상태에 있으면 쉽게 할 수 있을 것이다. 참자아는 필요한 감정이나 행위로써 추방자의 필요에 자연스럽게 반응하고 싶어 한다. 참자아는 긍휼한 마음과 사랑의 상태이기 때문이다. 만약 추방자가 필요로 하는 것을 주고 싶은 마음이 없다면 이것은 보호자가 당신과 섞여 있어서 당신을 참자아 상태로부터 벗어나게 하였음을 의미한다.

어떻게 이런 일이 일어날 수 있는지 본다. 추방자의 욕구와 고통을 두려워하기 때문에 추방자와 거리를 두고 싶어 하는 보호자가 장악했다고 하자. 이 경우, 당신은 참자아 상태에 있으며 또한 추방자의 고통으로 해를 입지 않을 것이라고 보호자를 안심시키라. 당신이 우선 추방자로부터의 분리 작업을 좀 더 진행할 필요가 있을 수도 있다(제11장의 E2 단계를 보라). 또 하나는 추방자의 취약함을 판단하는 보호자가 있을 수 있는 가능성이다. 어디서 취약함이 나쁘다는 생각을 갖게 되었는지 탐색하면서 그 보호자에게 옆으로 비켜서 달라고 요청하라.

당신이 충분히 사랑을 베풀지 못하고 강하지도 못하기 때문에 추방자를 돌볼 역량을 갖고 있지 못한 것을 두려워하는 부분이 있을 수도 있다. 참자아는 크고, 사랑이 많으며, 자원이 풍부하기 때문에 추방자가 필요로 하는 어떤 것이라도 다룰 수 있다는 것을 설명하라. 만약 당신이 아기를 기르거나 상처 입은 아이를 돌보는 법을 모르는 것을 두려워하는 보호자가 있다면 추방자에게 귀를 기울이기만 하면 어떤 일을 해야 할지를 알 수 있을 것이라고 설명하라. 이러한 두려움들은 종종 부족하다고 여기는 부분으로부터 온다. 이 부분에게 옆으로 비켜서라고 요청하라. 그리고 어떤 일이 닥치더라도 다룰 수 있는 참자아를 신뢰하라. 참자아는 항상 어떤 일을 해야 할지를 알고 있다. 당신은 또한 당신의 부족하다는 신념이 어디서 왔는지를 탐색할 수도 있다.

누구라도 돌보기 어려울 만큼 추방자의 필요가 너무 큰 것을 보호자가 두려워할 수도 있다. 필요의 정도가 천차만별이더라도 (참자아 상태에 있는) 당신이 다룰 수 있다고 설명하라. 추방자의 필요가 종종 압도적인 것으로 보이는 것은 어렸을 때 그것들이 적절하게 충족되지 않았고, 그 이후로 그것들을 억눌러 놓았을 뿐만 아니라, 추방자가 지금껏 무시되어 왔다는 사실이 복합적으로 작용하기 때문이다. 이것은 누구의 필요라도 꽤 강렬하게 만들 것이다. 일단 이 어린아이 부분의 필요를 충족시켜 주기 시작하면 그 필요의 긴급성은 급속히 가라앉게 되고 전체 과정이 좀 더 쉬워지게 된다.

추방자의 필요를 충족시켜 주는 것이 바쁜 당신의 삶에서 너무 많은 시간을 빼앗지나 않을까 두려워하는 부분이 있을 수 있다. 이 프로세스가 살아 있는 아기를 돌보는 것만큼 시간을 잡아먹는 것은 아니라고 설명해 주라. 내면 아이는 매일 조금씩의 관심만으로도 상당히 쉽게 만족하게 된다. 절대 많은 시간이 필요하지 않다.

일단 염려하는 부분들 모두를 안심시켰고 그들이 옆으로 비켜섰다면 당신은 참자아 상태에서 추방자의 재양육을 진행할 수 있다.

상황을 고쳐 쓰기

때로는 추방자가 원래 어릴 적 상황에서 일어났던 사건을 바꿀 수 있는 어떤 것을 당신이 해 주기를 고대한다. 이것은 옛 기억 위에 새로운 경험을 덧씌우는 것이다. 즉, 그 아이에게 행해진 잘못된 것을 시정하는 경험이다. 예를 들면, 그 아이는 학대하는 부모로부터 자신을 보호해 주기를 바랄 수 있다. 만약 그 아이가 그것을 바란다면 그렇게 하라. 보호적인 행동을 취하고 그 아이가 학대 받지 않도록 머릿속에서 상황을 고쳐 쓰라. 달리 전개되는 상황을 머릿속에 그리라. 필요하면 가장 강력한 부모조차도 가로막을 수 있을 만큼 크고 강한 당신의 모습을 그려 보라.

만약 그 아이가 당신이 부모에게 가서 자기를 심하게 다루어서는 안 된다고 이야기해 주기를 원하면 그렇게 하라. 그 아이를 어떻게 다루어야 하는지 그리고 그것이 그 아이에게 왜 중요한지를 당신이 부모에게 이야기해 줄 수도 있다. 그러고 나서는 부모가 당신의 이야기를 받아들인다고 머릿속에 그리라. 당신 이야기를 귀 기울여 들은 후 부모는 자신들이 한 행동이 해를 끼치는 것이었다는 사실을 이해하고 그 아이가 잘되기를 바라기 때문에 달리 대하고 싶어 한다. 추방자가 필요로 하는 것이 어떤 것이든 당신의 목표는 그 아이에게 그것을 충족시켜 주는 것이다. 그리고 이것은 추방자가 필요로 하는 방식대로 사건이 진행되도록 고쳐 씀으로써 치유가 가장 잘 일어날 수 있도록 사건을 변형시키는 것을 의미한다. 이것은 실제로 일어났었던 사건을 잊어버리는 것이 아니라 새로운 경험이 당신이 현재 느끼고 행동하는 방식에 중요한 영향을 미칠 수 있도록 당신의 정신 세계가 재조직됨을 의미한다.

때로는 이 변화를 머릿속으로 그리기가 힘들 수 있다. 예를 들면 어떻게 추방자를 다루어야 하는지에 대해 당신이 아버지 이미지와 이야기한다고 가정하자. 그러나 당신은 긍정적으로 반응하는 아버지를 머릿속에 그릴 수 없다. 왜냐하면 당신은 아버지가 그런 식으로 행동하는 것을 전혀 본 적이 없기 때문이다. 여기 한 가지 방법을 소개한다. 치유를 가져오도록 반응해 줄 전혀 다른 아버지 이미지를 재현하라. 이것을 도모할 수 있는 방법에는 여러 가지가 있다. 하나는 건강한 모습을 가진 당신의 아버지를 재현하는 것이다. 즉 그가 정신적인 문제를 가지고 있지 않은 경우에 취했을 법한 모습을 머릿속에 그리는 것이다. 혹은 당신 아버지의 본질―그의 영적인 핵심, 그의 참자아―을 불러낼 수도 있다. 만약 이것도 머릿속에 그릴 수 없다면 당신의 기억 가운데 있는 실제 아버지를 대신할 수 있는 이상적인 아버지를 재현하라. 건강한 방식으로 추방자에 반응하기 위해 필요한 바로 그 품성과 감정을 갖고 있는 아버지를 만들어 내라. 그리고는 이 아버지에게 어떻게 그 아이를 다루어야 하는지 이야기해 주라. 그는 추방자가 치유될 수 있도록 올바르게 반응할 것이다. 이러한 새로운 종료를 가져올 수 있도록 옛 상황을 고쳐 쓰도록 하라. 추방자가 정말로 자기 아버지와의 이 새로운 치유 관계를 받아들이도록 한다. 이것은 추방자를 과거의 짐으로부터 해방시키고 현재의 자신에 대해 더 좋은 감정을 갖도록 해 주는 새로운 신경 회로, 즉 새로운 '기억들'을 덧씌우는 것이다.

지금까지 한 부모나 양 부모가 관여된 원래 어릴 적 상황에 대해 이야기하였다. 그러나 당신의 형이나 누나 혹은 가족 전체로 전개될 수도 있다. 숙모나 삼촌 혹은 조부모가 관여될 수도 있다. 심지어 놀이터의 불량배들에 대한 것일 수도 있다. 그 원래의 상황이 당신이 외상을 입게 된 성인으로서의 삶에서 일어난 한 사건일 수도 있다. (이를테면 만약 당신이 이라크에 파병되었다면 당신은 결국 새로운 짐을 지게 될 가능성이 높게 된다.) 누가 관여되었든 혹은 언제 발생하였든 원리는 꼭 같다. 더 나은 상황이 되도록 추방자가 고쳐 쓸 필요가 있다면 어떤 방식으로든 행동하라. 추방자를 치유하고 해방시키는 새로운 기억을 덧씌우는 방식이 되도록 하라.

재양육을 받아들이기

추방자가 필요로 하는 것을 베풀 때 그 아이가 당신이 베풀고 있는 재양육을 받아들이고 있는지 체크하라. 예를 들어 그 아이가 당신의 돌봄을 느끼고 있는가?

그 아이는 사랑 받고 위로 받는 느낌을 가지고 있는가? 만약 그 아이에게 얼마나 당신이 그 아이를 소중히 여기는지 이야기하고 있다면 그 아이가 지금 소중함을 느끼고 있는가? 만약 그 아이가 느끼고 있지 않다면 세 가지 이유가 있을 수 있다.

1. 추방자가 원래 어릴 적 관계에 붙들려 있어 그 아이는 심지어 당신의 존재를 자각하지 못하고 있을 수 있다. 그 아이는 간단히 말해서 과거 속에 살고 있는 것이다. 따라서 먼저 추방자가 당신을 자각하고 있는지 물어보라. 만약 자각하고 있지 못하다면 그 아이에게 가까이 다가가 어깨를 가볍게 두드려 주의를 끌고는 당신을 좀 보라고 하라. 이것이 어떤 추방자들에게는 큰 변화가 될 수 있다. 왜냐하면 지금까지 그들은 자신들의 세계에 고립되어 있었기 때문이다. 그들은 다른 누가 존재하고 있다는 사실조차도 알지 못할 수 있다. 어떻게 해서든 추방자가 주의를 당신 쪽으로 돌리도록 만들라. 만약 당신이 추방자에 대한 시각적 이미지를 가지고 있다면 그 아이가 몸을 돌려 당신을 마주 보면서 당신에게 그리고 당신이 그 아이에게 베풀고 있는 것에 주의를 기울일 때까지 그 아이와 함께 있으라. 만약 당신 몸 안에서 추방자를 느낀다면 잠깐 시간을 내어 추방자가 되라. 그 상태에서 당신의 주의를 참자아로 다시 향하게 하여, 추방자인 당신이 참자아가 당신에게 베풀고 있는 것을 받아들일 수 있도록 하라.

2. 어떤 추방자들은 재양육을 받아들이기 힘들어한다. 왜냐하면 아무도 신뢰하지 않기 때문이다. 어떤 추방자는 전에 신뢰할 만한 어른이 없었을 수도 있다. 그래서 당신을 신뢰하기가 어려울 수 있다. 만약 이 경우라면, 추방자의 불신이 어디서 오는지 탐색하라. 그리고 신뢰하기를 힘들어하는 것을 공감하라. 또한 즉시 신뢰 받기를 기대하지 않으며 한동안 추방자와 함께 시간을 내어 거니는 것도 중요하다. 점점 시간이 지나면서 그는 당신을 신뢰하는 법을 배우게 될 것이다.

3. 때로는 추방자가 당신보다도 실제 부모로부터 자기가 필요한 것을 얻는

것만 고집하기 때문에 재양육을 받아들이지 못한다. 그는 자기 엄마나 아빠와의 관계를 어떻게든 재점화시켜 이번에는 모든 것이 제대로 되었으면 하고 바란다. 혹은 그가 정말로 진짜 부모 같은 인물로부터 재양육을 받아야 할 필요가 있는데, 어떤 이유에서인가 당신은 기대에 부합되지 않는다. 이 같은 일은 특히 추방자가 자기 엄마로부터의 양육이 필요할 때 일어난다. 그가 엄마를 고집하고 있다면 당신(특히 남자일 경우)으로부터 자신이 필요로 하는 것을 받아들이지 못한다. 만약 이 경우라면, 이 장의 '상황을 고쳐 쓰기'에서 설명하였듯이, 그 부모의 이상적인 모습이나 추방자가 필요로 하는 바로 그 품성을 가진 이상적인 부모를 재현하라. 예를 들면, 당신이 이상적인 양육하는 엄마 모습을 재현하고 그녀로 하여금 추방자를 돌보고 사랑하게 할 수도 있다.

일단 추방자가 재양육을 받아들이는 데 대한 걸림돌을 해결했다면, 참자아 상태에서 한동안 시간을 보내며, 추방자를 재양육하는 경험을 느껴 보라. 예를 들어 사랑, 지지 혹은 긍휼의 감정이 특히 당신 몸에서 어떻게 경험되는지 느껴 보라! 이 경험은 당신에게 안정감을 가져다주고 그 감정들을 좀 더 구체화시켜 준다. 당신은 가슴 안에 있는 온기로서 긍휼한 마음을 느낄 수도 있다. 당신은 온몸으로 추방자를 지지하고 있음을 느낄 수 있다.

그런 다음, 추방자가 당신의 재양육을 받아들임으로써 얻어진 즐거운 기분 가운데 잠겨 보도록 하고 자기 몸에서 이것을 느끼도록 시간을 주라. 자기 발걸음이 사뿐거려짐을 경험할 수도 있다. 자기 가슴에서 짜릿한 느낌을 가질 수도 있다. 지금 자기 생애에서 처음으로 안전감을 느끼고 있기 때문에 자기 몸에서 깊은 휴식을 느낄 수도 있다.

크리스틴이 아기를 재양육하다

'아기'라 불리는 추방자를 재양육하는 크리스틴의 축어록을 소개한다. 우리는 이미 제3장에서 전체 축어록을 보았다. 이 축어록에 등장한 인물 중에는 작은 소녀라 불리는 또 하나의 어린아이 부분이 있었다. 그들 둘은 무서움과 버림 받은 느낌을 가지고 있었고 작은 소녀는 무거움과 절망감을 가지고 있었다.

제이 : 아기에게 초점을 맞추시고 아기가 혼자 있는 장면으로 들어가세요. 아기가 당신에게서 어떤 것을 필요로 하는지 알아보세요.

크리스틴 : 내가 안아 주기를 바라고 있어요.

제이 : 어서 그렇게 해 주세요.

크리스틴 : 더 크게 울면서 그냥 꼭 달라붙네요. 지금 코로 아기 뺨을 비벼 주니 그냥 내게 꼭 붙어 있네요. 머리카락이 거의 없어요. 아주 어려서 머리카락도 많지 않아요. 솜털뿐이에요.

제이 : 아기가 당신이 거기 있다는 것을 감지하고 있나요?

💬 크리스틴은 아기를 재양육하고 있다. 아기가 크리스틴이 주고 있는 것을 받고 있는지 확실히 하기 위하여 나는 이 질문을 한다.

크리스틴 : 그럼요.

제이 : 아기가 어떤 반응을 보이는가요?

크리스틴 : 점점 잦아들어 지금은 울고 있지 않아요. 아기는 내게 파고들어 내 품 안에서 쉬고 있어요. 지금 작은 트림을 하네요. 아기가 한참 울고 나면 작은 여파가 지나가잖아요. 아기 등에서 그것이 느껴져요.

💬 분명히 아기가 크리스틴의 재양육을 받아들이고 있다.

크리스틴 : 좋아요. 긴가민가하기는 하지만, 사실은 작은 몸과 무거운 마음을 가진 아이가 아기를 안고 싶어 해요. 그래서 그 아이보고 그래 보라고 하려고요.

제이 : 좋습니다.

크리스틴 : 너무 귀엽네요! 모든 것이 이제 아름다운 놀이시간으로 바뀌었어요. 큰 사랑으로 둘러싸인 느낌이에요. 내가 이 작은 아이들을 사랑하는

것뿐 아니라 그들 둘도 사랑에 푹 빠졌어요. 아이들이 완전히 긴장이 풀렸어요. (긴 안도의 숨을 내쉰다.)

💬 작은 소녀는 아기에게 베푸는 작업에 몰두하였다. 때로는 부분들이 서로 베풀고 싶을 때도 있다. 이 과정에서 작은 소녀는 치유에 참여하고 있는 듯하다. 즉, 그녀는 사랑을 주고 있을 뿐만 아니라 사랑을 받고 있는 것이다. 사랑스러울 뿐이다!

제6단계 : 추방자를 데리고 나오기

추방자가 필요한 것은 누군가 자기를 데리고 나가 주는 것이다. 즉 그 어릴 적 모든 상황에서, 특히 추방자가 학대를 당하고 있거나 심한 위협을 당하거나 진퇴양난에 처해 있다고 생각될 때 끌어냄을 받는 것이다. 이것은 선택할 수 있는 단계이며 항상 필요한 것은 아니다. 추방자는 스스로 이것을 생각하지 못할 수도 있다. 따라서 적절하다고 생각하면, 추방자에게 데리고 나가 줄까 물어보라. 그 아이를 그곳에서 데리고 나와 당신과 함께 있을 수 있는 안전하고 편안한 장소로 옮겨 주면 좋겠는지 물어보라. 만약 그렇게 해 달라고 하면, 그 아이를 데리고 갈 장소에 대해서는 몇 가지 선택의 가능성이 있다.

1. 그 아이를 당신의 현재 삶 가운데 있는, 집의 방 같은 안전하고 즐거운 장소로 데려갈 수 있다.

2. 그 아이를 당신 몸 안으로 데리고 들어올 수 있다 — 예를 들면, 당신 심장 바로 옆으로.

3. 그 아이가 안전감과 돌봄, 인정 받음을 느끼고, 자기 말을 귀담아 들어 주거나, 그 아이가 필요로 하는 것이 무엇이든 충족될 수 있는 상상의 장소로 데리고 갈 수 있다. 예를 들면, 그 아이가 바다에서 놀고 싶어 할 수도 있고 계곡 옆 숲 속의 빈터로 가고 싶어 할 수도 있다. 이것은 그 아이가 원하는 대로 당신과(심지어 다른 사람들과도) 함께 있을 수 있는 상황이어야 한다. 자기를 수용하고 함께 놀았던 아이들과 함께 있기를 원하는 추방자도 있었다.

일단 추방자가 끌어냄을 받을 준비가 되면 그 아이가 가고 싶은 곳을 스스로 결정하게 하고 그 아이를 그곳으로 데리고 가라. 또 다른 부분들도 함께 따라가고 싶어 하는지 체크해 볼 수도 있다. (어떤 부분들은 상황이 진행되면서 그 회기를 자각할 것이다.) 새로운 장소에서 그 아이가 원하는 대로 그 아이와 함께 있으며, 자기의 안전과 자유를 즐길 수 있도록 하라. 한동안 시간을 가지며 그 아이가 새로운 환경에서 마음껏 즐기며 자기가 원하는 대로 당신이나 다른 사람들과 이야기를 나누도록 하라. 그 아이가 이것을 받아들이고 있으며 그로 인해 갖게 되는 긍정적인 감정을 느끼고 있는지 체크해 보라.

끌어냄을 받은 후에라도 추방자들이 때로는 자신들이 속수무책으로 어린 시절 가운데 남겨졌던 원래의 공포 상황으로 끌려들어 갈까 봐 두려워한다. 비록 추방자들이 옮겨진 새로운 장소를 좋아할지라도 어떤 아이들은 그것이 영원하다고 믿지 않는다. 그들은 옛 상황 가운데 있는 것에 너무 적응이 되어 있다. 따라서 상처를 주는 장소로 다시 되돌아갈 필요가 전혀 없다고 추방자를 안심시켜 주는 것이 때로는 좋을 수 있다. 그 아이는 이 새로운 장소에 영원히 당신과 함께 머물러 있을 수 있다. 이것은 마음을 매우 편하게 하며 용기를 북돋워 준다. 데리고 나오기가 원래의 사건이 일어나지 않았던 것처럼 가장하는 하나의 방법 정도로 보일 수도 있겠지만, 추방자는 실제로 과거 속에 있는 것이 아님을 기억하라. 자신이 과거 속에 있다고 생각하는 것에 지나지 않는다. 추방자는 실제로 당신의 모든 부분들과 꼭 같이 현재 가운데 존재한다. 그러므로 추방자를 데리고 나오는 것은 추방자를 현재의 실제 상황에 가깝게 데려오는 것이다.

만약 추방자가 끌어냄 받기를 원치 않는다면 이것은 단지 끌어냄이 필요치 않다는 의미일 수 있다. 추방자 데리고 나오기는 선택 사항임을 기억하라. 그러나 또 다른 이유가 있을 수 있다. 이상하게 들릴 수 있겠지만 때로는 추방자가 끌어냄을 받고 싶어 하지 않는다. 왜냐하면 그 아이는 고통스런 어릴 적 환경에 밀착되어 있기 때문이다. 여기에는 여러 가지 이유가 있다.

1. 자기가 그곳에서 끌려 나오면 자기 부모를 잃을까 봐 두려워할 수 있다. 이

경우에 자기가 원하는 자기 부모의 좋은 면들은 모두 취하고 나머지는 남겨 놓아도 된다고 설명하라. 그리고 그 아이가 고아가 되는 것은 아니며 당신이 그 아이의 부모가 될 거라고 안심시키라.

2. 그 아이가 자기 남동생을 책임져야 한다고 생각할 수도 있다. 이 경우에는 남동생도 데리고 갈 수 있도록 한다.

3. 또 자기가 없으면 가족이 산산이 흩어질 것 같은 느낌이 들지도 모른다. 이 것은 그 자체가 짐이다. 따라서 전 단계로 되돌아가 그 아이가 가족을 책임 져야 한다고 가르침을 받았던 그 기억들을 목격할 필요가 있을 것이다. 그 아이가 그 신념의 짐을 내려놓은 다음에야, 아마도 끌어냄을 받고자 할 것 이다.

추방자가 상황을 책임지고 있다

재양육과 데리고 나오기 두 가지 모두에서 우리는 추방자가 필요로 하거나 원하는 것이 무엇인지 항상 체크하고 있음을 주목하라. 이것은 재양육이나 데리고 나오기를 어떻게 할 것인지 결정하는 데 있어 안내자 역할을 한다. 추방자가 필요로 하는 것이 무엇인지 나는 알고 있다고 가정하는 것은 좋은 생각이 아니다. 추방자가 생각하지 못하는 선택 사항들을 당신이 제안할 수는 있으나 직접 확인하지도 않고 그 아이가 필요로 하는 것이 이것이다라고 속단하지는 말라. 추방자가 가장 잘 안다. 그 아이가 원하는 것이 무엇인지 발견하고는 매우 놀랄 수도 있다. 추방자는 자기에게 치유를 가져다주는 가장 좋은 것이 어떤 것일지 당신보다 더 정확하게 감지할 수 있다. 게다가 자신에게 일어나는 상황에 대한 책임이 자기에게 있다는 사실 자체가 추방자에게 치유를 가져다준다. 원래의 어릴 적 상황에서는 정반대였다. 그 아이는 자기가 취급당하는 방식에 대해 말할 권리가 없었다. 비록 그로 인해 자기가 상당한 고통을 당하더라도 말이다. 이것이 대부분의 추방자에게 무력감과 속수무책의 느낌을 가져다준다. 이제 당신은 그 아이가 통제권을 갖게 함으로써 이것을 시정할 수 있다. 이것은 그 아이에게 힘을 불어넣어 주며 그 아이가 안전감을 느끼도록 해 주는 것이다.

멜라니가 수치심 추방자를 재양육하여 데리고 나온다

이 축어록은 앞 장에 나왔던 멜라니의 수치심 추방자에 대한 재양육과 데리고 나오기를 보여 준다. 이것은 부모 친구들 앞에서 부모로부터 조롱당했던 어린아이 부분이다. 멜라니는 이 부분에 대한 목격을 이미 끝낸 상태이다.

제이 : 좋습니다. 그 아이가 두고두고 야단 맞으며 자신이 먼지 조각 같다고 느끼고 있는 어릴 적 상황으로 들어가 보도록 하세요. 아이가 기분이 좋아지거나 상황이 달리 전개되도록 하기 위해서는 당신에게서 어떤 것을 필요로 하는지 알아보세요.

멜라니 : 아주 이상하네요. 자유가 필요하다고 이야기하고 있어요. 그게 무슨 의미인지 이해가 잘 되지 않네요.

제이 : 아이가 자유를 갖도록 하기 위해서는 당신에게서 어떤 것을 필요로 하는지 물어보세요.

멜라니 : 네, 흠. 그렇게 취급당할 때는 그 자리를 떠나고 싶었지만, 매일 그런 일이 있었대요.

제이 : 두 가지 가능성을 생각해 볼 수 있습니다. 하나는 당신이 아이를 보호하며 부모가 아이를 야단치지 못하게 하는 것이고, 다른 하나는 당신이 아이를 그곳에서 데리고 나오는 것입니다.

멜라니 : 아이는 두 가지 다 필요해요.

제이 : 좋습니다. 보호하는 것부터 시작하지요. 아빠가 다른 사람들 앞에서 자기를 우스갯거리로 만들고 있을 때 아이는 자기 아빠로부터 어떻게 보호 받기를 원합니까?

멜라니 : 네… 아이는 내가 자기를 변호하고 아빠에게 그만하라고 이야기해 주었으면 하네요. 실제로 아빠의 행동이 잔인하여 자기를 비참하게 만

들고 있다고 설명해 주기를 바라고 있어요.

제이 : 좋습니다. 어서 그렇게 해 보세요.

멜라니 : 좋아요.

제이 : 아빠가 어떻게 반응하고 있습니까?

멜라니 : 매우 놀라네요. 정말로 창피 주려고 그런 것은 아니라는 거예요. 그
만두겠다고 하네요.

 이런 유형의 재양육은 상황을 고쳐 씀으로써 추방자를 보호한다.

제이 : 절대로 다시는 안 그러겠다고 다짐을 받으세요.

멜라니 : (잠깐 쉰다.) 네, 동의는 하고 있습니다만 정말로 아는 것 같지는 않
아요. 자신이 얼마나 상처 주었는지 이해하지 못하네요.

멜라니는 아빠로부터 수치심 추방자를 보호하고 있다.

제이 : 아이는 어떻게 해서든 아빠가 정말로 그것을 이해하길 바라나요, 아
니면 차라리 지금 자기를 그곳에서 데리고 나와 주기를 바라나요?

멜라니 : 후자예요. 내가 자기를 그곳에서 데리고 나오기를 바라요.

그 아이가 사건에 대한 책임을 질 수 있도록 추방자가 원하는 것이 어떤 것인지를
묻는 것이 항상 중요하다.

제이 : 좋습니다. 그렇게 합시다. 당신이 아이를 당신의 현재 삶 가운데 있는 어떤 장소나, 당신 몸 안으로, 혹은 아이가 안전과 편안함을 느낄 만한 곳, 아무 데라도 데리고 가세요.

멜라니 : 그 아이를 걸려서 갈까, 안고 갈까 이리저리 해 보고 있는 중이에요. 목말 태우는 것도 괜찮을 것 같네요. 재빨리 이동할 수 있어요. 일종의 보호이면서 동시에 탈출인 거지요.

제이 : 바로 아이를 목말 태우세요. 그리고 좋아하는지 보세요.

멜라니 : 약간 거북해요. 제대로 되는 것 같지 않아요.

제이 : 그러면 어떤 방법이 좋을지 알아보세요.

💬 멜라니는 추방자를 자기 몸 안에 데리고 들어온다는 생각을 지나치게 문자적으로 받아들였다고 생각한다. 당신이 실제 아이를 데리고 하듯이 추방자를 데리고 갈 필요는 없다.

멜라니 : 우리는 숲 속에서 뛰고 있어요.

제이 : 거기서는 아이의 기분이 어때요?

멜라니 : 자유를 만끽하고 있어요.

제이 : 몸에 어떤 느낌이 느껴진다고 하나요?

멜라니 : 가볍고, 탄력 있으며 생기 찬 느낌이래요.

제이 : 아주 좋습니다. 아이가 당신에게서 필요한 것이 더 있는지 혹은 지금은 그것으로 충분한지 체크해 보세요.

멜라니 : 이 자유가 계속될 것이라는 어떤 보증을 해 주었으면 하네요.

제이 : 아이가 당신과 함께 숲 속에 있는 것으로 충분한가요? 아니면 무언가 또 다른 것이 필요한가요?

💬 이 같은 보증은 시간이 지나면서만 생길 수 있는 것이다. 따라서 나는 이번 회기에 멜라니가 추방자에게 줄 수 있는 다른 무언가가 있는지 체크하고 있다.

멜라니 : 재미있고 웃는 것이 좋대요. 그런 일이 더 많았으면 좋겠대요. 나는 지금 웃어야 할지 잘 모르겠어요. 아이는 그곳에서 빠져나왔다는 것이 재미있다고 생각하나 봐요.

 멜라니는 이미 상상의 장소로 옮겨 갔다. 이제 제대로 되는 것 같다.

제이 : 그것이 즐겁답니까?

멜라니 : 네, 정말로 재미있다고 생각하고 있어요. "하하, 내가 거기서 빠져
나왔지롱."

제이 : 그 아이는 지금 만족해하고 있습니까?

멜라니 : 네.

다음 쪽에 추방자를 치유하는 단계를 요약해 놓은 조견표 3이 있다. 당신이 자
신에 대해 작업하거나 누군가와 파트너가 되어 작업하는 동안 진행 단계를 안내
해 주기 위한 것이다. 앞으로의 연습에서 조견표 1, 2와 함께 이것을 사용할 것
을 권한다.

연 · 습 · 문 · 제 · 1

추방자의 재양육과 데리고 나오기

추방자가 필요로 하는 재양육과 데리고 나오기를 제공하는 회기를 가지라. 가능하다면, 당신이 어느 정도 작업해 왔던 추방자와 시작하라. 만약 하나도 없다면 보호자와 시작하고 보호자를 알아 가며 추방자와 작업할 수 있는 허락을 얻고 어릴 적 기억을 목격하라. 그러고는 이 장에서 배운 대로 추방자를 재양육하라. 그리고 또한 괜찮다면 추방자를 데리고 나오라. 아래 조견표 3을 (조견표 1, 2와 함께) 사용하여 이번 회기의 안내를 받으라.

추방자 : _____

_____

어릴 적에 있었던 일 : _____

그로 인해 추방자가 받은 느낌 : _____

당신이 추방자에게 제공한 재양육의 형태 : _____

만약 추방자를 데리고 나와야 했다면 추방자를 데려간 장소 : _____

조견표 3 : 추방자를 치유하기

4. 어릴 적 기억에 접근하고 목격하기

추방자에게 어릴 적에 이런 느낌을 갖게 되었던 때의 이미지나 기억을 보여 달라고 요청하라. 추방자에게 이것으로 인해 어떤 느낌을 갖게 되었는지 물어보라. 그 부분이 당신에게 보여 주고 싶었던 모든 것을 확실히 다 보여 주었는지 체크하라. 목격한 후에 그것이 얼마나 기분 나쁜 일이었는지 당신이 이해하고 있다는 사실을 추방자가 믿고 있는지 체크하라.

5. 추방자를 재양육하기

어릴 적 상황으로 참자아 상태의 당신이 들어가라. 그리고 추방자를 치유하거나 이미 일어났던 사건을 바꾸기 위해서 당신으로부터 필요로 하는 것이 어떤 것인지 추방자에게 물어보라. 그러고 나서 당신의 내적 상상력을 통해 추방자에게 그것을 베풀어 주라. 추방자가 재양육에 어떻게 반응하고 있는지 체크하라. 만약 추방자가 당신을 감지하지 못하거나 당신의 돌봄을 받아들이고 있지 않다면 이유가 무엇인지 물어보고 그에 대해 작업하라.

6. 추방자를 데리고 나오기

추방자가 필요로 할 만한 것들 중의 하나는 어릴 적 환경으로부터 끌어냄을 받는 것이다. 당신은 추방자를 당신의 현재의 삶 가운데 있는 어떤 장소나, 당신 몸 안으로, 혹은 상상의 장소로 데리고 갈 수 있다.

7. 추방자의 짐 내려놓기

추방자가 짊어지고 있는 짐―극단적인 감정들이나 신념들에 이름을 붙이라. 추방자에게 그 짐들을 포기하거나 내려놓고 싶어 하는지 그리고 그렇게 할 준비가 되었는지 물어보라. 만약 추방자가 그러기를 원치 않는다면, 그 짐들을 내려놓으면 무슨 일이 일어날까 봐 두려워하는지 물어보라. 그러고는 그 두려움들을 다루라. 추방자는 몸 안에 혹은 몸 어딘가에 짐들을 어떻게 짊어지고 있는가? 추방자는 짐들을 어디에다 내려놓고 싶어 하는가? 빛, 물, 바람, 흙, 불, 혹은 그밖에 다른 것들 중 어디인가? 일단 짐들이 사라지면 추방자 안에 어떤 긍정적인 품성들이나 느낌들이 살아나는지 주목하라.

8. 보호자를 통합하기와 짐 내려놓기

변화된 추방자를 보호자에게 소개하라. 보호자가 자기의 보호 역할이 더 이상 필요하지 않음을 이제 깨닫게 되었는지 보라. 필요하면 짐 내려놓기를 거치게 하여 어떤 긍정적인 특성이 살아나는지 주목하라. 보호자는 당신의 정신 세계에서 새로운 역할을 선택할 수 있다. 원래의 시작점에 있는 당신 자신을 머릿속에 그리고 활성화된 부분들이 혹시 있는지 보라.

추방자에 대한 재양육 후속 조치

완전한 치유를 가져오기 위해서는 한 회기 내에서의 추방자의 재양육과 데리고 나오기만으로는 충분하지 않다. 추방자의 재양육과 데리고 나오기는 추방자를 치유하고 변화시키는 데 있어서 매우 중요한 측면인 추방자와의 관계 형성을 포함하고 있다. 그러나 이 관계는 회기 후에도 계속 유지되어야 한다. 이를 통해 당신과 그 아이와의 관계가 강화되며, 그 관계는 당신의 정신 세계와 삶으로 통합된다. 회기를 종료할 때 추방자에게 다음 두 주에 걸쳐서 그 아이가 당신에게서 원하는 것이 어떤 것인지 물어보라. 십중팔구 그 아이는 당신이 자기를 잊지 말며 자기와 계속 관계를 유지해 주기를 바란다고 이야기할 것이다. 이것은 매우 중요하다. 다음 두 주에 걸쳐서 매일 그 아이의 안부를 물으라. 당신이 잊어버리지 않고 이것을 실행할 수 있도록 기록해 놓으라. 만약 잊어버리면 당신이 지금까지 해 온 좋은 작업을 훼손시키게 된다.

안부를 물을 때마다 우선 추방자에게 다시 접근하라. 가장 좋은 방법은 회기 동안에 그 아이를 어떻게 접근했었는지를 기억해 내는 것이다. 그 아이에 대한 이미지가 기억나는가? 당신 몸 안에 그 아이를 느꼈었는가? 그 아이의 감정을 느꼈었는가? 그 회기 중에 표출되었던 추방자와 동일한 이미지나 신체 감각 혹은 감정을 불러내라.

그러고 나서 그 아이가 지금은 어떻게 느끼고 있는지 안부를 물으라. 그 아이가 여전히 당신과 관계를 맺고 있는 느낌을 갖고 있는가? 그 아이는 여전히 재양육이나 데리고 나오기로부터 온 긍정적인 느낌을 갖고 있는가? 아니면 어릴 적에 느꼈던 고통으로 되돌아갔는가? 아마도 당신의 현재의 삶 가운데 그 아이를 근심하게 하는 어떤 일이 일어나고 있을 수 있다. 잠깐 시간을 갖고 그 추방자가 어떤 것을 느끼고 있는지 목격하라. 그런 다음 그 회기에서 당신이 그 아이에게 베풀었던 재양육을 되풀이하라. 예를 들면, 팔로 그 아이를 안아 주거나 사랑한다고 그 아이에게 말하라. 그 순간에 그 아이가 당신으로부터 필요로 하는 것은 어떤 것이라도 베풀라. 이 모든 안부 묻는 과정은 그리 오랜 시간이 필요하지 않다. 보통 하루에 몇 분, 기껏해야 5분이나 10분 정도밖에 걸리지 않는다.

이것은 당신과 추방자가 서로를 더 잘 알게 해 주고 관계를 심화시킬 수 있도록 도와준다. 그 아이는 당신이 정말로 자기를 배려해 주고 있음을 서서히 느끼게 된다. 이것은 어릴 적에 버림을 받았거나 배신당했던 추방자에게는 특히 중요하다. 그들이 가장 두려워하는 것은 누군가를 신뢰하였다가 다시 버림을 받는 것이다. 그리고 당신이 그들을 잊어버리면 당신은 그 상처를 다시 주는 것이 된다. 한 회기 정도 관계를 맺었다고 그들을 완전히 치유할 수는 없다. 그들은 오랜 시간에 걸쳐 당신이 그들과 지속적으로 관계를 맺어 줄지를 알고 싶어 한다.

매일 추방자에게 안부를 묻는 것 외에 또 하나의 방법이 있다. 삶 가운데 그 아이가 활성화될 때마다 재양육하는 것이다. 이것도 역시 당신과 그 아이와의 관계를 증진시키고 그 아이의 치유를 공고히 해 준다. 다음은 이에 대한 연습 문제이다.

연 ·습·문·제· 2

실시간으로 추방자를 재양육하기

당신이 이미 재양육한 적이 있는 추방자를 택하라.

추방자의 이름 : _____

원래의 어릴 적 상황 : _____

추방자를 재양육했던 방법 : _____

당신은 다음 주에 실시간으로 이 추방자를 계속해서 재양육할 것이다. 추방자가 활성화될 가능성이 높은 때를 자각하기 위하여 다음의 질문에 답하라.

이 추방자를 활성화시키는 경향을 보이는 상황이나 사람들 : _____

다음 주 중 이것들이 발생할 가능성이 높은 때 : _____

그러한 상황에서 이 부분이 활성화되는지 여부를 자각하려는 의도를 굳히라. 달리 추방자를 감지하는 방법도 있다. 어떤 신체 감각이나, 생각, 감정들이 추방자가 활성화되었음을 알려 주는가 : _____

추방자가 활성화되었다는 것을 감지할 때 잠깐 시간을 내어 그 아이에게 귀를 기울이고 그 아이가 어떤 것을 느끼고 있는지 그리고 어떤 것이 필요한지 알아내라. 십중팔구 그 아이는 먼저 회기에서 그 아이에게 이미 베풀었던 재양육과 꼭 같은 형태의 재양육을 필요로 할 것이다. 당신은 그 아이가 필요로 하는 것이 어떤 것인지 이미 알기 때문에 쉽게 할 수 있다. 그 순간에 추방자에게 재양육을 베풀라. 그 아이가 이에 어떻게 반응하는지 주목하라. _____

요약

이 장에서 우리는 원래의 어릴 적 상황에서 일어났던 사건을 치유하기 위해 추방자가 필요로 하는 재양육을 베푸는 법을 배웠다. 이것은 IFS 프로세스의 제5단계이다. 여기에는 다른 결과를 낳을 수 있도록 때로는 그 상황을 고쳐 쓰는 작업이 포함된다.

우리는 재양육을 제대로 할 수 없도록 방해할 가능성이 있는 모든 부분을 분리시키는 법을 배웠다. 또한 우리가 베풀고 있는 것을 추방자가 받아들이는지 확인하는 법을 알게 되었다.

나아가 추방자를 그 상황에서 꺼내어 안전한 곳으로 데리고 갈 필요가 있는지 알아내는 법과 이를 진행하는 법을 배웠다. 이것이 IFS 프로세스의 제6단계, 데리고 나오기이다. 일단 이 단계들이 끝나면 우리는 다음 장에서 마지막 치유단계, 짐 내려놓기로 나아갈 준비가 된 것이다.

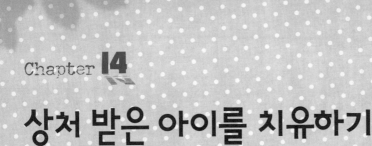

상처 받은 아이를 치유하기

추방자의 짐 내려놓기

Chapter 14

지금까지의 IFS 프로세스에서 당신은 추방자가 가진 고통의 어릴 적 근원에 접근하고 목격하였다. 그리고 추방자를 재양육하였고 (적절한 경우) 데리고 나왔다. 그다음의 중요한 단계가 이 장에서 다루는 짐 내려놓기이다. 짐은 원래부터 추방자에게 있는 것은 아니다. 그 때문에 짐은 내려놓을 수 있다. IFS가 갖는 관점은 이렇다. 어릴 적 사건에 의해 만들어진 것은 추방자가 아니라 짐이다.

부분과 짐의 근원

이것은 근본적인 질문을 제기한다. 부분들은 어디서 오는가? 짐들은 어떻게 만들어지는가? 인생의 시작부터 이것을 검토해 보자. 아기는 태어날 때부터 어떤 천부적인 특징을 보여 준다 — 상냥함, 공격성, 장난기, 예민함, 조용함, 생동감, 붙임성 등. 각각의 아기는 신생아의 정신 세계/몸의 자연적인 분화라고 할 수 있는 나름대로의 독특한 세트의 특징을 가지고 있다. (책임감, 성숙한 사랑, 지혜, 창의성, 의연함 등과 같이 어린아이가 되면서 비로소 나타나고, 성인이 되어서야 발달하는 특징들도 있다.) IFS에서는 이 모든 품성들을 부분들로 보고 있다. 그러나 인생 초기 단계에서는 부분들이 짐을 가지고 있지 않다. 소화시킬 수 없는 고통스러운 경험을 통해 짐은 만들어진다. 그러므로 이 부분들은 추방자들이나 보호자들로 간주되지 않는다 ― 그들은 단지 건강한 부분들인 것이다.

어린아이가 자라면서 고통스럽거나 외상적인 사건이 발생할 때 보통 그 사건을 경험하는 특정한 한 부분이 있게 된다. 한 부분이 꼼짝없이 그 경험을 당하는 동안 다른 부분들은 그 경험을 회피한다. 왜냐하면 누군가는 그것을 경험해야 하기 때문이다. 예를 들면, 당신이 반복적으로 엄마에게 안아 달라고 손을 벌렸지만 엄마는 신경이 다른 곳에 가 있어 당신을 무시하였다고 가정하자. '사랑하는 부분'은 손을 벌렸던 것일 수 있고 따라서 그 부분은 그 사건들을 경험하고 하나의 짐으로서 상처를 떠안게 된다.

때로는 부분이 실제로 영웅이 되어 의도적으로 나서서 전체 시스템을 위해 이른바 총알받이를 하며 해로운 경험을 흡수한다. 예를 들어 만약 당신이 아버지로부터 맞고 있다면 강인한 부분이 방패로 나설 수도 있다. 참자아를 외상으로부터 보호하기 위해서 맞는 것을 감수한다. 어린 사람은 참자아가 아직 충분히 발달하지 못한 상태다. 따라서 외상을 다룰 수 있을 만한 힘과 기반을 갖고 있지 못하다. 따라서 부분들은 참자아를 안전하게 지키기 위하여 숨겨 놓는다. 그들은 참자아가 해로운 경험에 의해 손상 받지 않도록 의식 안으로 들어오지 못하게 한다. 이렇게 참자아는 인생 전체를 통해 순수하고 온전한 상태로 남아 있게 된다. 그러나 불행하게도 그것은 성인이 될 때까지도 숨겨져 있는 상태가 되어 접근이 힘들게 된다.

참자아 대신에 외상적 사건을 경험하는 부분도 실제로 그 사건을 다룰 수 없어 결국 상처 받게 된다. 그 부분은 고통스런 감정이나 부정적인 신념인 짐을 지게 되고 치유될 때까지 지속된다. 위의 예에서, 사랑하는 부분은 소화될 수 없을 정도로 강렬한 상처를 경험하였다. 따라서 이 부분은 상처의 짐을 떠맡게 되었다. 그때부터 그것은 사랑하는 부분으로 나타나지 않게 된다. 상처 받은 추방자로 보일 뿐이다. 그러나 상처의 저변에는 부분의 원래 사랑이 아직 그곳에 존재하며 일단 짐이 치료를 통해 내려놓아지면 그의 참된 본성이 다시 드러나게 된다.

지금까지 우리는 해를 경험하고 고통스런 짐을 떠맡은 부분들을 논의해 오고 있다. 이것들은 물론 추방자들이다. 아는 바와 같이 이 해로운 사건의 견딜 수 없는 고통으로부터 취약한 정신 세계를 지키려 애쓰는 보호자들도 존재한다. 그들의 짐들은 원래의 고통이 아니라 자신들이 수용한 보호적인 역할이다. 위의 예를 계속해 보면 사랑하는/상처 받은 추방자가 여러 차례 상처를 입어 당신이 손을 벌릴 때마다 상처를 입기 때문에 계속해서 손을 벌려 봐야 소용없다고 자족한 부분이 최종적으로 결정한다고 가정하자. 그것은 당신 엄마가 당신이 필요한 것을 당신에게 줄 수 없게 만든다. 따라서 그것의 유일한 해법은 계속된 상처를 예방하기 위하여 필요(욕구)를 폐쇄해 버리는 것이다. 자족한 부분은 이제 폐쇄시키는 보호자가 되었다. 당신의 욕구를 차단하는 것, 특히 사랑하는/상처 받은 추방자의 욕구를 차단하는 것은 그의 역할이고 그의 짐이다.

폐쇄시키는 보호자는 상처 받은 부분을 추방시켰다. 추방자들이 감정과 신념의 짐을 짊어지고 있는 동안 보호자들은 적극적이고 목적지향적인 역할을 떠맡는다. 폐쇄시키는 보호자가 결국 자신의 보호적 역할의 짐을 내려놓을 수 있을 때 자족하는 부분으로서 자신의 원래의 본성으로 되돌아갈 수 있다.

당신이 성인이 될 때까지 여러 추방자들, 상당히 많은 보호자들, 그리고 아직까지 짐을 떠맡은 적이 없는 여러 부분들 — 즉 건강한 부분들을 갖게 된다. 후자들은 기쁨, 장난기, 힘, 지능 같은 자신들의 원래의 품성들을 그대로 표출한다. IFS의 목표는 모든 추방자들과 보호자들 — 짐을 짊어지고 있는 모든 부분 — 이 자신들의 짐들을 내려놓고 다시 진정한 자신들의 모습이 되어 자신들의 자연스런 긍정적인 품성들을 표출할 수 있도록 돕는 것이다.

제7단계 : 짐 내려놓기

추방자 작업의 정점이 되는 짐 내려놓기 단계는 추방자가 자신의 짐을 내려놓고 변화되는 내적 의식을 통해 이루어진다. 그러고 나서 추방자는 자신의 천부적인 품성을 표출할 수 있게 된다. 이것이 IFS 프로세스의 제7단계이다. 짐 내려놓기 작업은 고통과 부정적인 신념을 내려놓는 작업을 상징하는 특정한 형식을 갖추고 있다(다음에 자세히 설명이 나온다). 이 프로세스는 종이 위에 부정적인 신념을 쓰고 나서 불 속에 던지는 행위와 같은 외적 의식들과 유사하다. 그러나 여기서는 모든 것이 당신의 상상 속에서 이루어진다. 이것은 종종 사람들에게 심대한 영향을 가져다준다.

이 시점에서 당신은 이렇게 생각할 수도 있다. "어떻게 하나의 단순한 의식이 이 같은 큰 변화를 가져올 수 있단 말인가? 비현실적이고 마술적인 생각 아닌가? 믿지 못하겠다." 이것은 합당한 질문이므로 이 장 후반에 다루고자 한다.

먼저 제4단계에서 목격한 어릴 적 장면에서 발생한 추방자의 짐(들)에 이름을 붙인다. 전에 추방자가 이것들에 대해 이야기한 것이 틀림없더라도 지금 그것들을 명확하게 표현하는 것이 도움이 된다. 추방자는 수치심, 두려움 혹은 상처와 같은 정서적인 짐을 짊어지고 있을 수도 있고, "나는 아무 쓸모가 없어." 혹은 "아무도 내게 신경 쓰고 있지 않아." 같은 부정적인 신념을 짊어지고 있을 수도 있다. 당신은 추방자가 짊어지고 있는 모든 짐을 찾고 있는 것이 아니다─이번 회기 중 당신이 작업하고 있는 어릴 적 상황에서 추방자가 떠맡은 것만을 찾고 있는 것이다.

추방자가 준비되었는지 체크하기

그다음으로, 추방자가 짐을 포기하거나 내려놓기를 원하는지 물어보라. 추방자에게 짐을 내려놓을 준비가 되었는지 물어볼 수도 있다. 그렇다고 하면 아래에 설명하는 의식으로 진행한다. 만약 아니라고 하면, 여러 가지 이유가 있을 수 있다.

1. 먼저 추가적인 무언가가 있어야 할 필요가 있을지 모른다 — 예를 들면, 목격을 더 한다든지, 참자아를 더 신뢰한다든지, 재양육이나 데리고 나오기를 충분히 더 하는 것이다. 당신이 회기 초기에 부모가 관심을 기울일 가치조차 없다고 추방자를 내쫓는 기억을 목격하였다고 가정해 보자. 당신은 추방자가 얼마나 마음 아파하는지 알게 되었다. 그러나 그 회기에서는 추방자가 그로 말미암은 모든 결과들 — 고독감, 누구 한 사람이라도 기댈 데 없는 절망감 — 을 보여 주지는 않았다. 추방자가 그것들은 숨기고 있는 것은 아니었다. 단지 그것들이 떠오르지 않은 것이었다. 추방자가 가지고 있는 이러한 경험적인 면이 처리되고 목격되어야 그가 짊어지고 있는 짐을 내려놓을 준비가 된다. 제4단계로 되돌아가 좀 더 시간을 가지고 새로운 감정들을 충분히 목격하라. 그러고는 되돌아와 짐 내려놓기를 시도하라.

2. 추방자가 자기 짐에 밀착되어 있기 때문에 짐 내려놓기를 원치 않는다. 이 경우, 그가 짐을 내려놓으면 무슨 일이 일어날까 봐 두려워하는지 물어보라. 그리고 나서 그가 두려워하는 것이 무엇이든 당신이 다루겠다고 설명함으로써 추방자를 안심시킬 수 있다. 예를 들어 추방자가 엄마를 기쁘게 해 드리려는 짐을 짊어지고 있다고 가정하자. 그는 엄마의 건강에 대한 책임을 짊어짐으로써 엄마와 가까운 느낌을 갖는다. 그가 이 짐을 내려놓게 되면 엄마와의 관계가 끊어질 것을 두려워할 수도 있다. 이 경우, 당신은 그가 여전히 엄마와 관계를 유지할 수 있다고 안심시켜 줄 수 있고, 그가 또한 지금 당신과도 관계를 맺고 있다는 사실을 이야기해 주라.

3. 추방자의 짐이 내려놓게 되는 것을 원하지 않는 보호자가 있을 수도 있다. 이 경우, 보호자가 어떤 것을 두려워하는지 알아내고 그를 안심시키라. 예를 들어, 추방자가 아무 쓸모가 없다는 짐을 짊어지고 있다고 가정하자. 보호자는 이 짐이 없다면 세상으로 나아가 당신의 목표를 향해 달려갈 자신이 충분히 있다는 사실을 두려워한다. 그렇게 할 경우, 결국 당신

가족들 가운데 있었던 것처럼 강력한 저지를 당할 것이라 믿고 있기 때문이다. 당신은 더 이상 부모의 처분만 바라는 어린아이가 아니라는 것과 이제는 당신이 위험을 무릅씀으로 해서 발생하는 어떠한 결과도 다룰 수 있는 성인으로서의 역량을 갖추고 있다는 것을 보호자에게 설명하라.

4. 만약 추방자가 짐을 내려놓으면, 부모나 배우자 같은 현재 삶에서 당신과 가까운 누군가에 의해 공격을 받을 거라고 보호자가 두려워할 수도 있다. 예를 들어 추방자가 어릴 적에 과잉행동을 하자, 그러한 행동이 부모들을 놀라게 하여 부모가 그를 미쳤다고 하였기 때문에 자신이 미쳤다는 신념을 갖게 되었다고 가정하자. 아마도 부모가 정말로 그런 뜻은 아니었겠지만 어쨌든 그는 그런 식으로 받아들였다. 만약 추방자가 이 짐을 내려놓으면 당신이 이제 과잉 행동을 하게 되어 아내에 의해 판단 받고 조롱 받게 될 거라고 보호자는 두려워할 수 있다. 여기서 두 가지 가능성이 있게 된다.

   a. 만약 이것이 단지 과거로부터 넘어온 두려움이라면, 이제는 일어나지 않을 것이라고 보호자를 안심시킨다. 당신의 아내는 절대 그러지 않을 것이다.

   b. 만약 당신의 아내가 당신이 과잉 행동을 한다고 정말로 당신을 조롱할 가능성이 있으면 추방자가 이 짐을 내려놓는 것이 안전하지 않을 것이다. 짐 내려놓기를 시도조차 하지 말라. 그 대신에 아내가 당신이 좀 더 표현적이 되는 것을 수용하는 것으로 문제를 해결하는 데에 당신의 에너지를 쏟도록 하라. 비록 어렵기는 하지만, 당신이 삶에서 외적인 변화를 이룰 때까지 때로는 내면 작업이 더 이상 진전되지 않을 수 있다. 일단 당신이 아내로부터 올 수 있는 이러한 위험을 제거하였다면 추방자가 자기 짐을 내려놓도록 보호자가 허락할 것인지 보라.

의식이 진행되기 전에 짐 내려놓기에 대해 조금의 주저함도 남아 있지 않도록 해결되어야 한다. 이 짐이 내려놓일 수 있도록 추방자 및 모든 관련된 보호자들이 완전히 준비될 때까지 의식을 진행해서는 안 된다. 당신이 추방자에게 물어볼 때 그가 짐을 내려놓을 준비가 되었다고 하며 또한 다른 부분들로부터 아무 반대의 소리가 없다면 준비된 것으로 볼 수 있다.

때로는 추방자가 짐 내려놓기 의식을 할 필요가 없을 수도 있다. 앞서의 목격하기, 재양육 혹은 데리고 나오기의 단계를 거치면서 이미 그를 치유하고 변화시켰을 수도 있다. 그의 욕구가 충족됨으로써 자신이 짊어지고 있던 고통과 부정적인 신념을 내려놓을 수 있었을 것이다. 이것을 '자발적인 짐 내려놓기'라 부른다. 이 경우, 짐 내려놓기 의식을 진행할 필요가 없다. 추방자에게 물어보라. 그러면 의식이 필요한지 그렇지 않은지 이야기해 줄 것이다. 의심쩍으면 의식을 진행하라. 만약 짐 내려놓기가 필요치 않으면 제8단계로 진행할 수 있다.

짐 내려놓기 의식

일단 추방자가 준비되면, 추방자의 몸 안에 혹은 몸 위에 어떻게 짐을 짊어지고 있는지 체크하라. 이것은 몸 안에 있는 실제 신체적인 문제 — 꽉 뭉쳐진 근육, 혹은 가슴 속의 염려 덩어리 혹은 고개 떨구기같이 추방자가 활성화될 때 몸이 취하는 신체적 자세 — 를 의미할 수 있다. 짐은 시각적으로 보이기도 한다. 예를 들면 책임의 짐은 어깨에 멘 무거운 가방처럼 보일 수 있고 외로움은 마음 안에 있는 뻥 뚫린 구멍으로 그려질 수 있다.

일단 짐이 추방자의 몸 안에서 어떻게 짊어지고 있는지가 분명해지면 추방자에게 그 짐을 어디에다가 내려놓고 싶은지 물어보라. IFS는 짐을 자연 원소(공기, 빛, 물, 불, 흙)에 내려놓는 것이 특히 의미 있다는 것을 발견하였다. 왜냐하면 짐이 자연을 구성하는 원소적이며 강력한 것에 의해 쓸려 나가거나 변화됨으로 말미암아 영원히 사라지게 되는 것을 의미하기 때문이다. 추방자에게 제시할 수 있는 선택 사항은 여러 가지가 있다.

1. 짐을 빛에다 내려놓기

2. 짐을 물로 씻어 버리기

3. 짐을 바람에 날려 보내기

4. 짐을 흙에 묻기

5. 짐을 불에 태워 버리기

6. 그 밖에 하고 싶은 대로 하기

만약 당신이 신앙을 가지고 있거나 영적이라면 그 짐을 하나님이나 신에게 내려 놓기 원할 수 있다. 추방자로 하여금 어떤 것이 자기에게 가장 적합한지 결정하거나 직관적으로 판단하게 하라. 그런 다음, 추방자가 자기가 원하는 방법으로 짐을 내려놓을 수 있는 상황을 머릿속에 그리라. 추방자가 직접 할 수도 있고, 추방자가 원하면 당신이 도와줄 수도 있다. 예를 들면, 명치 부분에 뭉쳐 있는 것을 물로 씻어 버리기 위해 추방자는 바다로 걸어 들어갈 수 있다. 커다란 모닥불을 만들고 어깨에서 책임감의 무거운 가방을 벗긴 다음 타오르는 불 속에 던져버려 재가 될 수도 있다. 눈부신 흰 빛 기둥이 하늘로부터 내려 비친다. 그리고 추방자의 마음 가운데 있는 뻥 뚫린 구멍을 빛에다 내려놓으면 그 빛 기둥을 타고 올라가 사라지게 할 수 있다.

이 의식이 완결되기 위해 필요한 만큼의 시간을 충분히 갖도록 하라. 이 모든 짐들이 추방자의 몸으로부터 완전히 사라지거나 이번에 내려놓을 수 있는 만큼의 것이 모두 사라질 때까지. 내 경험으로는 이것이 보통 몇 분 정도밖에 걸리지 않는다. 짐이 내려지고 있는 동안에, 짐이 추방자의 몸을 떠날 때, 어떤 느낌인지 감지하라. 이것은 그 경험을 생생히 기억하게 만들고 뼛속 깊이 그 경험을 심어 놓는다.

모든 것을 조심스럽게 준비하였을지라도 의식이 여전히 진행되지 못할 수 있다. 혹은 의식 중간에 짐 내려놓기가 중단될 수도 있다. 이것은 추방자가 완전히 준비되지 않았음을 가리키는 것이다. 추방자가 준비된 것으로 보였으나 실제로 의식에 참여하면서 준비되지 않았음이 드러나는 것이다. 이것은 앞서 이 장의 '추방자가 준비되었는지 체크하기'에서 열거된 이유들 중의 하나일 수 있으므로 그 지시를 따르도록 한다.

때로는 추방자가 이번에는 짐 가운데 일부, 이를테면 50%만 내려놓을 준비가 되었을 수도 있다. 괜찮다. 지금 할 수 있는 만큼만 내려놓으라. 그리고 앞으로 있을 회기에 다시 와서 나머지 짐을 내려놓으라. 어떤 것이 나머지 짐을 내려놓지 못하도록 하고 있는지 체크해 볼 수도 있다. 예를 들어, 참자아가 다음 몇 주 동안 계속 추방자와 함께 있으면서 돕는지 보기 위해 시간을 벌려고 추방자가 모든 짐을 내려놓을 준비를 하지 않을 수도 있다. 이것은 추방자와의 후속 과정이 필요함을 강하게 시사한다. 일단 당신이 자신을 버리지 않을 것이라는 알고 나면 추방자는 자신의 나머지 짐을 내려놓을 준비를 하게 된다.

의식이 끝난 후

일단 짐을 내려놓으면 추방자는 해방되어 자신의 진정한 모습 그 이상이 된다. 짐이 사라지면서 그 아이 안에서 어떤 긍정적인 품성이나 감정들이 살아나는지 감지하라. 이 품성들은 추방자에게 자연스러운 것이다. 짐 때문에 묻혀 있었거나 표출되지 못했던 것이다. 이제 이 품성들은 자발적으로 살아나게 된다. 예를 들면, 추방자는 기쁨, 힘, 장난기, 자유, 사랑, 가벼워짐을 느끼게 된다. 한동안 시간을 내어 이 경험들을 정말로 즐기며 그것들이 추방자의 몸 안에서 어떻게 표출되는지 느끼라. 이것은 또한 그것들이 당신의 몸 안에서 어떻게 표출되는지와 직결된다. (이 시점에서 추방자와 섞여 그 아이의 경험을 느끼는 것도 괜찮다. 왜냐하면 그것이 당신과 당신의 전체 내면 시스템에 치유를 가져다주기 때문이다.)

예를 들면, 만약 추방자가 아무 쓸모가 없다는 짐을 짊어지고 있었다면 그 짐이 내려놓일 때 그 아이는 그 짓누르는 신념으로부터 해방되었기 때문에 가벼워짐과 기쁨을 느낄 것이다. 당신은 머릿속에서 하늘로 솟아올라 날아다니는 쾌감을 경험할 것이다. 만약 추방자가 병약한 느낌의 짐을 짊어지고 상처 주는 사람들에게 휘둘리고 있었다면 그 짐이 내려놓여질 때 그 아이는 강하고 힘이 넘치는 느낌을 갖게 될 가능성이 있다. 등을 곧추세우고 팔에 불 같은 에너지가 솟는 경험을 할 수 있다. 당신 자신이 이러한 경험과 정말로 함께하여 그것들이 몸으로 나타나고 나아가 이 새로운 감정과 품성들이 당신의 정체감으로 통합될 수 있도록 하라.

이 같은 경험을 유지하면서 그것이 어떻게 펼쳐지는지 감지하라. 이러한 표출들은 정적이지 않다. 예를 들면, 가벼워짐은 장난기 있고 힘이 넘치는 느낌으로 발달할 수 있다. 부정적인 신념에 의해 억눌려 있던 추방자의 자연적인 에너지는 이제 해방되어 표출되는 것이다. 그 경험이 계속해서 펼쳐지면서 그 아이는 자신의 있는 모습 그대로도 아무 문제 없다는 사실을 처음으로 깨닫기 시작한다. 이것은 높은 자긍심이라는 자연스러운 감정과 소중한 존재라는 감각으로 나아간다. 이 같은 느낌은 덤이 아니다. 그것은 당신의 타고난 권리이다. 당신은 그러한 감정을 누릴 만한 가치가 있으나 지금까지 아무 쓸모가 없다는 짐 때문에 가로막혀 있었던 것이다. 추방자가 이 짐을 벗어던짐으로써 그 아이는 변화된다. 그 아이뿐만 아니라 당신도 정말로 자신에 대해 좋은 감정을 가질 수 있게 된다.

짐 내려놓기가 성공하기 위해서 요구되는 것

이 시점에서 당신은 의문을 가질지 모른다. "오래 묵은 행동이나 감정 패턴을 바꾸는 것이 정말로 이토록 쉬울 수 있는가? 우리가 해야 하는 것이라고는 고통을 내려놓은 상상을 하는 것밖에 없다니… 믿을 수 없다. 그렇게 쉬울 리가 없다." 물론 쉽지는 않다. 짐 내려놓기 의식 그 자체만으로 변화를 이루지는 못한다. 그것은 단지 그 프로세스를 끝마치는 마침표에 불과하다. 그 전의 모든 단계가 필요하며 또한 완결되어야 짐 내려놓기 의식은 바라는 효과를 얻게 된다. 방해 받지 않으며 추방자에게 접근할 수 있기 위해서 당신은 보호자들과 작업해야 한다. 당신은 추방자와 신뢰 관계를 발전시키고 원래의 어릴 적 사건을 목격해야 한다. 그 아이는 당신이 자기를 이해하고 있다고 느낄 수 있어야 한다. 당신은 그 아이를 재양육해야 하고 필요하면 그 아이를 데리고 나와야 한다. 그리고 추방자는 짐을 내려놓을 준비가 되어야 한다. 이 모든 것이 이루어진 후에야 비로소 짐 내려놓기 의식은 효과를 가질 수 있다. 이 의식은 정말로 이 모든 과정의 정점인 것이다. 그것은 전체 IFS 변화 프로세스를 공고히 해 준다.

게다가 각 추방자와 각 중요한 고통스러운 기억에 대해 모든 과정의 치유 단계를 거쳐야 한다. 당신이 짐 내려놓기 의식을 진행할 때 그것은 어떤 특정한 기억과 그로부터 발생한 짐들을 위한 것이다. 추방자가 짊어지고 있는 모든 짐을 위한 것이 아니다. 추방자는 그 기억에만 해당되는 짐들을 내려놓는다. 그것은 어느 정도의 변화를 가져온다. 그러나 만약 추방자가 다른 기억과 관련된 다른 짐을 짊어지고 있다면 그 짐들도 역시 처리 과정을 거쳐 내려놓일 때까지 추방자의 치유는 완결되지 않을 것이다. 추방자가 짊어지고 있는 각 중요한 기억에 대하여 별도의 치유 단계를 거쳐야 한다. 더욱이 각 기억에 대한 그 특정한 추방자는 변화될 수 있으나 또 다른 추방자는 이와는 별개로 다루어야 한다. IFS는 효율적이고 강력하다. 그러나 쉽고 빠른 만병통치는 아니다. 당신은 시간과 에너지를 쏟아 각 중요한 기억을 목격하며 각 추방자를 치유하는 힘든 작업을 수행하여야 한다.

당신은 짐 내려놓기를 공고히 하기 위하여 이 회기 후 다음 몇 주 동안에 걸쳐 추방자와 후속 관계를 가져야 한다. 제13장에서 논의한 바와 같이 당신과 그 아이와의 관계를 재확인하기 위해서 거의 매일 추방자에게 안부를 묻는 것이 도움이 된다. 만약 그리하지 않는다면 짐이 되돌아올 수도 있다.

짐이 되돌아오는 이유는 다양하다. 그러므로 짐 내려놓기 후의 회기에서는 추방자에게 다시 접근하여 짐이 여전히 사라지고 추방자는 정말로 변화되어 있는지 확인하라. 만약 변화된 것이 확실하다면 잠깐 시간을 내어 변화된 추방자의 자유로운 느낌과 긍정적인 품성을 즐기며 그 같은 변화를 축하하라. 만약 짐이 되돌아왔다면, 왜 그 같은 일이 일어났는지 알아보기 위해 탐색하라. 보통 이 장 앞 부분에 나온 '추방자가 준비되었는지 체크하기' 에 열거된 네 가지 이유 중의 하나로 당신의 내면 시스템이 짐 내려놓기를 하기에 충분히 준비되지 않았기 때문이다. 왜 짐이 되돌아왔는지를 알아보기 위한 질문을 당신의 부분들에게 던지라. 그리고 앞서 논의한 방법 중의 하나로 그 문제에 접근하라. 그다음에 다시 짐 내려놓기를 하라. 그러면 짐 내려놓은 상태가 유지될 것이다.

추방자가 진실로 짐을 내려놓았을 때에라도 행동 패턴을 바꾸기 위해서는 종종 더 많은 것이 필요하다. 추방자의 짐을 내려놓은 후에 당신은 처음 시작하였던 보호자에게로 돌아가 그의 보호적인 역할을 내려놓도록 도와야 한다. 그러면 당신의 문제 행동은 변화될 것이다. 이것은 다음 장에서 설명한다.

멜라니의 수치심 추방자의 짐 내려놓기

손님들 앞에서 부모에 의해 조롱당한 멜라니의 수치심 추방자와 가졌던 회기의 나머지 부분으로 돌아가 짐 내려놓기의 예를 보자. 이 시점에서 그 기억들은 이미 목격되었다. 멜라니는 부모로부터 수치심 추방자를 보호하고 데리고 나와 숲 속에서 안전하고 즐거운 산책을 하였다. 그 지점에서 축어록을 시작한다.

> 제이 : 부모에게서 그토록 반복해서 야단 맞음으로써 수치심 추방자가 어떤 짐들을 떠맡는지 체크해 보세요. 분명히 그 아이는 먼지 조각처럼 느꼈어요. 그리고 수치심을 떠안았어요. 또 어떤 것이 있을까요?
>
> 멜라니 : 아이가 자신의 잘못임을 어느 정도는 인정했다고 생각해요.
>
> 제이 : 그것이 자신의 잘못이었다는 신념이군요.
>
> 멜라니 : 또, 자기가 비인간적이었다, 자기가 흠이 있었다는 신념이에요. 또한 자기가 악하고 그 때문에 자신이 야단 맞고 있다는 것을 어느 정도는 믿었어요.
>
> 제이 : 네…. 그러면 아이에게 그 감정과 신념들을 내려놓고 싶어 하는지 물어보세요.
>
> 멜라니 : 그리고 싶다네요. 그러나 약간은 회의적이에요.
>
> 제이 : 아이가 그것들을 내려놓을 준비가 된 것 같은지 물어보세요.

😊 추방자가 주저하고 있어서 나는 그 아이가 정말로 준비되었는지 체크하였다.

멜라니 : 네, 정말로 자유를 소중히 여기는 것을 보니 준비가 됐네요.

제이 : 아이는 몸 안에 혹은 몸 위에 어떻게 그 짐을 짊어지고 있는지 체크해 보세요.

멜라니 : 무릎 안에 그리고 왼쪽 가슴 위에 짐을 짊어지고 있어요.

제이 : 그 짐들이 특별한 형태를 취하고 있나요?

멜라니 : 더러운 흙 같은 것이 가슴 위에 그리고 무릎 안에 있어요.

제이 : 좋습니다. 그 더러운 흙을 빛 가운데 내려놓을 수도 있고, 바람에 날려 보낼 수도 있으며, 물로 씻어 버릴 수도 있고, 흙에 파묻든가, 불에 태울 수도 있습니다. 아니면 원하는 다른 어떤 방법으로라도….

멜라니 : 네, 자신에게 빛이 내려 쪼이면 정말로 좋겠대요.

제이 : 그러면 빛이 내려 쪼일 때 더러운 흙이 조금씩 없어지고 있는지 보세요. 그리고 그 흙이 아이의 몸을 떠나고 있는 것을 느껴 보세요. 더러운 흙이 모두 없어질 때까지 필요한 시간만큼 그대로 계세요. 그것이 모두 사라지게 되면 이야기해 주세요.

멜라니의 수치심 추방자가 자신의 짐을 빛 가운데 내려놓는다.

멜라니 : (잠깐 쉰다.) 음… 흠… 아이가 핑크색으로 변하고 있네요. 네, 상당
히 가볍고 자유로워진 것이 느껴진대요.

제이 : 좋습니다. 몇 분 동안 가볍고 자유로워진 느낌 혹은 다른 어떤 느낌이
라도 느껴 보세요. 그것을 받아들여 아이의 몸과 당신 몸에 스며들도록
하세요.

멜라니 : 아이가 밝게 빛나기 시작하고 있어요. 꽤 기분 좋아하고 있네요.
(잠깐 쉰다.) 깔깔대고 있어요. 좋아요. 한 점의 먼지로부터 빛나는 실체
로의 엄청난 변화였어요.

이것은 수치심 추방자와 멜라니의 괄목할 만한 변화다. 멜라니는 그 회기 이후
에도 이 변화가 오랫동안 지속되었다고 이야기해 주었다.

크리스틴이 아기와 작은 소녀의 짐을 내려놓다

크리스틴과의 회기로 되돌아가 본다. 이 회기는 제3장과 그 이후 여러 장에서
계속되었다. 이 시점에서 크리스틴은 아기와 작은 소녀가 홀로 남아 있는 것을
목격하였고 그녀는 아기를 사랑스럽게 안고 있다.

제이 : 아기는 어둠 속에 혼자 남겨져서 공포와 외로움 같은 감정을 떠맡아
지내 왔어요. 괜찮다면, 아기가 떠맡았던 그 감정들을 내려놓는 짐 내려
놓기 작업을 해도 좋을 것 같습니다. 그러나 그중에 어떤 짐들은 이미 내
려놓였을 수도 있지만, 확실히 내려놓기 위해 내면 의식을 가져 보는 것
도 도움이 될 겁니다. 아기가 그 감정들을 내려놓고 싶어 하는지 한번 확
인해 보세요.

크리스틴 : 좋아요. 아이고. (웃다가 운다.)

제이 : 무슨 일인가요?

크리스틴 : 슬픔과 고통이 몰려왔어요. 그리고 나서 내가 확인 질문을 하니,
아기는 아이와 함께 있을 수 있게 어서 빨리 쑥쑥 크고 싶은 마음에 가슴

이 뛰었어요.

제이 : 괜찮았어요?

크리스틴 : 네, 기분은 좋았어요.

제이 : 좋습니다.

크리스틴 : 아기도 행복해해요.

💬 이것은 아주 기분 좋은 일이다. 내가 의식의 가능성을 언급만 하였는데도 아기는 자발적으로 짐 내려놓기를 한 것으로 보인다. 물론 이것은 이 회기에서 이미 행해졌던 모든 좋은 작업 때문에 일어날 수 있었던 것이다.

제이 : 내가 짐 내려놓기 의식을 제안하자 가슴이 뛰었군요. 이제 그것만 으로도 충분한지, 아니면 여전히 의식을 행하는 것이 좋을지 확인해 보세요.

크리스틴 : 몰려왔던 감정만으로도 아기는 지금 기분이 좋아요. 그렇지만 아 이는 짐 내려놓기 의식이 필요한 것 같아요.

제이 : 좋습니다. 아이는 어떤 짐을 짊어지고 있나요?

크리스틴 : 무거운 마음, 절망감, 상황이 바뀌지 않을 거라는 느낌, 자기가 항상 아기의 공포와 두려움을 짊어지고 갈 수밖에 없다는 사실 같은 것 이지요.

제이 : 아기가 지금 행복하다는 사실을 아이가 자각하고 있는지 먼저 확인 해 보세요.

💬 나는 아기가 짐을 내려놓았다는 사실을 작은 소녀가 자각하기를 바라고 있다. 왜냐하면 그 사실이 그녀가 절망할 필요도, 아기를 보호할 필요도 없도록 만들기 때문이다.

크리스틴 : 네, 아이는 아기와 함께 놀고 싶어 해요. 재미있어요. 아이가 아 기와 놀고 있어도 여전히 자기가 아기를 돌보며 그 짐을 져야 한다는 신념이 있대요. 아이가 자기 눈으로 아기가 행복한 것을 보았음에도 불 구하고 여전히 그 무거움과 절망감을 내려놓을 수 없다고 생각하고 있 어요.

제이 : 좋습니다. 자기가 짊어지고 있는 무거운 마음과 상황이 바뀌지 않을

거라는 신념을 내려놓고 싶은지 아이에게 물어보세요.

크리스틴 : 그건 오히려 혼란스럽게 만드는 것 아닌가요? 아이는 그것이 자기 모습인 것으로 믿고 있으니까요. 그러한 신념이 없으면 여기까지 오지도 못했을 거예요.

제이 : 아이가 그 신념을 내려놓으면 자기가 원하는 다른 어떤 역할도 맡을 수 있고 자기가 되고 싶은 어떤 인물도 될 수 있다고 이야기해 주세요.

부분들은 그들이 어릴 적에 떠맡은 부정적인 신념과 감정에 의해 정의되지 않는다. 부분들은 본래 자신들만의 잠재력을 가지고 있다. 그 때문에 그들이 짐을 버리고 정신 세계에서 새로운 역할을 떠맡게 될 수 있는 것이다.

크리스틴 : 네, 그것을 내려놓고 뛰어놀고 싶어 해요. 그렇게 하면 재미있을 거라는 것을 알고 있어요.

제이 : 좋습니다. 아이가 그 무거운 마음과 절망의 신념을 어떻게 짊어지고 있는지 — 이를테면 자기 몸 안에, 혹은 자기 몸 위 어디에 지고 있는지 확인해 보세요.

크리스틴 : 아이의 가슴 주위에 무거운 덩어리가 있어요. 나머지는 머리에, 등에, 어깨에 걸치고 있어 무거운 외투나 다름없는 느낌이래요. 그래서 아이는 기뻐할 수도 없다는군요.

제이 : 좋습니다. 아이는 그 짐들을 물로 씻어 버리든지 혹은 바람에 날려 보내든지, 혹은 햇빛에 쪼이든지 혹은 땅에 묻어 버리든지 혹은 불에 태워 버리든지 할 수 있습니다. 아니면 자기가 하고 싶은 대로 해도 되지요.

크리스틴 : 아무도 그 짐을 짊어지지 못하도록 바꿔 버렸으면 좋겠대요. 그래서 태워 버리고 싶답니다.

제이 : 아이는 짐들을 불태워 버리고 싶어 하는군요. 그렇게 하세요.

크리스틴 : 아이는 자기의 작은 드레스를 마치 짐처럼 여겨 태워 버리고 싶답니다. 좀 이상하긴 하지만, 그렇게 이야기하네요. 다른 드레스를 갖고 싶대요.

분명히 작은 소녀에게 이 드레스는 자기 가슴 주위의 납 덩어리와 등과 어깨 위의

외투를 상징하였다.

제이 : 의식이 진행되는 동안 짐이 아이의 몸을 떠나는 것을 느껴 보세요. 그
리고 짐이 완전히 없어질 때까지 시간을 충분히 가지며 기다리세요.

크리스틴 : 재미있네요. 변하는 순간에 아이는 상당히 혼란스러워하고 무서
워해서 그 순간 손을 꼭 잡아 주었지요. 이제 아이는 새 드레스를 입었
어요.

제이 : 그 모든 짐들이 이제 사라졌나요?

크리스틴 : 네.

제이 : 이제 짐이 사라지고 나서 어떤 긍정적인 특성이 그 아이 안에서 나타
나고 있는지 주목해 보세요.

크리스틴 : 아이가 감사해 하고 있어요. 그들 둘은 실제로 불타는 드레스에
서 피어 오르다 바람에 불려 가는 연기를 올려다보고 있어요. 아주 이상

해요. 이 모든 이야기에 약간 당황스러워하는 사람도 있겠지만, 이미지들이 머릿속에 떠오르고 있으니 그냥 이야기해 볼게요. …둘이서 서로 풋치놀이를 하고 있어요. 그걸 내가 하자고 할 수는 없잖아요. 정말로 우연히 일어난 일이에요. 귀여워요, 조그만 발들이.

🤔 크리스틴의 두 추방자는 이제 그들의 짐을 내려놓았다. 그것은 추방자들뿐만 아니라 물론 크리스틴의 분명히 타고난 품성들인 귀여움, 장난기, 그리고 관계 맺기가 살아나도록 하였다.

연 ● 습 ● 문 ● 제

추방자의 짐 내려놓기

추방자의 짐 내려놓기 회기를 가지라. 가능하다면, 당신이 이미 작업을 해 왔던 추방자와 시작하라. 만약 하나도 없다면 보호자와 시작하고 보호자를 알아 가며 추방자와 작업할 수 있는 허락을 얻고, 단계를 거쳐 진행하되, 이 장에서 배운 짐 내려놓기로 정점을 이루라. 조견표를 사용하여 안내를 받으라.

추방자 : _____
_____
어릴 적에 있었던 일 : _____
그로 인해 추방자가 받은 느낌 : _____
당신이 추방자에게 제공한 재양육의 형태 : _____
만약 추방자를 데리고 나와야 했다면 추방자를 데려갈 장소 : _____
추방자가 짊어지고 있는 짐 : _____
추방자는 몸 안 어디에 짐을 짊어지고 있는가 : _____
그 짐들을 어떤 자연 원소에 내려놓았는가 : _____
등장한 긍정적인 품성들 : _____

요약

이 장에서는 특정한 추방자가 어떤 짐들을 짊어지고 있는지, 추방자가 짐들을 내려놓을 준비가 되었는지 여부를 알아보는 법을 배웠다. 짐을 자연 원소 중의 하나로 내려놓는, 짐 내려놓기 내면 의식을 행하는 법을 알게 되었다. 이것은 추방자로 하여금 자신에게 자연스런 긍정적인 품성과 감정들을 경험할 수 있게 해준다. 우리는 어떤 문제가 추방자의 짐 내려놓기 준비를 방해하며 어떤 것이 나중에 짐이 되돌아오도록 만드는지 이해하게 되었다. 그리고 짐 내려놓기가 성공적으로 이루어질 수 있기 위해서 이러한 방해물들을 제거하는 법을 알게 되었다. 다음 장에서는 원래의 보호자로 되돌아가 그의 보호적 역할을 내려놓도록 도울 것이다.

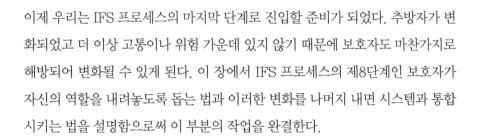

Chapter 15

보호적 역할을
건강한 것으로 바꾸기

보호자의 짐 내려놓기

이제 우리는 IFS 프로세스의 마지막 단계로 진입할 준비가 되었다. 추방자가 변화되었고 더 이상 고통이나 위험 가운데 있지 않기 때문에 보호자도 마찬가지로 해방되어 변화될 수 있게 된다. 이 장에서 IFS 프로세스의 제8단계인 보호자가 자신의 역할을 내려놓도록 돕는 법과 이러한 변화를 나머지 내면 시스템과 통합시키는 법을 설명함으로써 이 부분의 작업을 완결한다.

보호자를 체크하기

보호자는 자신의 역할이 상처 받기 쉬운 추방자를 보호하거나 당신을 추방자의 고통으로부터 방어하는 데 매우 중요하다고 보고 있기 때문에, 보호자는 추방자의 변화를 자각하고 난 다음에 자신의 역할을 내려놓을 수 있다.

먼저 앞에서 보호자와 접촉하기 위해 사용하였던 이미지나 신체 감각 혹은 감정을 불러오는 것으로 보호자에게 다시 접근하라. 만약 보호자에게 더 이상 쉽게 접근할 수가 없다면 앞으로 나와 달라고 요청하라. 일단 보호자가 나오면 당신이 방금 완결한 작업을 자각하고 있는지 체크하라. 보호자는 추방자가 변화된 것을 깨닫고 있는가? 때로는 보호자들이 그동안 주의를 기울여 왔고 어떤 일이 일어났는지 자각하고 있기도 하지만, 때로는 그렇지 못하기도 하다. 당신은 추방자가 더 이상 상처 받기 쉬운 상태도 아니고 고통 받는 상태도 아니라는 것을 보호자가 알고 있기를 원한다. 또한 추방자의 새로운 품성이 힘, 기쁨 혹은 장난기인지 여부를 자각하고 있기를 원한다.

만약 보호자가 어떤 일이 일어났는지 모른다면 변화된 추방자를 보호자에 소개시켜 주라. 이것은 그들이 서로를 자각할 수 있도록 그들을 동일한 내적 공간에 모아 놓는 것을 의미한다. 당신은 그들이 방 안에 함께 있으면서 악수하는 모습을 머릿속에 그릴 수 있다. 당신은 당신 몸 안에 한 장소로 그들을 데리고 갈 수도 있다. 이제 보호자는 추방자의 변화를 볼 수 있게 된다.

추방자에게 일어났던 일에 대해 어떤 느낌을 갖는지 보호자에게 물어보라. 그 아이가 기뻐하고 자유로워하는 것을 보는 것이 행복한가? 그 아이가 더 이상 고통 가운데 있지 않다는 것에 안도감을 느끼는가? 이제 보호자가 자신의 보호적 역할이 더 이상 필요하지 않다고 느끼는지 보호자에게 물어보라. 보호자가 그 역할을 내려놓고 싶어 하는가? 일단 추방자가 괜찮아 보이면 종종 내려놓는 것을 행복해한다. 보호자는 그 역할을 내려놓고 싶어 하는가? 일단 추방자가 괜찮다는 것을 알게 되면 종종 보호자는 기분 좋게 내려놓는다.

만약 보호자가 자신의 역할을 내려놓을 준비가 되어 있지 않다면, 내려놓을 경우 어떤 일이 일어날까 봐 두려워하는지 물어보라. 보호자는 아직 짐을 내려놓지 못한 다른 추방자들도 보호해야 하기 때문에 여전히 자신의 역할이 필요하다고 믿고 있을지 모른다. 이 경우, 당신은 그 추방자들의 짐을 내려놓고 나서 보호자의 짐을 내려놓을 수 있게 해야 한다. 보호자가 자신의 역할에 연연해 하고 있는 다른 이유가 있을 수 있다. 예를 들면, 당신의 현재 삶에서 추방자가 누군가에 의해 해를 입지 않도록 보호하고 있는 중이라고 보호자가 믿고 있을 수도 있다. 우리는 앞 장에서 이것을 다루는 법을 논의하였다. 혹은 보호자가 추방자가 변하긴 하였으나 그 변화가 지속되지 않을까 두려워하고 있을 가능성도 있다. 이 경우 그 변화가 정착되도록 하기 위하여 당신이 계속해서 추방자와 작업할 것이라고 이야기해 주라. 보호자가 염려하는 것이 무엇이든 간에 당신이 그 염려 사항을 어떻게 해소시키겠다고 설명함으로써 안심시키라. 일단 그 두려움이 경감되면 보호자는 내려놓게 된다.

제8단계 : 보호적 역할을 내려놓기

보호자들도 짐을 짊어지고 있으나 추방자들의 짐과는 같지 않다. 추방자의 짐은 고통이다. 반면에 보호자의 짐은 자신의 보호적 역할이다. 그 역할은 보호자에게 자연스러운 것이 아니다. 보호자가 당신에게 큰 위험이 존재한다고 인식하였을 때 떠맡은 것이다. 일단 위험이 더 이상 존재하지 않으면 이 보호적 역할의 짐은 내려놓을 수 있다.

만약 보호자가 이제 내려놓을 준비가 되었다면, 보통 내려놓기만 하면 된다. 그러나 때로는 보호자가 자기만의 짐 내려놓기 의식을 치르는 것이 도움이 되기도 한다. 보호자가 짐 내려놓기를 하고 싶어 하는지 물어보라. 보호자가 완전히 내려놓지 못했고 약간의 도움이 필요하다면 의식을 치르겠다는 선택을 할 수도 있다. 만약 보호자가 짐 내려놓기를 하고 싶어 한다면 추방자의 짐 내려놓기에서 배웠던 것과 동일한 절차를 따르라. 보호자가 몸 안 어디에 짐을 지고 있는지 찾아보라. 그리고 자연 원소 중의 하나에게로 내려놓으라.

새로운 역할

일단 보호자가 방어자로서의 자신의 임무를 내려놓으면 정신 세계에서 그에게 맡겨질 새 역할이 자발적으로 출현할 수 있다. 만약 그렇지 않다면 보호자가 원하는 어떤 역할이든지 선택할 수 있다고 이야기해 주라. 예를 들면, 당신이 열심히 일하지 않는다고 판단하는 보호자를 가지고 있었다고 가정하자. 일을 더 열심히 하도록 하기 위해 당신을 판단하는 대신에 당신의 끊임없는 노력을 격려하고 응원하는 새로운 역할을 떠맡겠다고 결정할 수도 있다. 보호자의 옛 역할이 건강하고 비극단적인 버전으로 바뀐 것이다.

그러나 때로는 보호자들이 과거의 역기능적 방식의 정반대가 되기를 원하기도 한다. 예를 들면, 자신이 보호하던 추방자를 매우 경멸했었던 보호자가 당신에게 있다고 하자. 보호자가 이제는 그 추방자를 위해 사랑의 지지자가 되기로 결정할 수 있다. 또 하나의 가능성은 보호자가 이들 두 가지가 모두 아닌, 자신의 옛 역할과는 아무런 관계가 없는 역할을 선택하는 것이다. 예를 들면, 당신을 멍한 상태로 유지시키려고 열심히 일했던 보호자는 그냥 놀고 싶다고 할 수 있다. 그 보호자에게는 그러한 새로운 역할을 택하게 하라. 당신 생각에 이래야 된다고 독단적으로 결정하지 말라. 이것은 보호자가 원하는 것과 맞지 않을 수 있고 IFS의 중심에 있는 협력의 정신을 위반하는 것이다.

때로는 보호자가 새로운 역할을 선택하지 않더라도 짐이 사라졌으므로 그 안에서 (명료함, 힘, 혹은 사랑과 같은) 긍정적인 품성들이 자연스럽게 살아나게 된다. 이것은 추방자가 짐을 내려놓았을 때 일어나는 사건과 유사하다. 보호자는 이 시점에서 아무것도 할 필요가 없다. 새로운 역할의 선택은 단지 선택 사항일 뿐이다. 새로운 역할은 시간이 지나면서 점진적으로 출현하기도 한다. 중요한 것은 보호자가 자신의 옛 역기능적 역할을 내려놓는 것이다.

시스템의 나머지 부분들과 통합하기

일단 당신이 추방자와 그 보호자의 짐을 내려놓았다 하더라도 이러한 변화를 당신의 내면 시스템의 나머지 부분들과 통합시키는 것이 중요하다. 당신의 부분들이 서로 관련되어 있기 때문에 그들 중의 하나나 둘에게 일어난 중대한 변화는 다른 많은 것들에게 영향을 미치게 된다. 기억하라. 이것은 내면 가족이다. 외적인 가족에서와 마찬가지로 어떤 형제나 자매가 갑자기 매우 달리 행동하기 시작하면 모든 사람에게 영향을 미치게 된다.

당신이 지금까지 한 작업과 일어난 변화로 인해 화가 난 부분은 혹시 없는지 당신의 모든 부분에게 물어보라. 어떤 보호자는 이러한 변화들이 내면 가족을 너무 상처 입기 쉬운 상태로 만든다고 느낄 수 있다. 왜냐하면 당신을 안전하게 지켜 주고 있다고 믿었던 방어기제가 제거되었기 때문이다. (참자아 상태에 있는)당신은 무슨 일이 일어나더라도 다룰 수 있으며 활성화된 어떤 추방자도 돌볼 수 있다고 보호자를 안심시키라. 어떤 보호자들은 과거에 드러내 보이는 것이 안전하지 못하다고 여겼던 어떤 긍정적인 품성들을 몸으로 나타내는 것에 위협을 느낄 수도 있다. 예를 들어, 만약 작업을 통해 사랑, 자발성, 힘이 해방되었다면 이것을 무서워하는 부분들이 있을 수 있다. 당신은 이것들이 삶에 기쁨만을 가져다줄 수 있는 긍정적이고 건강한 품성임을 알고 있다. 그러나 만일 당신이 어릴 적에 자발적이라는 이유로 야단을 맞았다면 자발성은 위험하고 그것을 가로막고 싶다고 생각하는 보호자가 있을 수도 있다. 이 부분이 소리 높여 이야기할 때는 귀를 기울여 준 다음, 당신이 더 이상 아이가 아니며 야단을 맞지 않아도 된다고 안심시키라. 만약 그것으로 충분치 않다면, 곧 그 부분과 회기를 갖도록 계획하라. 염려하는 보호자와 작업하여 시스템의 변화에 적응할 수 있도록 도우라. 그렇지 않으면 그 부분이 이미 일어난 변화를 방해할 수도 있다.

외부 상황으로 시험해 보기

시간이 있으면 보통 보호자를 활성화시키는 시작점으로 이러한 변화를 시험해 보는 것도 좋은 생각이다. 삶 가운데서 이 상황에 직면하기 전에 회기 중 바로 이 자리에서 상상으로 그것을 시험해 볼 수 있다. 사랑 받지 못하고 있다는 느낌을 가진 추방자를 권위자들이 인정해 주도록 하기 위하여 보호자가 항상 그들을 기쁘게 해 주려고 애썼다고 가정하자. 당신은 이것을 다음과 같이 시험해 볼 수 있다. 지금의 삶 가운데 자신이 권위자와 함께 어떤 상황에 있다고 머릿속으로 그려 보라. 그러고는 사랑 받지 못한 추방자가 활성화되는지, 기쁘게 해 주는 보호자가 전면에 나서는지 감지하라. 이것을 통해 이 부분들이 완전히 짐을 내려놓았는지 여부를 엿볼 수 있게 된다. 덧붙여 당신은 권위자들에게 반응하는 또 다른 부분들이 있는지도 알 수 있게 된다. 이러한 내면 테스팅 프로세스는 당신이 실제 삶에서 그 상황에 직면할 수 있도록 준비시켜 주며 또한 어떤 추가적인 작업이 이루어져야 할 필요가 있는지도 알려 주게 된다.

만약 추방자와 보호자가 활성화되지 않는다면 당신이 그 상황에서 어떤 느낌이 드는지 감지하라. 당신이 흔히 경험할 수 없는 긴장 완화와 편안한 느낌을 감지할 수도 있다. 혹은 당신이 명료함이나 힘을 느낄 수도 있다. 한동안 시간을 가지고 이 경험을 즐기도록 하라. 지금까지 일어난 변화를 축하하라.

만약 추방자나 보호자 둘 중의 하나가 활성화되지 않는다면 그 이유를 알아내기 위해 조사하라. 만약 추방자가 활성화된다면 짐이 아직 완전히 사라지지 않았음을 의미한다. 앞 장에서 논의한 바와 같이 어떤 것이 짐 내려놓기를 방해하고 있는지 조사하여 그것을 바로잡을 수 있도록 하라. 만약 보호자가 활성화된다면 어떤 것이 그것을 보호적인 역할 가운데 붙들어 놓고 있는지 이 장에서 배운 대로 탐색하라.

행동 변화에 요구되는 것

당신의 행동에 중대한 변화를 이루어 내기 위해서 얼마만큼의 짐 내려놓기가 필요할지 사전에 예측하기는 힘들다. 때로는 한 회기로 충분할 수도 있다. 때로는 일련의 회기를 거쳐 추방자와 보호자의 짐 내려놓기로 정점에 도달할 수도 있다. 때로는 훨씬 더 많은 과정이 필요할 수도 있다. 여기에는 다음과 같은 이유가 있다.

앞 장에서 논의하였듯이 추방자가 충분히 치유되기 위해서는 이 추방자에게 짐을 만들어 주었던 어릴 적 중대한 기억 하나하나를 목격하고 나서 그 기억에 필요한 재양육과 짐 내려놓기를 진행해야 한다. 대부분의 경우, 그것은 당신의 행동 변화에 필요한 시간보다 훨씬 더 많은 시간을 필요로 한다. 우리 행동의 대부분은 우리의 보호자들로부터 온다. 보호자들은 우리의 추방자들을 의식 밖으로 밀어내고 우리가 세상에서 행동하는 양식을 그 추방자들이 통제할 수 있도록 허용하지 않기 때문이다. 그러므로 과식과 같은 특정한 문제 행동 패턴을 변화시키기 위해서는 그에 대한 책임을 지고 있는 보호자―추방자를 보호하고 있었던 부분―의 짐을 내려놓아야 한다. 그리고 만약 이 보호자가 하나 이상의 추방자를 보호하고 있다면 각 추방자들이 먼저 치유되고 나서야 보호자가 완전히 자기 역할을 내려놓고 자기 행동을 바꾸게 된다. 예를 들어 과식하는 보호자는 굶고 있는 한 추방자를 보호하고 있는 중일 수도 있다. 당신이 신생아 때 시간에 맞춰 우유를 먹여 자랐기 때문이다. 또한 엄마가 우울증에 걸려 방치했던 또 다른 추방자의 고통으로부터 당신을 보호하고 있는 중일 수도 있다. 그리고 그것은 당신이 지금까지 속았구나라고 믿는 순간 분노한 세 번째 추방자로부터 당신을 보호하고 있는 중일 수도 있다. 과식하는 행동이 진정으로 사라지기 위해서는 이 세 추방자 모두를 치유해야 하고 최종적으로 과식하는 보호자의 짐을 내려놓아 주어야 한다.

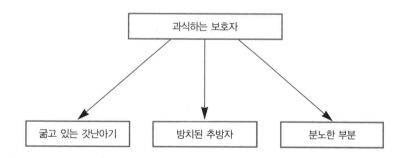

검댕이 악마가 짐을 내려놓다

이따금씩 던지는 동생의 불쾌한 언사로부터 리사의 마음을 보호하기 위하여 동생을 공격하고 싶어 했던 검댕이 악마 부분을 기억하는가? 리사가 이 부분과 그의 추방자와 함께 작업하였던 일련의 회기 끝부분에 어떤 일이 있었는지를 보자. 우리는 제6~8장까지의 회기 중에서 리사가 검댕이 악마를 알게 되고 그와 관계를 잘 맺을 수 있게 되었던 과정을 보았다. 그 회기 후, 이 책에 기록하지는 않았지만, 리사는 (마음 부분이라 불리는) 상처 받기 쉬운 추방자와 몇 가지 추가적인 작업을 하였다. 그녀는 추방자를 치유하였고 따라서 추방자는 동생이 주는 상처에 덜 민감해지게 되었다. 그 회기 중 마지막 부분에 있었던 작업을 계속한다.

제이 : 이제 검댕이 악마로 되돌아가 보세요. 그 부분이 우리가 방금 끝낸 마음 부분과의 작업을 자각하고 있는지 체크해 보세요.

리사 : 네, 무슨 일이 일어났었는지 자각하고 있네요. 매우 기쁘다고 하네요.

제이 : 마음 부분이 더 이상 위험에 처해 있지 않은데, 불쾌하거나 판단적인 언행을 하는 동생이나 다른 사람들을 아직도 공격할 필요를 느끼고 있는지 물어보세요.

리사 : 네, 생각해 보고 있대요…. 더 이상 그렇게 할 필요가 없다고 이야기하고 있는 것 같아요. 네, 나를 보호하는 일에 대해 긴장이 훨씬 많이 풀린 것 같대요….

제이 : 훌륭합니다! 그 부분이 공격 역할을 내려놓는 의식을 하고 싶어 하나요 아니면 필요 없을까요?

리사 : 필요할 것 같지 않대요.

🗨 검댕이 악마는 자신의 공격 역할이 필요치 않음을 깨닫고 짐 내려놓기 의식까지 하지 않고도 그 역할을 내려놓을 준비가 되었다.

제이 : 좋습니다. 검댕이 악마가 당신 정신 세계에서 새로운 역할을 택하고 싶어 하는지 보세요.

리사 : 자기는 그냥 뛰어놀고 싶다네요. 실제로 그가 분주하게 돌아다니며 껑충껑충 뛰어 오르내리고 있는 것이 보여요. 공격적으로 이런 행동을 하고 있지만 누군가를 공격하고 싶어 하는 것은 아니에요. 그냥 재미있게 놀고 있는 거예요.

제이 : 좋습니다. 이제 한동안 시간을 내어 이 놀기 좋아하는 부분을 즐기세

요. 그런데 이 시점에서 그 부분의 이름을 바꾸고 싶으십니까?

리사 : 네, 그 부분이 자기를 날쌘돌이라 불러 주었으면 하네요.

🗨 부분들에게 때로는 자신들이 어떻게 변했는지를 반영해 줄 수 있는 새로운 이름이 필요하다.

제이 : 좋습니다. 잠깐 시간을 내어 날쌘돌이가 자기 몸 안에서 어떤 느낌을 갖고 있는지 감지해 보세요.

리사 : 충만한 에너지와 넘치는 해방감. 움직임에 힘이 있어요. 특히 내 팔과 다리에 생동감과 전율이 느껴져요. 정말로 재미있어요!

🗨 변화된 보호자를 이런 식으로 육체화시킴으로써 그 변화들을 영원히 통합할 수 있게 된다.

제이 : 이 변화를 한번 테스트해 보고 싶습니까?

리사 : 그럼요.

제이 : 당신이 동생과 함께 있고 동생이 당신에게 불쾌한 말을 하고 있다고 머릿속에 그려 보세요.

리사 : 좋아요. 동생이 내 외모에 대해 흠잡는 이야기를 하고 있는 것을 머릿속에 그려 보고 있어요.

제이 : 당신은 이에 반응하여 어떤 느낌이 드는지 감지해 보세요. 그 부분이 어떻게 반응하고 있습니까?

리사 : 네, 보통 때 느끼던 분노가 감지되지 않네요. 동생의 흠잡는 이야기에도 그리 영향이 없어요. 그냥 동생의 문제려니 생각해요. 그리고 날쌘돌이는 과거처럼 공격하고 싶어 하지 않아요.

제이 : 짐을 내려놓은 것이 확실하다는 뜻이겠지요.

🗨 이것은 변화를 확인할 뿐만 아니라 변화를 공고히 하도록 해 준다.

제이 : 여기까지 하시지요. 날쌘돌이에게 기꺼이 내려놓아 주어서 고맙다고 하세요.

리사 : 좋아요. 날쌘돌이가 행복해하네요.

제이 : 우리가 중단하기 전에, 하고 싶은 이야기가 아직 남아 있는 부분들은

없는지 혹은 당신이 그 부분들에게 무언가 이야기하고 싶은 것은 없는지
보세요.

리사 : 날쌘돌이는 그냥 분주하게 돌아다니면서 과시하고 있어요. 굳이 이
야기할 필요가 없대요.

제이 : 당신이 계속해서 마음 부분과 관계를 맺기 위해서는 다음 주 내내 반
드시 마음 부분에 들러 안부를 묻도록 하세요.

추방자가 변화될 때마다 변화가 유지되도록 참자아가 부분과의 관계를 지속시키는
것이 중요하다.

이제 이것으로 리사가 가진 검댕이 악마(날쌘돌이)와 마음 부분과의 작업은 완
결되었다.

아트의 보호자

추방자가 치유된 후에도 자기 짐(역할)을 내려놓을 준비가 되지 않은 보호자의
예를 보자. 이 축어록도 역시 바로 전 회기에 이어 부분에 다시 접근하는 법을
보여 주고 있다. 앞서 아트는 거부를 두려워하는 '10대 추방자'의 짐을 이미 내
려놓았다. 그 '10대'는 바다에 두려움들을 내려놓았다. 그러나 아트는 원래의
보호자가 누구였는지 확실히 알지 못하였다.

아트 : 추방자는 '10대'이고 우리가 해변에서 짐 내려놓기까지 했었어요.
그러나 나는 곧바로 '10대'에 대해 작업하는 회기를 시작했었기 때문에
거기에 보호자는 등장하지 않았었는데요.

제이 : 그에 대해 작업합시다. 추방자에게로 감각을 모으고 그것에 다시 접
근할 수 있는지 그리고 그것이 지금 어디에 있는지 알아보세요. 그 작업
을 하는 데 도움이 필요하면 이야기해 주세요.

아트 : 해변에서의 마지막 장면에 대한 이미지가 내게 지금 너무 생생해서
좀 혼란스러워요. 거기서 다시 접근하지요. 나는 내 몸 안에 광활한 느낌

이 있어서 그런지 '10대 추방자'가 여전히 변화된 것처럼 보여요. 그러나 그 광활함이 이 순간에 내가 있는 곳만 그렇다는 것인지 혹은 실제로 추방자의 느낌이 그렇다는 것인지는 잘 모르겠어요.

제이 : 네, 내게 좋은 생각이 있어요. 테스팅을 해서 알아봅시다. 당신 삶에서 어떤 유형의 상황이 이 추방자를 자극합니까?

💬 이 테스트는 보통 보호자의 짐 내려놓기 후에 이루어진다. 그러나 나는 여기서 추방자가 여전히 짐을 내려놓은 상태인지를 보기 위해 사용하고 있다.

아트 : 모임을 갖는 상황이에요. 이 추방자는 내 방에 숨는 경향이 있어요.

제이 : 좋습니다. 이 추방자가 활성화되는 전형적인 모임 상황을 설명해 보세요. 나도 역시 여기서 작동하고 있는 보호자들에 대한 감을 갖고 싶기 때문이에요.

아트 : 파티, 가족 모임, 교류확대 모임, 수련회 등이예요.

제이 : 이 상황에서는 어떤 보호자가 활동하고 있나요?

아트 : 하나는 내가 모임에 가는 것을 막으려 하는 보호자예요. 그 보호자는 내가 가서는 안 되는 수많은 이유는 물론이고 그곳에 가면 어떠할 것이다라는 부정적인 예측들을 떠올려요.

제이 : 우리가 이 보호자를 어떻게 부를까요?

아트 : '가까이 가지 마라' 부분이 좋겠어요.

제이 : 전에 이 부분과 작업하신 적이 있나요?

아트 : 그리 많지는 않아요.

제이 : 좋습니다. 그런 상황 가운데 있는 자신을 머릿속에 그려 보세요.

아트 : 수련회에 가는 것을 머릿속에 그리고 있어요. 실제로 내일 수련회를 떠나기 때문이에요. 우리가 '10대 추방자'와 회기를 갖기 전과는 느낌이 매우 달라요. 마음이 활짝 열린 느낌이고 사람들 만나는 것이 기대가 돼요. 내게는 그것이 어떤 변화가 계속 유지되고 있다는 표시 같아요.

제이 : 추방자가 여전히 변화된 상태에 있다는 뜻으로 가정하지요. 이제 '가까이 가지 말라' 부분에게 접근하세요.

아트 : 수련회에서 집회가 없을 때는 내 방에서 시간을 보내야 하는 이유들을 생각해 내기 시작하네요. 금요일 저녁에 파티가 있을 텐데 그 부분이 내게 이렇게 이야기하고 있어요. "거기 가지 마라." 자동적으로 '노' 하는 것 같아요.

제이 : 잠깐 시간을 내어 '가까이 가지 마라' 부분과 관계를 맺어 보세요. 그 부분을 향해 어떤 느낌이 드는지 체크하시고 이 추방자를 보호하려고 그동안 애를 많이 썼다고 인정해 주세요.

💬 아트는 과거에 이 보호자와 작업을 한 적이 없기 때문에 나는 그가 보호자와 관계를 맺고 나서 더 진행하는 것이 낫다고 생각한다. 그렇지 않으면 보호자가 협조하지 않을 수도 있다.

아트 : 그를 향해 긍휼한 마음이 많이 느껴져요. 또한 바로 전 회기에서 내가 작업했던 '10대'보다 훨씬 어린 추방자란 감이 들어요. '가까이 가지 마라' 부분이 지금까지 어떤 일을 해 왔는지 그리고 그 이유는 무엇인지 이해할 수 있을 것 같아요.

제이 : 지난 회기에서 추방자와 했던 작업을 자각하고 있는지 그리고 추방자가 어떻게 변화되었는지 보호자에게 물어보세요.

아트 : 네, 보호자는 알고 있대요.

제이 : 추방자에 대해 보호자는 어떻게 느끼고 있나요?

아트 : 어떤 일이 일어났었는지 잘 알고 있지만 그 변화가 행동으로 나타나는 것을 보고 싶대요. 이 파티에 가도 안전할지는 잘 모르겠답니다.

제이 : 그는 아직도 추방자가 파티에서 화를 내거나 수치심을 느낄까 봐 두려워하고 있나요?

아트 : 네, 수치심이란 단어는 아주 적절한 것 같아요. 무엇을 해야 할지를 모르는 것이 아니라 자신에 대한 나쁜 감정이에요. 보호자는 다음과 같이 싸잡아서 이야기를 하네요. "거기 가 볼까 하는 생각조차 하지 마라."

제이 : 이렇게 해 봅시다. '가까이 가지 마라' 부분을 당장 추방자에게 소개해 보세요.

아트 : 그들 둘이 함께 있어요.

제이 : '가까이 가지 마라' 부분이 변화된 추방자를 자각하고 있나요?

아트 : 음… 힘들어지네요. 네, 그런 것 같아요. 그러나 훨씬 어린 추방자가 갖고 있는 기억이 지금 번쩍 스쳐 지나가네요. 파티에 가 보라고 엄마가 등을 떠밀고 있는 매우 생생한 기억이에요. 그것이 '10대 추방자'와 어떤 관련이 있는지는 모르겠어요.

제이 : '10대 추방자'에게 이것이 자신의 기억인지 아니면 다른 부분의 기억인지 물어보세요.

아트 : 다른 부분의 기억인 것 같아 보이나 '10대 추방자'와도 관련되어 있어요.

💬 어린 추방자는 10대 추방자와 관련되어 있다. 왜냐하면 그들 둘이 사고 상황에서 두려움을 경험하고 있고 그들 둘이 이 회피성 보호자에 의해 보호 받고 있기 때문이다.

제이 : 이 어린 추방자가 아직 치유되지 않았기 때문에 '가까이 가지 마라' 부분이 아직 자기 짐을 내려놓을 수 없다고 말하고 있는 것 같다는 생각이 들어요. 앞으로의 회기에서 어린 추방자와 작업하겠다고 '가까이 가지 마라' 부분에게 이야기해 주세요.

💬 '10대 추방자'가 치유되었음에도 불구하고 '가까이 가지 마라' 부분이 짐을 내려놓을 준비가 되지 않았고 또한 어린 추방자가 갖고 있는 기억이 아트에게 보였기 때문에 이 보호자는 자신이 어린 추방자를 보호해야 한다고 느껴 여전히 자신의 역할을 유지할 필요가 있다고 생각하는 것은 충분히 이해가 된다. 이 회기에서 '가까이 가지 마라' 부분과 더 이상 진행할 필요는 없다.

어린 추방자도(그리고 이 보호자에 의해 보호 받고 있는 중인 다른 것들도) 역시 치유가 될 때는 '가까이 가지 마라' 부분이 아마도 긴장을 풀고 아트에게 사교모임에 가라고 할 것이다. 우리는 이것을 다음과 같은 그림으로 나타낼 수 있다.

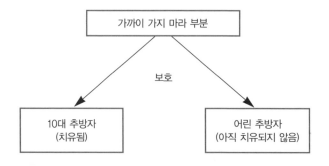

```
                    가까이 가지 마라 부분


                          보호


    10대 추방자                        어린 추방자
    (치유됨)                       (아직 치유되지 않음)
```

연 · 습 · 문 · 제 · 1

보호자의 짐 내려놓기

가능하면 당신이 이미 짐을 내려놓은 추방자를 택하라. 만약 하나도 없다면 당신이 어느 정도 작업해 온 추방자를 택하고 짐 내려놓기까지 IFS 프로세스를 진행하라. 그러고 나서 그 추방자의 보호자에게 다시 접근하여 이 장에서 배운 대로 보호자가 자신의 보호적 역할을 내려놓도록 도우라.

보호자 : ＿＿＿＿＿＿＿＿＿＿＿＿＿＿＿＿＿＿＿＿＿＿＿＿＿＿＿＿＿＿＿＿＿

보호자의 역할 : ＿＿＿＿＿＿＿＿＿＿＿＿＿＿＿＿＿＿＿＿＿＿＿＿＿＿＿＿

추방자 : ＿＿＿＿＿＿＿＿＿＿＿＿＿＿＿＿＿＿＿＿＿＿＿＿＿＿＿＿＿＿＿＿

추방자의 짐 : ＿＿＿＿＿＿＿＿＿＿＿＿＿＿＿＿＿＿＿＿＿＿＿＿＿＿＿＿＿

보호자가 이제는 자신의 역할을 내려놓을 준비가 되었는가 : ＿＿＿＿＿＿＿＿＿

이러한 변화를 불편해하는 부분들이 있는가? 그들의 염려 사항은 무엇인가 : ＿＿＿＿＿＿

당신은 그들을 어떻게 안심시켰는가 : ＿＿＿＿＿＿＿＿＿＿＿＿＿＿＿＿＿＿

당신이 외부 상황을 머릿속에 그렸을 때 당신은 어떤 느낌이 들었는가 : ＿＿＿＿＿＿＿

활성화된 부분은 없었는가 : ＿＿＿＿＿＿＿＿＿＿＿＿＿＿＿＿＿＿＿＿＿＿＿

후속 작업을 할 필요가 있는가 : ＿＿＿＿＿＿＿＿＿＿＿＿＿＿＿＿＿＿＿＿＿

건강한 부분 vs. 참자아

부분들이 짐을 내려놓은 후에 표출하는 건강한 역할과 품성에 대한 감을 갖게 되면서 당신은 이것들이 참자아의 품성과 어떤 관계가 있는지 궁금해할 수 있다. 이 변화된 부분들 중의 하나가 참자아 품성을 표출할 수 있는가? 짐을 내려놓은 후 한 부분이 참자아의 품성 중 하나인 침착함을 표출하고 있다고 가정하

자. 어떤 부분이 긍휼한 마음을 갖는 새로운 역할을 택하고 싶다고 한다면 어떻게 할 것인가? 당신은 이 같은 부분과 참자아 사이의 차이를 어떻게 분별할 것인가?

부분들을 구별하는 것과 같은 방법으로 느껴진 정체감으로 구별할 수 있다. 예를 들어, 만약 침착함이 느껴지면 두 가지 가능성이 있다.

1. 이것이 '중재자'라 불리는 당신의 특정한 부분으로부터 오고 있는 것으로 느낄 수 있다. 중재자는 자신이 가지고 있는 은사 중의 하나인 그 품성을 당신에게 가져다준다.

2. 침착함이 당신의 핵심 참자아 — 자연스러운 당신의 존재 — 로부터 오고 있는 것처럼 느껴질 수도 있다. 만약 구별할 수 없더라도 염려하지 말라. 현실적으로는, 필요할 때 그 긍정적인 품성에 접근할 수 있는 한 그것을 어떤 식으로 보는가는 문제 되지 않는다.

연 · 습 · 문 · 제 · 2

보호자와 후속 접촉하기

보호적 역할을 내려놓은 보호자를 택하라. 주 중에 보호자가 활성화될 때마다 그의 안부를 묻는다.

준비

그 당시를 자각하는 데 도움이 되도록 다음 질문에 답하라.

어떤 상황이나 사람들이 이 보호자를 활성화시키는 경향이 있는가 : _____

다음 주 중 언제 이것들이 일어날 가능성이 있는가 : _____

어떤 신체감각, 생각, 행동 혹은 감정으로 보호자가 활성화되었다는 사실을 알 수 있는가 :

_____

주 중에

보호자가 보통 활성화되는 상황에서, 그 부분이 활성화되었는지 여부를 감지하라. 만약 활성화되지 않는다면 전과는 달리 어떤 느낌이 들고 어떻게 행동하게 되는지 감지하라. _____

_____

당신이 갖게 된 변화를 인정하라. 당신의 성공을 축하하라. 만약 보호자가 활성화된다면 어떤 것이 보호자를 자극하였는지 그리고 보호자가 어떤 것을 두려워하는지 방문하여 알아보라. ___

_____

이 보호자의 변화를 완결 짓기 위해서는 앞으로의 회기에 어떤 추가적인 작업이 필요한지 알 수 있도록 이것을 계속 추적하라.

요약

이 장에서는 보호자를 자신이 보호하고 있던 변화된 추방자에 소개하는 법과 보호자가 자신의 보호자 역할을 이제 내려놓을 수 있는지를 알아보는 법을 배웠다. 당신은 보호자가 준비가 되지 않았다면 해야 할 일이 무엇인지 그리고 필요할 경우, 보호자의 짐 내려놓는 법을 알게 되었다. 보호자는 이제 자신의 옛 역할을 대신할 수 있는 새로운 역할을 선택할 수 있게 되었다. 당신은 다른 부분들이 변화를 편안해하는지를 알아보기 위해서 다른 부분들을 체크하는 법, 그리고 보통 보호자를 자극하는 외부 상황으로 이 변화를 테스트하는 법을 알게 되었다. 이것으로 이 특정한 보호자와 추방자에 대한 IFS 프로세스는 완결된다.

Chapter 16

치유 프로세스를 지원하기

혼자, 파트너와, 치료사와의 작업에 대한 요령

파트너와의 작업에 대한 요령

이 책을 최대한으로 활용하기 위해서는 정기적으로 IFS를 훈련할 필요가 있다. 우리의 정신 세계와 삶에 관련을 지을 수 있도록 각 장마다 개념을 각인시키는 연습문제를 제시하고 있다. 대부분의 사람들에게는 파트너와 함께하는 것이 가장 효과적이다. 두 사람이 번갈아 가며 한 사람은 자신에 대해 작업하고 다른 사람은 목격자와 촉진자 역할을 한다. 혼자 작업하는 것을 선호하는 사람들은 이 장에서 그에 대한 요령이 기술된 부분으로 건너뛰라.

우리 인간은 사회적 동물이다. 비록 우리가 깊은 내면 작업을 하고 있는 중일지라도 우리는 누군가 우리를 보고 이해하여 주기를 갈망한다. 자신에 대한 IFS 작업을 할 때, 누군가 당신의 감정과 관심 사항에 대해 배려해 주며 전인성을 향한 당신의 개인적인 여정에 관심을 가진 사람이 당신의 이야기에 귀 기울여 준다면 지지 받는 느낌이 든다. 비록 존중을 바탕으로 한 강력한 IFS 방법이라 할지라도 당신 안에 있는 깊은 고통의 상태를 열어 보인다는 것이 쉽지는 않다. 누군가 함께 있어 당신을 목격한다면 모든 탐색을 더욱 기분 좋게 만든다. 이것은 당신의 상처 받고 보호 받고 있는 부분들에게 품어 주는 환경을 제공해 준다. 말 없는 목격자라 할지라도 함께 있어 준다는 것 자체가 대부분의 사람들에게는 지지가 되며 큰 도움이 된다.

보통 고통과 어려움의 내면 세계를 다루고 싶어 하지 않는 여러 명의 보호자들이 있다. 목격자가 없으면 보호자들은 당신도 모르게 작업에 초점을 맞추지 못하게 만든다. 파트너와 함께 작업하는 것은 궤도를 벗어나지 않도록 해 준다. 만약 이 보호자들 중 몇 명이 결탁하여 내면 작업을 회피하고자 한다면 파트너와의 회기를 계획하는 것이 도움이 된다. 이렇게 함으로써 당신은 쉽게 회기를 뒤로 미룰 수 없어 스케줄대로 진행하게 된다.

이후 이 장에서는 자신에 대해 작업하는 사람을 탐색자, 귀를 기울이며 때로는 촉진하는 사람을 목격자로 부를 것이다. 연습을 하거나 회기를 가질 때, 두 사람이 교대로 진행할 수 있도록 충분한 시간을 확보하라. 당신이 탐색자가 될 차례면 목격자가 귀 기울이며 돕는 동안 연습에 몰두하라. 그리고 나중에 5분을 내어 목격자가 당신에게 피드백을 주고 또한 두 사람이 그동안 있었던 사건을 논의하도록 하라.

당신이 탐색자인 동안에는 목격자가 지금 무슨 일이 일어나고 있는지 알 수 있도록 당신이 어떤 것을 경험하고 있으며, 당신이 당신 부분들에게 어떤 질문들을 하고 있는지 소리 내어 묘사하라. 예를 들면, "내 어깨가 뻣뻣한 느낌이 있어요.", "나는 부분에게 어떤 것이 두려운지 묻고 있어요.", "부분이 내가 웃음거리가 될 거라고 하네요." 등이다.

작업에 대한 책임

당신이 탐색자일 때는 당신이 회기를 맡아 일어나는 사건에 대한 책임을 진다. 이것이 치료사가 작업에 대해 더 많은 책임을 지는 심리치료에서와 다른 점이다. 당신이 동료 상담에서 친구와 작업을 하고 있을 때는 친구가 당신에게 도움이 될 수 있지만, IFS와 치료에 대해서는 당신이 아는 것보다 더 알지는 못한다. 그러므로 친구가 치료사가 하는 식으로 회기 내에서 일어나는 사건에 대한 책임을 떠맡을 수는 없다. 당신에게 효과가 있는 방법으로 회기를 운영하는 것은 당신에게 달려 있는 것이다. 얼마나 빨리 또는 느리게 진행할 것인가 그리고 특정 문제들을 얼마나 깊이 탐색할 것인가를 판단하는 것도 당신의 임무이다. 회기 중에 어떤 일이 일어나고 있는지 그리고 IFS 프로세스의 어디쯤 와 있는지를 끊임없이 추적하는 책임을 지고 있는 것도 당신이다. 자신의 어떤 부분을 탐색할 것인지 자신의 정신 세계 안에 고통스럽거나 상처 받기 쉬운 곳으로 얼마나 깊이 들어갈 것인가를 선택하는 책임도 당신에게 있다. 목격자에게도 중요한 역할이 있기는 하지만 본질적으로 당신의 무대다.

당신이 목격자일 때는 제안을 해도 좋으나 그것을 받아들이느냐 않느냐를 결정하는 것은 탐색자에게 달려 있다. 탐색자가 교착 상태에 빠지거나 길을 잃어버리더라도 어떻게 진행할 것인지를 알아내는 것은 탐색자의 임무이다. 그가 한동안 혼돈 상태에 있을 수는 있으나 그것을 헤쳐 나와야 한다. 당신이 적절하다고 생각되는 방식으로 도울 수는 있으나 그를 '고쳐' 주거나 그의 고통을 없애 주거나 교착 상태로부터 그를 구해 줄 의무는 없다.

하지만 이 책의 축어록은 이 원리를 따르지 않는다. 왜냐하면 경험 있는 IFS 치료사로서 나는 회기를 촉진시키는 데 있어서 좀 더 적극적인 역할을 취하였기 때문이다. 나는 내담자가 알고 있지 못한 새로운 IFS 개념을 예시하기 위해 그곳에 있었다. 그러나 당신 회기에서는 목격자가 이렇게 하기를 기대할 수는 없다는 사실을 기억하라.

제1단계 : 말 없는 목격자

나는 프로세스를 처음 접하는 목격자인 당신이 첫 네 회기 동안에는 말을 하지 말 것을 제안한다. 당신이 경험을 얻으며 어떻게 하는 것이 도움이 되는지를 배움에 따라 점점 더 많이 참여할 수 있게 된다. 이것을 분명히 하기 위해 나는 이 학습 과정을 3단계로 나누었다. 이 프로세스의 제1단계에 해당하는 처음 네 회기 동안에는 탐색자가 도움을 청하지 않는 한 입을 열지 말라. 이것은 탐색자가 회기를 맡아 책임진다는 개념을 공고히 하는 데 도움을 준다. 이것은 탐색자가 자신에 대해 작업하는 법을 배울 수 있게 해 주고, 목격자인 당신으로 하여금 일어나는 사건에 대한 책임으로부터 자유로워질 수 있게 한다. 그러나 매 회기 후에 탐색자에게 피드백을 줄 수 있는 기회는 갖는다. 제2단계가 시작되는 제5회기부터 적극적 경청이 허락된다(아래 참조). 제3단계인 제9회기부터 당신은 완전한 촉진자 역할을 할 수 있다. 이같이 천천히 시작해 나가면 당신이 적극적인 역할을 취하기 전에 이 프로세스에 대해 편히 적응할 수 있는 여지를 제공해 준다. 당신은 어떤 것을 이야기해 주어야 하나 하는 짐을 너무 일찍 지지 않고도 도움을 주는 법을 서서히 배우게 된다. 당신이 한 마디도 하지 않을지라도 당신이 그 자리에 있어 온전히 주목하고 있다는 사실이 탐색자의 프로세스에 많은 도움이 되고 있음을 기억하라.

첫 네 회기 동안에는, 만약 탐색자가 회기 중 어떤 특정 순간에 도움을 청한다면 도움을 주어도 괜찮다. 그 외에는 회기 끝난 후 피드백 시간이 될 때까지 아무 이야기도 하지 말라. 비록 탐색자가 교착 상태에 빠지거나 프로세스를 잘못 진행하는 것 같을지라도 그가 당신에게 요청하지 않는 한 뛰어들어 돕지 말라. 그가 힘들게 그곳을 빠져나오도록 놔두라. 이렇게 함으로써 탐색자가 자신을 촉진시키는 법을 억지로라도 배우게 된다. 그리고 당신이 항상 사물을 분명하게 이해하고 있다고 볼 수는 없다. 당신의 도우려는 시도가 실제로는 그 사람의 프로세스에 치명적인 해가 될 수도 있다.

탐색자여, 만약 당신이 청하지도 않았는데도 목격자가 무언가 이야기하면 침묵해야 함을 상기시켜 주라. 이 지침에 다음과 같은 한 가지 예외가 있다. 탐색자는 목격자에게 회기 전체를 촉진시켜 달라고 요청할 수 있는 선택권을 가지고 있다. 당신이 탐색자일 때 만약 당신이 목격자로부터 그러한 자세한 도움을 원한다면 그렇게 요청하라. 만약 목격자가 이러한 촉진을 베풀어 줄 준비가 된 것 같으면 두 사람은 처음부터 이러한 적극적인 형식으로 진행하자고 합의할 수 있다.

목격자여, 첫 네 회기 동안에는 당신이 한 마디 이야기를 하지 않더라도 당신이 그 자리에 있어 경청하고 있다는 사실만으로도 큰 도움을 준다. 당신이 가능한 한 참자아 상태에 있어야 함이 중요하다. 이것이 탐색자도 역시 참자아 상태에 있도록 도우며 그가 지지 받고 있다는 느낌을 갖도록 도와주는 것이다. 탐색자가 지금 어디에 와 있고 어떤 일이 일어나고 있는지 정확히 이해할 수 있도록 탐색자의 프로세스를 따라가라. 그가 어떤 단계에서 작업하고 있는지 추적할 수 있도록 조견표 사용을 추천한다.

침묵하는 것은 또한 탐색자가 작업하는 동안 목격자인 당신 자신의 경험에 좀 더 주의를 기울일 수 있는 기회를 제공한다. 당신이 참자아 상태에 있는지 여부와 어떤 부분들이 활성화되었는지 감지하라. 가능한 한 참자아 상태를 많이 유지하는 작업을 하라. 그것은 마음을 열고 관심을 가지며 긍휼한 마음을 갖는 것을 의미한다. 활성화된 부분들은 모두 옆으로 비켜서서 당신이 탐색자를 위하여 그곳에 있게 해 달라고 요청하라. 당신이 침묵하는 목격자라면 이렇게 하기가 훨씬 쉽다. 탐색자가 이 사실을 굳이 알아야 할 필요도 없고, 보호자가 방해하는 경우 하게 되는 당신의 싫은 소리를 탐색자가 참아 낼 필요도 없으므로 당신은 참자아로 되돌아가는 길을 찾을 수 있게 된다.

회기 후 피드백하기

매 회기 후에 목격자는 탐색자에게 피드백을 제공한다. 그리고 두 사람은 어떤 일이 일어났었는지 논의한다. 탐색자는 상처 받기 쉬운 상태에 있을 수 있음을 기억하라. 그래서 예민하면서도 지지적인 방식으로 피드백을 하는 것이 중요하다. 상처 받기 쉬운 사람이 가장 싫어하는 것이 비판이나 판단을 받는 것이다.

여기 몇 가지 가능한 피드백을 예로 들어 본다.

탐색자의 작업에 대해서 갖고 있는 개인적인 반응이 있다면 어떤 것이라도 나누라. 예를 들면, "당신의 그 외로운 추방자가 나타났을 때는 나도 매우 슬펐어요. 그것이 내 안의 비슷한 것을 두드렸던 것 같아요.", "나 역시 꿋꿋하게 서 있기가 힘들어요." 등. 이것은 탐색자가 이해 받고 있으며 자신의 경험이 이상하거나 특이한 것이 아니라는 사실을 알게 해 준다. 당신의 반응은 짧게, 탐색자의 작업과 직접적으로 관련 있는 것만 하도록 하라. 당신의 느낌이나 문제에 대해 세부적으로 들어가지 말라.

그 작업에 대해 당신이 가지고 있는 긍정적인 반응은 모두 베풀어 주라. 예를 들면, "상처 받기 쉬울 수 있었음에도 가졌던 당신의 용기에 정말로 감동 받았어요." 등. 이것은 탐색자가 소중하게 여김을 받고 있다는 느낌을 가져다준다.

탐색자의 작업에 대한 이해를 넓힐 수 있는 질문을 하거나 그녀가 놓쳤을지도 모르는 무언가를 볼 수 있도록 도우라. "회기 후반부에 어떤 조급한 부분이 활동하고 있었던 것은 아닌가요?"

그녀가 건너뛴 IFS 프로세스의 단계가 있다면 그것을 언급하라. "당신이 어린 아이 부분에 대한 양육을 시작하기 전에 그 부분에 대한 목격을 끝냈다는 생각이 들지 않네요."

그녀가 훈련에 대한 지시 사항으로부터 벗어난 방식이 있다면 어느 것이든 언급하라. "이번 회기에서는 보호자에 초점을 맞추기로 되어 있었던 것으로 생각하는데요."

당신의 피드백이 작업의 내용이나 탐색자의 심리적인 문제에 대한 것만이 아님을 분명히 하라. 서로 도와 방법을 배울 수 있도록 탐색자가 어떻게 IFS 프로세스를 사용하였는지에 대해서도 피드백을 제공하라. 탐색자가 자신의 작업을 책임지고 있으므로 부드럽지만 거의 망설이는 듯이 피드백을 하라. 탐색자가 정확하게 하도록 하는 것이 당신의 임무가 아니다. 당신은 단지 가능한 도움만 베풀고 있는 것이다. 예를 들면, 당신은 이렇게 이야기할 수 있다. "내 생각에 당신이 보호자를 알아가기 전에 그를 향하여 어떤 느낌이 들었는지 체크를 하지 않은 것 같아요." 혹은 "그 슬픔이 당신이 애초에 시작하였던 부분이 아닌, 정말로 다른 부분으로부터 오고 있는 것인지 궁금해요. 어떻게 생각하세요?" 질문으로 표현하는 것이 도전이나 요구하는 느낌을 덜 주게 된다.

탐색자여, 만약 목격자의 피드백에 의해 불편한 느낌이나 판단 받는 느낌이 든다면 앞으로 이런 일이 일어나지 않도록 방지하기 위하여 무언가 말하는 것이 좋다.

제2단계 : 적극적 경청

침묵의 목격자로서 네 회기를 끝낸 후 제2단계로 진입한다. 다음 네 회기에는 탐색자가 느끼고 있거나 경험하고 있는 바를 반영해 주도록 한다. 때로는 이것을 적극적 경청이라고도 부른다. 탐색자가 당신에게 이야기해 주는 바, 자신이 경험하고 있는 것 혹은 부분이 경험하고 있는 것을 그 사람에게 피드백해 줄 필요가 있다. 그 결과, 탐색자는 누군가 자기를 보고 있으며 자기가 이해 받고 있다는 느낌을 갖게 된다. 당신은 탐색자가 사용했던 단어를 똑같이 사용할 수 있고 풀어서 이야기할 수도 있다. 이상하게 보일지는 몰라도 탐색자가 사용하는 단어와 똑같은 단어로 탐색자가 이야기하는 바를 반영하는 것이 때로는 유용할 수 있다. 예를 들면, 만약 탐색자가 "나는 피곤하고 화가 난다."라고 말하면 당신도 "당신이 피곤하고 화가 나는군요."라고 한다. 또한 어떤 부분이 느끼고 있는 바를 반영할 수도 있다. 만약 탐색자가 "비판적인 부분이 나를 실패로부터 보호하려고 애쓰고 있다고 하네요."라고 이야기하면 당신은 다음과 같이 말할 수 있다. "그 부분이 당신을 실패로부터 보호하려고 애쓰고 있네요."

또한 당신이 들으면서 그 의미를 반영하기 위해서 탐색자가 말하는 것을 풀어 이야기하는 것이 도움이 될 수도 있다. 예를 들면, 탐색자가 다음과 같이 이야기한다고 가정하자. "그 부분이 피곤하고 외로운 느낌을 갖고 있어요. 아무도 그것을 인정해 주거나 이해해 주지 않아요." 당신은 다음과 같이 반영할 수 있다. "그 부분이 아무도 봐 주고 있지 않아 혼자 있다는 느낌을 갖고 있군요." 풀어 이야기함으로써 탐색자가 이야기한 것에 함축되어 있는 — 거기 있었지만 그가 의식적으로 깨닫지 못했던 — 무언가를 끌어낼 수도 있다. 종종 탐색자는 전체 문단을 이야기했더라도 당신은 들은 것 중의 본질만을 반영할 수도 있다. 리사가 검댕이 악마에 대해 이야기하는 것에서 이 예를 볼 수 있다. "작은 타스마니안 데블 같아요. 자신을 드러내 보이도록 허락해 주면 공격하듯이 주위를 맴돌기 시작해요. 으르렁거리며 동생의 다리를 끈질기게 물고 늘어지지요." 당신은 다음 같이 반영할 수도 있다. "이 타스마니안 데블 부분이 동생을 공격하고 싶어 하는군요."

목격자가 풀어 이야기할 때, 탐색자가 이야기하지 않았던 것을 삽입하여 당신이 좋겠다고 생각하는 방향으로 탐색자를 끌어가려는 유혹을 받을 수 있다. 혹은 탐색자의 저변에 깔려 있는 동기나 고통에 대해 은근히 추측을 함으로써 탐색자가 더 깊은 내면 탐색을 하도록 돕고 있다고 생각할지 모른다. 이것은 좋은 적극적 경청이 아니다. 단순히 좋은 거울이 되는 것이 훨씬 낫다. 기억하라. 당신은 탐색자의 치료사가 아니다. 당신은 오직 촉진을 위해서 그 자리에 있는 것이다. 예를 들어, 리사의 축어록 한 부분을 보자.

> 제이 : 좋습니다. 검댕이 악마가 동생을 공격함으로써 어떤 것을 이루려고 하는지 물어보세요.
>
> 리사 : 내 마음을 보호하려고 이런 행동을 하는 것 같아요. 보호적인 행동이지요. 그 부분은 겁없이 싸움에 뛰어들어요. 내 마음이 동생의 공격을 막아 내지 못하기 때문에 특히 동생한테 이런 행동을 해요. 내가 동생을 사랑하기 때문에 그 부분이 동생을 차단해 버리지는 못해요.
>
> 🗨 내가 다음과 같은 방식으로 반영하였다고 가정하라.
>
> 제이 : 당신이 동생 사랑을 잃는 아픔을 당하지 않도록 그 부분이 당신 마음을 보호하려 애쓰는군요.

내가 여기에 무언가를 추가했다는 사실을 감지하라. 리사는 그 부분이 자기 동생 사랑을 잃는 것을 두려워하고 있다고 말하지는 않았다. 사실 그녀는 동생이 자신에게 까칠하게 대하며 상처 주는 것을 두려워하고 있었다. 이 둘은 같은 이야기가 아니다. 이런 식으로 슬쩍 끼워넣기 해석을 삼가도록 하라. 탐색자가 실제로 이야기하는 것을 바탕으로 그(녀)가 의미하는 바를 가능한 한 깨끗하게 반영하라. IFS 프로세스는 당신이 영향을 주지 않더라도 탐색자가 가야 할 곳으로 갈 수 있도록 자연스럽게 도울 것이다.

탐색자가 이야기하는 것 모두를 혹은 대부분을 반영하려고 하지 말라. 그것은 당신 자신을 탐색자의 작업에 너무 강하게 집어넣으려는 것이다. 반영하는 것이 탐색자의 프로세스를 촉진시키겠다고 생각될 때에만 가끔씩 이야기하라. 다음과 같은 이유에서 주어진 진술을 반영하는 것이 도움이 된다.

1. 특히 탐색자가 여전히 약간 모호하거나 미숙한 경험을 이해하기 위해 애쓰고 있을 때는 탐색자가 더 깊이 들어가거나 더 명료해지도록 돕는다. 예를 들면, 만약 탐색자가 "그 부분이 뭐랄까 안절부절못하고 있어요."라고 이야기하면, 당신은 간단히 이렇게 이야기할 수 있다. "그 부분이 안절부절못하는군요." 자신이 사용한 단어를 소리 내어 말하는 것을 들으면 탐색자가 자신의 경험에 대해 좀 더 충분히 성찰하게 된다. 그러면 탐색자는 이렇게 이야기할지 모른다. "네, 알겠어요. 그 부분이 서두르고 있는데 일이 더 빨리 진척되지 않아 짜증 내고 있어요."

2. 그것은 누군가 자신의 이야기를 들어 주고 이해해 주고 있다고 탐색자(혹은 그녀의 한 부분)를 안심시켜 주게 된다. 섬세한 감정 문제를 다룰 때, 특히 수치심이 관여될 때는 누군가 들으며 관심을 써 주고 있음을 우리가 느끼는 것이 매우 중요하다. 이것은 비록 우리의 경험이 항상 자랑스러운 것은 아닐지라도 우리가 위험을 무릅쓰고 그 경험을 드러낼 수 있게 해 준다. 추방자들은 자신들이 상처를 가지고 있기 때문에 누군가 자신들을 목격하고 있고 이해해 주고 있다는 사실을 알게 해 주는 것이 특히 중요하다.

3. 만약 탐색자가 당신이 충분히 이해하지 못하는 무언가를 이야기한다면 그것은 때로는 탐색자 자신도 이해하지 못하고 있음을 의미한다. 따라서 탐색자가 의미하였다고 생각하는 바를 반영하되 질문형으로 표현하라. 이것

은 두 사람 다 탐색자의 경험에 대해 좀 더 명료해지도록 도울 수 있다. 예를 들면, 그녀가 이렇게 이야기한다고 가정하자. "그 부분은 못처럼 단단하여 뚫고 지나가지 못할 것 같아요." 당신은 이렇게 이야기할 수 있다. "그 부분이 단단하여 당신이 뚫고 들어가지 못하게 한다고 하셨나요?" 이것은 탐색자에게 자신이 뜻하는 바에 대해 좀 더 명료하게 할 기회를 준다. 그러면 그녀는 이렇게 말할 수 있다. "아, 실제로 그 부분은 다른 사람들이 뚫고 내게 오지 못하도록 하고 있어요." 만약 당신이 파트너가 이야기하는 바에 대해 그것을 반영할 정도로 충분히 이해하지 못한다면 당신은 다음과 같이 명료화 질문을 던질 수 있다. "그리 분명하게 이해되지 않네요. 그 부분이 어떤 것을 뚫고 지나가지 못하게 한다고요?" 혹은 직접적으로 이렇게 이야기하라. "그것이 무슨 의미인지 이해가 되지 않네요."

이 요령을 활용하여, 탐색자가 이야기하는 바를 반영하는 것이 유용할 때가 언제인지 결정할 수 있도록 하라. 그러나 머리로 알아내려고 하지 말라. 직관을 따르라.

비록 탐색자가 언급하지 않더라도 당신은 탐색자에게서 관찰하는 바를 반영할 수도 있다. 당신은 그녀의 음성 톤이나 안색, 자세 혹은 제스처를 감지할 수 있다. 당신은 당신이 본 것에 대해 탐색자에게 직접적인 피드백을 줄 수 있다. 예를 들면, "주먹을 꽉 쥐고 있는 게 보이네요." 혹은 탐색자가 무엇을 느끼고 있는지 감을 잡을 수도 있다. 이에 대한 피드백은 질문형으로 표현하는 것이 가장 좋다. "일어난 사건으로 인해 감동 받았나요?" 혹은 "그 부분이 그 사람에게 정말로 화를 냈나요?"

반영을 수정하기

탐색자의 파트너의 감정을 반영하는 것은 비록 당신이 부정확하더라도 도움이 될 수 있다. 탐색자의 의미를 피드백할 때 그것은 탐색자가 자신의 경험을 곰곰이 생각해 보도록 만든다. 당신의 반영이 약간 빗나가더라도 여전히 유용하다. 왜냐하면 탐색자가 정말로 의미하였던 것에 대해 명료해지려고 한층 더 조심스럽게 자신의 경험을 더듬어 보도록 만들기 때문이다. 예를 들면,

> **탐색자** : "마치 세상은 안전한 장소가 아닌 것처럼, 어린아이 부분이 가슴 아파하고 완전히 홀로된 느낌을 갖고 있어요."
>
> **목격자** : "어린아이 부분이 슬프고, 외롭고, 위험에 처한 느낌을 갖고 있군요."
>
> **탐색자** : "어린아이 부분이 위험에 처한 것으로 느낌은 없어요. (곰곰이 생각하면서) 안전감 결핍은 오히려 외로움과 버려진 느낌에서 오고 있어요. 그녀에게 안전감을 줄 수 있는 사람도, 그녀가 돌봄을 받게 될 거라는 느낌을 줄 수 있는 사람도 아무도 없어요. 그녀는 완전히 방치된 느낌이에요."

목격자가 다소 부정확한 반영을 하였을 때 그것은 탐색자에게 세상이 안전하다고 느끼지 않는 것이 무엇을 뜻하는지 좀 더 깊게 탐색할 수 있는 기회를 제공하였다.

당신이 탐색자일 때는 완전히 정확하지 않은 반영을 자유롭게 수정할 수 있어야 한다. 이것은 당신이 자신을 좀 더 명료하게 탐색할 수 있도록 도와준다. 당신이 목격자의 반영을 수정하였을 때 목격자를 기분 나쁘게 만드는 것은 아닌지 염려하지 말라. 목격자는 자신이 여전히 당신에게 도움을 줄 수 있다는 사실을 알고 있다. 당신이 수정함으로써 목격자는 당신을 더 잘 이해할 수 있게 되며 또한 적극적 경청을 좀 더 능숙하게 할 수 있게 된다.

방금 논의한 대로 제2단계에서는 당신이 반영과 명료화 질문을 하는 것에만 집중하는 것이 가장 좋다. 당신은 제3단계에서 좀 더 적극적이 되도록 허락 받게 된다. 탐색자들이여, 만약 파트너가 반영이 아닌 다른 이야기를 한다면 그에게 이 지침을 상기시키라. 그리고 만약 그가 당신에게 도움이 되지 않는 것들만 이야기한다면 그에게 이야기해 주라. 이렇게 함으로써 확실히 당신이 생

연 · 습 · 문 · 제

적극적 경청 훈련

당신이 이야기하고 싶어 하는 어느 정도 정서적 내용물을 가진 삶의 문제를 고르라. 당신이 그에 대해 이야기할 때 파트너는 가끔씩 자신이 듣는 바를 반영하거나 명료화 질문을 던져야 한다. 이것에 15분을 사용하라. 그런 다음, 얼마의 시간을 내어 이것이 어떠했었는지 논의하라. 적극적으로 반영하고 있는 목격자에게 그것은 어떤 느낌이었는가? 그것을 탐색자는 어떻게 받아들였는가? 반영이 너무 많았는가? 혹은 너무 적었는가? 아니면 적당하였는가? 문제에 대한 감정을 나누는 프로세스에 반영은 어떻게 영향을 끼쳤는가? 그러고는 역할을 바꾸고 다시 연습을 계속하라.

산적인 회기를 갖도록 해 주고 두 사람 모두 멋진 작업 파트너십을 발전시킬 수 있게 된다.

목격자로서 참자아 상태로 있기

목격자로 있는 것의 가장 중요한 측면은 참자아 상태를 유지하는 것이다. 이것은 당신이 탐색자 파트너와 연결되어 있는 느낌을 가지고 파트너의 자기탐색에서 파트너에게 최선의 것을 찾을 수 있도록 보장해 준다. 참자아로서 당신은 그가 어떤 것을 발견할 것인가 그리고 그의 부분이 어떤 것을 드러낼 것인가에 대해 궁금해한다. 이것은 개방된 호기심이다. 일어날 것으로 추정되는 사건에 대해 당신은 사전에 계획된 의제를 갖고 있지 않다. 만약 당신이 파트너의 탐색이 어디로 향하고 있는지에 대해 조금이라도 알고 있다면 그곳으로 가지 않을 수 있다는 가능성도 인식하고 있는 것이다. 탐색은 언제라도 예기치 않은 방향으로 흘러갈 수 있다. 어떤 통찰에 도달하거나 특정한 결과를 획득하는 작업에 너무 몰입하지 않도록 하라. 예를 들어, 탐색자가 과거 헤어지는 과정에서 촉발된 고통 때문에 여자 친구와 다시 얽히게 되는 것을 원치 않는 보호자와 작업하고 있다고 가정하자. 당신은 이 보호자가 여자 친구에 의해 상처 받은 추방자를 보호하고 있는 것은 아닌가 하는 생각이 먼저 떠오른다. 그러나 당신은 열린 마음으로 정말로 그곳에 있는 추방자가 어떤 추방자인지 발견하려고 노력해 보라. 여자 친구에게 상처를 주었다는 사실에 죄책감을 느끼고 있는 부분이 있고 바로 그 부분이 보호자에 의해 보호 받고 있을 가능성도 있는 것이다.

참자아 상태에서 당신은 탐색자의 느낌에 공감하라. 이것은 당신이 그것을 지적으로만 인식하지 않고 그가 어떤 느낌을 가지고 있는지 감을 잡을 수 있을 만큼 충분한 감정의 공명을 가지고 있음을 의미한다. 고통이 파트너나 그의 부분들 중의 하나에서 솟아나올 때는 긍휼의 마음이 자연스럽게 당신 안에서 솟아나오게 된다. 당신은 파트너와 그의 부분들을 향하여 돌보는 느낌을 가지라. 파트너의 부분들이 아무리 파괴적이거나 힘들어도 당신은 그들을 향하여 마음을 열고 수용하라. 당신은 그들을 판단하거나 사라지기를 바라지 말라. 당신은 빨리 그들을 고치려고 지나치게 몰두하지 말라. 파트너와 그의 부분들을 위한 최선의 페이스로 프로세스가 전개될 수 있도록 하라. 탐색자는 자신에 대한 작업을 하는 동안 어떤 강력한 감정과 마주칠 수 있다. 비록 그와 공감하고 있을지라도 당신은 침착과 참자아 상태의 안정감을 유지하라. 당신이 파트너의 감정에 지나치게 빠지지 않도록 하라.

참자아는 당신이 탐색자이거나 목격자이거나 간에 있어야 할 최선의 상태이다. 그러나 목격자 역할 중에는 참자아 상태로 유지하는 것이 항상 쉽지만은 않다. 왜냐하면 당신이 탐색자처럼 소리 내어 당신 자신과 작업할 수 없기 때문이다. 여기 참자아 상태를 유지할 수 있는 능력을 극대화하는 법 몇 가지를 제안한다.

당신의 부분들과 작업하기

당신이 목격자일 때 잠깐 시간을 내어 참자아에게 접근하는 것으로 매 회기를 시작하라. 방법은 제5장에 있는 '참자아 명상'을 보라. 회기가 진행될 때 탐색자의 상태뿐만 아니라 당신 자신의 상태에도 어느 정도의 주의를 기울이라. 당신의 부분들이 언제 활성화되는지 감지하겠다고 마음을 먹으라. 만약 어떤 부분이 당신과 섞여 당신으로 하여금 참자아 상태를 벗어나게 하면 당신이 참자아로 다시 접근할 수 있도록 소리 내지 않고 그 부분과 한동안 작업하라. 이렇게 이야기하라. "알았어. 그러나 지금은 때가 아니야." 제8장에 나오는 '보호자가 실시간으로 긴장을 풀 수 있도록 돕기'를 보라. 만약 그 부분이 당신과 섞여 있어 당신이 쉽사리 참자아로 되돌아갈 수 없다면 당신이 그리할 수 있을 때까지 많은 말을 하지 말라. 왜냐하면 당신의 말은 그리 도움이 되지 않기 때문이다. 장차 있을 회기에 참자아 상태를 잘 유지할 수 있도록 회기가 끝난 후 시간을 내어 그 부분과 작업하라.

당신이 목격자 역할을 할 때 어떤 부분이 활성화되는 데는 보통 두 가지 이유가 있다. 탐색자의 부분과 공명하거나 좋은 목격자가 되려는 염려가 그것이다. 하나씩 살펴보자.

탐색자가 어떤 문제에 대해 이야기하며 자신의 부분들에게 접근하고 그들을 알아 가는 동안 감정으로 가득 찬 소재들을 다루게 된다. 좋은 목격자로서 당신은 열린 마음으로 경청하며 탐색자와 공감할 것이다. 예를 들면, 만약 탐색자가 자기가 행한 것에 대해 수치심을 느낀다면 당신은 탐색자가 어떻게 느끼고 있는지 아는 만큼 그(녀)의 수치심과 공명하게 된다. 만약 당신이 삶에서 유사한 문제를 갖고 있다면 수치심을 느끼는 당신의 한 부분이 활성화될 수 있다. 이것이 당신의 보호자들 중의 하나가 방어 기능을 담당하도록 촉발시킨다. 그리하여 당신 자신의 수치심을 경험하지 못하도록 하기 위하여 스스로를 냉담하게 혹은 화나게 혹은 합리화하도록 만든다. 만약 이런 일이 일어나면 잠깐 조용히 시간을 갖고 당신의 어떤 부분이 활성화되었는지 알아보라. 그리고 나서 당신이 참자아로 되돌아갈 수 있도록 그들과 작업하라. 나중에 그들과 더 많이 작업하겠다고 말하라.

목격자 역할을 할 때는 좋은 도우미가 되고 싶어 하는 부분이 흔히 활성화된다. 아마도 파트너가 고통 중에 있는 것을 참고 볼 수가 없어서 가능한 한 빨리 제거하고 싶어 한다. 탐색자가 교착 상태에 있는 것을 보면 좌절감에 빠지기 때문에 혹은 탐색자의 삶의 어려움을 참고 견디기 어렵기 때문에 고쳐 주고 싶어 할 수도 있다. 그 부분은 탐색자의 '저항하는' 부분을 향해 판단적이 되어 너무 일찍 그것을 밀어제치고 나아가려 할 수도 있다.

파트너가 IFS 프로세스를 제대로 따라 하는지 — 이를테면, 항상 차례대로 단계를 밟아 가는지 – 당신의 부분들 중 하나가 과도하게 신경을 쓸 수도 있다. 탐색자에게 빠뜨린 단계를 상기시켜 주는 것이 유용할 수는 있지만, 완벽주의자 부분이 탐색자를 너무 자주 교정하고 있을 수도 있다. 이것은 탐색자가 진행하는 프로세스의 자연스러운 흐름을 방해하고 탐색자로 하여금 판단 받고 있다는 느낌을 주게 된다.

때로는 어떤 부분이 유용한 도움이 되고자 몰입한다. 탐색자의 유익을 위해서가 아니라 자신이 가치 있다는 느낌을 갖기 위해서다. 이것은 회기를 지나치게 통제할뿐더러 탐색자로 하여금 자신의 작업을 맡아 책임지지 못하게 할 가능성도 있다. 당신이 얼마나 똑똑하고 통찰력이 있는지 보여 주려고 하는 것일 수도 있다. 파트너의 프로세스를 방해하면서 당신의 반영을 해석으로까지 확장하려는 것일 수도 있다. 자기 이야기를 들어 주었으면 하거나 탐색자의 작업에 기여하고 싶어 할 수도 있다. 이것은 반영이나 촉진이 정말로 필요하기도 전에 그 부분으로 하여금 뛰어들게 만든다. 위의 이유 중 어느 하나라도 지나친 촉진을 가져오게 한다.

당신이 이 도우미 부분들 중의 하나를 감지할 때는 숨을 들이마시고 한 걸음 물러서서 긴장을 풀고 참자아 상태로 들어가라. 당신 자신이나 도우미 부분을 판단하지 말라. 그냥 도우미 부분에게 떨어지라고 요청하고 긴장을 푼 상태에서 반응하도록 하라. 도우미 부분에게 당신은 탐색자의 작업에 책임을 지지 않는다는 사실을 상기시키라. 탐색자가 스스로를 돌보게 하라.

적극적인 목격자와 함께 피드백하기

당신이 적극적인 목격자와 함께 제2 혹은 제3단계에서 작업하고 있을 때는 가능하면 각 사람이 작업한 후에 피드백을 할 시간 10분을 남겨 놓으라. 처음 5분 동안은 보통 때처럼 방금 끝난 작업에 피드백의 초점을 맞춘다. 목격자는 탐색자에게 피드백을 제공한다. 그리고 두 사람은 어떤 일이 일어났는지 논의한다. 두 번째 5분 동안은 목격자의 경험에 피드백의 초점을 맞춘다. 목격자여, 당신의 경험은 어떠했는지에 대해 되돌아보라. 당신이 얼마나 많이 참자아 상태를 유지할 수 있었는가? 어떤 부분들이 등장하였고 당신은 어떻게 그들을 다루었는가? 적극적 경청을 하는 것에 어떤 느낌이 들었는가? 이것을 탐색자와 나누라. 탐색자여, 목격자의 촉진에 대한 당신의 반응을 목격자에게 제공하라. 어떤 점이 도움이 되었는가? 어떤 점이 방해가 되었는가? 장차 어떤 피드백을 더 받았으면 하는가? 파트너십이 더 잘 이루어지기 위해 필요한 개선점을 함께 논의하라.

제3단계 : 정식 촉진

일단 당신이 여덟 번의 연습 회기와 반영을 사용한 마지막 네 회기를 마치고 나면, 당신은 제3단계 정식 촉진으로 나아갈 수 있다. 이제 당신이 목격자로서 사용해도 좋은 촉진의 종류에는 제한이 없다. 그러나 비록 당신이 좀 더 적극적인 역할을 취하고 있다 할지라도 탐색자가 아직 회기를 맡아 책임지고 있음을 기억하라. 당신은 가끔 돕기 위해 거기 있기는 하지만, 당신이 어떤 것을 해야 하는지 항상 알아야 하는 것도 아니고 또한 그것을 당신에게 기대하지도 않는다. 당신이 무언가를 해야 한다고 생각해서가 아니라 적당한 때라고 여겨질 때에만 촉진하라. 당신이 탐색자를 고치거나 그의 고통을 제거하거나 교착 상태로부터 구해 줄 의무는 없다. 당신은 훈련된 전문가로서가 아니라 동등한 입장에서 거기에 있는 것이다. 침묵의 목격자가 가져다주는 지지의 중요성을 기억하라.

탐색자가 프로세스의 어디쯤 와 있는지 알 수 있도록 조견표를 따라가는 것은 가치가 있다. 다음은 가능한 촉진 방법이다.

1. 파트너가 깨닫지 못하는 사이에 새로운 부분이 출현한 것으로 보이는 때를 지적하라. 예를 들면, 이렇게 이야기할 수 있다. "당신이 지금까지 멀리 떨어진 부분과 이야기하고 있었으나 지금 화났다고 이야기하네요. 이것이 새로운 부분인지 체크해 보세요."

2. 염려하는 부분이 방해하고 있다고 생각될 때를 언급하라. 예를 들면, "당신이 보호자를 향하여 판단하는 느낌을 갖고 있는 것같이 느껴지네요. 당신이 여전히 참자아 상태에 있는지 체크해 보세요."

3. 탐색자가 표적 부분과 섞여 있는 것으로 생각될 때를 언급하라. 예를 들면, "당신이 상당히 짜증 나 있는 것 같군요. 그 화난 부분이 당신과 섞여 있는지 체크해 보세요."

4. 탐색자가 표적 부분에게 물어볼 수 있는 질문들을 제안해 보라. 탐색자에게 이야기할 것을 지시하는 것보다 제안하는 것이 낫다. 다음과 같은 표현을 사용하는 것이 좋다. "그 부분에게 _____ 라고 물어봐도 좋을 것 같습니다." 이것은 그에게 당신의 제안을 수용하지 않을 여지를 남겨 놓는다.

5. 탐색자가 다음에 어떤 단계를 취해도 좋겠는지 제안하라. 이것은 그 부분에게 질문하는 형태를 취할 수 있다. 예를 들면, "그 부분에게 당신을 판단함으로써 어떤 것을 성취하려고 하는지 물어봐도 좋을 것 같습니다." 혹은 솔직하게 단계를 언급할 수도 있다. 예를 들어, "아마도 지금 섞여 있는지 여부를 체크할 때 같습니다."

6. 다음에 일어날 사건에 영향을 미칠 경우, 부분이 추방자나 보호자라고 생각될 때를 지적하라. 때로는 탐색자들이 자신들이 작업하고 있는 부분이 보호자인지 추방자인지 깨닫지 못한다. 예를 들면, "내게는 그 부분이 추방자인 것처럼 보이네요. 그 부분과 작업하기 전에 보호자들을 체크해 봐야 되지 않겠어요?"

7. 탐색자가 염려하는 부분들과 작업하고 있을 때 시간이 되면 탐색자가 표적 부분으로 되돌아갈 수 있도록 도와주기 위해 원래의 표적 부분을 계속

추적하라.

8. 옆으로 비켜섰던 염려하는 부분과 보호자들을 계속 추적하라. 회기가 끝날 때 탐색자에게 그들을 상기시켜 나중에 탐색자가 그들을 방문하여 고맙다고 인사할 수 있도록 하라.

성공적인 파트너십 만들기

새로운 파트너와 작업할 때는 당신이 탐색자 역할을 하기 전에 몇 분 정도 시간을 내어, 일단 시작하게 되면 목격자로부터 어떤 것이 필요하게 될지를 논의한다. 당신은 목격자가 비교적 침묵하고 있다가 당신이 비생산적인 방향으로 가고 있다고 느껴질 때만 이야기해 주기를 원하는가? 혹은 당신의 부분들에게 물어볼 질문들을 제안하는 등 상당히 적극적이기를 원하는가? 당신의 경험에 대해 반영을 많이 해 주기를 원하는가 아니면 거의 원치 않는가? 당신의 능력을 시험하며 스스로 실수할 수 있는 여유를 원하는가? 아니면 방향 제시를 많이 해 주기를 원하는가?

회기가 끝난 후 목격자가 탐색자인 당신의 바람을 얼마나 잘 따라왔는지 그리고 그것이 두 사람에게 얼마나 효과가 있었는지 논의하라. 다음 번에는 무언가 달리 시도해 보고 싶은가? 파트너가 했던 것 중에서 도움이 되지 않았던 것을 반드시 논의하여, 파트너가 촉진 방법을 변경할 수 있도록 하라. 이 논의는 쌍방통행이어야 한다. 비록 당신에게 효과가 있는 촉진 방식을 선택할 수 있는 권리가 탐색자인 당신에게 있기는 하지만 목격자 역시 그 방식을 택할지 여부에 대한 권리를 가지고 있다. 이 문제들을 많이 논의할수록 작업 파트너십은 더 향상된다.

당신이 탐색자일 때 목격자가 이야기하는 내용이, 혹은 목격자가 당신에게 반응하는 방식이 당신 부분을 활성화시킬 수 있다. 그 부분은 파트너가 보고 있다는 것을 느끼지 못할 수 있다. 심지어 판단 받거나 퇴출당하는 느낌을 가질 수도 있다. 그 부분은 목격자를 냉정하고, 요구가 많으며 끼어들기 잘하는 통제적인 존재로 인식할 수도 있다. 당신의 부분이 파트너에게 반응하고 있다는 사실이 처음에는 그리 명확하지 않을 수 있다. 사실 한 부분이 반응하고 있다는 사실 자체를 처음에는 깨닫지 못할 수 있다. 단지 작업에 진전이 없거나 부분이 앞으로 나서지 않거나 혹은 당신이 추방자와 작업할 수 있는 허락을 얻지 못한다는 것을 감지하는 정도에 지나지 않을 수 있다. 만약 이 같은 현상이 일어난다면 문제의 근원은 당신 안에 있는 것이라기보다는 파트너에 반응하고 있는 부분일 가능성이 있다. 당신이 파트너에게 부정적인 반응을 보이고 있다는 사실이 창피해서 이것을 인정하거나 언급하기를 주저할지 모른다. 그러나 반드시 그리하여야 한다.

만약 당신이 파트너에 반응하는 부분을 발견한다면, 두 가지 가능성이 있다.

1. 목격자에 대해 가지고 있는 그 부분의 인식이 정확하지 않거나 그 부분이 갖고 있는 두려움으로 강하게 채색되어 있다. 예를 들면, 그 부분이 파트너를 당신의 엄마로 인식하고 있을 수 있다. 만약 이러한 경우라면 당신은 이 부분을 탐색하고 그 인식이 어디서 온 것인지를 발견하고 그 부분을 치유할 수 있는 기회를 얻은 것이다. 이를 통해 당신은 파트너를 좀 더 명료하게 볼 수 있게 된다.

2. 당신의 부분이 목격자를 인식하는 방식이 어느 정도는 진실이다. 예를 들면, 목격자는 계속해서 거리를 두고 있거나 밀어붙이고 있었다. 그렇다면 목격자는 당신의 부분에게 나은 효과를 가져올 수 있도록 자신의 행동이나 태도를 바꿀 필요가 있을 것이다. 만약 목격자가 바꿀 수 없거나 바꾸려 하지 않는다면, 당신은 다른 파트너를 찾을 필요가 있다.

어떤 일이 뒤따르더라도 목격자와 함께 당신의 부분의 반응을 논의하는 것은 항상 좋은 생각이다. 참자아 상태에서 논의하라. 이것은 당신이 그 부분의 감정을 중립적으로 묘사하는 것을 의미한다. 즉, 감정을 파트너에게 쏟아 놓지 말라. 이렇게 이야기할 수 있다. "당신이 정말로 내게 관심을 갖고 있다는 것을 나의 부분이 신뢰하지 않고 있네요." 목격자를 판단하거나 공격하지 말라. 설사 그 부분이 그렇게 하고 싶을지라도.

어느 정도의 깊이를 가지고 진행되는 관계에서 흔히 그렇듯이 갈등은 필연적으로 일어난다. 파트너가 자신의 고통을 보여 주고 있지 않기 때문에 당신은 자신의 고통을 드러내는 것이 안전하다는 느낌을 갖지 못할 수 있다. 당신이 작업하고 있는 동안 파트너가 진정으로 참자아 상태에 있지 않은 것으로 보일 수 있다. 파트너가 피드백을 주고 있을 때 파트너가 당신을 판단하고 있는 것으로 느낄 수도 있다. 파트너가 좀 더 적극적이고 자신감 있는 촉진자라면 하고 바랄 수도 있다. 이같이 당신이 파트너를 향해 문제가 있는 감정을 가지고 있다고 자각하는 순간 그러한 감정을 목격자와 논의하라. 이것을 당신의 파트너십을 증진시킬 수 있는 기회로 만들라─관계를 끝낼 치명적인 결함이나, 서둘러 감추어야 할 문제로서가 아니라. 두 사람이 갈등에 대해 이야기를 나눌 수 있도록 목격자에게 얼마간의 시간을 내어달라고 요청하라. 자신을 표현하는 방식이 분노와 상처가 아니라 지혜와 긍휼로부터 나올 수 있도록 이 대화 중에 참자아 상태 유지를 위해 노력하라. 반응을 보이고 있는 당신의 부분을 확인함으로써 당신의 감정을 인정하라. 그 부분이 파트너를 공격하도록 놔두지 말고 그 부분을 대변하라. 그리고는 활성화된 부분들 모두에게 비켜서서 당신이 이끌어 갈 수 있도록 해 달라고 요청하면서 참자아 상태에서 파트너의 반응에 귀를 기울이라. 이것은 IFS 원리를 실생활에 적용하는 좋은 훈련이다.

의사소통을 잘할 수 있는 법에 대해 배울 것이 많이 있지만 그것은 이 책의 범위를 벗어난다. 만약 당신이 이것을 더 탐색하고 싶으면 마샬 로젠버그가 쓴 비폭력대화(*Non-Violent Communication*)를 참고하라. 그 책에 매우 좋은 접근 방법이 기술되어 있다. 나는 IFS 원리를 활용하는 '가슴으로부터의 의사소통'이란 교육반을 운영하고 있다. 기억하라. 갈등을 다룰 때 가장 중요한 태도는 참자아 상태에 있어야 하는 것이다. 그러면 당신이 반응을 보이는 어떤 부분들과도 작업할 수 있다. 만약 당신이 파트너와 의사소통하는 데 어려움이 있다면 당신을 도와줄 수 있는 제3자를 초대하라.

혼자 작업하기 요령

파트너와 작업하는 것이 더 쉽기는 하지만 파트너(혹은 치료사)가 항상 있는 것은 아니기 때문에 혼자서 IFS 회기를 진행하는 법을 배우는 것도 가치가 있다. 이것은 중요한 시작점이 전면에 등장할 때마다 즉석에서 회기를 가질 수 있도록 해 준다. 그리고 당신이 혼자서 성공적인 치유 작업을 진행할 수 있다는 사실을 알게 되면 힘을 얻게 된다. 그러나 혼자서 작업할 때는 초점을 유지하고 효과적으로 작업의 방향을 결정하기 위해서 고도의 참자아가 요구된다. 당신이 작업의 끈을 놓쳤다고 지적해 주는 사람도 없고 당신이 부분과 섞여 있다는 것을 인정해 주는 사람도 없다. 그러므로 가능하면 파트너와 작업하면서 IFS를 배우는 것이 좋다. 작업이 능숙해지면, 혼자서도 연습을 시작할 수 있게 된다.

혼자 작업하는 동안 초점을 유지하는 것이 쉽지는 않다. 함께 있으며 당신의 작업을 목격해 주는 누군가가 없으면 쉽게 멍해져 당신의 현 위치를 놓치게 된다. 여기 이러한 경향에 대응할 수 있는 요령이 있다. 회기를 시작하기 전에 어떤 부분이나 시작점에 초점을 맞추고 싶은지 분명히 하도록 하라. 그리고 이것을 기록해 놓으라. 만약 어느 시점에서라도 당신이 표적 부분을 바꾸기로 결정한다면, 또 한 번 짤막하게 기록하라. 이렇게 함으로써 당신의 의도를 분명히 하게 된다.

마치 누군가에게 이야기하고 있는 것처럼 소리 내어 작업하는 것이 도움이 될 수 있다. 이렇게 함으로써 파트너와 작업하는 상황과 비슷하게 되어 정신을 집중할 수 있게 된다. 심지어 한 걸음 더 나아가 회기를 녹취할 수도 있다. 이것은 초점을 유지할 수 있도록 해 줄 뿐만 아니라 녹취를 다시 들으며 추가적으로 학습할 수 있게 해 준다. 녹음기는 목격하는 존재로서의 기능도 한다. 당신의 작업이 후대를 위해 녹취되고 있다는 사실을 아는 것은 각성 상태 유지에 도움을 준다. 또 하나의 가능성은 글로 쓰면서 회기를 갖는 것이다. 회기의 각 단계가 진행되는 대로 써내려 가거나 컴퓨터에 타이핑하라. 이렇게 하면 억지로라도 정신집중할 수 있게 되고 당신이 각 부분들과 가졌던 대화를 완전한 기록으로 남겨

놓게 된다. 혹시라도 부정적인 측면이 있다면, 글로 쓰는 것은 경험적으로 깊이 들어가는 것을 더 힘들게 한다는 점이다. 왜냐하면 두 눈을 뜨고 글을 씀으로써 당신이 경험과 떨어질 수 있기 때문이다.

혼자 작업하기가 갖는 또 다른 큰 어려움은 당신이 탐색자이면서 동시에 촉진하고 있는 목격자여야 한다는 사실이다. 다른 유형의 치료법에서보다 IFS에서는 이렇게 하기가 더 용이하다. 왜냐하면 IFS 회기는 참자아 상태에서 진행하기 때문이다. 당신 자신을 이끌기 위해서는 참자아가 당신의 부분들에게 호기심 많고, 긍휼의 마음을 가진 치유자가 되어야 할 뿐만 아니라 당신이 IFS 프로세스의 어디쯤 와 있는지 추적하고 다음에 어떤 일이 일어나야 하는지를 결정해야 한다. 조견표를 사용하여 당신이 프로세스의 어디쯤 와 있는지 계속 조율하도록 하라. 당신이 매 단계를 마친 후에 잠깐 눈을 떠 조견표를 체크하며 다음에 무엇을 해야 하는지 보라. 이렇게 함으로써 당신 자신의 회기를 촉진시키는 데 도움을 얻게 되며 또한 혼자 작업하는 동안에 초점을 유지할 수 있게 해 준다.

자기결정(self-direction)을 도모해 주는 또 다른 방법은 당신의 회기를 촉진시켜 주는 '치료사 부분'을 갖는 것이다. 이 부분은 섞여 있지 않나 살피며, 예기치 않은 부분들이 등장하는지 경계하며, 당신 작업의 끈을 추적하며 다른 촉진자 과업을 수행하면서 프로세스의 단계를 모니터링하고 있는 당신의 건강한 부분이다. 이상적으로는 방향을 결정할 필요가 있을 때는 치료사 부분으로 들어갔다가 실제 치료를 위해서는 참자아로 되돌아간다.

치료사와 작업하기 요령

때로는 IFS 치료사와 작업할 필요가 있다. 만약 당신이 참자아에게 접근하는 것이 매우 힘들거나, 극단적이거나 혼란스런 부분들로 말미암아 어려움에 부딪히면, 전문가를 만나 보는 것이 유일한 방법이 된다. 과거에 심각한 외상을 가진 사람들은 혼자서 혹은 파트너와 작업하려 하지 말고 IFS 치료사와 치료 회기를 갖는 것이 좋다.

그러나 IFS 치료사가 필요치 않을지라도 치료사와 작업하는 것이 여전히 유익할 수 있다. 당신은 치료사가 가진 전문 지식과 IFS 모델에 대한 경험, 그리고 참자아 상태를 유지할 수 있도록 돕는 능력으로부터 유익을 얻게 된다. 다양한 방법으로 이러한 유익을 얻을 수 있다. 당신 작업에 더 깊이 들어갈 수 있는 능력을 개발하기 위해 혹은 임패스(impasse : 교착 상태)를 빠져나올 수 있도록 도움을 받기 위해 전문가와 가끔씩 한 회기를 가질 수 있다. 특별히 문제를 일으키는 부분들을 대상으로 일련의 회기를 가질 수도 있다. 당신은 심지어 완전한 치유 프로세스를 위해 치료사와 계약할 수도 있다. 이 모든 선택의 기회가 있다고 해서 혼자 작업하기나 파트너와 작업하기가 필요치 않다는 것은 결코 아니다. 사실 전문가로부터의 도움 없이도 성공적으로 작업할 수 있는 당신의 능력은 오히려 당신의 치료의 효과성을 증진시켜 준다.

IFS 치료사는 인간 정신 세계 및 치료적 치유, 그리고 IFS 모델에 대한 전문가이기 때문에 당신이 놓칠 수 있는 많은 것들을 볼 뿐만 아니라, 실제로 회기를 성공적으로 만드는 법과 관련된 실제적 세부 사항에 대해 수년간의 경험을 갖고 있다. 치료사는 섞여 있는 부분들과 교묘한 보호자들, 그리고 당신도 보지 못하고 인식력이 뛰어난 파트너도 놓칠 수 있는 그 밖의 역동들을 잡아 낼 수 있다. 치료사는 교착 상태를 벗어나게 할 수 있는 혹은 당신의 핵심 문제로 더 깊이 인도할 수 있는 고급 IFS 기법을 알고 있다. 치료사는 또한 돌보는 공감적 존재로서 기능한다. 특히 당신의 추방자들이 숨어 있던 토굴 속에서 모습을 드러낼 때 이러한 존재는 당연히 커다란 위안과 치유를 가져다줄 수 있다.

그러나 치료사와의 작업이 갖는 위험 중의 하나는 당신이 치료사에게 너무 많은 힘을 넘겨줄 수 있다는 것이다. 당신은 나태해지고 치료사가 당신을 고쳐 줄 것이라고 간주할 수도 있다. 당신이 당신 작업에 대해 책임을 지지 못할 수도 있다. 예를 들면, 당신의 부분들을 추적하지 않거나 당신의 추방자들과 후속 작업을 하지 않는 것이다. 이것은 치료에서 얻는 유익을 심하게 손상시킬 수 있다.

비록 당신이 치료사와 작업하는 중인 경우에도 여전히 당신의 작업이고 당신의 정신 세계이다. 치료사가 진행 상황을 충분히 이해하지 못하거나 정확히 들어맞지 않는 제안을 할 때가 있을 것이다. 일급 치료사일지라도 모든 것을 아는 것은 아니다. 어떤 순간에 당신에게 맞지 않은 제안을 할 때마다 혹은 당신의 경험을 잘못 이해하는 듯이 보일 때마다 반드시 치료사에게 이야기해 주어야 한다.

나의 내담자가 내가 빗나간 곳을 지적해 줄 때마다 나는 환영한다. 왜냐하면 그것을 통해 내가 그들을 더 잘 이해하고 우리의 회기를 좀 더 생산적으로 만들어 줄 수 있기 때문이다. 어쨌든 나의 내담자들은 내면 사정을 잘 알고 있다. 그들은 각 순간마다 자신들의 내면 경험과 부분들과의 상호작용의 미묘함들을 직접적으로 경험하고 있다. 나는 단지 그들의 보고만 듣고 있는 것이다. 자신과 접촉하고 있는 내담자는 어떤 일이 일어날 필요가 있는지에 대해 많은 것을 내게 이야기해 줄 수 있다. 물론 내가 가지고 있는 전문성과 경험과 돌봄의 위치 때문에 나도 매우 중요한 역할을 맡고 있다. 최선의 접근 방법은 우리가 협력하여 함께 작업하거나 춤을 추는 것이다.

치료사와 작업하는 것이 갖는 또 다른 중요한 측면은 당신과 치료사와의 관계이다. 때로는 당신의 부분들이 치료사에 대해 정서적인 반응을 보이게 된다. 어떤 보호자는 치료사를 신뢰하지 않는다. 어떤 추방자는 치료사의 말에 상처를 받거나 두려움을 느낀다. 또 어떤 부분은 그를 우상화하고 그의 인정과 사랑을 갈구한다. 이러한 반응들이 일어날 때 당신이 잘못을 저지르고 있다고 느끼거나 창피해하지 말라. 사실 그러한 감정들에 대해 이야기함으로써 치료 프로세스는 오히려 향상된다. 왜냐하면 당신은 치유의 일부로서 치료사와의 관계를 이용하고 있기 때문이다. 이 같은 감정들은 치료 과정에서 흔한 일이다. 당신이 감정들을 자각하게 되는 순간 그것들을 논의의 장으로 가져오는 것이 중요하다.

부정적인 반응에 대해 이야기하는 것은 특히 중요하다. 만약 당신이 그것들을 눌러 놓는다면 — 즉, 자신이 부정적인 반응을 자각하지 못하도록 만들거나 혹은 치료사에게 이야기하지 않는다면 — 그것이 당신의 치료 관계를 망치고 전체 프로세스를 훼손시키게 된다. 당신은 용기를 내어 치료사에게 상처나 화난 감정에 대해 이야기하라. 이것은 당신 부분들과의 생산적인 작업뿐만 아니라 치료사와 함께 문제를 해결해 나갈 수 있는 기회로 이끌며 그를 통해 신뢰와 안전감을 회복시키게 된다. 개방적이고 신뢰하는 치료적 관계를 갖는 것은 치료를 위한 매우 중요한 지지기반이 된다. 이 관계를 깨끗하게 유지하기 위해서 해결할 필요가 있는 것은 무엇이든지 논의의 장으로 가져오라.

요약

이 장에서는 서로 피드백을 주는 것에 대한 가이드라인을 포함하여 파트너와 성공적인 회기를 갖기 위한 틀을 배웠다. 탐색자는 프로세스에 대해 항상 책임을 지고 있다는 것을 배웠고 목격자의 역할을 이해하였다. IFS 작업의 적극적 경청자와 촉진자가 되는 법을 알게 되었다. 당신의 부분들이 다양한 방식으로 활성화될 수 있음에도 불구하고 목격자로서 어떻게 참자아 상태를 유지할 수 있는가를 탐색하였다. 성공적인 작업 파트너십을 만들어 나가는 법과 파트너와의 사이에 발생할 수 있는 갈등을 해결하는 법을 이해하였다.

또한 혼자서 작업할 때 초점을 유지하는 법과 당신 자신의 작업을 촉진시키는 법을 이해하였다. 치료사의 제안이 맞지 않을 때 그에게 이야기하며 당신이 치료사에 대해 갖는 반응은 어떤 것이라도 논의의 장으로 가져오는 것이 중요함을 배웠다.

파트너와 작업하는 것, 혼자 작업하는 것, 치료사와 작업하는 것, 각각이 갖는 이점들을 배웠다. 당신의 작업을 위해서 이 양식 중 어느 하나만을 택해야 할 이유는 없다. 가장 도움이 될 수 있는 것이라면 어떤 조합이라도 활용하라.

Chapter 17

결론

이 마지막 장은 IFS 프로세스의 개관과 다양한 맥락에서의 적용을 보여 준다. IFS 프로세스가 매끄럽게 진행되지 않을 때 어떻게 해야 하는지, 당신이 모델을 가지고 기술과 역량을 개발해 갈 때 시간이 가면서 어떤 일이 일어나는지 살펴본다. 우리는 또한 이 책의 범위를 벗어나는 문제 — 치료사로서 IFS 사용하기, 양극화된 부분들과 작업하기, 그리고 IFS를 사용하여 관계 이해하기 — 에 대해 간단하게 살펴본다. 마지막으로 이 장은 IFS를 더 큰 맥락, 즉 그룹과 조직, 영성 및 사회 변혁에서 바라본다.

IFS 프로세스가 매끄럽게 진행되지 않을 때

제9장에서 언급한 것처럼 인간의 정신 세계는 이 책에서 제시된 단계별 순서를 보며 기대하는 것만큼 직선적이지 않다. 우리는 치료 프로세스가 대부분 일사천리로 해결되기를 기대해서는 안 된다. 우리의 마음은 그러기에는 너무 복잡하고

역동적이다. 때로는 정신 세계가 강렬하게 그리고 예기치 않게 변할 수 있다. 그리고 어떤 때는 그것이 은근히 바뀔 수 있어 깨닫지 못할 수도 있다. IFS는 이 같은 가능성들을 자각하고 있으며 그것들을 다루는 방법을 가지고 있다.

IFS 프로세스의 어느 단계에서든지 일이 이상적으로 진행되지 않을 수 있다. 다음은 몇 개의 시나리오다. 비록 당신이 필요한 모든 것을 다 행하였다고 생각할지라도 어떤 부분은 프로세스의 다음 단계로 나아갈 준비가 되어 있지 않을 수 있다. 당신이 조금 전까지만 해도 참자아 상태에 있었지만 지금 현재는 충분한 참자아 상태에 있지 않을 수 있다. 추방자가 참자아로부터의 치유를 받아들이지 않을 수 있으며 당신이 조심스럽게 주목하고 있음에도 불구하고 보호자들이 치유가 진행되는 것을 가로막을 수도 있다. 보호자는 추방자의 짐 내려놓기 결과에 대해 화를 낼 수도 있고 없었던 일로 할 수도 있다.

IFS는 이 모든 어려움뿐 아니라 더 많은 것들에 대해 준비가 되어 있으며 그것들을 체크하고 무슨 일이 일어나고 있는지 이해하며 그것들을 해결해 나가는 방법을 가지고 있다. 이것이 이 접근법을 그토록 견실하게 만들고 있는 것이다. 일단 당신이 정말로 프로세스를 이해한다면, 당신은 어떤 순간이라도 어떤 일이 일어나고 있으며 그것을 어떻게 다루는지 깨닫지 못해 우왕좌왕하지는 않게 된다.

IFS 임상가로서의 발전

이제 IFS 모델의 기초를 배웠다. 당신에게 효과를 가져다주고 실질적인 변화를 이루는 열쇠는 연습이다. 당신을 목격하고 도우며 전념하도록 붙들어 주는 파트너와 함께, 책을 다 읽은 후 이 책에 있는 연습문제를 하고 자신에 대한 IFS 회기를 계속 가져야 한다. IFS 접근법에 대해 추가적인 도움을 얻기 원한다면 나의 IFS 교육반에 등록하거나 IFS 치료사와 작업하기를 권한다(부록 참조).

만약 IFS 작업을 진지하게 연습한다면, 당신의 기술과 능력은 시간이 지날수록 발전할 것이다. 당신은 IFS 모델을 직관적으로 이해하는 상태까지 도달할 터

인데 이것은 당신이 이 책에 있는 단계별 순서에 억매일 필요가 없음을 의미한다. 그러나 여전히 당신의 출발점으로서 그 단계들을 사용할 수 있고 적절한 때라고 생각되면 즉석에서 변형할 수 있다. 혹은 그것들을 모두 버리고 IFS 원리에 대한 이해에 근거하여 완전히 직관적인 접근법을 사용할 수도 있다. 그리고는 교착 상태에 빠졌을 경우에나 안내가 필요한 경우 그 단계로 되돌아오면 된다.

연습을 계속하면서 기술과 자각은 발전한다. 예기치 않게 출현하는 부분들을 탐지하는 당신의 능력도 향상된다. 프로세스가 교착 상태에 빠졌을 때 점점 더 어떻게 해야 할지 알게 된다. 당신은 IFS 단계들 — 부분을 분리시키기, 어릴 적 기억에 접근하기, 추방자를 재양육하기, 짐 내려놓기 등을 능숙하게 진행하는 법을 배울 것이다. 민감한 문제들, 예를 들면 언어 형성 이전의 추방자들에게 접근하기, 부분과의 신뢰 문제를 헤쳐 나가기, 부분들을 구별하기 등을 다루는 법도 더 잘 이해하게 된다. 어떤 시작점을 따라가더라도 소요되는 회기의 횟수만 다를 뿐 결국 치유되는 결론에 도달할 수 있게 된다.

당신의 기술이 발전할 뿐만 아니라 당신의 내면 시스템도 건강한 방향으로 바뀌어 간다. 어떤 부분이 당신을 휩쓸 때 참자아로 되돌아가는 능력이 커질 뿐만 아니라 좀 더 쉽고 일관성 있게 참자아에 접근하게 된다. 당신의 부분들이 장악하여 당신이 세상과 상호작용하는 법을 통제하기보다는, 의사결정을 하고 사람들과의 관계에서 앞장서는 당신의 참자아를 점점 신뢰하게 될 것이다. 당신은 IFS 프로세스뿐만 아니라, 초점을 맞추고자 선택한 문제는 어느 것이든 헤쳐 나갈 수 있는 당신 자신의 능력을 신뢰하게 된다. 보호자들은 당신이 고통을 다룰 수 있으며 추방자들이 정말로 짐을 내려놓게 될 수 있게 된다는 사실을 알게 되기 때문에 주저하지 않고 저변에 있는 고통을 직면할 수 있게 될 것이다. 시간이 지나면서 추방자들은 자신들이 짊어지고 있는 많은 고통과 부정적인 신념을 내려놓게 된다. 그러므로 당신은 바로 그 저변의 염려와 우울감을 느끼지 않게 되면서 보호자들이 내면 시스템을 장악한 다음 이러한 부정적 감정들이 들어오지 못하도록 막으려고 당신을 끊임없이 압박하는 일은 없을 것이다. 당신은 삶에서 부딪히는 어려운 사람과 상황에 덜 반응적이 될 것이고 화를 내지 않으면서 당신 내면의 안정된 상태를 더 잘 견지할 수 있게 될 것이다.

당신은 내면적으로 더 안심하여 문제와 갈등을 다룰 수 있는 당신의 능력을 더 신뢰하게 될 것이다. 당신은 내면의 조화와 온전성을 경험하고 자신의 타고난 가치를 알게 될 것이다. 당신은 마음을 열고 사람들을 사랑할 수 있는 역량이 더욱 커졌기에 당신의 관계는 좀 더 협력적이며 즐거워지게 될 것이다. 배우자와 가족과의 관계는 더 깊어지고 더 친밀해질 수 있다. 모든 상황에서 당신은 더 강해지고 더 자신감 넘치며, 꿋꿋하게 서서 자기 의견을 피력하며, 필요한 상황에서 위험을 무릅쓸 수 있게 된다. 당신은 삶의 목표를 성취할 수 있는 더 큰 능력을 갖게 되어 안전감, 즐거움, 성취감으로 나아가게 된다. 당신은 우주 안에서 더욱 편안함을 느끼며 모든 존재들과 연결된 느낌을 갖게 될 것이다. 당신 삶의 보다 깊은 목적이 자신에게 더욱 분명해지게 된다.

IFS를 전문적으로 사용하기

전문가의 관점에서 IFS를 사용하는 법에 대해 간단히 다루고자 한다. 깊이 들어갈 수 없어 관련된 문제 몇 가지만 가볍게 언급하고자 한다.

참자아 상태로 있기

효과적인 IFS 치료사가 되는 가장 중요한 열쇠는 참자아 상태로 있는 것이다. 내담자가 자신의 부분들 알아 가기를 진행하기 전에 참자아 상태로 있어야 할 뿐만 아니라 당신도 회기 중에 참자아 상태에 있어야 한다. 치료사로서 우리 모두는 치료적 관계의 중요성을 알고 있다. IFS에서 가장 중요한 치유 관계는 내담자의 참자아와 그의 부분들 사이지만 그렇다손 치더라도 당신과 내담자와의 관계는 이 프로세스에 대한 매우 중요한 지지 요인이라 할 수 있다. 당신이 참자아를 몸으로 드러내고 그 상태에서 내담자와 관계할 때 내담자는 당신이 자신을 배려하고 자신에게 최선의 것을 베풀기 원한다는 사실을 알게 된다. 이것이 참자아에게 접근할 수 있는 그의 능력을 지지해 주게 되는 것이다.

　당신은 내담자의 참자아가 각 부분과 성공적으로 관계하며 IFS 프로세스에 참여하도록 돕는 코치다. 이것을 잘하기 위해서는 내담자가 인식할 수 있는 방식으로 당신이 참자아를 몸으로 드러내야 한다. 이것은 내담자가 어떻게 자기 부분들과 관계를 맺는가에 대한 모델을 제공한다. 당신은 내담자의 각 부분을 향해 솔직한 호기심과 긍휼한 마음을 가지라. 당신은 내담자의 보호자들을 서둘러 지나치지 않도록 하라. 보호자가 반복해서 내담자를 멍하게 하거나 주의력을 방해할 때, 짜증을 내지 않도록 하라. 또는 적어도 그것이 당신의 목표여야 한다. 당신 자신이 항상 참자아 상태에 있기를 기대하는 것은 현실적이지 못하다. 당신이 잠깐 실수하여 어떤 부분이 장악하는 경우, 이를 인식하는 순간에 시간을 내어 조용히 분리시키도록 하라. 그 부분과 작업하여 부분은 옆으로 비켜서고, 당신은 참자아로 돌아갈 수 있도록 하라. 그러나 이것이 항상 가능한 것은 아니므로 당신이 회기 중에 참자아로 충분히 되돌아갈 수 없을 경우, 나중에 시간을 내어 장악하였던 부분과 작업하도록 하라. 당신이 그 내담자와의 차후 회기에 충분히 참자아 상태로 있을 수 있도록 그 부분을 알아 가며 그 부분이 짊어지고 있는 짐을 내려놓으라.

　때로는 내담자가 치료 초기에 참자아에게 접근하는 것이 어려울 수 있다. 이 경우에는 당신이 그 내담자를 위해 참자아 상태를 유지해야 한다. 내담자가 참자아에게 접근하고 유지할 수 있을 만큼 진척될 때까지 당신은 치료의 진행을 위해서 필요한 참자아 품성을 베풀어야 한다. 그때까지 당신은 참자아 상태에서 내담자의 부분들과 관계를 가지라. 내담자의 부분들이 마음을 열고 자신들을 드러내기에 충분할 정도의 신뢰감을 가질 수 있도록 당신이 돌보며 품어 주는 환경을 제공하라. 그러나 내담자가 스스로 그 자리에 앉는 법을 전혀 배우지 못할 정도로 당신이 참자아의 역할을 도맡지 않도록 하라. 참자아에게 접근할 수 있을 만큼 발전될 때까지만 당신이 한 다음, 내담자에게 그 역할을 넘겨주도록 하라.

외상

IFS는 외상에 대한 작업에 매우 효과적이다. 어떤 특화된 기법 없이 정상적인 순서를 사용하기만 하면 된다. 그 이유 중의 하나는 리처드 슈워츠가 자신의 내담자의 대부분이 심각한 외상을 경험했던 당시에 IFS를 개발하였기 때문이다.

IFS가 외상에 효과적인 중요한 이유는 추방자로부터 분리시키기를 다루는 방식 때문이다. 외상에 대한 작업에서 겪는 가장 큰 어려움은 내담자가 외상을 짊어지고 있는 추방자에게 접근하고 치유할 때 내담자를 또다시 외상화시키는 위험이다. IFS는 이것을 매우 효과적인 방법으로 다룬다(제11장에서 충분히 논의하였다). 내담자는 참자아 상태를 유지하고 외상화된 추방자와 관계를 발전시킨다. 안전과 분명한 유익이 없다면 내담자는 추방자가 되지(추방자와 섞이지) 않도록 한다. 만약 추방자가 공포, 수치심 혹은 외상과 관련된 그 밖의 감정들로 내담자를 휩싸기 시작하면 치료사는 추방자가 내담자로부터 떨어져 있도록 그들의 협상을 도와준다. 이것은 외상 작업을 위한 IFS의 주요 혁신적인 방법 중하나다. 슈워츠는 추방자가 자신들의 감정을 억제하는 역량을 갖고 있으며 그들이 마음만 먹는다면 내담자를 압도하지 않는다는 사실을 발견하였다. 추방자는 자신이 내담자와 섞이지 않도록 하는 것이 자신에게 궁극적으로 유익이라는 사실을 이해할 필요가 있다. 왜냐하면 그때쯤에는 내담자에게 추방자의 이야기를 목격하고 치유할 참자아가 있을 것이기 때문이다.

IFS는 외상화된 추방자와 작업하는 동안에는 계속적으로 참자아 상태에 있어야 함을 강조한다. 그리고 이것은 치료의 성공에 매우 중요하다. 내담자가 참자아 상태에 있지 않으면서 학대의 기억을 떠올리고 그것을 다룰 수 있다 할지라도 그렇게 해서는 안 된다. 왜냐하면 치유로 이어질 가능성이 없기 때문이다. 내담자가 참자아 상태에 있을 때만이 진정한 치유가 일어날 수 있다. 왜냐하면 참자아는 긍휼, 사랑과 안정과 힘 — 이 모든 것이 치유 프로세스에 필요하다 — 을 몸으로 나타내기 때문이다.

IFS 방법은 또한 외상 작업에서 끊임없이 출현하는 방어적인 징후를 이해하는 데 많은 도움을 준다. 예를 들면, 해리는 내담자가 외상을 또다시 경험하지 못하도록 애쓰는 보호자로부터 나오는 것으로 이해할 수 있다. 당신은 여느 보호자들과 비슷한 방식으로 해리 부분과 작업하라. 당신은 해리 보호자와 관계를 맺고 내담자가 참자아 상태를 유지할 것이며 외상화된 추방자에 의해 휩싸이지 않을 것이라고 안심시키라.

참자아 리더십 센터(the Center for Self Leadership)는 리처드 슈워츠가 이끄는 IFS 기구이다. 이 기구를 통해 미국과 유럽에 있는 여러 도시에서 IFS의 전문 훈련 프로그램이 제공되므로 적극 추천한다.

양극화 현상

IFS에 대해 한 권의 책에 다 담지 못하는 부분도 있다. 이 책에서 자세히 다룰 수 없는 IFS의 한 중요한 측면 —양극화 현상—을 간단히 논의하고자 한다. 우리는 종종 우리 삶의 문제에 반응하는 법에 대해 갈등에 빠지는 경우를 본다. 우리의 한 부분은 이렇게 느끼지만 또 다른 부분은 상당히 다르게 느낀다. 한 부분은 어떤 행동을 취하고 싶어 하지만 다른 부분은 정반대의 행동을 취하고 싶어 한다. 양극화 현상은 우리 삶에서 수많은 방식으로 나타날 수 있다. 그것은 우리로 하여금 습관적으로 미루며, 우유부단하며, 양가 감정을 가지며 어떤 행동을 취할지에 대해 짜증스러울 정도로 오락가락하게 만들 수 있다. 우리는 우리 스스로 판단하고는 우리 자신의 판단을 방어할 수 있다. 이러한 상황에서 만약 당신이 정말로 내면에 귀를 기울인다면, 당신의 서로 다른 부분들 사이에 진행되는 논쟁을 들을 수 있다. 언뜻 보면 내면의 갈등으로 보이지 않는 우울증, 염려 그리고 낮은 자긍심 같은 경험조차도 종종 양극화 현상에 뿌리를 두고 있다.

IFS는 내면의 갈등이 양극화된 두 부분으로부터 유래한다고 이해한다. 양극화란 손을 내밀까 아니면 거두어들일까같이 서로 대응되는 방식으로 느끼며 행동하는, 서로 반대된다는 의미이다. 어떤 부분은 어떤 것을 원하고 다른 부분은 그것을 두려워할 수 있다. 어떤 부분은 어떤 목표를 향하여 열심히 일할 수 있지만 다른 부분은 이러한 노력을 방해할 수도 있다. 각 부분은 상대방의 파괴적인 행동을 다루기 위해 극단적인 입장을 취해야 한다는 확신을 갖고 있다. 예를 들면, 다이어트를 하는 부분은 먹는 부분이 가지고 있는 제멋대로 행동하는 경향에 대항하기 위해 매우 엄격해진다. 그리고 먹는 부분은 다이어트 부분의 경직된 통제에 반항해야 한다고 생각한다. 양극화된 부분들은 종종 강렬한 감정과 역효과를 낳는 행동을 유발하는 끊임없는 몸부림 가운데 갇혀 있다. 보통 양극화된 두 부분들은 추방자를 보호하는 보호자들이다. 그리고 때로는 그들이 심지어 동일한 추방자를 서로 반대되는 전략을 사용하여 보호하고 있기도 한다.

　IFS로 양극화된 부분들 각각을 알아 가라. 그리고 여느 보호자와 하는 것처럼 그와 신뢰 관계를 발전시키라. 이것은 당신이 어느 한쪽도 없애고 싶지 않아 한다는 사실을 깨닫도록 해 준다. 왜냐하면 각각은 나름대로의 이점이 있으며 각각은 당신을 도우려고 최선을 다하고 있기 때문이다. 그러면 당신은 서로 싸우는 대신에 두 부분을 이끌어 대화를 갖게 할 수 있다. 이것은 각 부분이 상대방을 적으로 보는 것을 중단하고 긍정적인 품성을 인식하도록 도와준다. 그들은 서로 불화하는 것이 아니라 서로 협력하는 것을 배운다. 어떤 경우에는 협력하기에 앞서 그들이 보호하고 있는 추방자들을 치유해야 할 필요가 있을 수 있다. 그러나 그들은 양쪽 다 당신에게 최선을 베풀기 원하기 때문에 이것은 항상 성취 가능하다. 열쇠는 양극화된 부분들이 참자아가 양쪽 보호자의 사명을 이해하고 배려해 준다는 사실을 신뢰하는 것이다. 그러면 그들은 당신의 도움으로 당신을 위하여 서로 협력하는 법을 배우게 된다.

IFS와 내면 비판자

내면 비판자는 당신을 판단하고 비하하며, 어떤 모습이 되어야 한다고 이야기하는 부분이다. 이것은 당신의 자신감을 음해하고 당신 자신에 대해 언짢은 기분을 갖도록 만든다. 이것은 사람들이 직면하는 가장 어렵고 끈질긴 문제 중의 하나이므로 나는 IFS를 이용하여 내면 비판자를 변화시키는 법을 진지하게 연구하기 위해서 사회복지사인 아내 보니 와이스와 협력하였다. 우리가 이해한 핵심은 자긍심은 타고난 권리이며 내면 비판자는 이것을 깨닫는 데 가장 큰 도전이 되고 있다는 사실이었다.

실제로 내면 비판자 부분이 단 하나만 있는 것은 아니다. 대부분의 사람들은 스스로를 판단하는 보호자들을 여럿 가지고 있으며 이들은 서로 다른 방식으로 일하고 있다. 우리는 서로 다른 동기와 전략으로 당신을 통제하는 일곱 가지 유형의 비판자를 찾아내었다. 뜻밖의 이야기로 들리겠지만 내면 비판자 부분은 보호자이므로 실제로 당신을 도우려 애쓰고 있다. 이것은 비판자와 싸우는 것이 아니라, 참자아 상태에서 비판자와 관계를 맺도록 하여 결국 비판자가 판단을 내려놓도록 해 준다. 우리는 IFS를 사용하여 일곱 가지 내면 비판자 각각을 변화시키는 방법을 자세하게 정리하였다.

우리는 이 같은 연구에서 또 하나의 재미있고 희망적인 결과를 얻었다. 당신을 지지하고 용기를 북돋워 주는 당신의 참자아의 일면 — 내면 승리자 — 을 계발시킬 수 있다는 사실을 발견하였다. 이것은 당신의 내면 비판자의 부정적인 영향을 다루는 특효약이다. 우리의 내면 비판자 작업에 대한 세부사항은 부록 C를 참조하라.

부부를 대상으로 한 IFS

IFS는 연인관계의 역동을 매우 통찰력 있게 이해하는 방법을 제공한다. 부부가 어려움에 처하는 것은 '보호자의 전쟁'이라는 사이클이 시작되었기 때문이다. 헨리가 약간 판단하는 듯한 말을 한다고 하자. 이것은 비판 받는 것에 예민한 일레인의 추방자에게 상처를 준다. 이것은 추방자를 보호해야겠다고 생각하는 일레인의 보호자를 불러낸다. 이 보호자는 그녀가 비판 받는 느낌이 들지 않도록 말하는 법을 헨리에게 이야기해 줌으로써 그를 통제하려 한다. 불행하게도, 일레인의 행동은 통제 받는 것에 예민한 헨리의 추방자를 자극한다. 헨리의 보호자 중의 하나는 추방자가 그녀의 지배하에 있는 것처럼 느끼지 못하도록 하기 위해서 그녀에게서 떠나라고 강요한다. 이것은 버림 받았다고 느끼는 일레인의 또 다른 추방자를 활성화시킨다. 즉각적으로 일레인의 통제하는 보호자는 헨리에게 그녀에게서 도망하는 것이 얼마나 잘못된 것인지를 이야기하면서 헨리를 일레인에게 돌아오게 하려고 노력한다. 물론 이것은 통제 받는 것을 두려워하는 헨리의 추방자를 더욱 자극하게 되고, 이것은 보호자를 한층 더 위축되도록 만든다. 그들은 계속해서 돌고 돈다.

헨리도 일레인도, 놀라고 상처 받은 추방자들에 의해 갈등이 촉발되고 있다는 사실을 전혀 알지 못하며, 보호자들이 싸우고 있다는 사실도 거의 자각하지 못하고 있다. 각자가 볼 수 있는 것이라고는 상대방이 자신에게 상처를 주는 행동이다. 따라서 각자는 갈등이 전적으로 상대방의 잘못으로 인한 것이라 믿고 있다. 보호자들이 하고 있는 것이라고는 추방자가 상처를 받지 않도록 애쓰는 것이다. 보호자들은 얼마나 상대방의 추방자에게 해를 주고 있는지 그리고 그로 말미암아 갈등을 악화시키고 관계를 소원하게 만들고 있는지 전혀 알고 있지 못하다. 이것이 문제를 가지고 있는 거의 모든 부부에게서 볼 수 있는 역동 유형이다. 특정한 추방자들과 보호자들이 서로 다를 수 있으나 역동은 유사하다.

IFS를 사용하여 당신은 파트너와의 보호자 전쟁에 연루된 부분들을 파악할 수 있다. 그런 다음 각 부분에 대해 별도로 작업하라. 추방자들을 치유하고 보호자들이 자신들의 보호자 역할을 내려놓도록 돕기 시작하라. 이것은 점차로 추방자들을 진정시키고 보호자들이 긴장을 풀기 쉽도록 만들어 당신이 참자아에게로 접근할 수 있게 한다. 당신의 파트너도 동일한 과정을 밟을 수 있다. 당신의 목표는 어떤 부분이 활성화되는 순간들을 인식하는 대로 참자아 상태에서 서로 관계를 맺는 것이다. 부분이 활성화될 때 당신은 무의식 중에 행동으로 표출하지 말고 감정이 섞이지 않은 중립적인 목소리로 그 부분을 대변하라. 예를 들면, "이래라저래라 하지 마!"라고 소리지르는 대신에 당신은 이렇게 말할 수 있다. "당신에게 통제 받고 있는 느낌이 들어 나의 한 부분이 화가 나 있어요." 이런 식으로 당신은 당신 부분의 반응에 대해 책임을 지라. 그리고 그녀를 공격하여 상대방의 보호자들을 자극하지 말라. 이렇게 함으로써 당신은 참자아 상태를 유지하고 상대방과 결실 많은 대화를 계속할 수 있다. 참자아 상태에서의 대화는 두 사람 모두에게 의견 차이, 과거의 상처 및 그 밖의 어려움들을 헤쳐 나갈 수 있는 놀라운 역량을 부여할 것이다.

그룹, 가족, 조직을 대상으로 한 IFS

IFS는 가족들을 시스템으로 보며 작업하는 접근법인 가족 시스템 치료에서 유래하였다. IFS를 처음 개발하는 중에 리처드 슈워츠는 한 사람 안에 있는 소인격체들 간의 상호작용은 가족 구성원 간의 시스템 역동과 상당히 유사하다는 것을 관찰하였다. 그러한 이유로 그는 자신의 새로운 접근법을 IFS(내면 가족 시스템) 치료라 이름 지었다. 슈워츠는 정신 세계에 시스템 관점을 적용하였다. 이러한 관점은 어떤 시스템이라도 부분들은 분리된 각 구성 요소를 모아 놓은 것에 불과한 것은 아니다라는 사실을 보여 준다. 그들은 중요한 방식으로 서로 관련되어 있는 것이다. 인간 정신 세계에서는 어떤 부분들이 다른 부분들을 막아 보호한다. 어떤 부분들은 다른 것들과 양극화되어 있다. 어떤 것들은 다른 것들과 동맹을 맺고 있다. IFS가 갖는 치유력의 대부분은 IFS의 시스템 관점으로부터 나온다. 왜냐하면 이러한 관계를 이해하는 것이 효과적인 기법으로 직결되기 때문이다.

이러한 관점은 또한 IFS가 정신 세계보다 큰 시스템 — 가족, 그룹, 조직 — 과 작업하는 데에도 사용될 수 있게 해 준다. 물론 IFS는 가족들과의 작업에서 강력한 힘을 발휘한다. 가족치료에서 유래하였기 때문만이 아니라 가족 구성원 각자의 부분들이 어떻게 다른 사람들의 부분들과 관계하는지 발견할 수 있도록 도와주기 때문이다.

그룹과 조직도 시스템이다. 따라서 IFS 통찰은 이것들에게도 마찬가지로 적용될 수 있다. 조직을 연구하며 누가 추방자이며 누가 보호자인지 물어볼 수 있다. 이 관점에서 추방자는 어떤 사람의 한 부분이 아니라, 우리가 살피고 있는 더 큰 시스템의 한 부분이 된다. 추방자는 눈에 띄며 영향력을 행사하지 못하도록 가로막혀 옆으로 밀려난, 어떤 조직 내 일단의 사람들인 것이다. 보호자는,

조직에 해를 끼친다고 생각되는 어떤 결과를 막아 보호하고 있는, 보통 힘있는 자리에 있는, 일단의 사람들일 것이다. 종종 이 보호 성향은 조직의 역사 속에 있었던 과거 사건에 의해 영향을 받고 있으며 현재의 상황과는 관계가 없다. 양극화 현상도 역시 조직 내 매우 중요한 역동인데, 구성원들은 힘을 얻기 위해 서로 싸우고 있는 두 개의 하위 그룹으로 나뉜다. IFS 지향의 경영 컨설턴트들은 조직에서 보호, 추방, 양극화의 역동을 찾아냄으로써 자신들이 어떻게 하면 가장 잘 개입할 수 있을까를 이해하는 데 도움을 받고 있다.

IFS 작업은 또한 조직 속에 있는 사람들이 자신들의 부분들을 치유하여 자신들이 더욱 효과적으로 기능할 수 있도록 돕기 위해 코치들이 사용하고 있다. 이 작업은, 추방자들의 깊은 고통의 치유는 덜 강조하고 보호자들의 문제 행동을 바꾸기 위해 보호자들을 이해하고 그들과의 관계 맺기를 더 강조하는 것 말고는, IFS 치료와 유사하다.

IFS와 영성 계발

참자아가 중심적 역할을 하기 때문에 IFS는 영성지향적 치료이다. 지금까지 본 바와 같이 참자아는 중요한 영적 품성인 사랑, 긍휼, 관계성의 원천이다. 참자아는 세상의 영적 전통들이 이구동성으로 이야기하는 존재의 깊은 기저에 연결되어 있다. 이 기저는 전통에 따라 서로 다른 이름, 즉 하나님(God), 본질(Essence), 불성(Buddha Nature), 참나(Atman), 내면의 빛(Inner Light) 혹은 그리스도 의식(Christ Consciousness)으로 일컬어진다. 슈워츠가 지적한 바와 같이, 사실 가장 깊은 수준에서 참자아는 바로 그 영적 기저(spiritual ground)이다.

대부분의 심리치료 학파들은 주로 자아(ego) 수준을 다루고 있으며, 모든 사람이 자신들의 심리적인 문제 저변에 참자아를 가지고 있다는 사실을 깨닫지 못하고 있다. 이 이론들은 많은 내담자들이 참자아가 결핍되어 있고 치료사로부터 참자아의 품성을 내면화시켜야 한다고 이야기하고 있다. 그러나 IFS는 참자아가 정신 세계를 장악한 부분들에 의해 가려질 수는 있지만 모든 사람이 참자아를 가지고 있다고 인식한다. 이러한 관점은 이 영적 기저가 사실 우리의 참된 존재라는 사실을 가르치는 세상의 영적 전통이 가지고 있는 이해와 맥을 같이한다. 이와 같이 IFS는 심리 치유 접근법에서 우리의 영적 본성을 활용하고 있다. 한 걸음 더 나아가 IFS는 참자아를 우리의 극단적인 부분들로부터 해방시킴으로써 영성 계발을 촉진시킨다.

우리가 지금까지 본 바와 같이 IFS는 수용과 긍휼을 가지고 모든 부분들, 심지어 우리의 가장 위험하고 파괴적인 것들조차도 환영하는 입장을 취하고 있다. 우리 자신의 모든 측면에 우리 마음을 열고 그들이 우리에게 최선의 것을 베풀기 원한다는 사실을 발견하는 것, 이것이 실제로 영성 훈련이라고 할 수 있다. 이것은 모든 내면 활동의 기반이 사랑임을 우리에게 깨우쳐 준다. 우리가 이 영성 훈련을 다른 사람과 그들의 부분들에게 적용할 때 한층 더 심오한 훈련이 된다. 모든 사람의 부분들이 고통을 막기 위해 각자의 최선을 다하고 있으며, 세상에 무서운 고통을 야기하고 있는 사람들과 나라들조차 그리하고 있음을 우리가 이해하였다고 하자. 이것은 판단하고 분리시키는 우리의 잘못된 태도를 뒤돌아보게 하고, 우리가 용기를 내어 모든 사람 및 모든 존재들과 타고난 관계성을 경험하도록 해 준다. 그것은 우리로 하여금 파괴적이고 증오에 찬 행동들에 대해 모른 체하지 못하게 하고, 긍휼과 자애와 보편적인 사랑에 우리의 마음을 열게 한다.

IFS는 직접적으로 영성 계발을 촉진시키는 방법을 제공한다. 대부분의 영성으로의 길은 자애, 서로 관계 맺기, 기쁨, 너그러움, 평화 등과 같은 특정한 품성들을 함양한다. 그러나 이러한 영적 품성들은 보호자들에 의해 가로막혀 종종 우리의 삶에 통합되기 어렵다. 좀 더 정확히 말하면, 어떤 품성은 특정 보호자에 의해 봉쇄당한다. 예를 들면 긍휼은 사람들을 판단하는 보호자에 의해 봉쇄당할 수 있다. 서로 관계 맺기는 당신을 고립시키는 혹은 사람들과 거리 두게 만드는 보호자에 의해 봉쇄당할 수 있다.

비록 당신이 특정한 영적 품성 계발을 위한 영성 훈련에 참여하고 있을지라도 그것이 당신의 삶에 진정으로 표출되기 위해서는 그것이 꽃피지 못하게 만드는 심리적인 문제도 헤쳐 나가야만 한다. 예를 들면, 당신이 자애심을 함양하기 위해 어떤 명상을 행한다 할지라도 실제로 사랑의 태도로 사람들과 관계할 수 있도록 자신의 판단하는 보호자를 변화시켜야 한다. 편안하고, 위협 받지 않는 상황에 있을 때는 당신이 자애심을 느낄 수도 있다. 그러나 만약 누군가 당신을 쫓아내거나 공격한다면 판단하는 보호자가 활성화되어 자애롭고자 하는 당신의 의도를 방해할 것이다. 자애심을 충분히 자유롭게 표출하기 위해서는 판단하는 보호자가 자신의 역할을 내려놓을 수 있도록 도와야 한다(이것은 보통 보호 받고 있는 추방자의 짐을 먼저 내려놓는 것을 의미한다). 일단 이렇게 하면 명상 훈련의 열매를 충분히 거둘 수 있게 된다. 아무것도 방해하는 것이 없기 때문에 자애심이 필요한 당신의 삶의 순간에 자애심은 자연스럽게 표출될 수 있다. 따라서 당신의 IFS 작업 목표가 영성 계발 촉진이라면, 함양하고자 하는 특정한 영적 품성을 봉쇄하고 있는 부분들에 초점을 맞추는 것이 바람직하다.

IFS와 사회변혁

우리의 세계는 커다란 역사적 과도기를 지나고 있다. 지구 온난화로부터 시작하여 현재의 금융 붕괴에 이르기까지 우리가 당면하는 많은 위기들은 모두 보다 깊은 시스템적인 문제에 그 근원을 두고 있다. 합리성, 통제, 경쟁, 개인주의, 물질주의로 특징지어지는 우리의 현대 문화와 세계관은 더 이상 작동하지 않는다. 현대 사회는 과학으로부터 민주주의 그리고 개성에 이르기까지 인류사회에 많은 놀라운 기여를 해 왔다. 그러나 첨단 기술과 인구 증가와 국가 간 경쟁은 모두 하나가 되어 우리의 환경과 문명을 위협하고 있다. 이것은 우리 사회의 붕괴를 유발하면서 동시에 우리 진화가 다음 단계로 들어설 수 있는 돌파구를 열어주고 있다.

옛 문화가 무너져 내리고 있는 와중에도 새로운 문화는 이미 출현하고 있다. 아직 갈 길이 멀기는 하지만 이 징표는 어디서나 볼 수 있다. 그것은 지배의 태도로부터 개방, 포괄성 및 대화의 태도로 변화하고 있는 것이다. 그것은 또한 개인주의와 경쟁으로부터 사람들 간에, 그룹과 나라들 간에, 그리고 자연과의 연결과 협력으로의 변화를 포함한다. 출현 중인 문화는 합리성과 통제와는 반대로, 직관, 정서적 자각, 참여를 사용하는 내면 자각과 영성 계발 프로세스를 광범위하게 채택하고 있다.

IFS는 자기 역할을 잘 감당하고 있다. 그것은 개인 성장의 매우 효과적인 방법일 뿐만 아니라 또한 새롭게 출현하는 문화의 특징을 구체적으로 드러내 보여 주고 있다. IFS는 우리 부분들을 비롯하여 다른 사람과 다른 문화에 대한 이해와 긍휼의 중요성을 가르쳐 주고 있다. IFS는 우리가 균열을 치유하고 우리 부분들 간의 경쟁을 종식시킴으로써 부분들이 서로 협력할 수 있도록 도와준다. 이것은 다른 사람과 그룹들과의 협력으로 전환될 수 있다. 왜냐하면 우리 내면의 삶은 우리의 외적 행동에 영향을 끼치기 때문이다. 합리적인 통제와 프로그래밍과는 반대로, IFS는 정서적인 개방, 직관적인 인식 그리고 신체적 자각을 통해 개인적인 치유와 변화를 가져온다. 이같이 IFS 치료는 우리를 더 건강하게 만들 뿐만 아니라 또한 태어나고 있는 새로운 문화와 사회에 기여하는 시민과 공동 창조자가 될 수 있도록 우리의 역량을 길러 준다.

결론

IFS는 개인적으로 그리고 전문인으로서의 나의 삶을 엄청나게 풍요롭게 하였다. 내가 지금까지 발견한 것처럼 당신도 IFS가 자연스럽고 접근 가능하며 강력한 것임을 발견할 수 있기를 바란다. 당신이 이 놀라운 모델의 모든 유익을 거둘 수 있도록 정기적으로 IFS를 연습하라. 이렇게 함으로써 당신은 스스로를 치유할 뿐만 아니라 사랑, 창의력, 성취, 관계성에 대한 당신의 역량이 계발되어 당신의 삶에 의미와 재미와 만족을 가져다줄 것이다.

관리자(Manager) : 추방자의 고통이 느껴지지 않도록 내담자의 삶이나 정신 세계를 조정하려고 사전에 대책을 강구하려 애쓰는 보호자의 한 유형이다.

데리고 나오기(Retrieval) : 참자아가 추방자를 해로운 어릴 적 상황으로부터 안전하고 편안한 곳으로 데리고 나오는 IFS 프로세스의 단계를 말한다.

목격하기(Witnessing) : 참자아가 어떤 부분이 짊어지고 있는 짐들의 어릴 적 근원을 목격하는 IFS 프로세스의 단계를 말한다.

보호자(Protector) : 내담자의 현재 삶에서 내면에서 생기는 고통을 차단하거나, 그들을 마음 아픈 사건들이나 괴로운 인간 관계로부터 보호하기 위해 애쓰는 부분이다.

부분(Part) : 자신만의 감정, 인식, 신념, 동기, 기억들을 가지고 있는 소인격체이다.

부분들을 대변하기(Speaking for a Part) : 어떤 사람이 어떤 부분을 행동으로 표출하는 것이 아니라 참자아 상태에서 그 부분의 감정을 묘사하고 있는 것을 말한다.

부분 입장에서 말하기(Speaking from a Part) : 어떤 사람이 부분과 섞인 상태이며 그 부분의 감정을 행동으로 표출하고 있는 것을 말한다.

분리시키기(Unblending) : 내담자가 참자아 상태가 되기 위하여 자신과 섞여 있는 한 부분으로부터 떨어지는 것이다.

섞임(Blending) : 어떤 부분이 내담자의 의식을 장악하여 내담자가 그 부분의 감정을 느끼고 그 부분의 태도가 진실인 것으로 믿으며 그 부분의 충동에 따

소방관(Firefighter) : 추방자의 고통이 표면으로 떠오르기 시작할 때, 내담자를 고통으로부터 주의를 분산시키거나 무감각하게 만들기 위하여 충동적으로 뛰어드는 보호자의 한 유형이다.

양극화 현상(Polarization) : 어떻게 내담자가 행동하거나 느껴야 하는가에 대해 두 부분이 갈등 상태에 있는 상황을 말한다.

염려하는 부분(Concerned Part) : 당신이 초점을 맞추고 있는 보호자를 향하여 판단적이거나 화난 감정을 갖는 어떤 부분을 말한다. 내담자가 염려하는 부분과 섞여 있을 때는 참자아 상태에 있는 것이 아니다. 리처드 슈워츠는 이것을 보호자와 양극화를 이루고 있는 관리자로 보고 있다.

의절당한 부분(Disowned Part) : 내담자의 원가족에서 수용되지 못했기 때문에 추방당한 어떤 부분을 말한다. 의절당한 부분이 보호자이면 리처드 슈워츠는 '추방 상태의 보호자' 라 부르고 있다.

자발적인 짐 내려놓기(Spontaneous Unburdening) : 짐 내려놓기가 다른 IFS 프로세스를 통해 자연스럽게 일어나기 때문에 명시적인 짐 내려놓기 의식을 필요로 하지 않는 짐 내려놓기를 말한다.

재양육(Reparenting) : 참자아가 해로운 어릴 적 상황에 관하여 추방자에게 바로잡는 정서적인 경험을 제공하는 IFS 프로세스의 단계를 말한다. 리처드 슈워츠는 이것을 데리고 나오기 프로세스의 예비적인 측면으로 보고 있다.

짐(Burden) : 과거, 보통 어릴 적 해로운 상황이나 인간 관계의 결과로서 어떤 부분이 떠맡은 자신이나 세상에 대한 고통스러운 감정이나 부정적인 신념을 말한다.

짐 내려놓기(Unburdening) : 추방자가 내면 의식(internal ritual)을 통해 자신의 짐을 내려놓는 것을 참자아가 돕는 IFS 프로세스의 단계를 말한다.

참자아(Self) : 참된 속사람(true self) 혹은 영적 중심이 되는, 사람의 핵심적인 측면을 뜻한다. 참자아는 긴장을 풀고 마음을 열고 자신과 타인들을 수용하는 상태이다. 참자아는 호기심과 긍휼한 마음을 가지고 있으며 침착하고 다른 사람들과 자신의 부분들과 관계 맺는 것에 관심을 갖고 있다.

참자아 리더십(Self-Leadership) : 내담자의 삶에서 결정을 내리거나 행동을 취하기 위해 내담자의 부분들이 참자아 상태의 내담자를 신뢰하는 상황을 말한다.

추방 상태의 보호자(Protector-in-Exile) : 내담자의 원가족에서 수용되지 못했기 때문에 추방당한 보호자를 말한다.

추방자(Exile) : 과거로부터 고통을 짊어지고 있는 어떤 부분, 보통 어린아이 부분이다. 이 부분은 무의식으로 내쫓겨 내담자의 내면 가족으로부터 추방당하였다.

힘(Strength) : 건강한 공격성, 개인적인 힘, 원기왕성함, 한계 설정, 활력, 확장 및 열정을 뜻한다.

IFS 프로세스 조견표

여기 내용은 IFS 절차의 모든 단계를 요약한 것으로, 당신이 스스로에 대해 혹은 누군가와 파트너가 되어 작업하는 동안 작업 단계를 안내해 준다.

1. 보호자를 알아 가기

P1. 부분에게 접근하기

만약 부분이 활성화되어 있지 않으면, 부분이 활성화되었던 최근 상황에 당신이 처해 있다고 상상하라. 당신 몸에서 그 부분을 감지하거나 그 부분의 이미지를 끌어내라.

P2. 표적 부분을 분리시키기

당신이 지금 부분의 감정으로 꽉 차 있거나 그 신념에 붙들려 있는지 체크하라. 만일 그렇다면 당신은 섞여 있는 것이다. 지금 표적 부분을 향하여 어떤 느낌이 드는지 체크해 보라. 만약 분별할 수 없으면 당신은 섞인 상태일 수 있다. 당신이 표적 부분과 섞여 있다면 다음의 몇 가지 선택사항 중에서 분리시키기 방법을 고른다.

- 부분을 알아 갈 수 있도록 부분에게 당신으로부터 떨어져 달라고 요청하라.
- 부분으로부터 떨어지기 위하여 내면적으로 뒤로 물러서라.
- 당신과 거리를 두고 있는 부분의 이미지를 머릿속에 그리라. 혹은 그 부분을 그림으로 그리라.

- 부분이 방에 들어가 있는 모습을 머릿속에 그리라.
- 짧은 시간 동안 중심 잡는, 혹은 안정을 되찾는 명상을 하라.

만약 부분이 떨어지지 않으면, 떨어지면 어떤 일이 일어날까 봐 두려워하는지 물어보라. 부분에게 떨어지는 것의 가치를 설명하고 그가 가진 두려움에 대해 그 부분을 안심시키라.

P3. 염려하는 부분을 분리시키기

지금 표적 부분을 향하여 어떤 느낌이 드는지 체크하라. 만약 당신이 긍휼한 마음과 호기심 등을 느끼면 당신은 참자아 상태에 있는 것이므로 P4로 옮겨 갈 수 있다. 만약 그렇게 느끼지 못하면 염려하는 부분을 분리시키라.

- 마음 문을 열고 표적 부분을 알아 갈 수 있도록 염려하는 부분이 잠깐만 비켜설 의향이 있는지 물어보라.
- 만약 의향이 있다면 그 표적 부분을 향하여 어떤 느낌이 드는지 다시 체크하고 되풀이하라.
- 만약 비켜설 의향이 없다면 비켜서는 것의 가치를 염려하는 부분에게 설명하라.
- 여전히 비켜서지 않으려 하면 비켜설 경우 무슨 일이 일어날까 봐 두려워하는지 물어보라. 그리고 그가 가진 두려움에 대해 안심시키라.
- 그래도 여전히 비켜서지 않으려 하면 염려하는 부분을 표적 부분으로 만들어 작업하라.

P4. 보호자의 역할을 발견하기

부분에게 부분 자신에 대한 이야기를 해 달라고 부탁하라. 부분은 말이나, 이미지나, 신체감각이나 감정이나 직접 아는 것으로 답할 수 있다. 다음은 당신이 부분에게 물어볼 수 있는 질문들이다.

- 어떤 느낌이 듭니까?
- 무엇을 염려합니까?
- 당신의 역할은 무엇입니까? 이 역할을 수행하기 위해서 어떤 일을 합

니까?

- 이 역할을 함으로써 무엇을 성취하고자 합니까?
- 만약 당신이 이 일을 하지 않으면 어떤 일이 일어날까 봐 두려워합니까?

P5. 보호자와 신뢰 관계를 발전시키기

보호자에게 다음의 이야기(진실일 경우)를 해 줌으로써 신뢰를 쌓을 수 있다.

- 나는 당신이 왜 그 역할을 하는지 이해합니다.
- 나는 나를 위해 기울여 준 당신의 노력에 감사합니다.
- 나는 당신이 매우 열심히 일해 온 것을 알고 있습니다.

2. 추방자와의 작업을 허락 받기

필요하면 보호자에게 추방자를 보여 달라고 요청하라. 추방자를 알아 가기 위해 보호자의 허락을 구하라. 보호자가 허락해 주지 않는 경우, 당신이 추방자에게 접근하면 어떤 일이 일어날까 봐 두려워하는지 물어보라. 다음과 같은 가능성이 있다.

- 추방자가 너무 큰 고통을 안고 있다. 당신이 참자아 상태를 유지하면서 추방자를 알아 갈 것이며 추방자의 고통에 직접 뛰어들지는 않을 것이라고 설명하라.
- 고통 속으로 들어가 봐야 아무 의미가 없다. 당신이 추방자를 치유할 수 있다는 의미가 있다고 설명하라.
- 보호자의 역할이 없어지게 되어 제거당할 것이다. 보호자는 당신의 정신세계에서 새로운 역할을 택할 수 있다고 설명하라.

3. 추방자를 알아 가기

E1 : 추방자에게 접근하기

당신 몸에서 그 부분을 감지하거나 그 부분에 대한 이미지를 떠올리라.

E2 : 추방자로부터 분리시키기

만약 당신이 추방자와 섞여 있다면

- 당신이 도와주러 갈 테니 추방자에게 감정들을 억제하고 있어 달라고 요청하라.
- 의식적으로 추방자와 떨어져 참자아 상태로 들어가라.
- 당신과 거리를 두고 있는 추방자의 이미지를 떠올리라.
- 중심을 잡거나 안정을 찾도록 하라.

만약 추방자가 자신의 감정들을 억제하지 않으려 한다면

- 억제할 경우, 어떤 일이 일어날까 봐 두려워하는지 물어보라.
- 당신이 정말로 추방자의 감정과 이야기를 목격하고 싶은데, 그렇게 하기 위해서는 떨어져 있을 필요가 있다고 설명하라.

의식적인 섞임 : 만약 당신이 그 부분을 참아 낼 수 있다면, 추방자의 고통을 느껴 보도록 하라.

E3 : 염려하는 부분들을 분리시키기

추방자를 향하여 어떤 느낌이 드는지 체크하라. 만약 당신이 참자아 상태에 있지 않거나 긍휼한 마음이 느껴지지 않는다면 염려하는 부분들을 분리시키라. 그들은 보통 추방자의 고통에 의해 압도당하는 것이나 추방자가 장악하는 것을 두려워한다. 당신은 참자아 상태를 유지할 것이며 추방자에게 장악할 수 있는 힘을 주지 않겠다고 설명하라.

E4 : 추방자에 대해 알아보기

다음과 같이 질문하라. 어떤 느낌이 드는가? 무엇 때문에 그리 놀라거나 가슴 아파 하는가(혹은 다른 감정)?

E5 : 추방자와 신뢰 관계를 발전시키기

당신이 추방자의 이야기를 듣고 싶다고 이야기해 주라. 당신이 추방자를 향하여 긍휼한 마음과 돌봄의 느낌을 갖고 있다고 이야기해 주라. 추방자가 당신의 존재를 감지하고 있는지 체크해 보라. 그리고 그 부분이 당신의 긍휼한 마음을 수용하고 있는지 감지하라.

4. 어릴 적 기억에 접근하고 목격하기

추방자에게 어릴 적에 이런 느낌을 갖게 되었던 때의 이미지나 기억을 보여 달라고 요청하라. 추방자에게 이것으로 인해 어떤 느낌을 갖게 되었는지 물어 보라. 그 부분이 당신에게 보여 주고 싶었던 모든 것을 확실히 다 보여 주었는 지 체크하라. 목격한 후에 그것이 얼마나 기분 나쁜 일이었는지 당신이 이해 하고 있다는 사실을 추방자가 믿고 있는지 체크하라.

5. 추방자를 재양육하기

어릴 적 상황으로 참자아 상태의 당신이 들어가라. 그리고 추방자를 치유하거 나 이미 일어났던 사건을 바꾸기 위해서 당신으로부터 필요로 하는 것이 어떤 것인지 추방자에게 물어보라. 그리고 나서 당신의 내적 상상력을 통해 추방자 에게 그것을 베풀어 주라. 추방자가 재양육에 어떻게 반응하고 있는지 체크하 라. 만약 추방자가 당신을 감지하지 못하거나 당신의 돌봄을 받아들이고 있지 않다면 이유가 무엇인지 물어보고 그에 대해 작업하라.

6. 추방자를 데리고 나오기

추방자가 필요로 할 만한 것들 중의 하나는 어릴 적 환경으로부터 끌어냄을 받는 것이다. 당신은 추방자를 당신의 현재의 삶 가운데 있는 어떤 장소나, 당 신 몸 안으로, 혹은 상상의 장소로 데리고 갈 수 있다.

7. 추방자의 짐 내려놓기

추방자가 짊어지고 있는 짐들 — 극단적인 감정들이나 신념들 — 에 이름을 붙 이라. 추방자에게 그 짐들을 포기하거나 내려놓고 싶어 하는지 그리고 그렇게 할 준비가 되었는지 물어보라. 만약 추방자가 그러기를 원치 않는다면, 그 짐들을 내려놓으면 무슨 일이 일어날까 봐 두려워하는지 물어보라. 그러고는 그 두려움들을 다루라. 추방자는 몸 안에 혹은 몸 어딘가에 짐들을 어떻게 짊어지고 있는가? 추방자는 짐들을 어디에다 내려놓고 싶어 하는가? 빛, 물, 바람, 흙, 불, 혹은 그 밖에 다른 것들 중 어디인가? 일단 짐들이 사라지면 추방자 안에 어떤 긍정적인 품성들이나 느낌들이 살아나는지 주목하라.

8. 보호자를 통합하기와 짐 내려놓기

변화된 추방자를 보호자에게 소개하라. 보호자가 자기의 보호 역할이 더 이상 필요하지 않음을 이제 깨닫게 되었는지 보라. 필요하면 짐 내려놓기를 거치게 하여 어떤 긍정적인 특성이 살아나는지 주목하라. 보호자는 당신의 정신 세계에서 새로운 역할을 선택할 수 있다. 원래의 시작점에 있는 당신 자신을 머릿속에 그리고 활성화된 부분들이 혹시 있는지 보라.

참자아가 이끄는 소인격체 클리닉 카드 덱과 파워포인트 발표 자료

사회복지사이자 경험 많고 유능한 IFS 치료사인 나의 아내 보니 와이스가 이 책에 있는 삽화를 바탕으로 한 카드 덱을 만들었다. 그리고 부부 사이에서 부분들 간의 상호작용을 보여 주기 위해 몇 장의 카드를 추가하였다. 치료사가 내담자들에게 IFS 프로세스를 가르칠 때 도움이 된다. 보니는 또한 카드 덱에 있는 삽화를 바탕으로 하여 IFS 교육하기에 좋은 파워포인트도 만들었다. http://www.personal-growth-programs.com/ifs-teaching-aids를 보라.

IFS 치료사

만약 당신과 함께 작업할 IFS 치료사를 찾고 싶으면, 공식 IFS 기구인 **참자아 리더십 센터**(the Center for Self-Leadership)의 웹사이트, http://www.self-leadership.org를 참조하라. IFS 전문가 훈련 제1단계를 수료한 치료사들의 명단이 나와 있고 지역별로 검색할 수 있다. 몇몇 치료사들은 전화로 IFS 회기를 제공하고 있다.

IFS 전문가 훈련 및 상담

참자아 리더십 센터는 치료사들과 돕는 전문직종 종사자들을 위한 IFS 훈련 프로그램을 운영하고 있다. 이것을 적극 추천한다. 세 단계가 있고 한 번에 한 단계씩 들을 수 있다. 제1단계는 주말 3일 교육을 6주 동안 받는다. 이 훈련 프로그램은 미국과 유럽의 여러 도시에서 운영되고 있다. 인도자들은 훌륭하고 교과목은 잘 디자인되어 있다. 이 프로그램은 경험적인 훈련이어서 당신은 자신과 작업하면서 그리고 훈련에 참여한 다른 사람들과 회기를 갖는 훈련을 하면서 IFS를 배우게 된다. 훈련 그룹에서는 개인적이면서 전문가들의 교류를 촉진시키는 공동체를 세우는 데 강조점을 둔다. 훈련 장소와 일정에 대한 세부 사항은 참자아 리더십 센터 웹사이트를 보라.

나는 IFS를 활용한 개인적인 상담과 슈퍼비전뿐만 아니라 집단치료에서의 IFS 사용에 대한 그룹 컨설팅을 하고 있다. 나는 앞으로 다른 컨설팅 그룹, 훈련반, 워크숍을 개설할 계획으로 있다. 개설과목 목록에 관해서는 나의 IFS 웹사이트를 보라.

IFS 교육반과 그룹

나는 독학 및 동료 상담을 위해 IFS 사용법을 배울 수 있는 일반 대중 대상의 교육반을 운영하고 있다. 이 책은 그 교육반의 첫 두 단계의 내용을 바탕으로 한 것이다. 샌프란시스코 베이 지역에서는 전화로 혹은 직접 이 교육을 받을 수 있다. 각 단계는 6주 코스, 또는 주말 워크숍으로 운영된다. 나는 양극화 현상, 내면 비판자, 미루기 같은 특정한 심리적 문제에 대한 IFS 교육반과 워크숍도 개설하고 있다.

나는 또한 전화 교육반을 포함하여 진행중인 IFS 치료 그룹과 교육반을 개설하고 있다. 앞으로는 1년 이상 지속되는 IFS 기반의 개인 성장 프로그램도 개설할 계획으로 있다. 자세한 정보 및 교육반과 그룹의 일정은 나의 IFS 웹사이트를 보라.

내면 비판자 작업

내면 승리자가 이끄는 내면 비판자의 소인격체클리닉(*Activating Your Inner Champion Instead of Your Inner Critic*)에 일곱 가지 유형의 비판자 중에 어떤 것이 당신에게 문제일 수 있는지를 알아보기 위한 설문이 있으며, 각각의 유형이 흔히 쏟아내는 말투, 그러한 말투가 나오는 상황과 동기가 기술되어 있다. 이 책에는 당신의 내면 승리자에 의해 내면 비판자를 변화시키는 방법에 대한 것과, IFS를 사용하여 비판자와 작업하는 법이 함께 소개되고 있다.

기타 IFS 책들

- *Introduction to the Internal Family Systems Model*. 리처드 슈워츠 저. 내담자와 잠재적인 내담자를 대상으로 한 부분들과 IFS에 대한 기본적인 소개를 다룬다.

- 내면가족 시스템치료(*Internal Family Systems Therapy*). 리처드 슈워츠 저. IFS에 대한 가장 중요한 전문서이며 치료사들의 필독서이다.

- *The Mosaic Mind*. 리처드 슈워츠 · 레지나 굴딩 공저. 외상, 특히 성학대 치료 목적의 IFS 사용에 대한 전문서이다.

- *You are the One You've Been Waiting for*. 리처드 슈워츠 저. 친밀한 관계에 대한 IFS 관점을 제공하는 대중서이다.

- 소인격체 클리닉(*Parts Work*). 톰 홈즈 저. 일반 대중을 위한 짧지만 풍부한 삽화가 들어 있는 IFS 입문서이다.

- *Bring Yourself to Love*. 모나 바버라 저. 연인 관계에서의 어려움을 헤쳐 나가기 위한 IFS 사용에 관한 일반 대중서이다.

IFS 전문자료 및 녹화자료

IFS에 대한 리처드 슈워츠의 여러 편의 전문자료가 참자아 리더십 센터 웹사이트에 수록되어 있다. 리처드 슈워츠는 그가 행한 IFS 회기를 훌륭한 비디오와 DVD로 제작하였고 과거 IFS 컨퍼런스에서 발표되었던 녹음 자료도 있다. 웹사이트에서 구매할 수 있다.

나의 IFS 웹사이트에는 내가 IFS에 대해, 그리고 다양한 심리 문제의 IFS 적용에 대해 썼던 꽤 많은 대중 자료 및 전문 자료가 게재되어 있다. 그리고 더 많은 것들이 계속해서 추가되고 있다. 나의 이메일 명단에 이름을 올려놓으면 앞으로 나올 자료와 곧 시작될 교육반과 그룹에 대한 통지를 받을 수 있다.

IFS 컨퍼런스와 워크숍

시카고에서 연례 IFS 컨퍼런스가 열린다. 모델에 더욱 깊이 탐구하며 다른 전문가들과 네트워킹할 수 있는 매우 좋은 기회이다. 리처드 슈워츠는 미국과 멕시코에 있는 여러 성장센터에서 일반 대중을 대상으로 1주일간 계속되는 개인 성장 IFS 워크숍을 인도한다. 그 밖에 슈워츠와 일류 IFS 트레이너들이 인도하는 IFS에 대한 전문 워크숍과 발표 모임들이 있다. 자세한 것은 참자아 리더십 센터 웹사이트를 보라.